조선인경제의 탄생과 시장의 발견

민족경제담론의 지층들

조선인경제의 탄생과 시장의 발견

: 민족경제담론의 지층들

초판 1쇄 발행 2018년 10월 22일

지은이	김윤희
펴낸이	윤관백
펴낸곳	도서출판 선인

등 록	제5-77호(1998.11.4)
주 소	서울시 마포구 마포대로 4다길 4(마포동 324-1) 곶마루 B/D 1층
전 화	02)718-6252 / 6257
팩 스	02)718-6253
E-mail	sunin72@chol.com

정가 23,000원
ISBN 979-11-6068-218-2 93910

· 잘못된 책은 바꿔 드립니다.
· www.suninbook.com

* 이 저서는 2014년 대한민국 교육부와 한국학중앙연구원(한국학진흥사업단)의
  한국학총서사업의 지원을 받아 수행된 연구임(AKS-2014-KSS-1210001)

근현대 한국인의 경제적 상상 2

조선인경제의 탄생과 시장의 발견

민족경제담론의 지층들

김윤희 지음

'근현대 한국인의 경제적 질서관념'이란 주제는 아직 한국근현대사 연구자들에게는 매우 낯선 것이라고 할 수 있다. 누구누구의 경제 사상, 경제 개혁론을 다룬 수많은 연구들이 나와 있지만, '질서관념'이란 어휘가 일반적으로 사용되지는 않았다. 대한제국 정부, 조선총독부, 호조, 탁지부, 김홍집 등 특정한 주어를 중심에 두고 서술했던 기존의 역사 서술 관점에서는 아마도 쉽게 용납할 수 없는 용어일 것이다. '질서관념'이란 표현에는 특정한 주어가 생략되어 있기 때문이다.

질서관념은 특정 시대, 특정한 공동체가 공유하는, 그렇기 때문에 공동체 구성원의 행위를 지배하는 생각들이다. 특정인의 생각이 아니라 그 생각들이 서로 연결, 대립, 중첩되면서 특정한 질서관념을 형성하는 것이다. 그리고 이러한 생각은 객관적이고 과학적인 지식들이 결합되고, 오랫동안 공유와 중첩의 과정이 반복되면서 형성되기 때문에 사람들은 이것을 당연하게 여긴다. 질서관념은 또한 지식에 의해 사실 또는 진실로 확증되는 과정을 거치면서 형성되었기 때문에 의심과 비판에서 빗겨나 있는 경우가 많다.

다소 모호하고 생소한 개념을 통해 근현대 시기 한국인이 경제문제를 어떻게 생각해 왔는가를 연구하겠다고 생각한 것은 한국경제가 저성장시대로 접어들면서 경제를 바라보는 기존의 패러다임이 전환되고 있고, 또 전환되어야 한다고 생각했기 때문이다. 현재 경제문제를 바라보는 생각들을 의심하고 비판하지 않으면 안 된다고 생각했다.

일반적으로 '시장의 자유'라고 할 때 우리는 먼저 사유재산의 자유로운 처분, 거래와 투자의 자유를 떠올리면서도 노동력이 유일한 재산인 노동자가 노동력을 자유롭게 판매할 자유, 소비자가 상품을 자유롭게 구매할 자유를 먼저 떠올리지는 않는다. 또 '경제 발전'이라고 할 때 우리는 먼저 국내총생산, 1인당 국민소득, 무역수지 등의 상승을 떠올리고, 그러한 상승이 개인의 경제적 이익을 증대시킬 것이라고 생각한다. 그러나 1인당 국민소득이 1만 달러였던 1995년보다 3만 달러가 넘은 지금 2018년이 먹고 살기 더 힘들어졌다고 이야기하는 사람들이 많다. 청년 취업도 지금이 더 어렵다. 그렇다면 과연 1인당 국민소득이 4만 달러로 올라간다면 지금보다 상황이 더 나아질 수 있을까? 지금 우리는 당연하게 여겼던 생각들이 변화하고 있고 또 변화하지 않으면 안 되는 지점에 서 있다고 할 수 있다.

역사학 연구자로서 경제에 대한 현재의 관념들이 어떻게 만들어졌는지를 탐색한다면 적어도 현재 상식화된 우리들의 관념을 역사화하고 객관화할 수 있는 일정한 거리를 확보할 수 있다고 생각했다. 이에 우리 세 사람은 2014년 한국학중앙연구원 한국학진흥사업단의 한국학 총서지원 사업의 도움을 받아 1876년 개항에서 최근까지 경제와 연관된 질서관념에 대한 한국인의 생각을 고찰해보기로 했다.

제1권은 1876년에서 1919년까지, 제2권은 1919년에서 1945년까지, 제3권은 1945년부터 최근까지를 대상으로 하고, 경제, 시장, 노동 등을 키워드로 지식인의 저작, 신문과 잡지 등을 통해 유통되었던 경제 담론을 분석했다. 그리고 거의 4년이 되어 그 성과를 내놓게 되었다. 공동연구를 지원해 준 한국학중앙연구원의 한국학진흥사업단, 이 책의 출판에 기꺼이 응해주신 선인의 윤관백 사장님, 그리고 거친 원고를 편집하느라 수고하신 선인의 편집부 분들께 감사드린다.

도면회 · 김윤희 · 신용옥

차 례
.
.

서론

서론

■

■

　근대 국가체제에서 경제는 국가의 통치와 관련하여 일견 문제적인 지점에 위치하고 있다. 경제의 흐름은 국가의 외부와 연계된 시장에 의해 좌우되는 경향이 강한 반면 시장을 매개로 한 일상생활의 조건은 국가의 통치 공간 내부에 자리하고 있기 때문이다. 국가의 경계를 횡단하며 국가 구성원의 경제적 조건과 상대적으로 무관하게 형성되는 시장의 움직임 사이에서 현대 국가의 경제정책은 구성원이 만족할 만한 경제적 효과를 산출하는 데 제한적이다. 특히 한국 경제의 규모가 확대되고, 세계경제의 흐름과 긴밀하게 연결되면서 한국인은 국가의 시장개입 정책의 효과에 대해 의문을 제기하기 시작했다.

　해방 이후 국가 주도의 경제발전 정책의 효과를 확인할 수 있었던 한국인은 국가의 통치 또는 정치적 결정이 많은 경제적 문제를 해결하거나 보완할 수 있다는 관념을 갖게 되었다. 그러나 1997년 'IMF체제' 이후 경험하게 된 자본의 '지구화' 현상은 성장과 분배, 성장과 고용이 선순환적 관계라는 일반적 관념에 의구심을 제기하게 만들었으며, 거시지표가 보여주는 국민경제의 성장과 개인의 경제적 생활의 관계에 대한 기존의 관념에도 의문을 표하게 만들었다.

국가를 단위로 하는 규모의 경제, 교환과 분배의 흐름으로서 시장, 생존을 위한 개인의 살림살이가 상호 유기적 순환관계 속에서 향상된다는 낙관적인 국민경제적 상상은 저성장, 고령화, 격차사회로 진입한 한국의 현실 앞에 점차 균열되고 있다. 후기 산업사회의 현상인 '고용 없는 성장'이 진행되고 있는 한국사회에서 이러한 낙관적인 성장론이 여전히 유효한가라는 문제 제기는 우리의 경제적 질서 관념에 대한 새로운 성찰을 요청하고 있다.

전근대 사회에서 개인의 경제활동이 종교적 또는 도덕적 가치와 주로 관계를 맺었던 것과 비교하면, 근대사회에서는 국가의 발전, 사회의 공익, 개인의 출세와 권력 등과 관계를 맺으면서 그 의미가 변화되었다. 그리고 이것은 담론, 정책 등에 영향을 미치며 한국인의 경제적 질서관념 또는 도덕적 태도로서 에토스를 형성해왔다. 따라서 현재 한국인이 선호하는 경제 질서의 형상, 성장과 분배에 대한 태도, 경쟁에 대한 인정 정도, 노동에 대한 가치평가 등은 역사적 경험과 기억의 전승을 통해 형성된 관념을 토대로 하고 있다. 그리고 그 관념은 경제관련 문제를 다루는 수많은 지식−담론에 의해 형성된 것이다. 그래서 이 관념의 계보를 고찰하는 것은 현재의 관념과 거리를 두고 비판적으로 성찰할 수 있는 계기를 확보하기 위한 것이다.

이 책은 근현대 한국인의 경제적 질서관념을 계보학적으로 고찰하기 위해 기획했던 3권의 책 중 2권에 해당한다. 3·1운동 이후 조선인 공론장에 등장했던 '조선인경제'라는 민족 경제적 상상이 형성, 유통, 확산되는 과정을 중심에 두고, 경제 관련 담론에서 조선인경제의 외부로 간주되었던 조선경제, 또는 일본경제와의 관계가 어떻게 설정되고 있었는지를 고찰하고

자 했다. 또한 경제관념을 형성하는 데 기여했던 경제적 지식과 관련 어휘들의 유통 상황, 경제통계지식과 경제관념의 관계 등을 고찰하여 경제적 상상의 지적 토대들도 탐색했다.

1918년 제1차 세계대전 이후 찾아온 불경기로 인해 조선인은 자본주의 경제의 폐해를 경험했고, 서구적 자본주의를 비판하는 담론이 공론장에 등장했다. 사회주의 사상의 영향 속에서 자본주의에 대한 비판이 제기되기도 했지만, 그 목소리는 조선인 공론장을 장악했던 민족주의 정치기획의 자장으로 인해 힘을 얻지 못했다. '서구적'인 것에 대한 비판을 통해 다시 자본주의 경제에 활력을 불어넣은 경제 담론이 바로 '조선인경제'였다. 조선인경제는 세계적 차원의 경제전쟁에서 조선민족이 근대사회에서 자기결정권을 가질 자격이 있음을 증명해야 하는 주체였다. 자유 경쟁의 시장질서에서 형성된 국민경제적 상상이 '조선인경제'란 어휘를 통해 온전히 그 모습을 드러냈다고 할 수 있다.

그러나 '조선인경제'는 제1차 세계대전에서 제2차 세계대전 사이에서 세계경제의 변화 속에서 명확하고 분명한 경계 짓기에는 성공적이지 못했다. 세계통화체제의 변화, 일본의 만주점령 이후 찾아온 조선의 호경기, 독점체제의 강화, 전시 통제경제 정책의 시행 등으로 일본정부와 총독부는 일본경제와 조선경제의 관계 설정에 대한 재검토가 진행했다. 조선의 지식인들은 식민지배자들이 생산한 경제담론을 비판, 전유, 공유했고, '조선인경제'는 현실의 경제문제들을 둘러싼 논쟁의 배면을 구성하면서도 점차 그 경계가 모호해졌다. 이것은 1920년대 민족주의 정치기획세력이 통계의 논리적 구성을 통해 생산된 '조선인경제'라는 관념이 오히려 당연한 전제가 되어 경제 분석의 에피스테메(Episteme)로 작동하고 있었다는 것을 의미했다. 그래서 이 책에서는 이 과정을 탐색하고자 했다.

'조선인경제'란 상상은 세계적 차원에서 연결되어 있는 시장을 '조선인경제' 안으로 구획 짓도록 하는 회로판이었다. 조선인 소비시장 · 자본시장 ·

노동시장의 대립물로써 일본인의 그것, 일본의 그것이 상정되었고, '조선인 경제' 시장의 내부와 외부의 질서를 각기 다르게 인식하도록 했다. 조선인 경제의 발전을 위해 외부의 치열한 경쟁으로부터 시장을 보호하되, 그 시장 내부는 치열한 경쟁의 장이되어야 한다는 관념이 그것이었다. 그러나 조선인이 경험했던 시장은 개인의 의지와는 전혀 무관한 그래서 개인의 힘으로는 어찌할 수 없는, 냉혹하고 비정한 장소였다. 따라서 이 책에서는 시장과 관련해서 매체에 유통되기 시작했던 어휘를 탐색함으로써 지식인이 아닌 경제활동에 참여하고 있었던 조선인의 관념도 포착해보고자 했다.

'조선인경제'는 마르크스가 『경제학－철학 수고』에서 "노동자가 한 마리의 말처럼 노동에 필요한 것을 획득하여 노동을 할 수 있어야 한다는 명제를 제시한다. …… 노동을 생산하지 않는 노동자를 생각할 수 없으며, 노동자를 인간으로서 고찰하지 않는다."고 신랄하게 비판했던 국민경제론과 똑같은 모습이었다. '조선인경제'는 근대 노동개념과 현실의 노동에 대한 관념 사이에 존재하는 괴리를 국가의 발전이란 가치로 은폐하는 효과를 발휘했다. 따라서 이 책에서는 노동시장과 노동개념에 대한 담론들을 그대로 드러냄으로써 현재 우리가 갖고 있는 노동에 대한 생각을 상대화할 수 있는 계기를 마련해보고자 했다.

현재 경제문제를 바라보는 우리의 관념은 오랜 시간을 통해 구성과 재구성을 반복하면서 형성된 것이다. 구성과 재구성이 발생하는 시점에 주목하는 것은 현재 우리가 갖고 있는 관념을 낯설게 하려는 것이다. 특히 경제분석을 위해 동원되는 지식이 과학적 조사, 통계분석, 이론만이 아니라는 점, 그 배면에 우리의 관념을 지배하는 무의식적 체계가 있다는 점, 그리고 그것이 어떻게 작동하고 있는지를 확인해 보고 싶었다. 따라서 이 책의 각장은 담론의 시간적 연결성과 사건의 인과성을 염두에 두고 구성된 것이 아니다. 경제담론의 배면을 구성하는 앎이 공론장에서 돌출되었던 경제문제들을 어떠한 방향으로 이끌고 있는가를 고찰함으로써 현재 우리의 경제적 질서관념을 상대화하고, 의심할 수 있는 여지를 확보해보고자 했다. 논리적 구성이 약하고, 투박한 이 글을 읽는 독자들에게 너그러운 양해를 구한다.

제1장

경제의 재구성

1. 조선인경제의 탄생

　1920년 잡지『개벽』에는 식민지 조선이 처한 경제현실을 다음과 같이
진단한 글이 게재되었다.

　　　전 세계에 암흑하던 살풍운(殺風雲)은 점차로 소멸하고 동천엔 서광이
　　비친 듯 했으나 또다시 우리 인류는 기근에 못이기는 참담한 비극을 당하
　　였도다. 여차한 현상을 옆에 두고 호의호식하고 안과도일(安過度日)하던
　　우리도 금일에야 비로소 무엇과도 비교할 수 없는 괴로움과 쓰라림(辛酸)
　　을 맛본 듯하다. 아니, 금일에는 다만 맛만 보고도 그 신산한 맛에 머리를
　　흔들며 이마를 찌푸렸지만, 멀지 않은 장래에는 1일 24시중 한 순간이라도
　　이를 면하지 못함을 각오해야 할 것이다. 하물며 일시적 맛봄으로 어찌 머
　　리를 흔들고 이마를 찌푸리오.[1]

유두찬(劉斗燦)은 제1차 세계대전이 끝나고 조선의 독립이 가능할 것이라는 기대감이 사라지고 곧바로 생존을 위협하는 불경기로 바뀌어 버렸다고 탄식했다. 그리고 기근의 참담함은 이제부터 시작에 불과하다고 언급했다.

1920년 전반기부터 조선에 찾아온 불경기는 서울의 주요 상점의 파산에서부터 시작되었다. 5월부터 『동아일보』에서는 조선인 파산 상황을 다루는 기사가 게재되기 시작했다. "조선에서는 재계 불황의 영향이 일본과 같이 심대하지는 아니하나 금일에 이르러서 소자본가의 파산자가 빈번히 출현하고 (경성)부내뿐 아니라 지방 또한 그러하며 대자본 측은 아직 이와 같음에 미치지 아니하나 전도는 자못 경계를 요한다."라고 하여 서울상인의 파산 상황을 전하고 있다.[2]

서울 남대문 시장 포목상점의 파산은 6월부터 운송업의 파산과 실업으로 이어졌다. "곡물상 잡화상을 막론하고 남에게 돈냥 준 것은 받을 길이 아득하고 각 은행에 지불한 수형(手形) 기한은 점점 닥치어 오는 중 상점에 쌓인 물건은 도무지 팔릴 길이 없으니…… 이대로 계속되다가는 일반 상계의 앞길은 오직 「파산과 멸망」의 두 길밖에 없을까 싶다."[3]라고 하여 조선인 유통업이 파산의 위험에 놓여 있음을 전했다. 서울 남대문에서 시작된 상점 파산은 유통업 전반으로 그리고 평양, 인천, 목포, 부산 등지로 확산되어 갔다.[4]

1920년대 시작된 불경기는 조선인이 자본주의체제에서 최초로 경험한 생활의 위기였다. 1910년대 제1차 세계대전을 거치면서 일본경제가 비약

---

1) 劉斗燦, 「農工業上으로 본 半島 經濟界, 去去益甚한 生活難의 原因」, 『開闢』 4, 1920.
2) 『東亞日報』 1920년 5월 14일 「小資本破産者頻出」, 20일 「財界의 恐慌과 布木業者의 慘狀」, 「布木價 3, 4割이 暴落」.
3) 『東亞日報』 1920년 6월 7일 「錢慌의 餘波 悲風慘雨(五) 破産! 失職!」.
4) 『東亞日報』 1922년 9월 27일 「續出하는 破産 商人」, 1922년 10월 24일 「破産者 簇出」.

적으로 성장했고, 조선지식인들은 일본경제의 성장과 함께 조선경제도 성
장할 것이란 희망을 갖고 있었다. 그러나 일본에서 촉발된 전후 공황으로
조선경제의 발전에 대한 희망은 절망으로 바뀌었다.

 일본경제의 발전이 조선경제에도 발전의 희망이 될 수 있었다는 관념은
이미 1910년대부터 형성되기 시작했고, 1914년 제1차 세계대전의 발발로
일본 경제의 급속한 성장에 기대어 조선경제 발달에 대한 기대가 등장했
다. 발전에 대한 희망이 좌절로 바뀌는 순간 조선경제는 다시 조선인경제
라는 분명한 구획이 필요해진 것이다.

 1920년대 조선경제에서 조선인경제를 분리하는 인식이 등장하기에 앞서
1910년대 조선경제와 일본경제의 관계가 어떻게 인식되고 있었는지를 살
펴보자.

 1) 조선경제 = 조선인경제

 러일전쟁 직후 7억 엔이 넘는 국가부채를 떠안은 일본은 경기가 급속히
하락했고, 1909년에는 79개였던 오사카 면방적회사가 1909년 37개로 격감
하여 실업이 양산되고 있었다.[5] 반면, 조선은 1905년 이후 일본인 이주가
급증했고, 도로, 항만 시설 확충과 평안도 지역 광산, 광양만 일대 염전 등
대규모 신사업이 증가하면서 노동력 수요가 증가하고, 도시 물가가 상승하
는 경향이 강했다. 상대적으로 노동력 수요가 증대되고 있었던 상황에 대
해 당시 『매일신보』는 총독의 '신정'이 재산을 보호하여 조선은 자유로운
경제활동을 보장되는 사회가 되었다고 평가하기도 했다.[6] 이 논설은 일본

---

5) 여박동, 「근대 일본의 국민생활상태와 생활보호 시설에 관한 연구: 특히 1910~20년대를
   중심으로」, 『日本學志』 9, 1989, 53~98쪽.
6) 『每日申報』, 1914년 12월 10일 「경제계의 곤란」.

이 독일에 선전포고를 하고 제1차 세계대전에 참전한 직후인 1914년 11월 21일부터 12월 12일까지 총 15회에 걸쳐 연재했던 '조선민족관'이란 제목의 논설 중 경제 분야에 대한 논평이었다.

그러나 당시 조선의 경제는 여전히 농업인구를 중심으로 하고 있었고, 이렇다 할 개발회사가 없는 상태에서 총독부와 일본자본의 개발 사업이 창출하는 단순한 '일고(日雇)' 형태의 육체노동 수요가 확대되는 상황이었다. 이에『매일신보』는 조선경제 상황의 곤란은 총독의 '신정' 때문이 아니라 조선인의 무기력함에 기인한다고 주장하기도 했다. 일본에 의해 조선경제가 발전할 수 있는 토대가 마련되었다는 인식은 1914년 이후 더욱 확산되어 갔다.

일본군부의 만주진출은 일본자본의 확대를 수반하는 것이었고, 동시에 자본축적을 위해 조선경제의 생산성을 제고할 필요성이 제기되고 있었다.『매일신보』는 조선 경제상황을 설명할 때 핵심적 기구로 조선은행을 거론했고, 금리의 변동과 조선은행의 순익 등의 변동이 일본금융 상황에 연동되고 있음을 정기적으로 보도했다. 1911년 세계 금리의 인상으로 조선에서도 금리가 등귀하는 현상이 일어나자『매일신보』는 유럽과 일본의 금리인상에 따른 영향이라고 하면서 조선은행의 금리인상은 조선통화 팽창으로 물가가 등귀하는 것을 대비하려는 것이라고 설명하기도 했다.[7]

조선경제와 조선은행의 관련성에 대한 기사들은 조선은행이 조선금융의 중추적 기능을 하는 곳이란 이미지를 형성하고 있었다. 그리고 매년 초에는 조선은행장 또는 이사들의 담화를 게재하여 조선은행은 "반도 금융의 중추기관", "반도 경제의 옹호자", "민간경제의 독립"과 "생산자보호"를 수행하는 금융기구라는 이미지를 만들어갔다.[8] 그리고 1914년 이후로는 조

---

7) 『每日申報』1911년 1월 24일 「金利引上」.

8) 『每日申報』1912년 2월 27일 「鮮銀 金利引上에 대하여」; 1914년 1월 1일. 「朝鮮經濟界 將來에 對한 希望(市原 朝鮮銀行 總裁 談」).

선경제와 만주경제의 밀접한 연관성을 설명하면서 만주의 개발이 곧 조선경제의 발전이라는 선전이 진행되기 시작했다.9) 이러한 보도는 조선경제를 이끄는 중추기관인 조선은행의 만주진출은 곧 조선경제의 발전이라는 도식을 만드는 것이었다.

1914년 조선은행 총재 이치하라 모리히로(市原盛宏)는 신년담화를 통해 조선의 경제발전을 위해서는 대일무역적자의 개선이 필요하고, 이를 위해 '민간경제독립'이 최우선 과제라고 하면서 민간자본의 투자를 추동했다.10) 대일무역적자는 1910년 1,987만 원, 1912년 4,613만 원, 1913년 4,701만 원으로 급증했지만, 금은 지금의 무역수지흑자는 1910년 732만 원, 1912년 865만 원, 1913년 1,074만 원에 불과하여 대일 무역수지적자가 심화되고 있었기 때문이었다.11)

1914년 2월 회사령폐지안이 일본 중의원에 제출되면서 존폐에 대한 논란이 격화되었고,12) 제1차 세계대전의 전쟁특수로 생산 확대의 필요성이 대두되었다. 결국 그해 11월 총독부는 회사령을 개정하여 허가절차를 간소화했다.13) 총독부의 성립 직후 선포된 기존의 회사령은 자본투자의 자유를 제한하는 것이었기 때문에 일본과 조선에서 반대여론에 직면했다. 일본자본의 조선투자에 대한 제한, 조선인 객주영업에 대한 통제는 민간자본의 투자 활성화를 조성하는 데 일정한 한계로 작용했다.14)

---

9) 조선은행의 만주지점 개설이 일본과 조선에 편익을 가져올 것이라고 하였고(『每日申報』 1913년 7월 29일 「鮮銀支店의 發展」), 일본의 만주진출에 따른 조선은행의 만주발전 계획을 보도했다(『每日申報』 1915년 12월 8일 鮮銀 滿洲發展). 일본의 만주진출은 1916년부터 조선의 경제호황을 가져왔다(『每日申報』 1916년 11월 30일 「異例義 金融狀態」).

10) 『每日申報』 1914년 1월 1일 「朝鮮經濟界 將來에 對한 希望」.

11) 송규진, 「1910년대 관세정채과 수이출입구조」, 『역사문제연구』 2, 1997, 23~36쪽.

12) 『每日申報』 1914년 2월 2일 「東京特電: 下院 제출의안」; 3월 7일 「會社令 廢止案」; 3월 17일 「會社令委員會」; 3월 24일 「會社令 후의 會社」.

13) 『每日申報』 1914년 11월 13일 「會社令 一部 改正」.

14) 전우용, 「1910년대 객주통제와 '조선회사령'」, 『역사문제연구』 2, 1997, 103~147쪽.

한호농공은행장 백완혁(白完爀)은 회사령 존치에 대한 아쉬움을 우회적
으로 표현하기는 했지만, 허가절차의 간소화는 산업계의 행운이라고 하면
서 조선인의 회사설립이 더욱 활발하게 전개될 것이란 기대감을 표명했
다.15) 회사령 폐지 논란과 회사령 완화 조치는 투자자유의 확대, 경제영역
에 대한 조선인의 자기결정권 확대를 의미하는 것으로 독해되기 시작했
다.16) 회사령의 존폐를 둘러싼 논란의 격화,17) 전쟁특수에 따른 생산증대
요구, 투자 활성화는 기업열을 부추기며 '경제전쟁'의 전사로서 자본가의
역할을 강조하는 사회분위기를 조성하는 것이었다.

이러한 분위기에 적극적으로 호응하고 나선 것은 일본유학생들이었다.
1914년에서 1919년 사이 『학지광』에 게재된 경제관련 글은 조선인경제의
'독립'을 위해 산업발전, 보호무역을 기본 방향으로 설정하고 있고, 구체적
으로는 기업설립의 활성화, 중소자본가의 자금 확보를 위한 조선인금융기
구의 확대, 그리고 노동생산성제고를 위한 교육(지식, 기술, 근면, 근검)이
제시되고 있었다.

경제전쟁은 평화적 전쟁이며, 기업가 정신이 왕성한 앵글로색슨족과
게르만족은 발전한 반면 그렇지 못한 민족은 망했다고 하면서 민족의 운
명이 기업가의 양어깨에 달려있다고 해도 과언이 아니라고 했다.18) 또한
조선인경제 발전을 위해 국산품애용이 필요하다고 하면서 독일의 보호무
역조치를 높이 평가하는 글을 게재했다.19) 조선인의 경제 발달을 위한
전략으로 근검절약이라는 소극주의와 은행, 도로, 산업시설 등 생산적 시

---

15) 『每日申報』1914년 11월 15일 「産業界의 幸運, 會社令의 改善에 대하여, 漢湖農工銀行長
   白完爀氏談」.
16) 『每日申報』1914년 11월 17일 「會社令 一部 改正」.
17) 『每日申報』1914년 12월 11일 「朝鮮民族觀(13)」; 1915년 11월 26일 「會社令存續의 必要」.
18) 務實生, 「企業論」, 『學之光』 3, 1914년 12월.
19) 李康賢, 「朝鮮産織奬勵契에對하야(寄書)」, 『學之光』 6, 1915년 7월.

설 확충을 통해 자본을 증식하는 적극주의를 모두 채택해야 한다는 것이 었다.[20]

국민경제적 상상을 토대로 자본주의 경제주체로서 자본가의 역할을 강조했던 담론이 다시 공론장에 등장했다. 정치적 결정권이 상실된 상황에서 경제적 결정권에 대한 집착은 분명히 그 모습을 드러냈지만, 담론 내부를 구성하는 내러티브에서는 아직 민족경제에 대한 경계가 분명하지 못했다.

1910년 이전 국가주권의 유지와 경제발전은 상보적 관계로 상상되었던 반면 『학지광』에서는 민족 간 '경제전쟁', 조선인 '경제독립'이란 용어를 사용하고 있다. 경제적 결정권의 확보, 즉 경제전쟁에서 살아남는 것이 민족의 생존권을 보증한다고 하면서도 정치적 결정권(국가주권)과의 관계는 유보 또는 생략되어 있었다. 경제적 결정권의 확보는 자본주의 사회에서 개인이 행위주체로서 자기결정권을 확보할 수 있는 근거였고, 따라서 조선인의 경제적 결정권 확보는 민족의 자기결정권을 보증하는 근거가 될 수 있었다. 이것은 기존 연구에서 지적한 바, 이 시기 지식인들이 경제공동체에 대한 상상을 통해 '민족'을 대외적으로는 독립성을, 대내적으로는 동질성을 갖는 '사회'로 표상할 수 있었던 근거가 되는 것이었다.[21]

그러나 조선인 경제공동체는 여전히 조선이란 물리적 경계에 근거하고 있었다고 볼 수 있다. 즉 조선경제와 조선인경제를 구분하려는 인식은 드러나지 않았다. 와세다 대학 상과 유학생이었던 노준영(盧俊泳)[22]은 일본과 조선의 경지면적, 농가호수, 1개월 평균소득, 조선과 일본 농가의 수확

---

[20] 盧翼根,「經濟振興에對한余의意見」,『學之光』6, 1915년 7월; 盧俊泳,「朝鮮사람生活難의 原因」,『學之光』11, 1917년 1월.

[21] 김현주의 연구(「노동(자)', 그 해석과 배치의 역사」,『상허학보』22, 2008, 41~76쪽)는 『학지광』의 지식인들이 국가를 괄호에 넣고 개인－사회를 통해 민족을 구상했다고 지적하고 있다.

[22] 노준영은 경남 함양군 출신으로 와세다 상과를 졸업하고 1918년 조선은행 서기가 되었다. 이후 삼일산업주식회사, 거창자동차주식회사 사장, 중추원 참의를 지냈다.

량 등에 대한 통계를 통해 조선은 농가1호당 경지면적이 일본보다 넓지만 단위면적(1反) 당 수확량이 적다고 하면서 조선농업생산성의 낙후를 지적함과 동시에 이후 개발의 여지가 많다고 했다.[23] 또한 '국민경제상 농업의 지위'에서는 국민경제 산업구성의 변화를 통해 조선농업의 발전방향을 제시하는 과정에서 '조선인'은 '국민'으로 등치되어 있다.[24] '조선'은 조선인이 개발해야할 지역이었으며, 조선의 경제발전은 조선인의 경제발전과 연동되는 것으로 인식되고 있었다고 할 수 있다.

조선경제와 조선인경제를 구분하려는 인식이 부재했던 것은 조선경제의 최대 호황기라고 했던 1918년 상반기 현상에 대해 "금일 이 기회가 우리 실업사회에 대하여 유일의 서광이올시다."라는 언급에서 알 수 있다.[25] 『학지광』의 지식인들은 일본경제의 발전이 조선경제의 발전을 추동하고 있다고 생각했기 때문이다. 『학지광』의 조선인경제는 조선경제발전에 대한 기대감에 의해 추동된 것이었고, 이를 기회로 삼아 대외적으로 조선인의 경제적 자기결정권을 증명하고자 하는 욕망의 표현일 뿐이었다. '민족경제'의 경계는 모호했고, 그 내부의 동질성에 대한 구상은 막연했다. 『학지광』의 조선인경제는 아직 조선경제의 안팎이 분명하게 형상화되지 못한 것이었다.

일반적으로 제국의 지배는 포섭된 제국 지역의 경제가 함께 성장한다는 인식을 확산시키고, 식민지 역시 제국의 발전에 편승하여 식민지 구성원의 물질생활이 향상될 수 있다는 기대를 갖게 함으로써 제국-식민지 관계를 승인할 수 있는 관념적 기제를 유포시킨다. 일본경제-조선경제-조선인경제가 발전의 연쇄 과정이라는 『학지광』의 경제담론은 총독부의 식민통

---

23) 盧俊泳, 「朝鮮사람生活難의原因」, 『學之光』 11, 1917년 1월.
24) 金喆壽, 「國民經濟上農業의地位」, 『學之光』 18, 1919년 1월.
25) 盧翼根, 「實業振興에對한根本方針」, 『學之光』 17, 1918년 8월.

치가 경제발전담론을 통해 일종의 '상징권력'을 획득해 가고 있었음을 보여준다고 할 수 있다.[26]

2) 팽창과 위기의 연쇄

일본경제와 조선경제를 연쇄적 관계로 이해하는 경제담론은 일본의 급속한 산업화가 초래한 경제위기에 직면하여 균열되기 시작했다. 그리고 이 위기는 자각하지 못했던 경제발전의 쌍생아였던 통화 유동성 문제에서부터 시작되었다.

러일전쟁 이후 일본의 경상수지와 무역수지 적자는 더욱 악화되었다. 1908년 63만 엔이었던 경상수지 적자는 1909년 일시적으로 불황형 흑자 4백만 엔을 기록했지만, 1910년에는 85백만 엔, 1911년 1억 5백만 엔, 1912년 1억 8백만 엔으로 악화되었다. 이로 인해 1905년 4억 2천만 엔의 재외정화는 1913년 2억 2천만 엔으로 감소했고, 외채이자 지불액 역시 85백만 엔으로 급증했다.[27] 자국의 경상수지와 무역수지 악화로 인해 일본은 조선의 식민 경영을 위한 재정지출에 압박을 받고 있었고, 이는 만주진출의 물적 동력을 확보하기 어렵게 하는 요인이 되었다. 이에 일본은 재정압박을 회피하면서 국가자본을 확대할 수 있는 방법으로 조선에 금환본위제를 성립시켰다.

조선통화가 금환본위제 통화로 발행되기 시작한 것은 1909년 한국은행이 1905년 화폐재정정리 과정에서 제일은행권이 사실상 한국통화의 지위

---

26) 피에르 부르디외(김현경 역), 『언어와 상징권력』, 나남, 2014. 폭력에만 의존한 지배로는 지배−피지배의 권력관계를 지속할 수 없다. 지배와 피지배의 관계가 지속되기 위해서는 지배자와 피지배자 사이에 신뢰관계가 형성되어야 가능하다. 따라서 지배자는 증여와 베풂을 통해 신뢰관계를 획득하게 되는데 부르디외는 지배자가 이렇게 하여 획득한 권력을 상징자본이라고 했다.

27) 山澤逸平・山本有造, 『長期經濟統計14: 貿易と國際收支』, 東洋經濟新報社, 1979, 〈표 16〉.

를 획득했던 상황은 1909년 한국은행권 발행제도에도 그대로 계승되었다. 그러나 대한제국의 법률에 의해 성립된 한국은행은 '병합' 이후 총독의 제령에 의해 재승인 되기보다는 일본 법률에 의해 재승인 되는 절차를 거쳤다.

기존 연구에서 조선은행권은 일본은행권을 정화준비로 발행되는 화폐이기 때문에 세계적 차원에서 진행된 금본위제 하에서 사실상 불환지폐적 성격을 갖는 것이라고 보았다.[28] 즉 조선은행권이 일본통화를 매개로 세계 금본위체제에 편입되었지만, 태환이 불가능하기 때문에 사실상 열등한 통화라고 평가할 수 있다.

실제로 1912년 조선은행개정법률안이 일본 제국의회에 상정되었을 때 일본 정부는 조선의 경우, 대만과 달리 그 주변지역의 금융이 발달하지 않았고, 또한 외곽지역으로 어떠한 사태가 날지 모르기 때문에 일본통화와 단일한 통화체계를 성립할 수 없다고 주장했다.

당시 일본 제국의 발권은행인 일본은행과 대만은행은 금은화 또는 금은지금을 정화로 하고, 유가증권을 보증준비로 규정했는데, 일본은행의 보증준비는 정부발행공채, 대장성증권, 그 외 유가증권이었고, 대만은행은 여기에 더해 정부발행지폐와 태환은행권이었다.[29] 반면 조선은행권은 대만은행의 보증준비인 일본은행권을 정화준비로 하고 있었고, 정화준비의 1/3 가운데 은지금은 1/4을 넘지 않도록 규정하고 있었다. 사실상 일본은행권을 정화준비로 하고 있었다고 할 수 있다.[30] 또한 대만은행에는 제한외발행이 허용되지 않고 있었다.

이러한 발권제도의 차이는 대만은행과 조선은행의 영업지역의 차이와

[28] 오두환, 「식민지시대 한국의 화폐제도」, 『한국근대화폐사』, 한국연구원, 1991.
[29] 이러한 발권제도 내용은 일본은행은 1888년 태환은행권조례 개정(칙령 제5호)을 통해 대만은행은 1910년 대만은행법(법률 제34호)에 의해 각각 규정되었다.
[30] 대만은행의 정화준비에 일본은행권이 들어간 것은 1937년 대만은행법률 제11호의 제정부터였다.

관련되어 있다고 할 수 있다. 1897년 설립된 "대만은행은 …… 그 영업이 미치는 범위를 남중국지역과 남양 군도로 확장하고, 여러 나라와의 무역 기관으로 금융의 조화를 꾀할 목적"을 갖고 있었던 만큼 중국 남부의 무역 금융기관으로 서구의 금태환권과의 환전 업무를 수행하고 있었다.[31] 대만은행이 금은을 정화준비로 하고 그 비율도 일본은행권과 동일하게 1/2로 규정한 것은 서양 각국의 금융기관이 진출했던 중국 남부에서 대만은행권의 통용력을 유지하기 위한 조치였다.[32] 정화준비의 차이로 볼 때 대만은행권은 일본은행권과 직접적으로 연결된 통화가 아니었다.[33]

반면 발행액의 1/3을 정화준비로 하고 그 대부분을 일본은행권으로 하는 조선은행권은 일본은행권의 가치에 의해 규정되는 통화였다. 이러한 규정은 정화준비를 위한 금지금의 부족상황을 보완하는 방식의 하나였고, 이렇게 일본은 적은 자본으로 식민지 통화를 지배할 수 있었다.

그러나 다른 한편 조선은행권이 금환본위제 또는 엔환본위제적 성격을 갖는 화폐인 만큼 일본이 인플레이션의 요인을 안게 되는 것이기도 했다. 정화발행을 위해 조선은행에 들어가는 일본은행권은 단기채권이기 때문에

---

[31] 1897년 일본정부가 제출한 대만은행설립 이유서의 내용은 矢内原忠雄의 연구(『帝国主義下の台湾』, 岩波書店, 1988, 9~10쪽)를 참조.

[32] 대장대신 쇼다 가즈에(勝田主計)는 대만은행권의 정화준비율이 1/2인 이유를 다음과 같이 설명했다. "중국인과 거래가 있고, 중국인들은 화폐의 시세 기타 다양한 것으로 기민하게 거래를 하고 있습니다. 나쁜 의미로 말씀드린다면 난잡한 행위도 하고 있습니다. 그래서 여기서는 준비를 상당히 윤택하게 하지 않으면 돌연 은행의 신용에 영향을 미치기 때문에 1/2이라는 규정을 둔 것입니다. 그러나 조선은행은 대만과 다르게, 조선인은 지극히 소박하고 과묵하기 때문에, 은행이 설치되었는지 어떤지… 지금도 얼마나 알고 있는지 모릅니다. 뿐만 아니라 인구도 많고, 영토도 넓어서 중앙은행 즉 일본은행의 1/3의 준비의 사례에 따르는 것이 적당하다고 보고 현재 그렇게 규정한 것입니다(「第40回 衆議院 臺灣銀行法中改定法律案 外 1件(日本銀行法中改定法律案・朝鮮銀行法中改定法律案) 委員會議錄速記 第4回」 1918년 3월 19일)."

[33] 물론 대만은행 역시 일본법률에 의해 설립된 특수은행으로 대장대신의 관할 하에 놓여 있는 것이었지만, 통용력은 정화준비 지금에 의존하는 것이었다. 엄밀한 의미에서 대만은행권은 엔블럭에 포섭되지 않는 것이었다.

일본 내 통화량에는 변화를 주지 않는다. 일본에서 국제수지적자가 나타나 더라도 조선은행의 일본은행권 보유량만큼 금 유출이 발생하지 않게 되고, 또 그만큼 통화량이 감소하지 않기 때문에 인플레이션이 발생할 수 있다. 또한 일본이 조선과의 무역에서 흑자가 커질수록 일본은행권이 일본으로 들어오기 때문에 한 번의 정화준비로 두 번의 통화를 발행하는 것과 같은 효과가 나타날 수 있다.[34] 따라서 일본은행권을 조선은행권과 직접적으로 연결시키는 것은 일본으로서도 인플레이션의 부담을 감수해야 하는 것이 라고 할 수 있다.

조선경기변동에 영향을 미치는 주요 원인은 조선통화가 불환지폐적 성격 을 띤 열등한 통화라는 점보다는 통화확대가 손쉬운 금환본위제 통화라는 점이었다. 일반적으로 금본위제는 통화발행을 통제하여 인플레이션 발생을 억제하기 위한 목적에서 도입된 것이었고, 동시에 통화가치를 금 가격에 연 동시킴으로써 통화 교환을 손쉽게 하여 세계 자유무역의 토대를 형성하는 것이기도 했다. 따라서 금본위제 하에서는 인플레이션이 발생하지 않는다는 것이 일반적 이해이기도 했다. 그러나 이미 유럽에서 독일과 오스트리아 등 이 통화팽창을 위해 영국 파운드화를 정화준비로 통화를 발행하고 있었고, 제1차 세계대전 발발 이전 세계 금융 유동성이 확대되기 시작했다. 일본 역 시 금지금의 확보에 어려움을 겪고 있었기 때문에 이를 보완하기 위해 외국 환 예금에 대해 자국통화보다 1% 높은 3%의 금리를 제공하고 있었다.[35]

34) 일본은행권의 보증준비발행액이 제한되어 있기는 하지만, 채권을 담보로 한 신용창출이 가능하기 때문에 금본위제가 갖고 있는 국제수지 조절기능이 악하다고 할 수 있다(장기 주,『현대인플레이션의 원인과 구조에 관한 연구』,『한사대학 논문집』 6, 1976, 11~15). 1920년대 이전 국제적 핫머니의 증대는 독일, 오스트리아 등의 금환본위제에 기인하는 것으로, 금환본위제는 금본위제의 통화 조절 능력을 크게 악화시켜 인플레이션을 유발하 는 요인 중 하나였다.
35) 김윤희,「1910년대 일본제국의회 속기록에 나타난 조선은행(권)의 성격, 팽창과 위험의 연쇄」,『한일관계사연구』 47, 2014, 132~162쪽.

인플레이션 발생 위험이 높은 금환본위제 화폐인 조선은행권은 1914년 일본이 독일이 점령하고 있었던 산동성을 공격하고, 중국 진출을 본격화하기 시작하면서 발행고가 증대되기 시작했다. 더욱이 제1차 세계대전에 따른 일본의 산업화, 수출증대는 국제수지 흑자 폭을 확대시켰고, 상대적으로 수입이 감소되면서 인플레이션이 격화되기 시작했다. 경상수지와 무역수지를 합한 종합수지는 1914년 42만 엔의 적자를 기록했지만, 1915년 231만 엔, 1917년 405만 엔, 1919년 533만 엔으로 흑자폭이 가파르게 증가했다.[36] 여기에 더해 조선 생사와 미곡 수출 증대로 대일무역적자 폭이 줄어들면서 조선에서도 인플레이션이 발생하기 시작했다.

더구나 1915년 일화(日華)신조약을 체결한 일본은 관동주 조차지 이외 남만주에서 토지상조권과 상공농업에서 영업의 자유를 획득했고, 오쿠마(大隈) 내각 내에서는 만주에 대한 특수은행 설립논의가 제기되었다. 조선은행을 통해 만주를 경영할 계획을 갖고 있었던 조선총독 데라우치 마사타케(寺內正毅)는 별도의 특수은행 설립 안을 부결시킨 이후 여기에 대응하여 조선은행 만주지점에서 소액권 일람불어음을 발행하도록 하는 내용을 내각으로 부터 승인받았다. 그리고 1916년 10월 데라우치 내각이 성립되면서 요코하마쇼킨(橫浜正金)은행의 척식업무는 동양척식주식회사가 인계받고, 발권업무는 조선은행이 인수하여 조선은행이 사실상 만주지역의 발권은행기능을 담당하기 시작했다.[37] 이로 인해 조선과 만주의 금융상황은 연동관계에 놓이게 되었고, 조선은행권이 만주시장에 유통될수록 조선의 금융상황은 만주 금융상황의 영향에 직접적으로 노출되었다.

조선은행은 영업범위를 만주, 몽고, 중국 중부, 시베리아 등지로 확장해 갔고, 영업의 확장으로 인해 조선은행권의 증액이 요청되고 있었다. 이에

36) 山澤逸平·山本有造,『長期經濟統計14: 貿易と國際收支』, 東洋經濟新報社, 1979, 〈표 16〉.
37) 朝鮮銀行史研究會,『朝鮮銀行史』, 東京經濟新報社, 1987.

일본 정부에서는 보증준비를 3천만 원에서 5천만 원으로 증액하고, 부총재 1인을 두며, 신탁 업무를 추가하는 조선은행 개정 법률안을 제국의회에 제출했다. 이 개정 법률안은 일본제국의 만주진출이라는 국책을 수행하기 위해서 조선통화를 증발함으로써 일본 본국 경제의 안정성을 확보하겠다는 의도가 담겨 있었다.

그러나 금환본위화로써 조선통화의 증발은 일본에도 영향을 미치는 것이었기 때문에 결코 안전한 방식은 아니었다. 중의원 의원 나카지마 나가모토(中島永元)[38]가 일본과 조선의 화폐 통일 문제를 거론하면서 "현재 (일본) 내국 통화의 상황을 보더라도 매우 우려되는 것이 있습니다. 이러한 상황에서 조선이 신영토가 되고, 재정 등 기타의 일도 여러 가지 계획되고 있습니다. 화폐제도에서 국내와 같은 화폐로 통화를 한다는 정책인데, 본 의원이 보기에 장래에 매우 우려됩니다.…… 조선에서 지폐를 많이 발행하지 않더라도 사실상 일본은행 태환권을 유통시키는 것이 적당하다고 생각합니다."[39]라고 주장한 배후에는 조선은행권 발행액의 증대가 일본 경제에 위험요소라는 인식이 존재한다. 나아가 그는 일본은행권의 발행증가로 인플레이션이 발생하고 있었기 때문에 인플레이션의 억제를 위해서는 조선에서 일본은행권을 유통시키는 것이 필요하다고 하면서 화폐통일을 주장했다.

일반적으로 조선 지배를 둘러싼 일본정치세력의 입장 차이─분리주의와 동화주의가 통화제도에서 조선에 발권제도를 부여할 것인지의 여부로 표면화되었다고 볼 수 있지만, 그 이면에는 조선은행권의 정화준비 내용으로 인해 일본이 인플레이션 요인을 안게 되는 문제가 있는 것이다. 그리고

38) 1844년~1922년. 메이지와 다이쇼시기 관료. 이와쿠라(岩倉)사절단으로 미국에 파견되었다. 오사카 양학(洋學)학교 교장을 지냈다.
39) 「第27回 貴族院議事速記錄 朝鮮銀行法案 第1讀會 續」 1911년 3월 21일.

이것은 일본이 조선의 통화를 지배할 때 지금 매입에 자본을 고정시켜 안정적인 통화체계를 만들 것인지 아니면 단기채권발행을 통해 유동성을 확대할지를 선택해야 하는 문제였다. 인플레이션이 노동과 자산의 교환가치의 격차를 심화시켜, 자본가에게 유리한 시장 환경을 만든다는 점을 생각한다면, 일본의 조선통화지배 방식은 대다수 일본국민에게 금융유동성 확대의 위험을 전가할 가능성이 높은 것이라고 할 수 있다.

제국의회에서는 화폐통일문제를 제기하면서 조선은행권의 취약성을 보완하기 위해 정화준비를 지금으로 하고, 정화준비 비율을 1/2로 증가시켜야 한다는 주장이 제기되었다. 1918년 조선은행권 개정 법률안이 제출되었을 때 중의원 마키야마 고조(牧山耕藏)는 조선은행과 일본은행이 통합되어야 하고 이를 통해 조선과 만주까지 통일된 화폐제도를 갖추어야 한다고 주장했다.[40] 조선의 국제수지 적자가 점차 줄어들고 있는 경제상황과 제1차 세계대전으로 일본의 경제가 활황기에 들어간 점들을 거론하면서 불안한 식민지 통화를 일본통화와 동일하게 할 것을 주장한 것이었다. 그러나 대장대신 쇼다 가즈에(勝田主計)는 장기적으로 일본정부도 화폐통일을 수립할 생각을 갖고 있지만, 대만과 만주의 불안정한 상황이 여전히 존재하기 때문에 시기상조란 점을 들어 반대 입장을 피력했다.

조선은행권의 불안정성에 대한 논의는 귀족원에서 다시 제기되었다. 그리고 이 때 이 문제를 제기한 것은 1911년 조선은행법률안 제정 당시 총독부 탁지부 장관이었던 아라이 겐타로(荒井賢太郎)였다. 그는 1911년 당시 조선은행권 정화준비율을 1/3으로 정한 것은 조선의 무역적자가 3, 4천만 원으로 심각했기 때문이고 당시에는 정화준비를 증가시킬 상황이 아니었지만, 1918년 시점에서는 무역흑자액이 조금 더 많은 경우가 생길 정도로

---

40) 「第40回 衆議院 臺灣銀行法中改定法律案 外 1件(日本銀行銀行法中改定法律案·朝鮮銀行法中改定法律案) 委員會依錄 速記 第4回」 1918년 3월 19일.

국제수지가 균형을 이루기 때문에 정화준비율을 1/2로 올려야 한다고 주장했다. 그리고 정화준비의 절반 정도는 금지금으로 해야 한다고 주장했다.[41] 그러나 여기에 대해 대장대신 쇼다는 현재 조선의 무역흑자는 제1차 세계대전의 영향일 뿐이고, 전쟁이 종료되면 다시 무역적자로 돌아설 것이라고 진단했다. 또한 그럴 경우 조선 내 개발을 위해서 통화가 더욱 필요하게 될 것이기 때문에 정화준비율을 높이는 것은 현재로서는 적당하지 않다고 반론을 제기했다.

두 사람 공방의 배후에는 당시 일본은행권의 발행 상황에 대한 우려가 존재했다. 이에 아라이는 조선은행권의 정화준비율을 높이고, 일부를 지금으로 확보하여 통화의 기초를 강화하기 위한 조치가 필요하다고 주장했지만, 쇼다는 조선경제의 지속적 발전이 불투명한 부분이 있고, 만주와 조선에서 대출을 증가시켜야하기 때문에 정화준비를 늘리는 것보다는 보증준비 한도를 늘리는 것이 적절하다고 주장했다. 이것은 일본 내의 유휴자본을 어떻게 사용할 것인가의 문제와 연결되는 것으로 아라이는 유휴자본을 조선은행권의 기초를 확립하는데 사용한다는 입장이었던 반면, 쇼다는 중국에 대한 일본의 경제적 지배를 확장하는데 사용해야 해야 한다는 입장이었다.

1918년 금융유동성 확대에 따른 위기가 감지되기 시작했을 무렵 일본은 제1차 세계대전의 종식을 예상하고 금리인상을 통해 통화량을 조절해 가기 시작했다. 반면, 조선에 대해서는 오히려 통화를 증발하기 위한 조치로서 보증발행 준비액을 인상하는 법안을 통과시켰다. 정화준비율의 인상을 통해 조선은행권을 발행하는 것은 일본은행권 증가와 연결되는 것인 만큼 일본 국내 통화량에도 영향을 미치는 것이었다. 반면 보증준비 발행은 유

41) 「第40回 貴族院 日本興業銀行法中 改定法律案 外 1件 特別委員會 議事速記錄 第1回」 1918년 3월 25일.

가증권을 담보로 하는 만큼 일본 국내 통화량 증감에 직접적으로 영향을 미치는 것이 아니었다. 그러나 보증준비 발행한도를 무작정 높일 경우 조선은행권의 가치하락이 발생하여 은행권의 통용력이 약화될 수 있는 것이었다.

그렇다면 일본과 달리 조선에서 확대된 금융 유동성은 조선경제에 어떠한 영향을 미쳤는가? 1918년 3월 조선은행 개정법률안이 통과되기 직전 조선의 경제상황은 매우 불안정했다. 일본의 물가 조정령으로 면포가격이 폭락했지만, 인도면의 수입두절과 미국면의 폭등으로 가격이 반등하는 등 시장은 매우 불안정한 상황이었다. 만주지역의 경우, 러시아 혁명으로 러시아의 외국환 금지, 금수정책이 시행되었고, 러시아의 지폐가치가 하락하고, 은괴시세의 등락이 매우 격심하여 시장의 불안정성이 심화되고 있었다.

그러나 2월 21일 『매일신보』는 조선경제가 부진에 빠질 우려가 있음을 지적하면서도 조선의 부동산 활황으로 경기가 곧 회복될 것이라고 보도했다.[42] 그리고 조선은행권의 보증준비 발행액 증가가 제국의회에서 통과되자, "보증준비 발행한도의 확장은 조선은행의 수익 상태를 종래보다 양호하게 할 것이 분명하다. 그와 동시에 조선은행으로서는 선만(鮮滿)의 개발에 대하여 가급적 힘을 다하지 않을 수 없다."라고 하여 발행고의 증가로 조선과 만주의 경제개발이 더욱 촉진될 것으로 내다 봤다. 나아가 "모국(일본) 금융계는 대체로 긴축하는 경향이 있는 것으로 보이나 전쟁 국면의 앞날을 예상하기 어려우며, …… 대외무역도 제한과 금수의 사정에 따라 전년과 같은 호조로 돌아서지는 못할 것이며, 따라서 정화를 확보하지도 못할 것"이기 때문에 조선은행으로서는 다행스러운 일이라고 진단했다.[43]

시장의 불안정성이 노정될 경우 조선은행의 자금조달이 쉽지 않기 때문

---

42) 『每日申報』 1918년 2월 21일 「鮮萬財界와 朝鮮」.
43) 『每日申報』 1918년 3월 29일 「今後 鮮銀의 發展, 銀行券의 大膨脹」.

에 보증준비 발행한도의 확장이 오히려 경제발전에 도움이 될 수 있다는 조선은행관계자들의 낙관적인 전망은 이들이 얼마나 위험성 높은 투자에 몰두했는지를 보여준다. 일본의 금융계는 이미 유동성 확대에 따른 위험에 대비해서 긴축을 실시하고 있었다.

조선은행의 보증준비 발행한도 증대는 조선 경제의 거품으로 연결되었다. 보증준비 발행한도의 확장으로 이제까지 조선은행이 부담하고 있는 제한 외 발행세 15만 원 정도를 절약할 수 있게 되어 이익이 크게 증대될 것이라고 하거나 요코하마쇼킨은행의 발행금권 인수로 발생한 손해를 만회하는 것이니 그렇게 막대한 이익을 거두는 것은 아니라는[44] 세간의 평가 속에서, 5월에는 조선은행권의 발행 증대에 따른 대출 증가로 '최근 1년 중 최고의 호경기'가 등장하기도 했다. 이에 조선은행은 물가의 상승으로 지난달에 하락했던 미가가 당시 등귀하면서 조선개발이 급격하게 증대된 것이기 때문에 대출 증가의 위험이 높지 않다고 했다.[45]

그러나 등귀하는 미가를 담보로 한 대출은 은행의 대출 부실로 연결될 가능성이 높아졌다. 3분기에 접어들면서 만주시장의 투자수요가 줄어들자, 만주의 유휴자본이 조선으로 유입되기 시작했다. 서울, 군산, 평양, 대구 등 주요 도시에서 방만한 대출이 진행되면서 통화량이 급격히 증가했고, 석당 미가는 1917년 16원, 1918년 26원, 1919년 39원으로 급등했다. 『매일신보』에서도 지적했듯이 쌀값의 등귀는 조선은행권의 발행증가와 만주에서의 자금 수요 감소로 조선 내 통화팽창이 발생했기 때문이었다.[46]

금융유동성 확대는 조선과 일본에서 쌀투기를 부추기고, 생존위기를 심화시켰다. 1918년 8월 일본에서 전국적으로 발생한 '쌀소동'은 산업화에 따

44) 『每日申報』 1918년 4월 11일 「保證準備發行限度 2千에서 5千으로 改正 以後」.
45) 『每日申報』 1918년 5월 12일 「資金消化, 財界의 膨脹과 銀行貸出 激增, 鮮銀 當局者 談」.
46) 『每日申報』 1918년 8월 15일 「通貨膨脹과 米價」.

른 금융유동성이 얼마나 위험한 파괴력을 갖고 있는지를 확인시켜 주는 사건이었다. 일본 '쌀소동'의 여파로 조선의 미가는 더욱 폭등했다. 곡물출하시기였던 10월 이후에도 조선의 쌀값은 계속 상승했다. 12월 인도차이나령의 프랑스 총독이 미곡수출금지령을 발포하여 안남미 수입이 두절되었고,[47] 1919년 1월과 2월에는 미가가 더욱 폭등했다.[48]

3·1운동은 이제까지 조선과 일본의 경제가 함께 발전할 수 있다는 관념의 허구성을 드러낸 사건이었다. 만주로 자본 확대를 멈출 수 없었지만, 그렇다고 해서 본국의 금융유동성 위기를 방치할 수 없었던 일본은 조선에 금융유동성 확대의 위험성을 전가하는 방식으로 조선은행권을 증발했다. 조선경제를 희생시키는 정책의 시행은 조선경제와 일본경제가 동시에 발전할 수 있는 관계라는 관념에 균열을 일으켰다.

3) 산업발전과 조선인경제

제1차 세계대전 종전 직후 발생한 '쌀소동'과 '3·1운동' 그리고 경제 불황으로 일본과 조선에서는 국민경제에 대한 상상의 자장이 강화되면서 분배문제가 중요한 문제로 등장했다. 일본에서는 사회연대의식을 통해 분배와 계급협조의 필요성을 강조하였고, 총독부는 3·1운동이 초래한 체제위기를 완화하기 위해 조선의 산업발전과 사회사업을 제시했다.

1920년 회사령을 철폐한 총독부는 1921년 조선산업조사위원회를 신설하여 경제개발의 구체안에 대한 조사를 실시했다. 재조일본인 자본가는 본국

---

[47] 『每日申報』 1919년 1월 1일 「安南米解禁에 就하여, 農商務當局의 談」, 1월 13일 「安南米解禁確實」.

[48] 『每日申報』 1919년 1월 20일 「日復日高騰, 陰曆歲末의 可恐할 米價」; 2월 4일 「百兩에 三升의 米價, 사람을 죽일 요새 쌀 시세」; 2월 26일 「過去 一年의 米價는 이 모양으로 올라갈 줄만 알았다」.

정부의 지원정책 부재를 비판하면서 경제지원과 인프라 구축 등 재정지원
을 촉구했다.[49] 이들이 제기한 '조선 본위'는 일본과 조선이란 지역적 차별
에 대한 비판이라고 할 수 있다. 반면 조선인 자본가는 상공업, 특히 공업
발전 정책을 요청하면서 '조선인 본위'의 정책을 촉구했다.[50] 이들이 제기
한 '조선인 본위'는 민족차별에 대한 비판이었다. 조선산업조사위원회는 제
국과 식민지의 관계에 내장된 지역과 민족 차별의 경험이 서로 경합하는
장이었다. 그러나 조선산업조사위원회가 채택한 내용은 이제까지 조선인
자본가의 요청을 묵살하는 것이었고, '산업대회'를 개최하여 조선인 본위의
경제정책 채택을 추동했던 민족주의 정치기획세력은 여기에 대해 극렬하
게 반발했다.[51]

『동아일보』는 사설을 통해 "경제적 전쟁이 영원한 시기에 이르러서" 민
족 생존의 근거가 소탕을 당했으며, "경제적 술수와 정책에 의한 살육"으로
민족전체의 생명줄이 끊어졌다고 했다. 그리고 "조선인에게 경고하노라.
제군은 전장에 서게"되었다고 하여 경제전쟁을 선포했다.[52] 조선산업조사
위원회란 협상테이블을 깨뜨린 것은 재조일본인과의 경합을 조정해야 할
총독부였다. 경제전쟁에 임하기 위해 아군을 구별해 내야 한다는 인식 속
에서 민족주의 정치기획세력은 '조선경제'에서 '조선인경제'를 구별해 내려
고 했다. 그리고 이 구별이 정당한 것임을 증명하기 위해서는 과학적 지식
이 뒷받침 되어야 했다.

---

49) 전성현, 「1920년 전후 조선상업회의소와 조선산업정책의 확립」, 『역사와 경계』 58, 2006,
167~202쪽.
50) 오미일, 「1920년대초 조선인부르주아층의 산업정책론」, 『사림』 12·13, 1997, 331~358쪽.
51) 1920년 제한적으로 열린 공론장을 선점한 것은 민족담론이었다. 민족담론은 『開闢』, 『東亞
日報』, 『朝鮮日報』 등을 통해 그 자장을 확대해 갔다. 본 논문에서 사용하는 민족주의
정치기획세력은 매체를 통해 민족공동체 담론을 생산했던 자들을 의미하며, 기존연구에
서 명명한 민족주의자(우파와 좌파), 사회주의 세력 일부를 포함한다.
52) 『東亞日報』 1921년 9월 24일 「産業發達에 대하여 朝鮮人에게 警告하노라」.

1921년 '최근조선산업발달의 대관'이란 제목의 『동아일보』 기획연재기사는 총독부의 경제조사통계지식을 통해 경제현황 및 개발 가능성을 타진한 내용이었다.[53] 광업의 경우 민족별 비교가 가능한 통계가 제시되고 조선인 광업경영이 일본인에 비해 현저히 적은 것에 대해 안타까움을 표현했지만, 그 외 금융, 농업, 임업, 수산업 등은 매년 성장을 확인할 수 있는 시간적 나열의 통계를 제시했다. 연재 도중인 9월 이후 조선산업조사위원회의 결정에 대한 실망감이 확대되었고, 11월 게재된 연재기사 총평에는 이러한 실망감이 반영되었다. 일본인의 노력에 의해 조선경제가 발달했음을 인정하지만, 조선인은 이러한 발달에서 소외되었다고 주장했다.[54] 조선인경제를 고찰하고 기초를 확립하기 위한 보호정책이 필요하며, '조선인의 경제적 자각이 필요'함을 촉구했다.[55] 그러나 이 연재기사는 총독부가 생산한 통계지식을 통해 조선인에 대한 경제적 차별을 증명하기보다는 경험적으로 공유되었던 민족차별 감정에 호소하는 데 머물렀다.

이에 『동아일보』는 조선인경제 상태를 보다 정확하게 이해하고, 개발 가능한 재원을 발굴하기 위해 조선인경제에 대한 실질조사기구가 필요함을 촉구했다.[56] 조선인경제 상태에 대한 조사는 총독부의 차별적 통치를 확인함과 동시에 "경제조사기관을 설립하여 조선에 유리한 제조공업은 조선인으로 경영하게 할 것"이라고[57] 하여 조선인이 주체적으로 개발할 수 있는 재원을 발굴한다는 두 가지 의미를 갖는 것이었다.

1922년 6월 『동아일보』는 '조선인경제' 상태에 대한 고찰을 위해 '조선인

[53] 「最近朝鮮産業發達의 大觀」은 8월 15일에서 11월 14일까지 총 59편이 연재되었다.
[54] 『東亞日報』 1921년 11월 4일, 5일, 6일, 8일, 10일, 12일 「最近朝鮮産業發達의 大觀」(53)~(58).
[55] 『東亞日報』 1921년 11월 14일 「最近朝鮮産業發達의 大觀」(59).
[56] 『東亞日報』 1922년 1월 28일 「經濟的 照査機關」, 3월 17일 「産業上으로 自立하라」.
[57] 『東亞日報』 1922년 5월 17일 「産業運動을 提唱하노라」.

의 관찰한 조선산업대관'을 2회에 걸쳐 연재했다. 이 기사는 동아일보 조사부장 김동성(金東成)[58]이 영문 잡지 『태평양』에 게재한 논문을 번역한 것이었다.[59] 김동성은 1910년 전후 일본국고의 보조금 통계를 제시하고 일본정부가 조선에 대해 성의를 보인 것은 인정하지만, 그중 일본인 관리와 조선인 관리에게 지불된 봉급액수(각각 11,657,258원/3,104,053원)를 보면 보조금 대부분은 조선의 일본인에게 사용되었다고 주장했다.[60] 이어서 광산업, 수산업, 공장 통계를 제시하면서 조선인에 비해 일본인 경영회사의 수가 월등히 증가했고, 조선인 종사자의 수가 많은데 비해 영업이익은 오히려 일본인에 비해 현저히 낮다는 점, 일본인상업가는 조선거주자 전체의 1/3인데 비해 조선인상업가는 조선인구의 1/10에 불과하다는 점, 은행의 경우, 본점 19개 지점 58개 총자본금 1,348만 원 중 조선인경영 은행은 본점 8개, 지점 35, 자본금 680만 원에 불과하다는 점을 제시했다. 나아가 조선은행의 회수불능대출이 일본인에게 집중되어 있다는 점, 식산은행의 주주가 대부분 일본인이란 점 등을 제시하면서 총독정치가 조선인에 대한 경제적 차별이었음을 증명하려고 했다.[61]

　민족주의 정치기획세력은 총독부의 산업개발 정책이 조선인경제의 발전을 위한 것이 아니라고 하고, 조선인경제 발전의 주체가 바로 조선인 자본가여야 한다고 주장했다. 조선인경제와 조선인자본가의 관계가 선순환적 관계로 설정되었기 때문에 이들의 조선인경제 담론에는 자본가 이외의 경제주체에 대한 고려는 찾기 힘들다.

----

[58] 김동성은 1908년 미국 오하이오 주립대학에 유학했고, 1920년 동아일보사에 입사했다. 1924년에서 1926년까지 조선일보 발행인 겸 편집인이었다.
[59] 영문잡지 『태평양』은 1913년에 하와이에서 이승만이 주도하여 발간한 잡지로 추정된다.
[60] 『東亞日報』 1922년 6월 14일 「朝鮮人의 觀察한 朝鮮産業大觀(1)」.
[61] 『東亞日報』 1922년 6월 15일 「朝鮮人의 觀察한 朝鮮産業大觀(2)」.

불경기는 조선인 실업으로 연결되었고, 공론장에서는 조선인 실업문제
가 대두되기 시작했다. 이에 민족주의 정치기획세력은 '조선인경제'의 문제
를 조선인 자본가의 탓으로 돌리기보다는 조선민족 전체의 문제로 치환시
키려고 했다.

4) 조선민족의 파산

1920년부터 부동산경매 건수와 파산선고 건수는 전년에 비해 급격히 증
가하는 추세에 돌입했다. 제1차 세계대전이 종결된 후 인플레이션의 여파
로 인해 영국과 미국을 비롯하여 일본에도 불경기가 나타나기 시작했다.[62]
금융경색에 따른 일본의 은행 및 상점 파산이 식민지 조선에도 영향을 미
치기 시작한 것이 이때였다.[63]

『동아일보』가 조선인 상점 파산에 대해 민감하게 주목했던 것은 그들이
주도하는 물산장려운동과도 관련이 있었다. 조선인 유통업의 파산은 조선
인경제의 위기를 상징적으로 보여주었기 때문이다.[64]

일본정부는 파산이 확산되어 가자 종래 상점과 회사를 대상으로 했던
파산법을 개정했다. 개정 내용은 민법에서 부채처리에 관한 법률에 의해

---

[62] 小林英夫, 『植民地への企業進出: 朝鮮會社令の分析』, 柏書房, 1994; 『東亞日報』 1921년
3월 28일, 「加州日銀危險期切迫」, 6월 8일 「米經濟極恐慌, 「프락스츠리트」誌 調査에 의하
면 四月中破産率 七十四퍼센트나 된다고」.

[63] 『東亞日報』 1920년 5월 31일 「東京市內의 破産會社 七十個所」, 8월 4일 「大阪市紳絲布商
前川商店破産」.

[64] 윤해동의 연구(「일제하 물산장려운동의 배경과 그 이념」, 『한국사론』 27, 서울대한국사학
과, 1992, 302~306쪽)에 따르면 1910년대 경기호황 이후 성장한 조선인자본가가 일본자본
의 조선 진출에 대응하기 위해 1921년 동아일보의 지원으로 '조선인산업대회발기준비회'
를 개최했고, 이것이 물산장려운동의 시발이 되었다고 한다. 1910년의 경기 호황은 1920년
에 점차 하강국면으로 돌입했는데, 부동산경매건수와 파산선고 건수가 1920년부터 전년
에 비해 급격히 증가했다. 제1차 세계대전과 종전으로 호경기 직후에 경기가 급격히 하강
했고, 여기에 대해 조선인 자본가들이 위기의식을 가졌다고 볼 수 있다.

규정된 개인의 채무채권처리를 파산법에 포함시킴으로써 개인에 대한 파산신청, 채무채권자 간의 조정과 화의, 개인재산의 강제처분을 가능하게 하는 것이었다. 1922년 1월 일본 국회에서 통과된 수정 파산법은 1923년 1월부터 조선에서도 시행되었다.[65] 종래 법인을 대상으로 했던 파산법이 개인에게도 적용되었다는 점은 개인의 생산과 소비 활동에서 채무채권관계가 크게 확대되었음을 의미함과 동시에 불경기에 따른 개인의 경제활동 위기가 현실화되기 시작했음을 보여준다. 그러나 무엇보다도 법인의 사멸 절차를 의미하는 파산법이 자연인인 개인을 대상으로 적용됨으로써 파산 개념은 개인의 경제 활동의 종식이란 의미를 함께 내포하게 되었다.

한 예로 수정 파산법이 도입된 후 1923년에 전북에 사는 류경덕(柳敬德)이 채권 액 만 원의 변제를 위해 이왕직(李王職) 장관 민영기(閔泳綺)에 대해 파산신청을 했다.[66] 또한 후작 윤덕영(尹澤榮), 조민희(趙民熙)에 대한 일본인 십여 명의 파산신청 사건에 대한 기사가 보도되었다.[67] 귀족의 작위를 받고 최상층의 지위를 갖고 있었던 이들에 대한 파산신청 사건은 당시 조선인에게 파산의 사회적 의미를 알려줌과 동시에 최상층 조선인의 투기적·향략적 생활상을 알려주고 있었다. 투기적인 사업 확장과 향략적 과소비의 결과로서 파산, 그리고 파산선고에 따르는 경제적 몰락은 사회적으로 귀족의 지위를 더 이상 유지할 수 없는 '유산자'에 대한 최후의 선고로서 '파산'의 의미를 극명하게 전달하고 있다.[68]

조선인의 파산 기사가 신문지면을 장식하면서 '파산'은 "동양에 제일번

65) 『東亞日報』 1923년 1월 1일 「新年元日부터 注意할 事項 破産法과 和議法」.
66) 『東亞日報』 1923년 5월 22일 「李王職長閔泳綺氏를 걸어 破産宣告를 申請」, 『朝鮮日報』 1924년 11월 30일 「閔氏 파산 신립. 내월 12일에, 閔泳徽씨 증인 심문」.
67) 『東亞日報』 1923년 6월 10일 「尹澤榮侯에게 破産申請」, 6월 20일 「趙民熙氏를 걸어 破産申請」;『朝鮮日報』 1923년 6월 20일 「尹澤榮 候爵을 破産 申立」, 6월 29일 「尹澤榮 候爵의 파산 사건. 今日에 개정 심리」, 11월 8일 「尹澤榮을 증인으로. 尹후작 파산선고 사건으로」.
68) 『朝鮮日報』 1924년 10월 5일 「조선 갑부의 長子가 파산 申立을 당하여」.

화한 땅이니 무엇이니 하던 일본 동경이 일시에 날아가 버리고 석양의 모습이 되고 경성에는 부업공진회(副業共進會)니 무엇이니 하는 큰 독갑이 작난을 하고 남촌에는 자기집을 스스로 태워 화재를 일으키는 참혹한 일이 다 생기었다. 아—세상사는 이와 같이 순식간에 변천되는 것이다. 금일의 강자가 명일의 약자 금조에 유산자가 내일 저녁에 파산자다. 약자와 빈자는 한탄할 것 없다."[69]라고 하여 근대 경제생활의 불균등성을 상징하는 용어가 되었다.

실력양성론의 입장에서 문화운동을 추진하고 있었던 지식인들은 불경기로 인한 조선인 상점의 파산에 대해 다소 시각의 차이가 있었지만, 파산 현상을 빈곤한 조선인 전체의 생활상과 연관 짓기 시작했다. 특히 '조선경제'와 '조선인경제'를 구별 짓고, 재조일본인과 조선인을 비교하는 수사를 통해 조선상점의 파산을 전체 조선인경제의 파탄상과 연결 지어 설명했다.

유산자의 파산현상을 조선민족 전체의 파산으로 연결 지은 인물은 이광수(李光洙)였다. 그는 "파산이라 함은 빈궁과 다릅니다. 빈궁이라 하면 부족하지마는 아직도 살아갈 수 있다는 뜻이지만, 파산이라 하면 빈궁을 지나서 살아갈 수 없는 지경에 이르는 것을 이름이오다."라고 하여[70] 결여된 상태인 빈궁과 달리 '파산'을 근대 자본주의 사회에서 개인이 스스로 삶을 유지할 수 없는 상태라고 규정했다.

그는 "수출입액 통계를 제시하면서 매년 1억 수천만 원식 조선민족은 그 생활에서 밑져가는 것"이라고 하면서 조선민족의 "경제적 파산"을 선언했다. 그리고 "지식으로나 부력(富力)으로나 전 민족의 중추계급이라고 할 공무"의 수적 질적 열세를 지적하면서 조선인이 스스로 자본주의적 물질생활을 영위할 수 없는 상태임을 역설했다.[71] 이광수의 파산은 민법상 규정된,

69) 「江原道를 —瞥한 總感想」, 『開闢』 42, 1923년 12월.
70) 魯啞子(이광수), 「少年에게(三)」, 『開闢』 19, 1922년 1월.

행위 주체의 소멸이란 내포를 갖고 있는 것이다. '살아갈 수 없는 지경'에
이른 조선민족은 근대 자본주의 사회의 주체가 될 수 없다는 함의가 포함
된 것이었다. 이광수의 '파산'담론은 그의 '민족개조론'의 배면을 구성하는
위기의 수사였다.

5) 자본주의 경제주체와 조선민족

'파산'담론은 『동아일보』와 『조선일보』에서도 반복적으로 재현되고 있
었다. 『동아일보』는 「경제적으로 파산상태인 경성의 조선인 시민」이란 제
목의 기사를 통해 조선경제와 조선인의 경제를 분리하고 총독부의 통계를
근거로 하여 서울 일본인과 조선인의 경제력을 비교했다. 토지가옥 등 부
동산 소유상황, 법인세 납부상황, 조선인 유민 증가상황을 보도하면서 "조
선 사람의 서울은 텅텅 비고야 말 것이다"라고 했다.[72] 또한 1924에는 경
성과 동일한 현상이 부산, 원산, 평양, 대구뿐만이 아니라 농촌에서도 일
어나고 있다고 하면서 조선인이 경제적으로 파산 상태에 놓여 있음을 이
야기했다.[73] 『조선일보』는 차압집행, 파산 등이 증가하는 것은 "우리 민족
의 생활이 경제적으로 급격한 파멸을 당하는 현상"이라고 해석하고,[74] 서
울을 비롯한 평양 상점의 파산 참경을 전했다.[75] "삼분의 1도 못남은 시가

---

[71] 魯啞子(이광수), 「少年에게」, 『開闢』 17, 1921년 11월.
[72] 『東亞日報』 1923년 11월 6일 「경제적으로 파산상태인 경성의 조선인시민」, 「토지가옥의
산분이도 일본인에게 들어가고 상공업의 생산액도 산분지일밖에 아니되고」, 「遊衣遊食
의 食口만 19만」.
[73] 『東亞日報』 1924년 3월 1일 「경제적파산(상), 3월 5일 「경제적파산(하)」, 6월 12일 「줄어드
는 조선인토지」, 8월 5일 「농사시설의 모순 농잠구상파산속출」.
[74] 『朝鮮日報』 1924년 5월 18일 사설 「경제적으로 명증하는 참상」.
[75] 『朝鮮日報』 1924년 10월 25일 「파산! 폐점! 평양 시가의恐慌」, 1925년 1월 16일 「전조선인의
큰 파산이 온 것을 깨달으며」.

지…… 이 숫자야 말로 우리 민족적 경제의 파산선언이 아니냐"[76]라는 언술은 1920년 초기 조선민족의 경제 상태를 상징하는 수사였다.

　　한편, 지식인의 담론의 장이었던 잡지 『개벽』에서 천도교 세력은 조선인 유산자의 파산=조선인경제의 파산이라는 공동체적 감성을 자극하는 수사와는 다소 거리를 두는 논의들을 제기하고 있었다. 김기전(金起田)은 「우리의 산업운동의 개시되었도다」라는 기사를 통해 "우리의 상인은…… 파산까지 하는 비운에 이르렀다"는데 이것은 그들이 "스스로의 힘으로 돈을 번 것이 아니라 재계가 풍부한 기회를 타서 자신의 재산정도를 고려하지 않고 많은 돈을 사용했기 때문"이라고 했다. 그러면서도 조선인 경제활동을 대표하는 상인이 파산한 원인이었던 '성실하지 못한 경제관념'은 모든 조선인이 공유하는 것이라고 보았다.[77] 박달성(朴達成) 역시 "원래 지력자력이 허한데다가 일확천금의 허용은 있는지라 투기업에 발을 담그기 시작하여 미두(米豆)니 광산이니 하다가 파산을 당하고 만다하고, 그렇지 않으면 술이나 도박이 다물어가고 마는 것이다. 이리하여 조선인은 상업도 불긴(不緊)하다"[78]라고 하여 유산자의 사치적 소비와 투기성이 파산의 주요 원인이라고 보는 한편, 사치성과 투기성이 근대 자본주의 사회가 어느 정도 용인하는 것인 만큼 조선 민중의 생활도 이러한 관념에 이미 젖어 있다고 보았다. 조선인의 대다수를 구성하는 농민과 무산자의 생활상에 주목했던 이들은 유산자의 파산 속에 내재한 사치와 투기성에 주목했기 때문에 조선인 상점의 '파산'을 곧바로 조선인의 경제 상태로 표상하지 않았다. 그러나 파산 현상의 원인이었던 사치와 투기성은 근대 자본주의 사회를 살아가는 조선인이 어느 정도 용인하고 공유하는 것이라고 보았기 때문에 유산

---

76) 「仁川아 너는 엇더한 都市」, 『開闢』 48, 1924년 6월.
77) 金起田, 「우리의 산업운동의 개시되었도다」, 『開闢』 15, 1921년 9월.
78) 朴達成, 「有耶無耶? 朝鮮人의 「生道」」, 『開闢』 29, 1922년 11월.

자의 파산은 조선인 전체의 정신적 문제를 표현하는 현상의 하나였다. 유
산자의 정신적 문제를 조선인 모두가 공유하고 있다고 보는 이상, 유산자
의 파산은 조선인 전체의 생활 관념과 밀접한 연관성을 갖는 것이었다.

  제1차 세계대전 이후 제기된 제국주의와 금융자본의 독점에 대한 비판
은 자본주의 물질문명의 폐해를 시정하려는 세계개조·사회개조의 사상을
확산시키고 있었다. 천도교 세력은 러셀, 카펜더 그리고 독일의 문화주의
사조 등을 일본으로부터 수용하면서 자본주의 물질문명의 폐해를 극복하
기 위한 정신개조—종교적인 차원의 문제를 제기했다.[79] 조선민족 전체를
대상으로 정신개조를 주장한 이들은 유산자의 경제적 파산 속에서 자본주
의적 물신성과 투기성에 물든 조선민족의 정신 상태를 끌어냈다. 즉 결과
적으로 자본주의 물질문명에 물든 조선인의 정신상태가 파산이란 경제현
상의 궁극적 원인이 되는 것이었다.

  현상에서 벌어진 파산이 곧 조선민족의 경제적 파산이기 때문에 경제적
거시지표의 향상을 위해 노력해야 한다는 주장과 그 원인이 조선민족의 정
신적 문제이기 때문에 스스로의 자각을 통해 생활의 건전성을 회복해야 한
다는 주장 사이에는 분명한 차이가 존재했다. 특히 후자의 입장 중에서 자
본주의 물질문명의 상징인 도시생활의 병폐를 지적하고 그 극복의 대안으
로 농촌에 주목했던 자들은 파산 현상을 식민지 자본주의가 배태한 도시와
농촌의 구조적 문제로 파악하기도 했다.

  이성환(李晟煥)은 "더욱 근래로는 산업혁명의 여파인 자본주의적 세태
가 우리 농촌 구석까지 침습한 바되어 도리어 매년 차금(借金)만 둘러지고
있습니다. 이 차금의 커다란 손에 붙잡힌 농민들은 결국 파산, 유리(流離)
의 참사를 보고하고 있지 아니합니까. 사회적 불상사(不祥事)와 민족적 가

---

79) 정용서, 「일제하 천도교청년당의 운동노선과 정치사상」, 『개벽』에 비친 식민지 조선의
    얼굴』, 모시는사람들, 2007, 129쪽.

련사(可憐事)는 이에서 그 추태를 한 없이 노출하고 있습니다. …… 우리 나라에 위대한 사명을 스스로 짊어진 농민계급을 어서 바삐 해방하자"라고[80] 하면서 당시 신문이 주목하지 않았던 농가부채와 이에 따른 파산을 자본주의 사회의 '불상사'와 민족적 '가련사'로 표현했다. 1920년 산미증식계획 등 농업 개량 정책의 실시로 농민에 대한 대출이 확산되면서 농가부채가 증가되기 시작했고, 소자본가적 성격을 갖고 있었던 농민층의 파산 위험이 증대되고 있었다. 그는 농촌의 이러한 현실이 농민을 노예화하고 기계로 전락시켰다면서 농민을 무산계급으로 규정하고 있었다. 이때 '파산'은 자본주의의 구조적 착취의 결과였다.[81] 그러나 그 극복방향으로 제시되는 것은 물질주의에 찌든 도시의 삶과 대비되는 순수한 농촌의 삶을 스스로 재현하려는 개인의 정신적 노력, 유산자의 각성과 사죄 그리고 무산자의 계몽이라는 정신의 문제—스스로의 자각을 통해 생활의 건전성을 회복해야 한다는 것이었다.[82]

파산을 식민지 조선경제의 구조적 문제 또는 자본축적의 구조적 문제로 인식했던 점은 앞서 이광수 등의 논의와는 차이를 갖고 있었다. 이들이 제시한 해결 방안은 당시 사회주의 세력이 주장했던 자본주의의 완전한 극복을 위한 계급투쟁 주장과는 근본적으로 달랐다. 당시 사회주의 세력 역시 '개조'라는 용어를 쓰면 자본주의의 착취와 폐해를 시정한다는 의미에서 '개조'란 어휘를 사용했지만, 이들이 사용하는 '개조'는 '뜯어 고친다'는 일반적 의미에 불과했다.[83] 이들은 조선인이 대부분 무산계급의 지위에 있

80) 李晟煥, 「먼저 農民부터 解放하자」, 『開闢』 32, 1923년 2월.
81) 李民昌, 「朝鮮의 經濟的 破滅의 原因과 現狀을 述하야 그의 對策을 論함」, 『開闢』 59, 1925년 5월.
82) 李晟煥, 「朝鮮의 農民이여 團結하라, 有識階級이여 反省하라 有産階級이여 伏罪하라」, 『開闢』 33, 1923년 3월.
83) 박종린, 「1920년대 초 정태신의 마르크스주의 수용과 '개조'」, 『역사문제연구』 21, 2009, 147~153쪽.

음을 이야기했고, '계급', '노동', '혁명' 등의 어휘를 전유하면서 자본주의의 근본적 극복을 지향했다. 따라서 천도교 세력의 '파산담론'이 유산자의 각성과 조선인의 생활 관념의 개조를 추동하는 기제였다면, 사회주의 세력의 총체적 무산 계급론은 민족담론을 흡수하여 계급투쟁을 추동하는 기제였다고 할 수 있다.[84]

유산자의 파산과 조선인 경제생활의 연관관계를 설명하는 방식에서 이광수 등은 조선인 유산자의 파산과 경제발전의 거시지표에 주목하여 조선인 유산자를 조선민족의 경제 상태를 대표하는 자로 표상하고 있었다. 반면 천도교 세력은 유산자의 행위에 내포된 자본주의적 물신성과 투기성이 조선민족의 경제관념에 내재되어 있는 것이라고 하여 '파산담론'의 내용에서는 차이를 보이고 있었다. 전자가 공동체의 강조를 통해 조선인 내부의 문제에 주목하지 않았던데 비해 후자는 내부의 계급적 차이를 인식하고 있었다고 할 수 있다.

그러나 양자는 '모두' 파산을 통해 드러난 조선인 자본의 취약성 속에서 조선민족 전체로 확장할 수 있는 모티브를 발견했다. 조선인경제 파탄의 상징과 자본주의 물신성과 투기성을 내면화하고 있는 조선인의 경제관념이 그것이었다. 양자의 '파산담론'은 이야기 구조에서 차이가 있었다. 그러나 조선민족의 경제상과 생활 관념이 근대 사회를 스스로 영위할 수 있는 '주체'로서 자격미달이라는 점에서는 동일했다. 경제 현상을 설명했던 '파산' 어휘가 조선민족 전체의 생활상을 설명하는 어휘로 등장했던 배경에는

---

84) 사회주의 세력의 조선민족 무산 계급론에 대한 기존 연구는 초기 사회주의 수용 및 운동사 연구에서 부분적으로 언급되는 정도에 그치고 있다. 이 부분에 대한 본격적인 연구가 필요하다고 생각되지만, '파산담론'과 총체적 무산 계급론은 담론의 층위가 상위한 것이 아닌가 생각된다. 민족주의 지식인들은 '파산'을 계급 문제가 아니라 자본주의 경기 변동에 다른 현상으로 보고 있기 때문에 (천도교 일부의 인식에서 보이는 민족내부의 문제에 주목하더라도 '파산'을 통해 민족성을 구상했던 반면, 사회주의 지식인들은 계급 문제를 축으로 하여 민족문제를 흡수하고 있기 때문에 '파산'현상을 민족성으로 구상하지 않았다고 볼 수 있는 것이 아닌가 생각된다.

식민지 사회에서 민족공동체를 상상했던 지식인의 정치기획이 존재했다. '파산'은 근대 자본주의 사회를 살아가는 민족 공동체의 위기를 설명하는 지식인의 담론이 되어 있었다.

'파산담론'은 일본인과 함께 살아야 했던 식민지 공간이란 특수성으로 인해 경제구조 내부의 문제보다는 민족의 상태, 민족의 정신이란 집단성을 자각하게 하는 기폭제였다. 나아가 동시에 조선민족의 각성을 추동하는 강력한 동원담론이었다. 이제 '조선인경제'는 조선민족 전체가 근대 자본주의 사회를 스스로 영위할 주체가 되어야 한다는 관념을 지지하는 강력한 기표가 되었다.

6) 경제적 생명과 계급연대

총독부의 조선 산업개발 정책을 둘러싼 논의에서 촉발된 조선인경제에 대한 상상은 1910년 『학지광』에서 유통되었던 조선인 자본가를 경제주체로 구상하는 것과 다르지 않았다. 그러나 조선인 자본가, 즉 조선인 유산자의 투기와 사치를 목도한 이광수는 조선민족의 파산을 선언하고, 조선민족이 근대 자본주의 사회를 스스로 영위할 주체가 되지 못한다고 선언했다. 조선민족의 파산선언은 계몽적 자각을 추동하는 이념적 기제를 형성하는 한편 조선인경제를 살릴 정치적 결사체를 호명할 수 있는 열린 공간을 제공했다.

경제발전을 위해 민족적 자각을 외쳤던 민족주의 정치기획에도 불구하고 경제상황은 점점 더 악화되어 갔다. 일본의 경우 관동대지진 이후 복구를 위한 건설경기가 회복되었고, 1925년부터 일시적으로 경기가 좋아졌지만, 조선의 경제 상황은 전혀 그렇지 못했다. 1925년 7월 2차 대홍수에 따른 작물의 피해와 가축의 유실로 경제계는 더욱 불안한 상황이었다. 조선은행은 부채정리로 5천여 만 원의 결손이 발생했고, 자본금을 반감하는 정리안이 발표되었다. 조선은행에 대한 부실채권 정리 방침으로 일반금융기관도 내부적으로 부채정리, 업무축소 등을 실시하기 시작했다. 따라서 대출은 축소되고 예금은 증가하는 현상이 빚어졌다. 이러한 현상은 일본의 은행 역시 비슷한 양상이었다. 일본은 불경기 대책으로 금리인하를 단행했고, 조선은행 역시 금리인하를 단행했다. 그러나 시중에서는 거의 반응이 없었다.

이러한 금융 상황으로 물가는 전반적으로 하락하고 있었지만, 상품별로 보면 곡물가격은 상승하는 경향이었던 반면 공산품은 하락하는 경향이 있었다. 또한 수입상품은 상승하고, 국내상품은 하락하는 경향을 보였다. 그러나 전반적인 물가하락 경향은 임금하락으로 연결되었다. 무역상황은 상반기에는 출초, 하반기에는 입초 현상을 보였고, 대체적으로 2천여 만 원의 무역적자를 기록했다. 그러나 문제는 국내 쌀값의 등귀, 만주잡곡 가격의 상승이 나타나고 있었다는 것이다. 불경기는 산업부문 가운데 운수업에 제일 큰 타격을 입혔다. 특히 만주철도가 경영했던 조선철도의 경영권이 총독부로 이전되면서 철도경영적자를 총독부가 떠안아야 하는 문제가 발생했다.

『동아일보』는 일본과 달리 조선의 불경기는 '소위 중간경기'라고 할 만한 것조차 기대할 수 없다고 진단했다. 끝없는 불경기의 심화는 1920년대 초 산업개발정책에 대한 기대를 배후로 유산자의 자각을 요청했던 민족주의 정치기획에 변화를 가져오는 배경이 되고 있었다. "외국인이 받지 아니하는 진재(관동대지진)의 악영향을 조선인이 일본인과 같이 받게 되기는 조선이 일본의 경제 구역 내에 들어 있어서 일본을 위하여 일본인을 위하여 시행되는 경제정책, 산업정책 하에서 생활하게 된 까닭이다."라고 하여 조선이 일본의 경제권에 포섭됨으로써 조선인의 삶이 어렵게 되었다고 주장했다. 나아가 "조선에서 시행되는 경제정책, 산업정책은 원래 조선인을 위한 것이 아닌 이상 조선인은 현행의 경제정책 산업개량으로부터 희망을 갖기는 어렵다."고 하여 총독부의 경제정책에 대한 기대를 버릴 것을 주장했다. 이러한 주장의 배후에는 당시 시행되고 있었던 산미증식계획에 대한 비판이 있었다. 경제적 좌절은 일시적인 경제호황 국면으로도 되돌리지 못했다.

1925년 일본의 대중국 무역이 전년 대비 2억 엔 이상 증가하면서 일본경제가 일시적으로 회복되는 현상이 나타났다. 조선경제 역시 일본 경기회복의 영향 속에서 일시적으로 일본 자본의 진출이 확대되었다. 『동아일보』는 "여하간 일본의 경제호황은 간접적으로 부분적으로 조선경제계에도 호영향을 미치게 할 것이니 조선인 실업가 사업가 들은 그 부분의 좋은 자료를 좋게 이용하여 타인이 점하는 대부분의 좋을 자료의 결과와 대비하도록 노력하기를 바란다."라고 하여 일본경제 회복에 편승한 조선인의 이익 증대를 인정했다. 그러면서도 "일본의 자본이입을 보더라도 조선의 산업개척의 필요상 반대할 수 없다. 그러나 환영하기 어려운 이유는 자본이입의 결과 수익은 일본인에게 돌아갈 부분이 많고, 조선인에게 돌아갈 부분은 적은 까닭이다. 조선에서 시행되는 온갖 경제정책의 어느 것이 조선인의 이익을 전위하는 정책은 하나도 없다. 오늘날 조선인은 타인을 위하여 유리한 정책으로 부터 발생하는 이익을 일부 점득할 뿐이라고도 한다."라고 하여 소수의 조선인 자본가와 지주에게 일부 유리한 것일 뿐이라고 선언했다. [85]

1910년대 일본경제의 발전에 편승하여 조선경제가 양적으로 성장했을 때 『학지광』에서 일본경제와 조선경제의 연쇄적 발전에 대한 기대를 표명했던 것과는 분명히 다른 반응이었다. 일시적 경기회복에 대한 기대를 확대재생산하기보다 조선인경제 상태를 더 비관적으로 바라보고 있었던 배후에 조선인의 정치적 결정권에 대한 지향이 존재했기 때문이라고 할 수 있다. 조선인 자치론이 설득력을 갖기 위해서는 조선과 일본 사이에 분명한 경계를 설정할 필요가 있었다. 조선경제에서 조선인경제를 분리하려는 인식은 정치적 결정권의 분리와 직접적으로 연결되어 있었다. 그리고 경제

85) 『東亞日報』 1926년 1월 1일 「과거1년의 경제계」.

문제를 통해 정치적 결정권을 획득하려는 지향은 정치공동체를 재구성하
도록 했고, 그 과정에서 '노동자'의 사회적 지위를 발견하도록 했다.

『동아일보』는 '조선인의 경제'란 논설을 통해 경제와 정치의 관계를 설
명했다. "경제적 멸망이라는 것은 무엇을 의미하는 것인가, 경제문제는 자
본가 대 노동자 문제 또는 노동자 대 자본가 문제가 사회문제로서 중요한
경제문제가 된다. 다시 말해 자본가 문제만이 경제문제가 아니고, 노동자
문제만이 경제문제가 아니다. 서로 상립(相立)하는 그 틈에서 중요한 경제
문제가 생긴다. 자본이 독립하여 경제적 생산을 행하기 어려워서 자본은
노동의 힘을 빌려서 노동은 자본의 힘을 빌려서 완전한 경제적 생산을 행
할 뿐이다."[86]라고 하여 자본과 노동의 조화를 강조했다.

"조선인은 자본을 갖지 못하였다. 따라서 자본적으로 경제활동을 영위하
기는 극히 곤란하다. 그러나 노동은 소유하였으니 그럼으로 노동적으로 경
제활동을 영위하기는 곤란하지 않다."라고 하여 경제생명의 유지가 가능하
다고 했다. 그러면서 경제와 정치의 관계에 대하여 언급했다. "경제적 시련
과 기능이 부족하였다고 하더라도 정치적 불운이 없었다면, 오늘과 같은
위험은 당하지 않았을 것을, 정치적 불운을 당했기 때문에 그 위험은 일층
심하게 되었다. 타민족이 조선에 대하여 최초의 욕망이 필경은 정치적 욕
망이 아니었고, 경제적 욕망이었다는 것을 조선사람들은 오늘날 깨닫게 되
었다."[87]고 하면서 경제생명의 보존을 위한 경제운동의 중요성을 강요했
다. 1920년대 초 조선경제에서 조선인경제를 분리하고, 국민경제적 상상을
통해 민족의 경제공동체를 구상했던 민족주의 정치기획은 '경제생명'이란
표현에서 드러나듯이 점차 공동체를 생명이라는 유기적 개체로 인식했다.
유기적 개체로서 '조선인경제' 개체의 중요한 구성요소였던 노동자를 경제

86) 『東亞日報』 1926년 1월 30일 「朝鮮人의 經濟的 運命如何(1)」.
87) 『東亞日報』 1926년 1월 30일 「朝鮮人의 經濟的 運命如何(3)」.

주체로 새롭게 발견하도록 했다. 이는 경제공동체 내부의 결속력을 더욱 강화하는 것이었다고 볼 수 있다.

　민족주의 정치기획세력들이 진단했던 조선인경제＝경제생명은 일본의 자본진출과 식민정책이라는 두 가지로 인해 보존하기 어려운 것으로 인식되었다. 또한 일본의 이러한 두 가지 정책은 상호 보완적인 것이기 때문에 조선인이 이 정책에서 경제생명을 유지한다는 것은 거의 불가능하다고 진단했다.[88] 그리고 구체적으로 이민정책은 조선인노동자의 임금저하로 인해 실패할 것이지만, 자본가, 중산계급 등의 계급유지운동, 그리고 총독부의 제반 사회사업정책으로 인해 조선인의 경제적 운명해결의 시기는 계속 연장되고, 조선인의 경제적 고통도 계속된다고 진단했다.[89] 총독부의 각종 사업이 조선인 노동자의 고통을 연장시킬 뿐이라는 진단은 조선인이 생계 그 이상의 활동을 할 수 없는 상황이 지속되는 것에 대한 비판이기도 했다.

　불황에 대한 언론의 태도는 민족소멸의 공포에 비견될 정도였다. "무서운 사선(死線)에 그 부진한 경제적 궁박 파멸의 참경을 살펴볼 때에 일종 공포와 전율을 느끼지 아니하지 못한다. 상세한 통계적 숫자를 열거할 필요도 없을 만큼 목도한 모든 사실이 여지없이 증명하는 바이다."[90]라고 했다. 이러한 공포는 청년실업이 증가하는 상황을 배경으로 하고 있었다. "조선의 공사립전문학교졸업생 약 400명과 일본유학귀국생 약 130명 대부분이 '취업난'으로 고통 받고 있다고 했다.[91] 경제상황에 대한 이러한 인식은 "생(生)의 조선과 사(死)의 조선"이란 표현 속에서 드러나듯 조선인 경제공동체구상을 전제로 하고 있었다.[92]

---

88) 『東亞日報』 1926년 2월 3일 「朝鮮人의 經濟的 運命如何(4)」.
89) 『東亞日報』 1926년 2월 6일 「朝鮮人의 經濟的 運命如何(7)」.
90) 『東亞日報』 1926년 5월 24일 「破滅의 深淵에서」.
91) 『東亞日報』 1926년 4월 25 「職業과 信念」.
92) 『東亞日報』 1926년 9월 3일 「生의 朝鮮과 死의 朝鮮」.

　그러나 이러한 담론 내부에서 조금씩 변화의 조짐이 나타나기도 했다. 1920년대 중반 경제상황이 더욱 악화되면서 민족주의 정치기획세력들도 점차 자유경쟁의 시장질서 문제를 직접적으로 비판하고 나서기 시작했다. 1920년대 중반 자유경쟁의 시장질서에 대한 비판 담론은 사회주의세력의 자본주의에 대한 비판의 논리를 민족주의 정치기획세력들이 일정하게 수용할 수밖에 없었던 상황에서 제기된 것이라고 할 수 있다.

　"사회의 경제생명은 멸망", "조선인의 경제적 생명이 멸망" 등의 표현은 민족을 근대 자본주의 사회를 영위할 경제주체로서 상상하고 있었음을 알려준다. 그러나 이러한 표현은 1910년대 자본가 또는 기업인이 조선인경제 공동체를 이끌 주체로 상정했던 것과 달리 조선인 노동자를 경제주체로 구상하는 상상과 함께 등장하고 있었다.

　민족주의 정치기획을 진행했던 『동아일보』에 사회주의자 배성룡(裵成龍)의 글이 연재된 것도 이러한 맥락에서 이해될 수 있다. 나아가 『동아일보』 미국경제학박사 '루어박'의 인터뷰를 게재하기도 했다. "조선 사람은 일본의 압박 받는 계급과 힘을 같이 하여 사회경제문제를 해결하여 피압박 계급을 향상케 하고 따라서 두 나라의 공통이익이 될 제도를 건설한 것"이란 내용을 게재했다.[93] 자유경쟁시장질서에 대한 비판론이 등장했지만, 시장에 대한 정책적 개입이 어려운 식민지라는 현실적 상황은 일본과의 계급연대의 필요성을 제기하도록 한 것으로 해석될 수 있다. 그러나 이러한 계급연대는 미국경제학자의 입을 빌려 나온 것으로 민족주의 정치기획의 중심적 담론은 아니었다. 이들은 민족 연대를 한층 더 고양하는 방향의 정치기획 담론을 생산해 내고 있었다.

　사회주의사상을 수용한 지식인으로 물산장려운동에 참여했던 설태희(薛泰熙)는 조선경제에서 조선인경제를 분리하는 인식에서 한걸음 더 나아가

---

93) 『東亞日報』 1926년 10월 7일 「朝鮮의 二重難關」.

조선인 경제공동체를 실천적 결사체로 구상하는 단계로 나아가고 있었다. "조선인이 전일적으로 통합되어야" "우선 그 조직에는 주동으로 인단과 재단의 두 가지로 하고 사업대상으로 각종 조직을 아래와 같이 하여 보자" "대개 이 단체의 성질은 상업회의소의 내용을 겸비하고 다시 사회적 체제로 될 것이다. 이 단체의 조직은 전 조선인적 경제파멸을 만회하려는 포부를 가졌다는 자신이 있을 만큼 가장 완전한 조직을 요함을 물론이다. 그래서 전 조선을 경제적으로 통일하여 정신과 노력이 믿는 데까지 경제단위가 되는 효력이 있게 하자는 계획이다."라고 하여 담론의 수준에서 제기된 민족공동체를 현실의 조직, 즉 실천을 담보한 단체로 전환할 것을 주장했다. 나아가 물질적 권리를 사수하기 위해 민청(民廳)을 조직할 것을 제안하기도 했다. "재판소가 있는 곳에 변호사 사무가 있는 것과 같이 경성에 총독부가 있고, 지방 도, 군, 면, 리에 지사, 군사, 면장, 이장 등이 있는 것과 같이 우리는 경성에 총 민청을 두고, 도에 군에, 면에 이에 우리의 세포 민청을 두자 그리하여 미약한 개인의 저능을 이 민청이 보상 대행하는 계획이다"라고 주장했다.[94]

심화되는 불황 속에서 총독부의 경제정책이 조선인경제발전에 효과가 없다는 판단은 조선인의 대다수를 점하는 노동자층을 조선인경제의 주체로 발견하도록 했다. 조선인 경제공동체 구상은 그 내부를 구성하는 노동자와의 연대를 강조하는 방향으로 나아가도록 했고, 이를 토대로 다시 민족의 단결을 주장했다. 조선인의 '민청'은 파탄난 조선인경제를 보존할 수 있는 민족결사체로 제시되었다. 그리고 경제공동체를 결사체로 은유했던 사유는 가능한 한 많은 정치적 결정을 확보해야 한다는 인식으로 자연스럽게 연결되었다. 그리고 정치적 결정권을 확보하기 위해서는 조선민족이 자본주의사회에서 스스로 결정권을 가진 주체임을 증명해 내야 했다.

---

94) 『東亞日報』 1926년 12월 30일 「朝鮮人生活 破滅에 관한 對策(1)」(反求室主人).

7) 경제문제와 정치적 결정권의 관계

　1920년대 불황은 조선민족이 자본주의 사회를 영위할 주체로서 자격이
있는가하는 문제를 촉발했다. 앞서 이광수가 조선민족의 파산을 선언하고,
파산한 조선인이 근대 주체로 서기 위해 민족개조론을 주장했듯이, 조선인
경제 문제는 조선민족이 자기결정권을 획득할 수 있는 가의 문제와 직접적
으로 연결되는 것이었다. 따라서 1920년대 초반부터 공론장에 등장한 조선
인 파산담론은 경제적 영역을 넘어 조선민족의 정신, 문화의 파산을 선언
하는데 까지 나아갔다.
　경제 상태를 규정하는 용어였던 파산이 정신적 상태를 규정하는 용어로
전이된 것은 근대 자본주의 경제 위기를 최초의 경험한 만큼 매우 충격적
으로 받아들여졌기 때문이라고 할 수 있다. 그리고 여기에는 당시 문화운
동을 주장하는 지식인층의 '정신개조'와 관련을 맺고 있었다. 앞서 파산의
원인으로 지적되었던 유산자의 투기성과 사치를 조선인의 경제관념으로
확장시켰던 것은 자본주의적 물신성의 폐해를 정신개조를 통해 극복할 수
있다는 인식이 자리하고 있었기 때문이었다. 정신개조를 통해 물질생활 또
는 사회개조의 가능성을 주장한 논의는 역설적으로 재산상의 파탄을 의미
하는 '파산'을 정신의 영역으로 끌어들이게 했다. 물질세계가 파국을 맞고
있듯이 그 물질세계를 기반으로 형성된 조선인의 정신도 동일하게 파국을
맞고 있다고 보았기 때문이었다.
　"근대 경제적 생활의 파산에 이른 상황에서 조선의 예술이 양반적, 신사
적이어서 안되며, 자본주의적, 도회적이어서도 안된다."[95]라는 선언에서
나타나듯이 물질적 욕망이 빚어낸 '근대 경제생활의 파산'은 전근대와 근대
지배계급과 유산계급을 위한 예술이 아닌 민족을 위한 예술의 수립을 추동

---

95) 京西學人(이광수), 「경제적 파산과 예술」, 『開闢』 19 1922년 1월.

하는 원인이었다.

1922년에서 1923년 사이 『개벽』에서 지식인들이 파산을 선언한 것은 다양했다. 가정과 민족은 안중에 없고 유산자와의 결혼만을 갈구하는 교육받은 '신여자'의 등장은 "조선여성의 파산"을 의미했다. 따라서 "시대에 뒤떨어진 사상으로서 신인(新人)이 취하지 아니할 바"라는 양모현처(良母賢妻)는 여전히 유효한 과제였다.[96] "교육받은 유식자(遊食者)로 인해 …… 파산에 처한 금일 사회의 결함"은 계몽의 주체를 상실한 조선사회의 위기였다.[97] 계몽의 역할이 여전히 필요한 상황에서 계몽의 주체가 되어야할 교육받은 자들의 문제―사회적 역할을 방기하고 물질의 욕망에 빠져들거나 자신의 정체성을 상실한 채 방탕한 생활을 하는 자들의 생활 태도는 경제적 파산의 원인이었던 유산자의 투기성과 사치, 탐욕과 함께 폐기되어야 할 대상이었다.

이 시기 『개벽』에서 유식·유산자의 각성을 촉구하는 다수의 글들은 사회적으로 대립하는 계급의 통합을 목적으로 유식·유산자가 무식·무산자의 현실을 돌아보아야 한다고 주장했다.[98] 물론 이러한 입장 중에는 비인

---

[96] 金起田, 「봄날의 雨露를 밟으면서」, 『開闢』 22, 1922년 4월.
[97] 張膺震, 「卒業生을 보내는 感想과 希望」, 『開闢』 33, 1923년 3월.
[98] "동포여 있는 심정과 있는 지식과 있는 재산을 다하여서 서로 계발하며 서로 엉키기로 합시다. 먼저 유식한 이와 유산한 이로부터 시작하되 순교자의 정열과 같은 最喜悅의 자발적 기분으로써 합시다."(金起田, 「유식유산자측으로부터 반성하라」, 『開闢』 24, 1922년 6월); "무식자가 유식자를 대하던지, 무산자가 유산자를 대하던지 …… 상호부조의 미덕이 없다 …… 인류사회는 모름이 '미로부터'라는 말을 부르짓지 아니할 수가 없다"(曉鐘(현희운), 「모름이 美로부터」, 『開闢』 17, 1921년 11월); "유식자 유산자를 대하는 이외에 우리의 무식자 무산자를 대하면 어떠합니까, …… 20세기 문명의 신은 어떤 의미에서던지 우리 인간의 총동원을 명한지 이미 오래되었습니다"(「民族興替의 分岐點」, 『開闢』 20, 1922년 2월); "지주계급은 선구자요 지도자됨으로써 소작농보호의 시설과 산업조합 기타의 조직에 의하여 경제적으로 외부의 상공업자에게 대항할지니라 …… 따라서 농촌개조의 결과를 결하지니라"(「학생논문(상)」, 『開闢』 22, 1922년 4월; "비인도적 악상을 근본적으로 개선하려면 지주와 농산자를 매도하여 노동자 하급 농민을 선동하야 계급적으로 도전 적대케하느니 보다도 노동자 하급농민의 위난을 구급키에 필요한 시설과 정책을 실시하야"(鮮于全, 「농민의 도시이전과 농업노동의 불리의 제원인」, 『開闢』 26, 1922년 8월).

도적인 유산자의 착취를 제한하는 제도적 장치가 필요함을 주장하는 경우
도 있었지만, 대부분은 정신적 각성을 통해 계급대립의 문제를 해소할 수
있다고 보았다. 이들이 주장한 '정신개조' 주장이 1910년 이전 계몽수사와
달랐던 것은 제1차 세계대전 전후로 일고 있었던 서구문명에 대한 비판이
자리하고 있기 때문이었다.[99] 당시 지식인들은 "세계대전 이후 경기불안과
사회갈등에 빠진 서구 사회는 "자본주의와 제국주의 문명의 파산선고"[100]
를 의미했다. "과학문명의 극도의 압박은 도회의 발달이 되고, 사람의 신경
은 말초의 관능적 변질이 되고야 말앗다. 과학의 과신으로 말미암아,—마
치 낭만주의가 정열의 인도하는 대로 따라가다가 끝내 현실의 비애를 느끼
는 것과 마찬가지로—모든 것을 부정하든 마음은 과학의 파산으로 인하야
급기야 환멸의 비애와 고민을 출산하고야 말았다."고 하여[101] 과학의 합리
성에 기초한 계몽의 한계를 인정했다. 그러면서 "부자는 잉여의 생활을 남
용하여 점차 퇴굴적(退屈的)인 방종에 빠지게 되었고, 빈자는 생활의 압박
과 경쟁의 실패로부터 스스로 퇴종적(屈從的) 성질을 이뤄 놓았다. 결국
무산자와 유산자의 계급도 둘이 다 정로인 사람성(性)을 밟지 못하고"라고

---

99) 1920년대를 '개조의 시대'로 규정할 수 있는데, 이 시기 개조를 주장한 이광수, 이돈화
　　등은 일본을 통해 '문화'개념을 수용하고 있었다.(허수, 「제1차 세계대전 종전 후 개조론
　　의 확산과 한국지식인」, 『한국근현대사연구』 50, 2009) 이광수 · 동아일보와 안확 · 이돈
　　화의 문화 개념은 차이가 존재하긴 하지만, 당시 '문화'개념이 민족성에 기초하고 있다는
　　점에서 슈렝글러의 문화 개념과 유사성을 갖고 있다고 할 수 있다. 1918년 슈렝글러는
　　문화는 어머니의 토양에서 원초적인 힘으로 솟아난 유기체적 양식으로 성장과 퇴화를
　　되풀이하는 살아있는 자연이라면, 문명은 인간의 종이 도달할 수 있는 가장 표피적이고
　　인위적인 상태, 성장을 멈추고 경화된 상태라고 했다. 그는 서구에서 대두한 제국주의
　　산업주의 금융자본주의의 발호는 문화가 죽고 문명이 전개되는 증후라고 하면서 서구문
　　명을 비판하면서 '문화'를 부각시켰다. 그의 사상은 민족주의적 문화개념의 부상을 보여
　　주고 있는 것으로 1914년 부화하여 1918년 급속히 성장하고 있었던 파시즘 역시 민족주의
　　적 문화개념으로부터 많은 자양분을 얻었다(김현주, 앞의 논문).

100) 北旅東谷(이동곡), 「새 甲子를 넘겨다보는 世界의 不安, 極紛糾에 陷한 歐洲의 亂局」,
　　『開闢』 42, 1923년 12월.

101) 八峯山人, 「今日의 文學 · 明日의 文學」, 『開闢』 44, 1924년 2월.

하면서 민족을 구성하는 계급 모두가 근대 사회를 이끌 진정한 주체가 되지 못한다고 보았다. 따라서 근대 자본주의 사회의 산물인 계급 갈등을 초월하여 조화로운 사회를 위해서는 "정로인 사람성"의 회복, 즉 정신적 개조가 필요하다고 보았다.[102]

파산의 대상은 생활태도와 도덕성이라는 개인과 가정의 정신 영역에서 민족성의 개조로 확장되고 있었다. 떠돌아다니는 나이 많은 머슴과 어린 머슴의 증가로 지적된 조선 가정의 "생활파기, 품성파산"[103]은 부모자식, 형제간의 가족 윤리를 소환했으며, 이성과 자아를 갖춘 근대적 개인이 아무 일도 하지 않고 빈둥대는 것은 스스로의 정체성을 상실한 "성격파산의 생활"[104]로 규정되었다. 나태한 생활은 이성의 목적성을 소환했다. 향락과 쾌락을 갈구하는 "육감은 성격파산의 선고"[105]로 금욕과 절제를 소환했다. 성격과 품성의 파산은 개인의 도덕성, 이성과 자아의 상실을 의미했고, 근대 사회를 영위하는 인격체로서의 개인을 소환했다. 그러나 개인은 사회 그리고 민족에 통합되어야 하는 존재였다. "세계 타민족에 대조하야 모든 것이 파산적이었음을 각오하고 이제 가질만한 유일의 수단은 오직 실력양성에 있다 함을 깨달았다."[106]라는 언급은 민족을 단위로 한 계몽의 서사를 부활시켰다.

이 시기 계몽의 서사에는 전근대와 근대를 극복해야 한다는 두 과제가 병존하고 있었다. 즉 서구문명이 배태한 퇴폐와 전근대적 유산으로서의 비합리성이 그것이었다. 더구나 조선인경제의 총체적 파산은 여전히 서구문명을 전면적으로 부정하지 못하게 했다. 이동곡(李東谷)은 「동서의

102) 「장래할 신사회와 인습적 종교 및 도덕의 가치 여하」, 『開闢』 36, 1923년 6월.

103) 「兄弟, 妻子, 不相見의 形形」, 『開闢』 34, 1923년 4월 경상도.

104) 金石松, 「잠을쇠(감상)」, 『開闢』 31, 1923년 1월.

105) 金惟邦, 「묵은 수기에서」, 『開闢』 36, 1923년 6월.

106) 李敦化, 「歲在壬戌에 萬事亨通」, 『開闢』 19, 1922년 1월.

문화를 비판하야 우리의 문화운동을 논함」이란 글에서 인간문화에서 서양인은 자연을 정복하고 개조하는 반면 동양인은 자연과 융화한다고 하면서, 최고의 문화운동 단계를 위해서 우리는 "일면의 경우에 제복(制服)과 개조에 노력하고 또 일면에는 자기정신의 수양에 노력하여야 할지니, 단순히 전자에만 노력하는 때는 인류는 장차 노동의 한 기관을 이룰 것 뿐이오, 또한 후자로서 능사를 하는 때는 인류는 생존의 경쟁 중에 자립할 수 없다."라고 하면서 근대적 병폐를 극복할 방법을 서양과 동양 문화의 혼합에서 찾았다. 그러나 그것은 "양계초(梁啓超) 씨는 자저(自著)「구유심영록(歐遊心影錄)」의 중에 서양문명의 파산을 선언하야 동양문명의 이처(利處)를 논"하였지만, "서양문화를 승수(承受)하라는 이때에 이상의 논(論)이 세상에 유행케 되면 참으로 앞날에 큰 마장(魔障)이 아니라 할 수 없다"라고107) 하여 서양 문화를 기초로 하되 거기서 오는 병폐를 동양문화에서 구하고자 하는 것이었다. 이 글은 당시 "물질적 영역에서는 '문명기획'을 추진해야 했으며, 정신적 영역에서는 조선적인 것(역사, 문화, 민족성)을 찾는 작업"을 병행했던 지식인들의 주장에서 크게 벗어난 것은 아니었다.108)

조선인 유산자의 경제적 파산→조선민족의 경제적 파산과 경제관념의 문제→조선인 개인의 정신적, 도덕적 파산→조선인 여성과 지식사회의 파산 등으로 연결된 '파산'담론은 궁극적으로 조선민족성의 파산으로 귀결되는 것이었다. 그리고 조선민족성의 파산은 정체성을 구성하는 조선인 역사의 상실이란 상황에서 극명하게 표현되었다. 조선반도사편찬위원

---

107) 北旅東谷(이동곡),「東西의 文化를 批判하야 우리의 文化運動을 論함」,『開闢』29, 1922년 11월.

108) 류시현,「일제하 최남선의 불교 인식과 '조선불교'의 탐구」,『역사문제연구』14, 2005, 198~201쪽. 물질영역과 정신영역의 정치기획에서 드러나는 문명과 문화개념은 보편과 특수, 국민과 민족 등의 이항대립을 내포하는 것이었지만, 최남선을 비롯한 당시 지식인들에게는 모순적인 것이 아니었다.

회가 1925년 6월 천황칙령에 의해 독립된 기구로 격상되고, 10월 광범한 자료 수집을 결정하게 되자, 『동아일보』는 "아사인수(我史人修)의 애(哀), 최후의 정신적 파산"이란 2차례에 걸친 논설에서 일본인이 조선인의 역사를 '제조(製造)'하려는 것을 보고 조선인이 "흐리멍텅하기만 하여 요만한 자극과 감분(感奮)이 없으신 꼴을 보고는 조선인이 이미 최후의 정신적 파산까지 하려는 것이 아니신가."라고 하여 역사를 빼앗긴 것에 대해 분개하지 않는 조선민족의 정신적 와해를 이야기했다.

물질영역에서 정신영역으로, 개인에서 민족으로 확장된 파산담론은 '개조'의 필요성을 강력하게 추동하는 기제였다. '개조론'의 방법과 지향이 상이했다고 하더라도 '개조론'의 배면에서 공유된 파산담론은 점차 조선인의 심성에 근대생활의 위기를 표현하는 기표로서 자리 잡기 시작했고, 강력한 민족정신을 갈구하게 했다. "조선은 조선인의 특수성에 존재가 달리었다. 그런데 조선인의 특수성은 무엇인가? 조선인은 생존을 목표 삼고 자각한대로 사생을 결정하여 결국에 이르러서까지 철저히 행하는 성질을 포함하여야 되겠다. 이것이 조선인의 특수성이다. 문학계에서도 그 성질, 실업계에도 그 성질이 삼투가 되면 조선은 현재 파산의 지위에서 초월할 것이다."[109]

그러나 정신개조를 통한 사회 변화의 가능성은 점차 파산의 위기에 내몰리고 있었다. 경제관념에서 투기성과 사치성을 제거한다면 파산 상태를 극복할 수 있다는 주장으로는 현실에서 벌어지고 있는 식민지 조선인의 경제생활의 파산을 멈추게 할 수 없었다. "우리의 손에 정치의 세력이 없는 까닭으로 아무리 현재와 같이 전 민족이 파산을 당하더라도 구제의 도가 없습니다."라는 자치론자 최린의 선언은 정신개조의 한계를 스스로 인정한 것이었다.[110] 즉 경제적 생명을 유지하기 위해서는 정치적결정권을 확보

---

109) 韓稚觀, 「特殊的 朝鮮人」, 『東光』 8 1926년 12월 1일.

해야 가능하다는 인식은 당시 민족주의 운동세력 내부에서 제기되었던 자
치론적 주장의 주요한 근거였다. 정치적 결정권이 없는 민족은 경제적 생
명을 유지하기 어렵다는 것이고 그래서 정치적 결정권의 확보가 곧 민족의
생존권을 유지할 수 있는 길이라는 것이었다.

그리고 "우리는 다만 자본주의의 옹호기관인 정치기관을 잃었을 뿐만 아
니라 자본주의적 경제활동에 필수조건인 대자본이 없으며, 대기술이 없다.
그러나 우리 민족은 이 자본주의가 아주 파멸하고 마는 날까지는 일면 전
민족적으로 공심육력(共心戮力)하여 우리의 정치적 자유를 획득할 수 있는
한도까지 획득하는 동시에 타면 또한 전 민족적으로 공동 단결하여 자본을
모으며, 기술을 연마하여 조선의 상공업권내에서 우리민족이 아주 쪼개지
지 않도록 각오 결심하여 분투노력하여야 된다."[111]라고 하여 정치적 자기
결정권을 확보하기 위해서는 동시에 민족이 스스로 생존할 수 있는 경제적
능력을 증명해야 한다고 보았다.

경제 불황 속에서 민족경제공동체에 대한 구상은 1920년대 중반 이후
제기된 자치론의 정치운동과 결합되어 갔다. 이것은 자본주의 사회를 스스
로 영위할 수 있는 주체로서 민족을 발견하는 과정이었으며, 동시에 경제
생활의 주체로서 민족은 다시 정치적결정권을 얻을 자격이 있음을 증명하
는 전제였다. 경제와 정치가 불가분의 관계로 결합된 민족공동체에 대한
상상은 근대 주권국가적 상상과 동일한 구조를 갖고 있다고 할 수 있다.
그러나 이러한 상상이 국가주권이 확보되지 않은 현실과 연결되었을 때 그
효과는 정치적결정권에 대한 지향보다는 경제발전에 대한 지향성을 더 극
대화시키는 방향으로 연결될 가능성이 높다.

---

110) 「現下 朝鮮悲 大旱 憂慮點科 喜悅点: 各人各觀」, 『開闢』 66, 1926년 2월.
111) 『東亞日報』 1927년 3월 3일 「朝鮮人과 商工業(1)」

8) 파산의 공포와 민족의 각성

1926년 만주농업공황으로 곡물가격이 하락하고, 조선의 물가가 저락하면서 불경기는 더욱 심화되었다. 제1차 세계대전 이후 발생한 일본 금융공황 여파로 조선에서는 남대문 시장의 실업과 파산을 시작으로 불경기에 접어들었다. 극도의 저임금과 장시간 노동조건의 개선을 요구하는 노동쟁의가 발생하기 시작했다. 1921년 36건, 참가인원 3,430명이이었던 노동쟁의는 1925년 55건, 5,700명으로 증가되기 시작했다. 고율의 소작료와 불안정한 소작권으로 인해 소작쟁의 역시 크게 증가했다. 1921년 27건, 참가인원 2,967명이었던 소작쟁의는 1924년 164건, 참가인원 6,924명으로 크게 증가되는 양상이었다. 또한 서울을 비롯한 주요 도시에서는 도시개발에 따른 철거, 인구집중에 따른 주택임대료의 증대가 발생하면서 도시빈민의 시위도 발생했다.

"조선은 날마다 융성하여가는 한편으로 조선 사람은 진보하여가기는커녕, 나날이 위축을 받아 진보되어간다는 상공업계가 한심하기 짝이 없다는 것은 일반의 주목을 끄는 바이어니와"[112] "강제집행건수가 매년 격증하는 원인은 도시에 상공업자들이 불경기로 말미암아 파산케 되는 것과 어쩔 수 없이 피폐하야 가는 농촌의 영향 등을 들 수 있다"[113]라고 하여 파산은 상공업자에서 농민으로 확산되어 갔다.[114] 공황의 여파가 심화될수록 '파산'은 대중독자들 글쓰기에서 조선인의 처지를 묘사하는 시제로 등장했다.[115]

---

[112] 『東亞日報』 1928년 12월 5일 「新設은 4할에 불과 파산회사는 6할, 일본인과 조선인별 회사 통계」.
[113] 『東亞日報』 1932년 12월 1일 「채무보상불능으로 강제집행만 격증, 전년동기보다 천여 건이 증가 공황풍에 파산속출」.
[114] 崔尙海, 「세계적 경제공황과 조선의 농업공황의 전망」, 『東光』 21, 1931년 5월.
[115] 『朝鮮日報』 1927년 12월 3일 「破産 辭爵(시평)」.

1929년 12월『동아일보』에는 총체적으로 파산한 조선인의 생활을 상징적
으로 표현하는 독자의 투고 시가 실렸다.

>먹을것 빼앗기니 물질상의 파산이오.
>배우지 못했으니 정신조차 파산일다.
>애인을 못만나니 연애에도 파산이오.
>知己마저없으니 사교 또한 파산일다.
>
>파산의 설음이야 어디다 말하랴만
>오죽하나 깃북은 이 나의 심장일다
>밟히면 밟힌스록 꿋꿋하여지는
>파산자의 심장 이 나의 심장일다
>
>하늘을 꿰뚤흐고 이 땅을 뒤집어도
>오히려 힘이 넘칠 불 붓는 심장
>천하보물 다 준대도 아니 바꿀 심장
>파산자의 심장 이 나의 심장일다[116]

　　이 시는 1920년대 초반 지식인들에 의해 만들어진 '파산'의 상징성을 그
대로 담고 있는 것이었다. 총체적으로 파국을 맞은 파산자의 심장은 근대
생활에서 파국을 맞는 조선인이 스스로의 삶을 상징하는 것이었다. 그리고
동시에 "오히려 힘이 넘칠 불 붓는 심장"은 조선인의 특수성―'조선인은 생
존을 목표 삼고 자각한대로 사생을 결정하여 결국에 이르기까지 철저히 행
하는 성질'을 필요로 하는 상태가 되었음을 보여준다. 1920년대 초 지식인
들에 의해 만들어진 '파산'의 상징성은 공황이라는 현실 생활의 파탄 속에
서 식민지 조선인의 심성에 자리 잡기 시작한 것이었다. 1920년대 말 '파산'

---

116) 權九玄, 「파산」, 『東亞日報』 1929년 12월 17일, 18일.

은 조선인 생활 상태를 표현하는 기표가 되어 있었다.

그러나 파산에서 구제해줄 '주체'로서 각성하기를 요청받았던 유식자와 유산자는 여전히 물질적 욕망에 사로잡혀 있었다. "많은 귀족들이 남보다 먼저 파산을 당하니 그 돈은 무엇에 다 쓴 모양인가 도박인가 기집인가 …… 돈은 없어서 죽네 사네 하면서도 요리집 술집에는 날마다 사람이 만원이 되니 돈이 없어서 화풀이로 먹는 세음인가. 무슨 꼼수들이 생긴 모양인가",[117] "(모던걸, 모던보이) 그들의 특징은 유탕에 있고 낭비에 있고, 퇴폐에 있으니 …… 여자 편으로는 대개 유녀, 매음생활여자가 많으며, 남자로서는 자본가의 아들 부르주아의 후예들이니, …… 나는 그들을 유산사회를 표상하는 유산자 사회의 근대적 퇴폐상이라고 하고 싶다."[118]라고 하여 외래적인 것—퇴폐적인 것에 빠져버린, 그래서 조선적인 것을 상실한 유식·유산자는 파산에서 민족을 구제할 주체가 될 수 없었다.

대다수의 조선인 역시 이러한 물질적 욕망에 빠져들고 있었다. "종로 거리 우리네 상점의 파산이 늘고 우리 살림은 작고 줄어드는 것이다. 그러나 이 같은 진고개 독특한 유혹에 가는 것이 모두 조선 사람이고, 돈을 쓰는 것이 거의 다 조선 사람임을 볼 때에 얼마나 이 진고개의 유혹이 조선 사람의 피를 빨아 가며 조선의 고혈을 착취하는 것을 개탄하지 않을 수 없다."[119]라고 할 정도로 물질적 욕망이 넘쳐나는 서울 진고개의 향락에 빠져있는 조선인, 기생과 마작의 유행으로 경제적 파산뿐만 아니라 정신적 파산에 빠진 조선인이 늘어가고 있었다.[120] 1920년대 초 '개조'의 배면을

117) 「요새 조선의 칠, 칠 불가사의!」, 『別乾坤』 5, 1927년 3월.
118) 朴英熙, 「유산자사회의 소유 '근대녀' '근대남'의 특징, 모-던껄·모-던뽀-가 대논평」, 『別乾坤』 10, 1927년 12월.
119) 鄭秀日, 「진고개, 서울맛·서울情調」, 『別乾坤』 23, 1929년 9월; 李晟煥, 「여론의 위력으로 마작을 철저히 박멸하자」, 『三千里』 제4권 2, 1932년 2월.
120) 諸氏, 「성에 관한 문제의 토론(이), 이상적 가정제 기생철폐」, 『東光』 28, 1931년 12월.

구성했던 '파산담론'이 마주한 1920년대 말의 상황은 역설적으로 '개조'의
외침이 얼마나 공허했는지를 알려주는 것이었다.

　파산의 공포는 이미 조선인의 삶에 깊숙이 들어와 있었다. 1927년에서
1933년 잡지에 연재된 문학작품 속 경제적 파산은 등장인물의 파란만장한
삶의 서막이었다.[121] 파산과 실처(失妻)는 자살로 연결되는 "무서운 현실"
이 되고 있었다.[122] 1931년 4월 23일 형의 사업에 투자했다가 파산한 동생
이 형과 자신의 처 사이의 불륜을 알고 형, 형수, 조카 2명 그리고 자신의
처를 살해한 사건에 대한 재판과정이 기사화되었다.[123] 선천에 사는 일본
인 여관업자가 파산을 하자 자신의 집과 몸에 불을 질러 자살한 사건과[124]
친정아버지의 파산을 비관하여 음독자살한 어린 며느리에 대한 기사가 보
도되었다.[125] 또한 방탕한 아들 때문에 파산의 위험에 처한 노모가 아들에
대해 금치산자신청 청구소송을 내는 사건도 발생했다.[126] 파산의 공포가
현실화되면서 '파산'은 이제 지식인이 사용하는 위기의 서사가 아니라 조선
인의 생활 위기를 표현하는 기표가 되었고, 물질적 파산으로 인한 근대 인
간성의 상실이 매체를 통해 알려진 극단적인 자살 사건을 통해 확인되고
있었다. 1920년대 초 '개조론'의 배면에서 구성된 '파산'담론은 공황이 가져
온 불행한 현실에 압도된 채 '개조론'과 분리되어 '파산적인 조선인'이란 좌
절의 기표가 되었고, 파산의 위기를 극복할 수 있다고 제시된 모든 조치에
대해 동원될 수 있는 심성의 하나로 자리 잡았다.

　현실적인 경제위기가 개인 일상생활뿐만 아니라 인간성의 파탄으로 귀

---

[121] 당시 별건곤에 게재된 소설은 대부분 주인공 집안의 파산에서부터 시작되고 있다.
[122] 金東仁, 「女人數題: 溫泉雜感」, 『三千里』 6, 1930년 5월.
[123] 『東亞日報』, 1931년 4월 23일, 「친형일가를 살상, 철창에서 발광까지, 파산신청의 원한」.
[124] 『東亞日報』, 1931년 11월 14일 「破産 後 差押當고 自家에 放火燒死」.
[125] 『東亞日報』, 1933년 5월 24일 「親家破産悲觀 少婦飮毒自殺」.
[126] 『東亞日報』, 1932년 3월 13일 「放蕩한 子息 걸어 準禁治産請求」.

결되는 사례들이 알려지면서, 조선 민족의 도덕성 회복을 주장하는 논의가 나타났다. 1933년 『동아일보』는 조선인의 정신적 파산을 '조선인의 정신적 파산'은 "남녀의 도덕, 붕우의 도덕, 이웃의 도덕이 모두 파괴가 되는 경향이 날로 심하여 가고 개인과 개인은 마치 아무 도덕적 결속이 없고 저마다 제 이욕을 위하여 난투"하는 것이라고 했다. 조선인이 정신적 파산을 하게 된 원인으로 지적된 것은 첫째, "도덕을 최고한 권위로 믿고, 이 권위에 복종하는 신성한 의무를 기조로 하여 사회의 질서를 유지해오든 조선인이 일단에 법 만능, 경찰 만능의 제도 밑에 들어 도덕의 권위 대신에 법률의 권위의 제제를 받게"된 것, 둘째, "조선에 있어서는 고래로 재산이 사회적 지위의 기준이 된 일은 없었다. 그러나 근래에 와서는 도덕을 주로 하는 인격으로써 사람을 평가하기를 힘쓰지 아니하는 듯한" 사회제도의 해독, 셋째 "도덕적 권위를 해이케 한 원인이 된 것은 혼란을 극한 신사조들이다. 모든 제도와 인습에 반항한다는 슬로건은 민족의 전통에 **적 비판을 가할 여가도 없이 청년적 혈기로써 파괴를 일삼고 특히 청년적 혈기적 욕망에 제어를 가하는 모든 도덕률을 조소해버린" 태도였다.[127]

이 사설에서는 "세계자본주의사회에서 파시즘의 등장은 바로 이러한 고심의 결과였고 …… 재산본위를 인격본위로, 권리본위를 의무본위로, 개인본위를 국민본위로, 권위를 바꾸어 놓자는 것이 그들의 근본정신"이며, 파시즘의 정신을 소개하는 것은 "오늘날 사회가 경제기구로 파탄의 위기에 있는 동시에 정신적 대 파탄의 위기에 있는 것을 각 국민이 자각하려한다는 사실을 지적"하기 위한 것이라고 했다. 그러면서 "경제적 파산은 회복할 수도 있지만은 정신적으로 한번 파산된 민족은 민족으로의 생명은 영원이 단절될 것이다"라고 하여 민족정신의 회복을 주장했다.

---

127) 『東亞日報』, 1933년 8월 25일 「권위의 폐허, 정신적 파산의 공포, 최근의 범죄증가에 대하여」.

이 주장은 '정신개조'의 배면을 구성하며 확산된 '파산담론'이 파산의 현실과 마주했을 때 어떻게 다시 한 번 분절되는 가를 보여준다. 매체를 통해 확인된 파산의 결과가 물질생활의 파국을 넘어 도덕성의 상실이란 현상으로 해석되는 순간, '파산담론'이 추동했던 근대 사회를 영위할 주체의 형성을 위해 요구된 지향들이 급속하게 도덕성으로 수렴되는 경로를 밟는다. 개인에서 민족으로 확장되었던 경로와 동일하게 개인의 도덕성은 민족의 도덕성으로 확장되고, 민족의 도덕성은 민족의 고고학적 기원으로서의 전통의 권위를 강력하게 소환했다. "개인본위에서 민족본위로, 이욕본위에서 덕의본위로, 반만년 지켜오는 도덕 최고권위의 전통의 무너지려는 탑을 버티어야할 것이다."라는 주장은 '파산담론'의 확장경로를 역으로 규율하고자 하는 민족담론이 등장했음을 보여준다. '도덕적 권위의 전통으로 무장한 민족정신'은 2장에서 언급했던 "생존을 목표 삼고 자각한대로 사생을 결정하여 결국에 이르러까지 철저히 행하는 성질"과 앞서 독자의 시에서 언급했던 "하늘을 꿰뚫고 이땅을 뒤집어도, 오히려 힘이 넘칠 불붓는 심장"으로 표현되었던 조선인의 특수성—불굴의 민족정신과 공명하는 것이기도 했다.

'파산적인 조선인'과 '극복할 수 있는 불굴의 민족정신'이란 표상의 출현은 1930년 초반 재건된 물산장려운동 세력의 민족담론과 조선민족의 정체성에 대한 고고학적 접근을 시도한 조선학운동이 진행되었던 시대상과도 관련을 맺고 있었다고 생각된다. 1931년 만주국의 성립과 만주'붐'으로 인해 조선인 자본가의 축적기회가 확장되지만, 일본 자본의 진출은 1920년대 초반과 같이 시장의 경쟁을 촉발하고 있었다.[128] 이에 민족주의 정치기획 세력들은 다시 한 번 민족단위의 구상을 통해 조선인 자본가의 축적기반을 확보하고자 했다. 또한 자치운동을 비롯한 민족주의 운동세력의 정치운동

---

128) 방기중, 「1930년대 물산장려운동과 민족·자본주의 경제사상」, 『동방학지』 115, 2002.

의 좌절 이후 등장한 조선학운동은 '조선적인 것'을 과거로부터 소환하여
절대화하려고 했다.[129] 이러한 시대적 배경 속에서 좌절의 표상과 각성의
표상은 조선 대중의 감성 코드로 자리 잡아가고 있었다고 할 수 있다. 그리
고 이러한 좌절과 각성의 표상은 양자를 연결시킬 수 있는 구체적이고 현
실적인 대안이 제시된다면 언제든지 쉽게 동원에 응할 수 있는 대중심성의
기제였다.

　　1920년대 후반 만주의 농업공황과 세계대공황의 영향으로 경제상황은
더욱 악화되었고, 조선인경제공동체의 발전 전망은 밝지 않았다. 조선인
언론은 점차 경제적 발전과 정치적 결정권을 확보하려는 노력에서 점차 불
굴의 민족정신을 강조하는 방향으로 나아갔다. 파산담론 위에 정초된 민족
정신 속에서 경제발전은 지상과제가 되어 있었다.

2. 조선경제와 조선인경제의 모호성

　　1920년대 조선인은 자본주의 경제위기를 경험했다. 그러나 식민지 상황
에서 재조일본인이 조선경제 발전을 주도하고 있다는 현실인식은 조선경
제에서 조선인경제를 분리하는 관념으로 연결되었고, 이들은 조선인경제
의 발전을 위한 경제정책을 적극적으로 총독부에 요청했다. 산업조사위원
회를 통한 건의사항이 제대로 받아들여지지 않았던 상황 속에서 민족주의
정치기획세력은 조선인경제공동체 구상을 심화시켰고, 조선민족의 경제생
명의 위기를 이야기했다. 또한 경제생명권을 확보하기 위해서는 조선민족
이 가능한 범위에서 정치적결정권을 가져야 한다고 주장했다. 민족공동체

---

[129] 김병구, 「고전부흥의 기획과 '조선적인 것'의 형성」, 『'조선적인 것'의 형성과 근대문화담
　　론』 소명출판사, 2007, 32~37쪽.

에 대한 구상은 경제와 정치 영역에서 조선민족이 근대 사회를 스스로 영위할 수 있는 주체로 자리매김해야 한다는 것이었다. 그러나 1926년 농업공황, 1929년 세계 공황의 영향으로 조선인경제의 발전 가능성은 점차 축소되어 갔고, 현실의 절망적인 공황상황을 타개하기 위해서 조선민족의 정신적 각성이 강조되기 시작했다. '조선인경제'에 대한 상상은 민족정신의 각성을 추동하는 이념적 기제였음이 점차 드러나기 시작했다.

그리고 1930년대 일본경제가 회복되기 시작하면서 1920년대 조선인경제 공동체에 대한 담론은 균열되기 시작했고, 1920년대 '조선인경제'에 대한 상상은 조선경제의 특수성 논의로 이전되기 시작했다. 이는 일본의 만주진출, 공업화로 인해 경제가 불황에서 점차 벗어나기 시작했기 때문이라고 할 수 있다.

1) 경제회복과 만주시장

일본경제는 1931년 만주사변과 금본위제 이탈 이후 만성적 불황에서 벗어나기 시작했다. 이누카이(犬養) 내각은 와카스키(若槻) 내각의 이노우에 준노스케(井上準之助) 대장상이 펼친 긴축정책을 폐기했다. 이누카이(犬養) 내각의 다카하시 고레키요(高橋是淸) 대장성 장관은 금 수출을 다시 금지하는 동시에 대미환율의 하락을 묵인하고, 높은 수준이었던 고정금리를 단계적으로 인하했다. 다카하시는 금융유동성을 확대하는 방향으로 적극적인 재정 정책을 펼쳤다. 다카하시는 전임자 이노우에가 편성한 긴축형 예산에 대하여 추가 예산을 편성하고 재정지출을 대폭 확대했다. 그리고 그 재원은 일본은행 인수 공채발행에 의존하는 방식을 채용했다. 저환율, 저금리, 적자공채발행은 상호관련을 가지면서 불황에 빠졌던 일본경제에 자극을 주었다.

1929년 10월 뉴욕 증권시장의 폭락 사태에서 촉발된 세계대공황은 1938

년까지 지속되고 있었다. 미국의 경우, 1926년~1929년 연간 평균 실업률이 3.4%였던 데 비해, 1930년~1933년에 18.3%, 1934~1937년에 18.3%로 거의 차이가 없었다.[130]

〈표 1-1〉 각국 공업생산의 추이(1929년 생산액=100)

연도	미국	영국	프랑스	독일어	일본	소련
1928년	93	94	92	99	90	79
1929년	100	100	100	100	100	100
1930년	81	92	100	86	95	131
1931년	68	84	86	68	92	161
1932년	54	84	72	53	98	183
1933년	64	88	81	61	113	196
1934년	66	99	75	80	128	238
1935년	76	106	73	94	142	293

※출전: 今田寬之, 「1929~33年 世界大恐惶について」, 『金融研究』 7-1, 日本銀行金融研究所, 1998, 116쪽.

각국의 공업생산액 증감 추이 역시 1929년을 기준으로 1930년 이후 급격히 감소했다. 미국, 프랑스, 독일 등은 1935년까지 1929년 공업생산액을 회복하지 못했다. 미국, 영국, 프랑스 등 서양 국제연맹 회원국은 1929년 이후 공업생산액이 급격히 감소했던 반면, 일본은 1931년 만주사변을 통해 3만주시장에 대한 상품수출과 자본투자를 확대시켰고, 이 결과 1933년 공업생산액이 급격히 증가하기 시작하면서 경제회복이 빠르게 진행되었다. 1930년대 전반기를 비교한다면 세계대공황이란 경제위기에서 일본 경제가 가장 빠르게 회복되었음을 알 수 있다. 일본경제의 회복세는 조선경제에도 영향을 미쳤다.

---

130) 김수행, 『세계대공황, 자본주의의 종말과 새로운 사회의 사이』, 돌베개, 2011, 110쪽.

〈그림 1-1〉 법원의 파산선고 건수와 부동산경매 건수

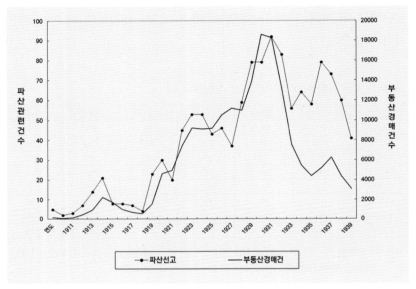

※출전: 총독부통계연보의 해당년도.

1910년에서 1940년 법원의 파산선고 건수와 경기변동을 가늠할 수 있는 부동산 경매건수의 변동 상황을 비교하면 파산선고 건수와 부동산 경매건수는 1910년에서 1933년까지 시차는 다소 존재했지만, 연동되면서 증가하고 있었다. 그러나 1933년 이후 조선에 일어났던 만주붐으로 인한 경기 호전으로 부동산 경매건수가 크게 감소했음에도 불구하고 파산선고는 크게 줄어들지 않고 있었다. 여기에는 다양한 원인이 있었지만, 경기 호전에 따른 투기성 투자가 유발하는 파산이 주요한 요인 중 하나였다. 1933년 이후로 파산의 증감이 경기변동 상황과 불일치하는 현상이 발생했다. 경기상황을 간접적으로 알려주는 부동산 경매건수는 1931년을 정점으로 급격하게 줄어들기 시작했다. 반면 파산선고 건수는 1933년 이전에 비해 감소하였지만, 이후 증감을 거듭하다가 1937년 이후 감소했다. 조선경제의 이러한 흐

름은 〈표 1-1〉의 일본 공업생산액의 증감추이와 유사하다. 1929년의 공업
생산액을 100으로 놓을 경우 일본은 1933년 113으로 증가했고, 1934년에는
128로, 1935년에는 142로 증가했다. 1920년대의 경기불황이 만주시장이 열
리면서 다시 호황국면으로 전환되었다고 할 수 있다.

　일본경제회복과 만주시장에 대한 기대감이 겹치면서 조선인의 만주이민
문제가 공론장에 본격적으로 등장했다. 『동아일보』에는 관동군 조선반 연
락원 윤상필(尹相弼) 대위가 조선군 기자단과 대담한 내용이 실렸다.

　　　"현재 만주국의 발전은 순조로이 되어 간다. 조선반이 된 것은 작년 12
　　월 12일 경인데 담당임무는 재만조선인의 구제에 있다. 이것은 원칙상으로
　　보면 군부에서 할 것이 아니오 영사관에서 할 것이나 형편상 군부에서 하
　　게 되었다. …… 만주 반란군의 수효를 대단히 감소되어 작년 9월경까지
　　약 20만이 되든 것이 지금은 약 8만 6천 가량이 있다. 현재 동방의 토벌을
　　하고 있는 데 이것이 끝나면 5, 6만밖에 아니될 것이다. 그러면 금년 여름
　　부터는 차차 치안이 평온하여질 것 같다. 일반 조선 내 동포에게 희망하고
　　자 하는 것은 만주조선인문제를 80만이나 100만의 조선인 문제라고 생각
　　말고 조선민족의 상황을 결정할 중대성을 가지고 있는 문제라고 생각해 달
　　라는 것이다. 조선내의 인구현상, 경제 등을 고찰하면 조선족 신장 발전은
　　만주 이외에는 없을 것이다."[131]

　만주지역의 치안을 담당하고 있었던 관동군 조선인 대위의 이 기사는
1920년대 형성된 만주시장에 대한 조선인의 인식을 전환시키는데 기여했
다. 조선인의 만주이주는 1910년 이전부터 진행되었으며, 1920년대 경기불
황으로 인해 조선인 이주가 증가되는 양상이었다. 그러나 만주로 이주된
조선인의 힘겨운 생활이 알려지면서 만주이민에 대한 우려가 제기되기 시
작했다.

---

131) 『東亞日報』 1933년 1월 4일 「人口問題는 滿洲移民」.

"조선에서 살수 없어서 만주에 오면 설마 밥이야 굶겠느냐 하고 지내왔었는데. 이제 와서 본 그것이 서생식의 무지한 공상이었습니다."[132]라는 탄식에는 노동시장에서 중국인과 경쟁할 수 없으며, 중국 마적(馬賊) 또는 적의적(赤衣賊)이 마구 수세할 뿐만 아니라 자칭 '독립군'에 의한 수세 때문에 조선인의 생활이 매우 곤란하다는 만주상황이 언급되어 있었다. 만주에 대한 부정적 인식이 확산되는 가운데 조선인의 일본이주가 증가되었다. 일본정부는 국내 경제 불황으로 인해 실업증대, 농업공황으로 인한 농촌경제 악화 등으로 조선인의 일본이주를 제한하기 시작했다. 1924년 일본인 도항규제의 폐지와 부활이 반복되는 과정에서 조선인 매체는 일본도항규제에 대해 강력하게 반발하기도 했지만, 1925년 이후 본격적으로 일본 도항 제한이 실시되었다.[133] 여기에 더해 중국인노동자의 유입은 조선의 실업문제를 심화시키고 있었다. 따라서 만주사변 이후 일본에 의한 만주개발은 1920년대 누적된 조선의 과잉인구 문제에 새로운 탈출구로 인식되기 시작했다. 관동주 조선인 대위가 "조선내의 인구현상, 경제 등을 고찰하면 조선족 신장 발전은 만주 이외에는 없을 것이다."라고 언급한 배후에는 1930년대 만주로의 이민을 통해 조선인경제의 불황이 개선될 수 있다는 기대가 담겨져 있었다.

일본정부와 관동군의 조선인 만주이민에 대한 기본 입장은 시기적으로 변화가 있었다. 1932년부터 1936년까지는 조선인이민에 대해 방임주의를 채택했고, 1937년부터 1945년까지 조선인이민에 대한 통제정책을 실시했다. 조선인 이민 정책의 변화로 인해 만주이민에 대한 조선인언론의 대응도 함께 변화되었다. 조선인의 만주이민에 대한『조선일보』의 담론을 고찰

---

132) 公民, 「봉천서 경서에」,『産業界』2. 1924년 1월.

133) 정진성 · 길인성, 「일본의 이민정책과 조선인의 일본이민: 1910~1939」,『경제사학』25-1, 1998.

한 연구에 따르면,[134] 조선인 만주이주 정책에 대한 대응담론은 '보호안주론', '조선농민개척론', '도항자유론' 등의 하위담론으로 구성되어 있었다. 보호안주론은 총독부의 방임정책을 비판하면서 지원금 및 이주의 편의성 등 정책적 지원을 요청하는 것이었으며, 조선농민개척론은 이주민의 수난 극복기, 신개척지에 대한 희망과 우려 등을 통해 총독부가 생산했던 이민 담론을 끊임없이 재현하는 방식이었다. 특히 중일전쟁이 장기화되기 시작하면서 조선인의 만주이주의 정책적 문제를 판하는 담론이 사라져갔고 일방적인 지지담론으로 경도되기 시작했다. 조선인의 이주는 조선인의 실업 문제를 해결하는 출구였다는 점을 거부할 수는 없었기 때문이었다.

『조선일보』의 이주 담론은 『동아일보』에서도 동일하게 재현되고 있었다. 또한 『동아일보』는 『조선일보』의 이주담론 배면을 구성했던 조선경제에 대한 진단 역시도 공유하고 있다.

> "조선은 타력적 산업혁명기에 처하여 그 불안정한 자본주의경제하에 일절 구 생산 수단이 상실되는 동시에 신 생산수단이 이에 완전히 대신 서지 못한 곳에서 과잉인구현상이 급격히 생기고 만 것이다. 현재와 같이 이지자본(異地資本)의 급격한 수이입이 그 보조를 늦추지 않고 조선인토지의 화폐과정이 극히 다대한 중간손실이 붙으며, 그 투자방면의 이권 및 보호의 차별이 가로 놓이고 지역적 농산량 증가만을 치중하는 중농정책이 그대로 계속된다고 하면 조선의 과잉인구문제는 여하한 사회 정책적 실시가 겸행된다 할지라도 좀처럼 그 효과를 기대하기 어려울 것 같다. …… 과잉인구문제는 그 사회의 생산관계 여하에 그 요인이 있다. 노동과 지능을 사줄만한 자본이 없고 있다하더라도 그것이 부족하고 또 그것이 일시적이라고 하면 늘어가는 인구가 갈 곳은 어디일 것인가? 그들은 하염없이 과잉인구층에 떨어져 유리방황의 길을 떠나고 마는 것이다."[135]

134) 김기훈, 「만주국 시기 조선인 이민담론의 시론적 고찰: 조선일보 사설을 중심으로」, 『동북아역사총논』 31, 2011, 97~155쪽.

『동아일보』는 조선의 과잉인구 문제를 자본주의 축적 위기로 보기보다는 조선의 자본주의가 발전하지 못했다고 보았다. 타력에 의해 진행된 산업혁명으로 구 생산수단은 없어진 반면, 새로운 생산수단이 완전히 갖춰지지 못했기 때문에 과잉인구가 급격히 생긴 것이라는 진단이다. 이점은『조선일보』가 조선인 만주이민 정책의 근본적 대책으로 조선경제의 산업화를 주장했던 담론과 동일한 서사라고 할 수 있다. '이지자본(異地資本)'에 의한 상품화, 중농정책의 유지가 조선과잉인구의 문제를 심화시켰고, 그렇기 때문에 단순한 사회정책의 실시로는 이 문제를 해결될 수 없다는 것이다.

1920년대 총독부는 실업문제 해결을 위해 인사상담, 노동숙박소 등을 설치하는 등 실업과 빈민구제 기구를 확대했다. 제한적이긴 했지만, 이러한 총독부의 사회사업은 3·1운동으로 균열된 식민통치의 안정화를 도모한 것이었다. 경제상황의 악화로 재정투입이 매우 제한적이었기 때문에 민간의 사회사업을 적극적으로 포섭하며 진행된 사회사업은 1920년대 조선의 경제 불황에서 조선인의 경제적 삶을 개선하는데 크게 도움이 되지 못했다.[136]

그러다가 일본의 경기회복과 만주시장으로의 진출이 시작되자 조선 역시 10년이 넘게 지속된 불경기에서 점차 벗어날 가능성이 제기되고 있었다. 민족주의 정치기획세력은 조선인의 만주이민을 불경기의 탈출구로 인식했다. 일본의 만주진출이 조선인의 실업문제를 일정정도 해결할 수 있다는 기대감 속에서『조선일보』와『동아일보』는 조선인의 만주이민의 성공을 위한 구체적인 방안을 총독부에 요청했다.

이들은 조선의 과잉인구문제는 식민지라는 특수한 상황에 기인한다고

---

135) 『東亞日報』1933년 1월 25일 「人口現象의 重大性」.
136) 조경희, 「1920년대 식민지조선 사회사업의 성격과 그 한계」, 『역사와 담론』80, 2016, 81~122쪽.

파악했다. 그리고 이들이 생각한 식민지 조선의 특수한 사항은 공업을 중심으로 한 산업화가 진행되지 못했다는 것이었다. 따라서 그 해결책은 "두 가지 방법이 있으니 하나는 적극적 인구 이출이고, 다른 하나는 소극적 인구 방지일 것이다. 그러나 인구 이출에는 인두수(人頭數)로써 계량할 수 있으니 인구 방지에는 생계비로서 산출하여 할 것이다. 이는 오는 이민군은 1인이 5, 6인의 폭이 되고, 가는 이민은 1인이 5, 6분의 1폭밖에는 안 되는 까닭이다. …… 도항노동자 단속만이 조선인구 문제에 관계가 있을 뿐 아직 하나도 조선 인구문제를 중심으로 정책을 세워 실행하여 본 일이 없었으니 이는 당로자의 인식부족에서 기인함이 아닐까 한다."라고 하여 총독부의 적극적인 인구 정책실시를 촉구했다.[137]

이 논설은 당시 일본의 만주진출과 관련하여 볼 때 조선인의 만주이주 지원책에 대한 요청과 연관된 것이었다. 즉 조선 내 노동력 수요 부족을 타개할 방법은 개발되는 만주로의 이민이었고, 만주는 조선인 식민이 가능한 곳이라는 인식이 배후에 존재하기 때문에 가능한 논의였다. 또 다른 점은 조선인경제를 세계경제의 변화와 연결시키면서도 가장 핵심적 원인으로 조선의 식민지적 특수성을 설명하고 있다는 점이다. 산업화가 되지 않는 조선의 특수성을 강조하는 것은 곧 공업 발전에 대한 강한 지향이 담겨져 있었다. 이점은 앞서 세계가 공황에 빠진 이유가 공업생산의 발전, 산업합리화라고 지적했음에도 불구하고 조선은 아직 그 단계에 있지 않기 때문에 그 단계까지 나아가야 한다는 것이었다.

세계대공황의 영향이 일본과 조선에도 미쳤고, 물가 저락, 실업증가, 과잉생산, 과잉노동력 등 공황의 일반적 현상이 조선에서도 나타났지만, 조선인경제 담론은 이러한 요인보다 조선인경제는 근본적으로 식민지라는 특수성이 있다는 점을 부각시키는 것이었다. 그리고 그 특수성은 산업화되

---

137) 『東亞日報』 1933년 1월 25일 「人口現象의 重大性」.

지 못한, 농업국이란 것이었다. 즉 식민지성과 농업국이란 점을 거의 동의
어로 사용하고 있다는 점이다. 그래서 농업국에서 공업국으로 전화되는 것
이외에는 다른 상상이 개입될 여지가 없었다.

그러나 조선이 공업국으로 발돋움 하고, 그래서 선진자본주의 국가처럼
산업합리화가 진행된다면, 이들 스스로가 분석한 대로 선진자본주의 국가
들이 겪고 있는 공업화된 국가의 공황과 거의 같은 전철을 밟게 될 뿐이었
다. 이들은 세계 자본축적 시스템의 문제점을 지적하면서도 그것이 조선인
경제와 어떠한 관계에 있는지에 관심을 두지 않았다. 오히려 그들이 지적
했던 세계경제 상황은 조선인경제의 특수성을 보여주는 비교 대상일 뿐이
었다. 조선인경제는 세계경제의 흐름과는 일정하게 단절되어 있는 경제단
위란 전제가 그들의 인식 속에 이미 강하게 자리하고 있었다.

『동아일보』는 1920년대 총독부의 농업정책과 사회사업 정책이 조선경제
를 회복시키는데 도움이 되지 못했으며, 산업화되지 못한 조선경제를 자본
주의가 미발달한 특수한 상태로 규정하고 있었다. 따라서 그 해결 방향은
1920년대와 마찬가지로 산업화를 하는 것이라고 주장했다.

"원래 상업자본기를 넘어선 금융 자본기에 있어서 철 늦은 농업단원주의
의 산업정책을 실시하는 것은 구내의 일 특수지역의 희생을 다른 특수지역
의 이익으로 보전하고자 하는, 내국경제의 교환적 가치 이외에 하등 이익
을 기대하지 못하는 것이다. 이는 선진자본국의 농지가 황폐화 되어 가고
있는 것을 보아도 충분히 알 수 있다. …… 조선에 실시된 중농주의적 산
업정책은 그것이 과거에 있어서 불가피한 일이라 할 수도 있겠지만, ……
그 이상의 증식을 꾀한다는 것은 빈곤한 조선농민에게 무리한 생산비 부담
만을 증가시키는 결과를 일으키기 쉽다. …… 조선인경제의 대본인 농업
경제도 이제야 거의 그 바닥이 드러나 보이게 되었다. 만일 이 같은 데도
불구하고 종래와 같이 중농일관주의로만 나아가겠다면 이는 물에 빠져 본
뒤에 헤엄을 배우겠다는 것과 조금도 다름이 없다."[138]라고 하여 중농일관

주의의 폐기와 산업화정책의 수립을 요청했다.

이러한 요청은 우가키 가즈시게(宇垣一成) 총독이 제시한 '신산업정책'을 승인하도록 하는 것이었다. "총독의 연설과 같이 조선의 신산업정책 요강을 들어 말하면 산미증식계획의 뒤를 이어 전작증식계획 즉 주로 면화를 장려하고자 하는 정책과 불황과 판로 문제가 전혀 없는 금산업의 보호책을 중심으로 한 광업 장려정책이 그 으뜸이다."라고 언급하면서 우가키 총독의 신산업정책에 대한 지원에 대해 기대를 표명했다. 그러면서 동시에 일본자본의 조선광업진출에 대해서 우려를 표명했다. "국민경제의 의의는 일반적 민도향상에 있고 그 발전의 요체 또한 이에 있는 것이니 섣불리 이 의의와 요체를 깨닫지 못하고 순수경제적 발전만을 도모하려는 자 있다면 그 계획의 근저는 여지없이 뒤집히고 말 것이다. …… 본지의 연고업자에 대한 심심한 고려는 극히 필요한 일이며, 신산업정책에 동반자가 될 생산자 대중의 그것으로 만연된 이해관계 및 생활문제에 대한 치밀한 검분은 신산업정책의 기초적 준비행위가 되는 것이다. 다시금 이에 대한 고려가 있기를 제성코자 하는 바이다."[139]라고 하여 '국민경제'의 의미와 대자본과 소자본의 균형적 발전에 대한 고려를 요청했다. 이와 같은 총독부 신산업정책을 추진한 일본 대자본과 조선 내 자본사이의 관계는 조선 내 자본이 일본 대자본에 의해 배제되지 않고, 하청기업화 하는 방향이라고 볼 수 있다.

2) 소비자로서의 조선인

"우리는 흔히 조선 사람의 경제가 시국변천 이래로 몰락 과정을 취해서

수십 년 이래를 두고 몰락을 계속해 오는 것을 보아왔다. …… 그러나 나는 작년부터 이러한 견해에 약간의 착오가 있다는 점을 간취하게 되었다." 라는 이러한 언급으로 시작한 동아일보의 조선경제에 대한 진단은 이제까지 조선인경제의 몰락이라는 부정적 인식과는 사뭇 다른 것이라고 할 수 있다. 서춘(徐椿)은 1930년 12월과 1931년 1월에 총 20차례에 걸쳐 조선경제를 진단했다.[140]

그 내용은 토지의 상당한 면적이 조선인의 소유가 되지 못했다는 점은 객관적 사실이지만 그렇다고 하여 조선 사람의 부가 감소했다고 볼 수는 없다는 것이었다. 즉 수량상으로는 그렇게 보이지만 평가액으로 보면 상당히 증가했다는 것이다. 이러한 주장의 근거는 토지의 자연적 증가가 매우 빨리 진행되었다는 것이며, 도시를 중심으로 토지의 가격이 매우 급등했다는 것이다. 문제는 오히려 이러한 토지면적과 가격의 증대가 1930년을 기점으로 정체되기 시작했다는 것이고, 이점이 바로 조선인경제의 위기라는 것이다.[141]

서춘은 1920년대 조선인경제 상황은 경제 통계로는 알 수 없다고 하면서 조선경제와 조선인경제를 구분하고 조선경제과 조선인경제는 반비례 관계라고 인식했었다.[142] 그러나 1929년 세계대공황 이후 세계통화체계가 금본위제를 폐기하기 시작했고, 일본에도 직접적으로 그 영향이 미치자 세계대공황의 영향력을 조선경제 변동의 중요한 요인으로 인식하기 시작했다. 실제로 서춘은 일본의 금해금 정책이 조선에 미칠 영향에 대한 경제

---

[140] 서춘은 1919년 2·8독립선언 실행위원으로 활동 중 체포되어 9개월의 실형을 살았고, 이후 도요대학(東洋大學)을 거쳐 1926년 교토제국대학 경제학부를 졸업했다. 귀국 이후 동아일보의 경제부장과 조사부장을 역임했으며, 1934년에는 조선물산장려회 선전부 이사를 맡았고, 조선일보 주필을 역임했다. 중일전쟁 발발 이후 국민정신총동원조선연맹 기관지『총동원』의 편찬위원을 지내는 등 일본의 전쟁에 협력했다.

[141] 『東亞日報』 1931년 1월 28일 「세계적전황과 조선경제계진상 1」.

[142] 徐椿, 「작년중의 노선인 경제의 회고2~7」, 『朝鮮思想通信』, 1927, 223~228쪽.

칼럼을 『동아일보』에 게재하기도 했다.[143] 이것은 세계통화체계의 변동이 진행되는 상황에서 조선경제와 조선인경제 문제는 일본경제와의 관계만으로 설명될 수 없다는 인식이 이미 공론장에서 승인되고 있었음 알려준다. 또한 세계경제의 변화가 조선경제 문제의 주요 원인이라는 인식 속에는 이제까지 조선경제와 조선인경제를 구분 짓고, 양자가 발전과 낙후의 반비례 관계라는 관념이 점차 균열되기 시작했음을 알려준다.

서춘은 세계경제, 일본경제, 조선경제의 연쇄과정을 설명하고, 그 영향의 정도는 각각의 경제단위가 어떠한 상태인가에 따라 달라진다고 보았다. 또한 조선경제는 타력에 의한 산업화, 외지자본의 상품화로 낙후된 조선자본주의로 인해 세계대공황에 더 큰 타격을 입게 되었다고 했다. 서춘이 계경제－일본경제－조선경제의 연쇄적 관계를 전제로 할 때 민족의 경제 공동체는 조선경제에 살고 있는 조선인의 역할이 무엇인가의 문제로 환원될 수밖에 없다고 이야기했다.

따라서 서춘은 '조선경제' 상황에서 조선인이 할 수 있는 방법을 다음과 같이 제시했다. 첫째, 생활양식의 환원운동으로 서양적인 생활양식을 버리고 조선적인 생활양식으로의 전환할 것, 둘째, 소비생활의 합리화로 비용절감을 위해 낭비적 요소를 제거하는 생활양식을 취할 것, 셋째, 저가매입의 풍조를 제거할 것, 넷째, 저당차입을 근절할 것, 다섯째, 농본주의를 폐기하고 상공본위로 전환할 것, 여섯째, 상공업에 적극적으로 투자할 것, 일곱째, 경제지식 향상운동, 여덟째, 전통적인 인색주의의 타파로 필요한 부분에서 소비를 적극적으로 할 것을 주장했다.[144]

제시된 방법은 자본가로서의 조선인보다는 소비자로서의 조선인의 경제생활 태도에 대한 것이었다. 농본주의에서 상업과 공업 본위로 전환해야

---

[143] 『東亞日報』 1929년 11월 12일 「재개의 중심문제 금해금의 의의(徐椿)」.

[144] 『東亞日報』 1931년 1월 29일 「세계적전황과 조선경제계진상2」.

한다는 점은 조선인 자본가의 투자방향을 제시한 것이었으며, 동시에 경제
지식의 향상을 강조한 것은 투자자로서 시장에 대한 분석과 대응 지식을
갖춰야 한다는 것이었다. 이 점은 1920년대 '조선인경제' 발전을 위해 민족
주의 정치기획세력이 누차 강조해왔던 것이었다. 반면 소비자로서 조선인
의 역할에 대한 언급은 1920년대 근검절약을 강조했던 담론과는 매우 다른
점이라고 할 수 있다.

'조선적인 생활양식'을 강조한 것은 서춘이 1930년대 초 재건된 물산장
려운동에 적극적으로 활동했던 것과 밀접한 관련을 맺고 있기 때문이기도
했다. 그는 '소비생활의 합리화', '저가매입의 풍조 제거', '저당차입의 근절'
등을 통해 조선인이 합리적 소비자의 생활 태도를 갖춰야 한다는 점을 강
조했다. '합리적 소비자' 담론이 등장한 것은 일본 상품의 소비시장이 되어
버린 조선경제의 특성 속에서 합리적 소비가 조선인이 스스로 생활을 유지
할 수 있는 방법이라고 여겼기 때문이었다. 그러나 그 배면에서 '조선경제'
와 구분되는 '조선인경제'란 관념이 '조선경제'에서 살아갈 '조선인 생활'이
란 관념으로 변화되어 있었다는 점을 확인할 수 있다.[145]

경기불황이 회복될 가능성이 가시화되어 가고, 그 속에서 조선인의 경제
생활이 개선될 수 있는 가능성이 증대되자 서춘은 조선인이 조선시장에서
경쟁력을 확보할 수 있는 방안을 제시한 것이었다.

---

[145] 1930년을 전후로 재개된 혹은 다시 시작된 물산장려운동은 토산장려와 생산증식이란
소비와 생산의 상호보완관계를 통해 민족경제자립을 구상했던 경제운동이었다. 1920년
대 물산장려운동에 대한 기존 연구에서는 토산장려와 생산증식 논리가 계급적 이해를
달리하는 것이었고, 전자는 중소자본의 이해를 후자는 토착자본 상층의 이해를 대변한
것이라고 지적했다. 하지만 앞서 살펴보았듯이 1920년대 민족경제적 상상의 배면을 구성
하는 한 파산담론 또는 무산계급론은 민족주의 정치기획세력과 사회주의 정치세력이
공유하고 있었던 조선인경제에 대한 강한 위기감의 표현이었다. 1930년을 전후로 다시
재기된 물산장려운동 노선 역시 조선인자본가의 이해를 대변하는 계급적 운동 노선으로
만 바라볼 수 없는 지점이 있다. 민족경제를 구상했던 세력의 인식론적 동요 과정으로
바라볼 필요가 있다(방기중, 「1930년대 물산장려운동과 민족·자본주의 경제사상」, 『동
방학지』 115, 2002, 47~62쪽).

이후 『동아일보』는 "최근 4, 5년간 평양상계가 흥성함은 우리 민족을 위하여 축복하는 바이며 장래 재계변동이 없을 것을 예상하는 바이나 더욱 분할 것이오"라는 기대감을 표명했으며, "상공업의 원칙인 수요공급관계 또는 생산소비대조 등을 명료히 지실(知悉)한 후에 비로소 신실한 상공업이 영휘될 것이고 종래 방식이든 추상과 억측, 혹은 귀 볼을 만지면서 행운을 빌고 있는 등 요행적 상행위는 벌써 시대에 뒤진 행동이란 말이다"라고 하여 '합리적 경제활동'의 필요성을 역설했다. 경제발전의 새로운 가능성이 열리게 되었던 시장 환경에서 민족주의 정치기획세력은 조선시장에서 살아갈 '조선인의 태도'를 문제 삼기 시작했고, 근대 자본주의 시장에서 합리적으로 선택할 수 있는 능력을 요청했다.

3) 제국경제에서 조선경제의 역할론

1934년 일본은 경기회복을 추동하기 위해 전격적으로 금리인하 정책을 실시하여 저금리 시대에 들어갔다. 이로 인해 시중에서는 자본의 유동성이 확대되었고, 엔화 가치의 하락으로 수출 무역이 증대되었다. 일본 자본이 조선, 만주로 투자를 적극적으로 진행하면서 조선과 만주에서는 '산업투자열'이라고 명명할 정도의 현상이 나타났다. 조선에 일본의 대자본 공업이 성립되기 시작했고, 일본과 만주를 연결하는 조선의 경제적 역할이 강조되기 시작했다.

일본제국 경제권에서 조선경제의 역할론은 1931년 총독으로 부임한 우가키 총독에 의해 제기되었다. 우가키는 일본 본국이 지향했던 일만블록경제 방향 속에서 조선경제의 역할을 위치짓기 위해 '일선만블록' 노선을 제시했다. 일본, 조선, 만주의 경제적 역할을 각기 정공업지대, 조공업지대, 농업지대로 구획 짓고, 조선의 산업개발을 통해 일본, 만주와 상호의존적인 분업관계를 유지하겠다는 것이었다. 즉, 조선경제는 일본 국내경제를 지탱하는 하위 시장으로서의 역할을 탈피하여 일본제국의 경제 블록 내에서 한 축을 담당해야 한다는 것이었다.

그러나 우가키의 노선은 중요산업통제법의 조선적용 여부를 둘러싸고 일본정부, 만주의 관동군과 의견 충돌을 발생시키기도 했다. 일만블록경제계획에서 만주개발과 산업화 방향은 조선공업화와 충돌될 수 있는 문제였고, 일본 정부는 조선경제를 일본의 통제 하에 완전히 편입시키려고 했다. 반면 관동군은 일본 독점자본의 만주진출에 대해 우려를 표명하면서 반대하고 있었다. 일본경제와 만주경제의 관계를 어떻게 정립할 것인가라는 문제에서 조선경제 문제는 사실상 관심의 대상이 아니었다.

따라서 우가키의 농공병진정책은 일본정부의 재정지원 없이 진행될 수밖에 없는 한계를 갖고 있었다.[146) 더구나 일본이 중요산업통제법을 시행하여 독점자본의 카르텔을 통해 산업구조를 조정하고, 독점자본에 의한 분배 불균등을 완화하기 위해 공장법을 실시했던 것과 비교해 본다면, 우가키는 중요산업통제법의 조선적용을 반대함과 동시에 공장법 등 노동자보호의 법제화 대신 '노자협조'를 강조했다. 이로 인해 일본 대자본의 진출이 확대되었지만, 오히려 이를 통제할 만한 법적 근거가 미비한 상황이 빚어졌다.

우가키의 조선 산업개발정책은 농촌의 과잉인구의 흡수라는 목적도 동시에 가진 것이었기 때문에 농공병진정책으로 구체화되었다. 1930년대 전반기 공업화정책은 농촌진흥정책과 깊은 연관을 가지면서 진행되었던 것이다. 재벌·정계·군부와 개인적으로 깊은 관계를 갖고 있던 우가키는 조선통치에서도 이를 이용하여 1차대전기 군수물자의 공급을 담당하면서 비약적인 성장을 이루었던 미쓰이(三井), 미쓰비시(三菱), 스미토모(住友), 야스다(安田)의 4대 재벌을 필두로 일본 독점자본을 조선으로 다수 유치하였

---

146) 방기중, 「1930년대 朝鮮 農工併進政策과 經濟統制」, 『동방학지』 120, 2003, 75~123쪽.

으며 이들 주도의 조선산업개발정책을 실행해 나갔다.[147] 일본 독점자본의 진출을 유도하기 위해 자금지원, 원료공급, 최저이윤 보장 등 여러 가지 측면에서 우대정책을 마련하였다.

우선 금융에 관한 정책으로는 저금리정책 및 산금정책이 시행되었다. 양자 모두는 1931년 12월에 성립된 이누카이 내각에서 발표된 금융정책으로 식민지 조선에도 연장 · 실시된 것이다. 조선은행은 1932년 초를 정점으로 대출표준금리를 계속 인하시켰으며 그 결과 조선은행 및 기타 은행들의 실행금리도 이후 계속 인하되었다. 또한 대부 금리는 1930년대에 하락했지만, 기업의 이윤율은 급증하고 있었다. 이러한 상황에서도 기업에 대한 원활한 자금유통을 보장하기 위해 저금리를 유지함으로써 조선의 금융유동성이 크게 확대되기 시작했다.

또한 산금정책과 관련해서는 1937년 일본에서 공포된 「산금증산 5개년 계획」의 방침에 따라 총독부 역시 「조선산금령」, 「조선중요광물증산령」 등을 시행하여 지속적으로 금광업 장려정책을 실시했다. 1939년에는 소액 채광자금의 융자를 의도한 '조선금산주식회사'를 창설하였다. 이에 따라 1939년 조선의 금생산량은 1931년에 비해서 약 3배나 늘었는데 그 생산량의 55%가 조선은행을 경유하여 일본으로 반출되었다.[148]

일본대자본의 조선진출이 본격화되기 시작하자, 『동아일보』는 위기감을 표시하기 시작했다. "조선의 재래공업은 저급한 수공업 중심이고, 매뉴팩처적 공업이 높은 지위를 차지하게 된 것이다. 그 대부분은 몰락의 위기에 직면하여 겨우 그 명맥을 이어 가는 것으로 만족하는 처지에 있는 것이다. 금일 이후 대, 중 공업이 진출을 개시하여 새 기반을 다지게 될 때에는 적

---

147) 안유림, 「1930년대 총독 우가키 카즈시게의 식민정책: 북선수탈정책을 중심으로」, 이대사
      학과박사학위논문, 1994, 33쪽.
148) 허수열, 『개발 없는 개발』, 은행나무, 2011, 238~243쪽.

어도 압박을 당하게 될 것은 명약관화한 것이다."라고[149) 하여 대자본 공
업화에 대한 위기의식을 확산시켰다.

　조선공업단계가 재래공업의 수준에서 벗어나지 않는 상황에서 제한 없
이 일본 대공업이 들어온다면 조선인 산업은 발전 가능성이 없기 때문에
총독부는 조선인 소자본에 대한 보호정책을 실시해야 한다고 주장했다. 조
선인 재래공업에 대한 보호 주장은 1920년대 조선인본위의 산업화 주장의
연장선에 놓여 있는 것처럼 보인다. 1920년대 조선인본위의 산업화는 시장
을 둘러싼 민족 간 경쟁에서 조선인경제를 유지, 발전시키는 방법으로 제
기되었다면, 이 시기 조선재래공업 보호론은 일본제국 경제의 변동성을 방
어할 수 있는 방법으로 제기되었다. 즉 조선경제와 조선인경제란 경제단위
를 구분하려는 인식은 희석되고 제국경제에 편입된 조선경제에서 조선인
산업의 의미를 발견한 것이었다. 따라서 『동아일보』는 조선재래공업 보호
의 의미를 다음과 같이 설명했다.

　　　"(총독부의) 공업전환론은 그 이입자본을 기초로 한 기업자체의 존립과
　　이윤획득의 자연적 요구 상 조선인 공업의 발흥과 대립을 보여줄 것인가?
　　당국은 이입관세를 철폐한 후에 농촌갱생운동으로(나아갔지만) 조선인 공
　　업책에 대하여 고려하는 바는 적다. 뿐만 아니라 공장법, 노동자 재해구조
　　법 등등의 취체법규가 결여된 점 등은 가내공업에서 기계공업으로 자립경
　　제공업기업의 발전여지를 말살해 버리는 것이 아닌가? 뿐만 아니라 일본공
　　업 자체가 일본의 특수조건을 배경으로 한 특산공업이 아닌 이상 무역전에
　　서 제일로 영국과 둘째로 미국과 혈전을 계속하고 있는 중으로 …… 공장
　　휴업전을 부득이 하게 하는 때를 당하면 임금노동자화로 인해 다수 실업군
　　을 조선이 받아야할 운명에 있지 않은가?"[150)

149) 『東亞日報』 1935년 5월 30일 「大工業의 進出과 朝鮮人工業」.
150) 『東亞日報』 1936년 3월 24일 「朝鮮工業化問題(2)」.

『동아일보』는 조선공업화 정책이 공업 분야에서는 일본대자본을 유치하고, 농업분야에서는 농촌갱생운동을 실시하는데 그쳤기 때문에 오히려 조선인 공업에 대해서는 정책적 고려가 미비하다고 비판했다. 또한 일본에서 시행된 공장법과 노동자 재해구조법이 조선에 실시되지 않음으로 인해 산업재해에 따른 손실을 공장이 그대로 떠맡아야 하는 상황으로 가내공업이 기계공업으로 발전하기 어렵다는 점을 비판했다. 그리고 조선공업발전을 위한 정책이 필요한 이유는 조선이 일본공업의 위기로 파생되는 실업자를 수용할 수 있는 곳이기 때문이라고 주장했다. 일본공업의 발전은 일본에만 소비되는 특산공업이 아닌 이상 영국, 미국 등 세계무역시장을 상대로 하지만, 세계시장의 변동성이 큰 만큼 일본공업이 위축될 위기 상황이 온다면 조선시장이 그 위기를 완화해 줄 수 있다고 본 것이다. 일본경제를 위해서 조선공업화가 필요하다고 제시한 것이다.

조선공업화의 문제는 조선노동자의 문제와도 밀접하게 연결되어 인식되었다. "농촌의 인위적 인구과잉이 심한 조선에서는 도시로 집중된 산업 후보군이 얼마든지 있는 고로 노동력 공급 문제는 문제가 될 것이 없으나 기술적 능률적 직공이 결핍한 것은 농업조선으로서는 단시일에 해결될 문제가 아니다. …… 그러나 조선노동자의 능률과 기술문제는 저렴한 임금으로 환산되어 있기 때문에 공업경영자에게 손실이 없는 것은 물론이요, 도리어 언어, 기술, 능률 및 생활수준이 혹 다르고 혹은 떨어진다는 것을 기화로 실제 노동 효과보다도 사뭇 더 떨어뜨려서 임금을 주는 까닭에 막대한 이익을 얻는 것이 통례가 되어 있다."[151]라는 언급은 조선인의 저임금을 토대로 공업이윤이 크게 발생했던 당시의 현실을 지적한 것이었다.

또한, 이것은 우가키가 일본의 중요산업통제법의 조선 적용에 반대하면서 조선경제에 대한 주도권을 확보하고자 했던 상황에 대한 비판이라고 볼 수도 있다. 중요산업통제법과 공장법은 독점자본의 선도성을 인정하는 대신 독점자본으로 인한 분배문제를 일정 정도 완화하기 위한 조치로 시행된 한 쌍의 정책이었다. 여기에는 통제되지 않는 일본민간자본유치 정책에 대한 반대로서 주요산업통제법의 실시에 대한 기대감이 일정정도 반영된 것이었다.

실제로 중요산업통제법의 조선적용 문제가 논의되기 시작한 1936년 8월 『동아일보』는 "최근 인견공업계는 각 회사 간의 경쟁이 격심하게 되어 난매(亂賣)가 행하여 가격의 저락을 초래하고 있으므로 …… 중요산업통제법 제2조를 적용할 방침 하에 …… 인견계는 장래 일반의 발달을 기대하게 되었다"[152)]라고 하여 중요산업통제법의 실시에 대해 긍정적 의견을 피력했다.

중요산업통제법의 조선적용 문제가 제기되었던 1935년, 『동아일보』는 여기에 대해 긍정적 입장을 갖고 있었다. 『동아일보』는 중요산업통제법안은 조합중심주의의 통제경제를 확대 강화하려는 것이라고 파악했다. 미곡자치관리에 대한 미곡상인의 반대, 산업조합과 농회의 대립, 양잠농가와 잠사업자의 대립, 비료업 통제를 둘러싼 대립 등이 발생하고 있기 때문에 조합중심주의 통제경제는 현실의 경제활동에 적지 않은 지장을 초래하고 있지만, 이후 산업정책의 동향으로 보아 수행될 것이 틀림없다고 보았다. 나아가 "원래 조합중심주의의 목적은 현재 경제 기구내에서 경제적으로 약자의 지위에 있는 자 즉, 중소자산가와 무산대중이 그 공동협력으로 경제력을 배양하는 데 있을 것이다. …… 경제적 약자는 원시적 산업부문에만 있는 것이 아니다. 근대적 산업부문에서도 중소상공업자들은 경제적 약자이다. …… 산업조합만능주의의 종래 태도를 버리고 상공조합병진주의로 나아가야할 것이라고 말하고 싶다. …… 반산(反産, 중요산업통제법반대)

---

152) 『東亞日報』 1936년 8월 15일 「重要産業統制法의 外地適用問題」.

운동에 합류한다는 것은 대자본가의 카모플라쥬(위장)에 현혹된 것밖에 되지 않는다고 말하고 싶다."[153]라고 하여 중요산업통제법에 대한 반대는 대자본의 위장전술에 불과하다고 보았다. 중요산업통제법이 시행된다면 일본대자본의 진출을 일정하게 통제할 수 있을 것이란 기대감이 표명되고 있었다.

이 시기 대자본 통제의 필요성에 대한 조선지식인의 인식은 크게 세 가지로 정리될 수 있다. 백남운(白南雲) 등의 사회주의 지식인들은 중요산업통제법의 실시를 독점단계의 식민지경제통제로 규정했다. 그는 1920년대 세계대공황 타개를 위해 주요 산업자본주의 국가가 채택한 경제통제는 국가권력의 개입을 통해 생산과 분배를 조절하는 계획경제의 성격이며, 일본의 경제블록화에 기초한 산업통제는 세계 각국이 채택한 카르텔 독점의 성격으로 가장 일반적인 형태로 보았다. 그리고 조선경제통제는 조선의 자원과 노동력 수탈을 강화하는 것이며, 조선인산업의 성장은 불가능하다고 진단했다. 이러한 인식은 조선경제가 일본경제와 완전하게 통일된 이식자본주의라는 점을 전제로 하는 것이었다.[154]

반면 민족주의 정치기획세력은 조선인 산업발달에 대한 비관적 전망 속에서 총독부의 경제 통제를 비판적으로 수용하는 경향이 일반적이라고 할 수 있다. 기존 연구에서는 민족주의 정치기획세력의 입장을 두 가지 방향으로 정리하고 있다. 하나는 『동아일보』나 물산장려운동 세력들은 생산력 증대를 도모하는 농공병진정책에 대해 대체로 수긍하면서 조선경제, 조선농촌의 개선을 통해 경제자립노선을 갖고 있다는 것이다.[155] 다른 하나는

---

153) 『東亞日報』 1935년 3월 13일 「重要産業統制와 그 反對運動」.

154) 방기중, 『한국근대사상사연구: 1930~40년대 백남운의 학문과 정치경제사상』, 역사비평사, 1992, 186~224쪽.

155) 방기중, 「1930년대 물산장려운동과 민족·자본주의 경제사상」, 『동방학지』 115, 2002, 47~108쪽.

이훈구(李勳求) 등과 같이 조선농업문제에 관심을 기울였던 지식인들은 조선공업의 약진이 조선인공업의 발달이 아니고, 조선인 본위, 소농 본위의 자력갱생운동과는 거리가 멀다고 보는 입장을 갖고 있었다는 것이다.[156] 민족주의 정치기획세력 내부의 이러한 입장 차이에 대해 방기중은 "농공병진정책에 대해 상호 상반된 성격의 이중적 인식"을 보이고 있었지만, "조선인 본위의 경제자립을 도모하는 타개 논리로서 주목한 것이 경제통제"였다고 지적했다.[157]

사회주의와 민족주의 정치기획세력이 농공병진정책에 대한 평가와 실효성에 대해 분명한 입장 차이를 보이기는 했지만, 적어도 중요산업통제법과 같은 경제통제에 대해서는 현실적으로 수용하는 측면을 갖고 있었다고 볼 수 있다. 즉 "이 시기 지식인들이 자본주의 경제운영과 경제자립 문제에 있어서 국가의 경제개입과 통제가 지니는 정책적 의의를 보편적으로 체득하고 있다"고 할 수 있다.[158]

1920년대 자유경쟁의 시장질서에 기초한 산업화 정책이 조선경제와 조선인경제를 개선하지 못했다는 반성 속에서 1930년대에 찾아온 경기회복 상황은 조선인경제 발전의 가능성과 그 개선 방향에 대한 논의를 증폭시키고 있었다. 그러나 이 논의는 일정한 경제 통제를 산업합리화란 틀 속에 놓고 있는 것이었다고 할 수 있다. 따라서 당시 조선인 언론 매체에서는

---

156) 방기중, 「일제하 이훈구의 농업론과 경제자립사상」, 『역사문제연구』 1, 1996, 113~162쪽.
157) 방기중, 『식민지파시즘론』 연세대학교 출판부, 2010, 74~75쪽.
158) 방기중, 앞의 책(2010년), 77~80쪽. 방기중은 당시 지식인들의 경제통제론은 5가지로 정리하고 있다. 1) 물산장려운동 이론가인 정수일의 경제통제를 자본주의 수정논리로 인식 2) 이종만과 같은 대동사업체 경영진 입장의 조합주의 경제통제론으로 노자협조의 생산조합을 기반으로 생산성제고, 경영과 분배의 합리성을 도모한 인식, 3) 미국 제도주의 경제학을 수용한 이훈구의 통제입법을 통한 사회개량주의 경제통제론, 4) 미국 한계주의 경제학을 수용한 김도연, 이긍종의 산업합리화를 통한 자본주의 경제통제론, 5) 물산장려운동 이론가 설태희, 김홍희, 이용권, 정세권 등의 국가주의 경제통제론(식민지적 변종) 등은 학문적, 사상적 기반의 차이, 실천논리의 차이에서 비롯된 것이라고 보았다.

총독부 경제정책의 실효성이란 관점에서 조선경제의 특수한 사정 또는 특
수성에 대한 논의가 전면적으로 등장하기 시작했다.

4) 조선경제, 조선인경제의 특수성

　조선경제의 특수성이란 담론의 발화자는 총독부와 민족주의 정치기획
력이었다. 총독부의 조선경제 특수 사정론은 일본의 중요산업통제법의 조
선적용 문제가 제기되었을 때 적용 반대의 입장에서 조선총독부 관료들이
제기한 것이었다. 총독부 식산국장 호즈미 신로쿠로(穗積眞六郎)는 1933년
산업의 발달 수준이 낮은 '조선의 특수사정상' 통제법 적용을 유보할 필요
가 있으며, 특정 업종에 대한 통제가 필요할 경우라도 총독부 법령으로 실
시하겠다는 입장을 피력했다.[159]
　이때 제기된 총독부의 조선경제 특수성 담론은 1) 조선경제의 저개발,
미발달이라는 조선지역의 특수성, 2) 조선통치에 대한 조선총독부의 독자
성 또는 자율성을 의미했다. 첫 번째 문제와 관련해서 총독부는 조선공업
이 경제회복기에 접어들면서 이제 막 발흥하기 시작했는데, 일본공업자본
이 조선에 진출할 경우 조선공업의 발전을 기대하기 어렵다고 보았다. 따
라서 시멘트 산업의 경우 일본자본의 조선 진출로 생산통제에 대한 조정이
필요하지만, 조선의 석회석 매장량과 수요량 증대를 고려할 때 일본의 사
정만으로 통제할 수 없다는 것이다. 두 번째 문제와 관련해서는 총독부가
1910년 '제령권'을 주장했던 논의의 연장으로서 조선경제 통제문제는 총독
부에 귀속된다는 주장이었다. 즉 중요산업통제법이 실시되더라도 법령과
위원회는 총독의 관할 하에 두어야 한다는 것이었다. 조선경제 특수성론은
1920년대 총독부가 조선미 이입제한이 조선에 대한 차별적 조치라고 하면

---

159) 穗積眞六郎, 「重要産業統制法に就て」, 『造船工業協會會報』 47, 1936.

서 반대했을 때와는 사뭇 다른 것이었다. 총독부의 조선미 이입제한정책 반대 논리에는 정책입안 과정에서 총독부가 배제된 것에 대한 항의가 포함되어 있었지만, 매체를 통해 공식적으로 표명된 논리는 일본과 조선의 경제정책에 차별이 없어야 한다는 것이었다.[160]

조선미 이입제한과 중요산업통제법 문제에 대한 총독부 입장 차이는 일본경제에서 조선경제의 역할에 대한 진단에서 비롯된 것이었다. 조선미가 일본미곡시장에서 경쟁력을 갖고 있는 한 미곡시장의 자유로운 거래를 보장해야 하지만, 조선공산품이 시장에서 경쟁력을 갖고 있지 않는 상황에서는 일본공업에 대한 정책을 동일하게 적용할 수 없다는 것이었다. 총독부의 이러한 입장은 조선의 일본인 지주와 자본가뿐만 아니라 조선인 지주와 자본가의 경제적 이해와 일정 부분 일치하는 것이기도 했다.

앞서 언급했듯이 『동아일보』는 중요산업통제법의 실시 반대에 대해 비판적 입장을 피력하면서 총독부의 반대 입장을 비판하고 나섰다. 그러나 이러한 비판이 조선경제의 특수성을 인정하지 않는 것은 아니었다. 『동아일보』는 중요산업통제법이 조선경제의 특수성에 맞게 '원시조합' 뿐만 아니라 '중소상공업조합'을 지원하는 내용으로 실시되어야 한다고 주장했는데, 이는 중요산업통제법을 조합이 중심이 되는 산업합리화라고 생각했기 때문이었다.

총독부가 제기한 조선경제 특수성 담론은 민족주의 정치기획세력이 조선인 공업 발전을 위한 정책의 실시를 요청하는 과정에서 다른 방식으로 전유되었다. 총독부가 주장한 조선경제의 특수성은 민족주의 정치기획세력에 의해 조선인경제의 특수성으로 재구성되고 있었다.

먼저 『동아일보』는 일본학자 시카타 히로시(四方博)와 젠쇼 에이스케

---

160) 김제정, 「1930년대 전반 조선총독부 경제관료의 '지역으로서의 조선'인식」, 『역사문제연구』 22, 2009, 73~105쪽.

(善生永助)의 분석을 소개하고 이들의 논의를 재해석하여 조선경제와 조선
인경제의 특수성을 재정립하고자 했다. 이 두 학자는 조선의 시장경제를
중세적 물물교환의 자급자족적 형태라고 하고, 조선인구는 농민이 대부분
이고, 그 농민은 생활정도가 낮고 금전적 여유가 없고, 구매력이 없고, 시
가취락과 상설점포를 지지할 경제력이 없다는 점을 지적했다. 이들은 "대
다수 조선인의 경제와 소수의 일본 내지인과 일본내지인적 지위를 획득한
조선인의 경제는 병행선, 형식상의 자본주의와 실질상의 소박경제가 병행
하는 것을 반영한 것"이라고 했다. 그들은 조선경제와 조선인경제가 상호
반비례하여 가는 것을 깊이 염려하고 있다고 지적했다.

　그러나 『동아일보』는 조선경제=자본주의, 조선인경제=전자본주의라는
일본학자의 의견에 대해서는 그대로 동의하지 않았다. "양씨 기타 학자들
의 소론이 병행선이 있어 조선경제와 조선인경제, 전자의 자본주의경제관
념과 후자의 전자본주의적 관념형태라는 것은 정당한 이론이라고 할 수 있
다. 다만, 교통경제의 일면에서 얻은 조건으로 귀납한 결론으로 일부 누락
한 점이 있고, 생산형태에서 찾을 수 있는 전자본주의적 경제조직을 간과
하였다. 병행선이 실질상 병행의 선을 보존하면서 외형에서 각기 발달과
쇠퇴의 양 극단으로 진전되고 따라서 허다한 분해 과정을 현출하여 소위
조선의 산업혁명의 표현 형태를 비판 분석하지 아니한 점'이 있다고 했
다.[161] 즉 조선인경제가 전 자본주의경제라는 일본 학자의 견해를 전적으
로 수용할 수 없다는 것이었다. 그렇다면 『동아일보』를 통해 유통된 조선
경제와 조선인경제의 특수성은 무엇이었을까?

　1934년 12월부터 1월 사이에 『동아일보』는 「조선공업의 해부」라는 이여
성(李如星)의 글을 연재했다. 이여성은 『숫자조선연구』를 발간하여 조선경
제와 조선인경제가 반비례관계에 놓여 있음을 증명해 보이려고 했던 인물

---

[161] 『東亞日報』 1936년 4월 1일 「朝鮮工業化問題(9)」.

이었다.[162] 이여성은 먼저 "조선인공업도 어느 정도까지 결정적 기업태를 가지게 되었고, 조선인 공업기업의 객관적 조건과 아울러 생각해 볼 때 이만한 수효를 가지게 된 것이 차라리 많다고 볼 수밖에 없다. 그러나 공장수 46%가 되었지만 그것의 양과 질을 살피는 동시에 그것의 조선공업에서의 지위를 보는 것이 필요하다."[163]라고 하여 조선공업의 양적 성장이 어떠한 내용으로 전개되었는지를 분석하겠다고 선언했다.

그는 "조선공업의 발전이 과연 조선인 공업의 발전을 의미하는 것인가?"라고 자문한 뒤 조선인공업은 조선공업의 분위기를 마시고 있으면서도 어느 정도까지는 특수한 발전 양태를 보인다고 주장했다. "그 발전의 특수한 계가 과연 조선공업의 일반적 발전 한계와 얼마만큼 거리가 있는 것일까"라는 질문에는 조선공업과 조선인 공업의 관계설정을 새롭게 해야 한다는 인식이 자리하고 있었다.

이여성이 언급한 조선인경제의 특수성이란 첫째, 기형적 산업혁명이다. 즉 자본제상품의 무한유입과 농업중심의 경제구조로 인해 유럽과 같은 산업혁명은 매우 늦게 그리고 부분적으로 진행했다는 것이다. 이로 인해 조선인 공업이 더욱 낙후된 것이 되었다고 보았다.[164] 둘째, 자본의 결핍이다. 조선의 금리가 일본에 비해 높은 것, 대출에서 반드시 담보물이 있어야 한다는 담보주의의 제한성, 중소 공업자에 대한 금융지원의 부재 등으로 인해 투자의 제한과 그에 따른 경영합리화가 진행되지 못했다는 것이다. 셋째, 기술적 결함이다. 즉 공업은 고도의 기술과 경영지식을 필요로 하는 산업인데 조선인은 대부분 신문화에 뒤떨어져 있어서 기술과 지식에 대해 투자를 하지 않는다는 점이다.[165] 넷째는 일본 본국 경제가 필요로 하는

---

162) 정병욱, 「숫자조선을 통해 본 조선인의 삶: 『숫자조선연구』(이여성, 김세용, 세광사 1931~35)」, 역사와 현실』 21, 1996, 225~222쪽.

163) 『東亞日報』 1935년 1월 5일 「朝鮮工業의 解剖(4)」.

164) 『東亞日報』 1935년 1월 19일 「朝鮮工業의 解剖(11)」.

곡물을 공급하기 위해 총독부가 조선에 대해 중농정책으로 일관해왔다는
것이다. 다섯째는 정책적 지원이 없었던 상황에서 조선인 공업은 영세적이
고 분산적으로 발전해왔다는 것이다. 특히, 조선인공업의 영세성을 극복하
기 위해서는 공업조합 등을 통해 대공업을 건설해야 하며, 이를 통해 외부
적(일본경제) 경제변동에도 경쟁력을 확보할 수 있다고 주장했다.[166] 그리
고 여섯 번째로 보호관세정책의 불완전함을 지적하면서 전 세계적으로 확
산된 보호무역주의에도 불구하고 조선은 일본과의 경제적 관계로 인해 그
정책이 불완전하다는 점을 지적했다.[167] 이여성은 여섯 가지 이외에도 소
규모 공업의 기술적, 경영적 결함과 공업정책에 대한 조선인 인식의 결여
등을 지적했다.

총 20회에 걸친 조선공업화 문제에 대한 논설은 조선에 진출한 일본공
업의 현황을 나열하고 조선공업의 현실을 대비시켰다. 또한 일본과 총독부
가 추진하는 대공업중심의 공업화 정책에 대항하기 위해 조선인 자본이 대
자본화되어야 한다고 주장했다.

그러나 이러한 논설에서는 '조선'과 '조선인'이란 어휘가 분명하게 구분
되어 사용되지는 않았다. 불완전한 산업혁명, 자본의 부족, 중농 중심의 경
제정책을 지적할 때는 '조선'이란 어휘를 사용한 반면, 기술과 경영지식의
부족, 공업의 중요성에 대한 인식의 결여를 지적할 때는 '조선인'이란 용어
를 사용했다. 이는 논설의 서두에 언급했던 '조선인공업은 조선공업의 분
위기를 마시고 있으면서도 어느 정도까지는 특수한 발전 양태'라는 언급과
연결 지어 보면 그 의미가 보다 분명히 드러난다. '조선'이란 지역을 기반
으로 살아야 하는 '조선인'이란 인식은 조선경제에서 조선인경제를 분리하

165) 『東亞日報』 1935년 1월 20일 「朝鮮工業의 解剖(12)」.
166) 『東亞日報』 1935년 1월 22일 「朝鮮工業의 解剖(13)」.
167) 『東亞日報』 1935년 1월 23일 「朝鮮工業의 解剖(14)」.

고, 조선경제와 조선인경제가 반비례관계라는 관념 내부에 동요가 발생했음을 보여준다. 뒤이어 등장하는 "조선의 산업 특히 조선인의 산업경제"라는 표현에서도 조선경제는 조선인경제를 포함하는 관계로 설정되고 있음을 확인할 수 있다. 또한 조선경제와 뗄 수 없는 조선인경제라는 인식 속에서 조선인경제는 조선경제와 구별되는 그 무엇이라기보다는 조선경제를 토대로 하는 조선인의 경제생활이란 의미로 사용되고 있었다. 조선인경제가 조선인의 경제생활로 치환되는 즉시 조선인의 대다수가 생계를 유지하고 있는 농업문제가 관심의 대상으로 부상될 수밖에 없는 것이었다. '불완전한 산업혁명', '이식자본주의'의 진출로 인해 피폐한 농촌은 조선인 경제생활의 특수한 현실이 된다.

　　이여성은 조선공업의 가속화로 농촌이 희생되었다고 보고, 그 대책으로 산업조합운동을 제시했다. 농민의 산업조합은 농업 생산품의 판매와 소비품의 구매 과정에서 발생하는 이익을 중간착취 당하지 않고 다시 농민에게 되돌려 줄 수 있는 방안으로 제시되었다. "농민 자신이 획득하여 저금, 보험 등 다양한 형식으로 도시에 흡수되는 유한 자본을 농민자신이 유용하게 이용하게 할 수 있을 것이다. 물론 산업조합의 힘만으로 현재 피폐의 심연에 처하여 있는 농촌을 완전히 방기하는 것을 기대할 수 없지만, 다른 어떠한 농촌갱생의 방책도 이 산업조합운동과 병행하지 않고는 소기의 성과를 거둘 수 없음은 단언할 수 있다."라고 하여 공동생산, 공동판매, 공동구매라는 농촌 산업조합운동을 제기했다.

　　이여성은 공업화의 진전이 농촌의 피폐를 가속화했다고 보고 조선인경제의 특수성을 조선의 농촌과 도시에서 발견하고자 했다. 이여성이 주목한 농촌의 문제는 '인위적 과잉인구'의 원인인 불완전한 산업혁명이었다. 외지자본주의에 의한 상품화폐경제의 가속화는 실업과 합리적이지 못한 소비를 확대시키면서 농촌 과잉인구를 양산했다는 것이었다. 그리고 농촌의 과잉인구는 다시 저임금노동시장을 가속화시켰고, 조선인이 지식과 기술을

습득할 수 없도록 했다는 것이다.168)

　그는 도시와 농촌의 경제발전의 격차라는 일반적 현상을 지적하는 것에
서 더 나아가 조선도시의 특수성을 봉건제와 자본주의라는 이중적 성격으
로 규정했다. 『동아일보』는 1930년대 초 도시경제의 조선적 특성에 대해
이미 언급한 바 있었다. 조선의 조세 징수액은 매년 증가했고, 그 가운데
지방비가 증가되어 지방 인민에게 부담이 가중되는 현상이 나타났고, 이로
인해 농촌인구의 도시이주가 급증했다고 진단했다. 나아가 조선의 대도시
는 지방 부호들이 흡수 독점하는 현상이 빚어졌다고 보았다. 그러나 도시
에 부유한 다액납세자가 있다고 하지만, 실제 조선의 도시에서 조선인 납
세액은 매년 줄어들고 있다는 것이다. 농촌의 부유한 다액납세자가 도시로
이주했지만, 도시민 전체납세액에서 조선인의 비중이 점차 들어서 평양의
경우 조선인과 일본인의 납세액 비중은 42 : 55로 증가하고 조선인의 도시
경제력을 점차 줄어들고 있다고 보았다. 도시에서 조선인과 일본인 경제상
태의 차이를 조선인 도시경제의 심각한 문제로 받아들였다. 이미 도시경제
의 민족 간 격차라는 특수성이 논의되고 있었다.169)

　이여성은 여기서 더 나아가 조선 도시경제의 이중성을 주장했다. "조선
은 시장으로부터 발달한 봉건적 도시와 자본주의에 의하여 새로 건설된 근
대적 도시가 있으나 대개는 봉건시대 이래 시장을 기초로 하고 그 위에 자
본주의적 현대도시가 구조되었다. 조선도시의 이 역사적 특수성은 그 자체
에 숙명적으로 작용하는 요소가 되었으니 먼저 시장제도를 고찰함이 그 특
수성을 구명하는 것이 될 것이다."라고170) 하여 조선도시는 상업도시와 산
업도시 이중의 성격을 갖고 있다고 보았다. 조선도시의 이중성은 조선의

168) 최재성, 「이여성의 1930년대초 농업문제인식」, 『한국독립운동사연구』 57, 2017, 209~243쪽.
169) 『東亞日報』 1934년 4월 15일 「朝鮮人經濟의 主力의 移動」.
170) 『東亞日報』 1935년 5월 29일 「都市와 農村의 關係(1)」.

도시경제가 여타 자본주의 국가의 도시경제에 비해 현저하게 낙후되어 있는 현상과 연결되는 것이었다.

상업도시와 산업도시의 이중성이 조선의 도시적 특수성이 된다고 보는 관점에는 유럽에서 산업혁명 이후 상업도시가 거의 다 몰락했다는 사례를 그 근거로 삼고 있었다. "산업혁명 이후 분업조직이 발달하고 인류의 경제생활이 복잡하고 향상함에 따라 제 외국의 시장은 모두 쇠퇴하여 그 형성조차 없게 되었고, 그 대신 상설점포가 시장의 직능을 대행하게 되었다."[171] 조선은 당시까지 시장경제가 쇠퇴하지 않았을 뿐만 아니라 도리어 발달하는 기현상이 노정되었다고 하면서 5일장의 증가와 그 매매고의 증가 경향을 근거로 들었다. 그러나 이러한 인식은 산업도시에 대한 매우 도식적 이해에 근거하고 있는 것이었고, 대규모 생산 공장에 의해 형성된 신흥도시의 사례를 가장 전형적인 형태로 상정한 것이라고 할 수 있다. 즉 지방의 5일장, 도시외곽 지역의 5일장의 증가가 조선만이 갖는 도시의 특수성이라는 주장은 매우 단순하고 피상적인 비교에서 도출된 것이었다. 그의 주장은 부조적으로 습득한 지식으로 상상했던 유럽 자본주의 사회의 그것이었다.

그는 조선인경제의 문제를 해결할 수 있는 방법은 도시와 농촌의 균형적 발전이라고 생각했다. 도시는 공업과 상업으로 일국의 문화를 추진시키고 농촌에 일용소비품을 공급하며 농촌은 농업으로써 도시에 원료와 식량을 공급하고 그 제품을 소화함이 도시와 농촌의 본연의 형태라고 규정했다. 따라서 도시는 한 국가의 문화 선봉이 되고 농촌은 문화의 토대가 되어 상의상존(相依相存)하여 사회의 발달에 기여할 수 있다고 보았다.

"조선인의 산업경제는 그 대종이 농업이 있고, 인구의 8할 이상이 이에

---

171) 『東亞日報』 1935년 5월 29일 「都市와 農村의 關係(1)」.

종사하여 연명해 왔으나 이 이상 더 증가되는 인구를 수요할 수 없다는 것
도 알 수 있다. 우리는 독단에 가까우나 농업에도 당면문제는 기술 즉 농업
적 지식과 자본의 주입이므로 인구에서도 반반을 농업과 공업 및 이외의
생산업에 종사케 하는 안배까지 할 필요를 느끼고 있다. 즉 공업의 신흥에
모든 난관을 배제하고 주력하는 동시에 일면 농업도 기술적 향상으로 양대
산업 부문이 조선인산업의 두 바퀴가 되는 데까지 가야할 것이다. 그리고
여기에는 문화적 향상이 산업자체의 발달을 따라 초래되고, 진취적 정신과
발전적 사상이 함양될 것이며, 따라서 조선인 자체의 협동심, 단체력도 증
진될 것인가. 그리고 이 조선인을 중심으로 한 공업화이론은 결코 용이 평
단한 길을 가는 것이 아니라는 점을 명심하고 장구히 싸워 인내력을 가지
고 착수와 진행할 것이며, 지식의 수입이 긴요하다는 것을 몸소 실천한 것
이다."172)

　도시와 농촌경제에서 모두 발견되는 특수성으로 인해 도시와 농촌의 병
행적 발전, 공업과 농업의 병행적 발전을 필요로 한다는 언급은 총독부의
농공병진정책이 제시했던 방향과 유사성을 갖고 있었다.
　농업과 공업의 균형적 발전에 대한 기대감을 표명한 것은 당시 활동을
시작한 조선산업경제조사회와 관련을 맺고 있었다. 미나미 지로(南次郎)
총독은 부임 이후 중요산업통제법의 조선 적용문제의 구체안을 마련하기
위해 조선산업경제조사회를 구성하여 조선경제의 통제방침을 확정했다.
그 내용은 소위 '자치통제'의 형태로 일본과 조선이 협의하여 조선총독부
의 법령에 의해 산업통제를 한다는 것이었다. 그러나 기본적으로 일본과
만주의 경제블럭, 만주산업개발이라는 일본정부의 방침 하에서 조선경제
의 산업개발 문제가 개입될 여지는 많지 않았다. 또한 일본 정부의 지원
하에 만주산업개발이 본격화되면서 조선경제계의 위기의식이 고조되기
시작했다.

172) 『東亞日報』1936년 5월 6일 「朝鮮工業化問題(완)」.

　　조선총독부와 일본정부가 조선산업개발의 방향에 대해 서로 다른 입장
을 갖고 있었던 시기『동아일보』는 조선총독부의 농공병진정책을 지지하
고 있었다. 그 이유는 총독부와 민족주의 정치기획세력이 조선경제의 특수
성 담론을 서로 공유하고 있었기 때문이었다. 즉 일본경제와 다른 조선경
제 또는 조선인경제의 특수성을 승인하는 이상, 조선의 지역적 특수성에
기초하여 경제정책을 입안했던 총독부의 논리를 부정할 수 없기 때문이었
다. 1930년대 초 중요산업통제법의 실시에 대한 지지입장을 표명했던『동
아일보』가 1936년 중요산업통제법의 제한적 적용이란 총독부의 입장을 수
용한 것이 이를 분명히 보여준다. 그리고 그들이 스스로 분리하고자 했던
조선경제와 조선인경제의 경계는 이미 사라져 있었다. 민족주의 정치기획
세력은 총독부가 생산한 일본제국 경제와 구별되는 조선경제의 특수성 담
론을 공유하고, 그 자장에서 벗어날 수 없었다.

5) 산업합리화와 통제경제

　　중일전쟁을 일으킨 일본은 일본영토를 중심으로 조선, 대만, 남양군도,
사할린과 같은 식민지를 포함한 '일본 제국영토' 전 지역의 인적 및 물적
자원을 효율적으로 전력화(戰力化)하기 위한 전시경제체제를 구축하기 시
작했다.[173] 전쟁이 장기화되고, 압도적인 미국의 생산력에 대항하면서 설
정한 생산목표는 비현실적으로 높은 경우가 많았다. 따라서 실제 생산액이
목표치에 도달하지 않게 되자 일본은 식민지에 대해서도 자원·물자통제
를 단행하였다. 1938년에 조선에도 적용되었던 '총동원법'을 기저로 하여

---

[173] 안자코 유카, 「조선총독부의 '총동원체제'(1937~1945) 형성 정책」, 고려대 사학과 박사학
위논문, 2006, 2쪽.

인적·물적 자원의 생산력 증가 및 통제를 강화하였으며 한편으로는 자금 통제에 관한 법률을 정비하였다. 자원 및 자금을 국가가 장악함으로써 이들을 전쟁수행을 위해 필요에 따라 자유롭게 배치할 수 있도록 하였던 것이다.[174] 이 시기 조선에 대한 공업화정책이 보다 적극적으로 추진되기 시작하자 일본재벌의 조선투자 역시 본격화되었는데 특히 인조석유·전력·대용품 등 군수 원자재와 무기제작에 필요한 경금속·철강·석탄 등 '중점산업'에 자본투자가 집중되었다.

중일전쟁의 장기화로 일본 본국의 물자부족 현상이 나타나기 시작했고, 일본은 철강·면사·견사 등 산업물자 및 밀가루 등 생활필수품의 이출금지 또는 이출제한을 강화했다. 그 결과 수이입물자의 대부분을 일본에 의존했던 조선의 공업부문에서는 심각한 물자부족이 발생했다. 또한 중요산업통제법과 「시멘트제조통제법」 등의 제정으로 대일 의존도가 높은 시멘트업 등이 원료 부족에 직면하게 되었고, 관련 공산액이 하락하였다. 1940년 이후 공업부문은 생산력확충계획의 목표를 달성하지 못했다. 이는 목표로 하는 수치가 실제 조선의 상황을 고려하지 않고 무리하게 책정된 데에도 원인이 있었다. 무리한 계획에 따라 생산력증대를 도모한 탓에 노동력 수탈이 강화되었고, 더 이상 생산액 증가를 기대하기 힘든 상황으로 인해 일본은 점차 증산보다 물자통제를 강화했다.

조선공업화가 일본경제권과 연관하여 공식적으로 논의된 것은 1936년이었다. 일본 제국 경제권의 효율적 운영을 위해 조선경제가 담당해야 할 역할을 논의하기 위해 조선산업경제조사회가 조직되었다. 이 조사회는 조선경제를 농업 중심에서 공업과 농업을 함께 발전시키는 소위 농공병진정책으로 전환할 것을 제안했다. 국책상 특히 국방상 필요한 공업에 대해 특별

174) 안자코 유카, 「총동원체제하 조선인 노동력 '강제동원'정책의 전개」, 『한국사학보』 14, 2003, 6쪽.

한 진흥책을 강구하도록 했고, 이에 따라서 철을 비롯한 광물자원의 개발 및 제1차 가공공업과 대체연료로서 인조석유 공업 등이 중심적으로 논의 되었다.

또한 조선총독이 지정한 업종을 대상으로 「중요산업통제법」을 실시하여 통제경제체제로 전환되기 시작했다. 조선과 일본 경제 관계를 정립하기 위해 조선총독부는 산업합리화라는 관점에서 기업통제를 점차 실시하기 시작했다. 1936년 1월 조선산업경제조사회의 기본 방침이 확정되기에 앞서서 총독부는 조선 내 소규모 기업의 통합을 강제하기 시작했다. 산업합리화에 의해 진행된 기업통합은 조선인 중소자본의 폐업을 초래하는 것이었다.

『동아일보』는 조선인중소기업의 폐업이 발생할 수 있다는 점을 들어 전시 기업통폐합을 비판했다. "조선인 양조업자는 각 지방에 있어서 조선인 자본 활동의 중심을 형성한 것으로서 조선인경제에 있어서 중요성은 지극히 현저하다고 아니할 수 없다. …… 전기사업에 있어서도 남조선 6도의 29회사를 6개로 통일하여 장래에 있어서 대합동의 전제조건을 만들려고 하는 것이다. …… 이런 통제사업은 자본적으로 극히 빈약한 조선 사람의 생업이 막대한 위험을 받게 되는 것을 생각할 때 당국자로서 신중한 배려가 있지 않으면 안된다"[175]고 하면서 기업통합이 조선인의 생업을 위협한다고 주장했다.

그러나 중일전쟁의 장기화에 따른 전시통제의 강화와 언론 검열의 확대 속에서 『동아일보』의 비판은 퇴색되어갔다. 그리고 전시 산업합리화를 전면적으로 반대하지 못한 것은 이들이 1930년 전반기 조선인의 공업화를 위해 산업합리화를 주장해왔기 때문이었다. 즉 조선인 중심의 상공업조합과 이에 대한 총독부의 재정지원을 주장해 왔던 상황에서 총독부가 이를 실행

---

175) 『東亞日報』 1936년 6월 6일 「威脅받는 朝鮮人生業」.

하기 시작했기 때문이다. 1937년 이후 본격적으로 진행된 공업조합령에 대해『동아일보』는 각 조합의 이해관계가 대립되어 조합조직이 곤란한 점이 있다는 점을 보도했다. "개조실현은 곤란 시 되고 있다. 그리고 동업조합 결성은 총독부 측의 보조를 목표로 원활히 행한 것과 반대로 공업조합이 강제적 색체를 농후하게 하는 것뿐으로 목전의 특전이 존재하지 않는 것도 상당히 결성을 지체시키는 모양인 바, 이점은 공업조합에 대한 이해와 통제강화의 전시경제 실정으로 점차 문제는 해소할 것으로 보인다."라고[176] 하여 공업조합령의 목적에는 동의하는 한편 그 실행과정의 문제를 비판하고 있었다. 또한 "거대한 생산액은 다수의 중소업자의 소생산의 집결이오, 산품은 전부 필수품인 동시에 원료는 메밀 같은 것을 제외하고는 전부가 국내 자급자족을 하는 것인 관계상 사변이래의 영향은 생산과정에서 현저한 것이 있는 것 보다 배급 과정에서 다소의 곤란을 노정하는 특색을 볼 수 있다."[177]라고 하여 조선인 중소공업의 역할에 긍정성을 부여했고, 대신 생산물자 분배의 문제를 비판하는 것으로 전환했다.『동아일보』의 이러한 입장은 중일전쟁 이전 총독부가 제기한 산업합리화를 조합주의로 이해하고 있었기 때문이었다.

중일전쟁 이후 조선인 지식인의 경제인식에 대한 연구는 1939년을 분기로 조선지식인들이 일본이 주장한 '동아신질서'의 논리에 포섭되었던 이유는 총독부의 사상탄압과 전향공작에 의한 것도 있지만, 당시 일본에서 제기된 동아협동체론의 영향이 컸다고 지적하고 있다. 전향한 조선 사회주의 지식인들이 동아협동체론의 입장을 취하게 된 것은 이 논의가 민족협동의 원리 하에 민족의 정체성을 유지할 수 있는 논거를 제공하고 있었기 때문이었다. 이들은 동아협동체론을 합법적인 자치운동으로 인식하기도

176)『東亞日報』1938년 10월 21일「各 同業 組合의 工業組合化 利害對立, 改組困難」.
177)『東亞日報』1938년 9월 30일「임시중소공업문제(13), 제반식료품공업 생산과정에 異狀」.

했다.[178] 일본의 '혁신세력'이 제시한 동아협동체론은 그 내부의 논리가 통일적이지는 않았지만, 전체주의, 협동주의의 이념 하에 자본주의 경제체제의 모순을 극복한다는 지향을 공유하고 있었다. 따라서 전향한 사회주의 지식인들은 자본주의 경제제도의 모순과 민족차별을 극복할 수 있는 기회로 생각했다.

한편 민족주의 지식인 중 경제 분야 지식인들은 1940년 고노에 후미마로(近衛文麿) 내각이 전체주의 이념 하의 체제혁신을 강조한 '신체제' 수립에 대해 기대감을 표명했다. 이들은 국가통제, 계획 경제의 수립을 통해 조선의 경제문제를 해결할 수 있다는 기대감을 공유하고 있었다. 전향한 사회주의자들이 신체제 수립을 자본주의 경제체제의 변혁과 분배문제의 해결로 이해한 반면, 이들은 조선인 자유주의적 경제 질서의 폐단을 시정하기 위한 자본주의 경제혁신이란 관점에서 이 문제를 바라보고 있었다. 『조선일보』는 기존의 경제통제가 자유주의적 시장 질서를 토대로 진행되고 있었기 때문에 과도적이고 부분적인 통제였음을 지적하고, '신체제'의 경제 통제는 국가의 전면적 통제로서 생산과 이윤에 대한 통제를 통해 생산력을 증대시켜야 한다고 주장했다. 반면 대동사업체 경영진의 입장은 노자협조, 생산조합을 토대로 경영의 계획통제, 생산협동을 통한 집단화, 적정한 이윤분배제도의 실시 등을 주장하면서 종래의 조합주의적 입장을 견지하고 있었다.[179] 전시경제체제로서 '신체제'에 대한 민족주의 지식인의 경제담론은 그 구체적인 내용에서 상이한 부분이 있었지만, 자유주의적 시장질서의 폐단을 시정하기 위해서는 국가가 개입하여 적극적인 통제를 시행해야 한다는 인식을 공유하고 있었다.

---

[178] 전상숙, 「일제 파시즘기 사상통제정책과 전향」, 『한국정치학회회보』 39, 2005, 195~212쪽.
[179] 방기중, 『식민지파시즘론』, 연세대학교출판부, 2010, 63~140쪽.

제2장

경제적 상상을 지지하는 지적토대

1. 통계와 조선인경제

1) '국민경제'와 통계지식의 효과

근대 국가는 생산성의 제고, 효율적 분배, 재생산 기제의 안정적 유지, 사회적 위험의 관리 등을 목적으로 사회경제조사를 실시한다. 18세기 유럽에서 중상주의적 입장의 정책이 실시되면서 발달하기 시작한 국가 통계학은 19세기 독일에서 관방학(또는 국가학)의 하나로 자리 잡았다. 재화의 효율적 관리를 위한 조사는 생산과 유통이라는 경제조사에서 점차 인구관리를 위한 사회조사의 영역으로 확장되었다. 근대 국가의 통치기술은 사회경제조사란 객관적 과학적 지식을 토대로 하여 다양한 사회적, 경제적 관리 시스템을 발전시킬 수 있었다.

국가통계가 통치실행의 근거로 작동하기 때문에 조선시대에도 인구, 토지에 대한 파악은 법적으로 규정되어 있었고, 이에 대한 조사는 지방관의 주요한 업무 중 하나였다. 그러나 조선의 재원파악은 국부로써 타국과 경쟁해야 한다는 관념보다는 체제유지와 민생안정이라는 관념에 의해 진행되고 있었기 때문에 국부에 대한 전면적 조사가 시행되지 못했다. 국가의 전체 재화에 대한 파악의 필요성은 근대 국가의 경쟁질서 속에서 '국세(國勢)'의 중요성이 부각되면서 제기되었다고 할 수 있다.

한국에서 사회경제조사의 필요성은 1894년 갑오개혁 이후 인민을 국가 구성원으로 인정하는 제도적, 관념적 변화 속에서 제기되었다. 19세기말 국가 간 경쟁질서 속에 편입됨으로서 국가경쟁력을 제고해야 하는 상황에 직면하여 국가 내부의 재화와 구성원에 대한 효율적 관리의 필요성이 제기되었기 때문이다. 1896년 호구조사규칙 및 세칙의 선포와 대한제국기 양전 사업의 실시는 이러한 필요성이 반영된 것이기도 했다. 또한 서양의 인구조사(국세조사)의 내용이 언론 매체를 통해 소개되기 시작했고, 한성부에서는 부내 빈민조사를 실시하기도 했다. 전국단위의 국세조사가 진행되지 못한 채 대한제국은 1910년 일본에 의해 강제 병합되었다. 그러나 통감부가 실시한 통계조사 지식은 1910년 이전 대한제국민이 경제를 인식하고, 스스로 행위를 결정하는 지식으로 이미 유통되기 시작했다.

"국가를 단위로 하여 밀접하게 관련된 경제활동의 총체"란 사전적 의미의 국민경제는 국가가 법률과 정책으로 경제영역에 개입했던 유럽 중상주의 시대의 관념에 기원을 두는 것이지만, 시장의 자유를 승인했던 고전경제학에 의해 개인의 경제활동과 국가의 부의 관계가 정립됨으로서 개념적으로 완성되었다고 할 수 있다. 국민경제는 개인의 부와 국가의 부, 시장을 통한 생산과 소비의 균형, 성장과 분배가 선순환적 관계라는 상상을 통해 구성된 경제공동체담론이라고 할 수 있다. 그러나 동일한 국민경제 관념 하에서도 경제상황에 따라 다른 경제공동체와의 관계설정에서는 차이가 나타났다. 예를 들어, 영국은 금본위제와 파운드의 위력을 통해 자유무역

을, 후발자본주의 국가였던 독일은 보호무역을 토대로 국가주도의 개발정
책 등을 추진했다. 19세기 독일 신역사학파는 독일경제발전을 위해 국가의
경제개입을 주장했고, 동시에 구성원을 생산에 총동원하기 위해 사회조사
에 기초한 사회정책을 강력하게 주장했다. 이 과정에서 독일 '국민경제'는
독일민족주의와 결합되었다.[1] 국가의 시장개입정도, 경제정책의 형태 등
에서는 분명한 차이가 있었지만, '국민경제'는 경제를 국가의 경계내로 한
정하여 국부와 구성원의 경제활동이 선순환관계라고 보고, 이를 통해 자본
주의의 지속발전을 지향하는 강력한 관념이라고 할 수 있다.[2]

그렇다면 한국의 경우 국민경제에 대한 상상은 어떤 모습으로 출현했는
가? 우선 '국민경제'라는 단어가 매체에 등장한 것은 1905년 시행된 화폐재
정정리에 대한 재정고문 메가타 다네타로(目賀田種太郎)의 인터뷰를 보도
한 기사에서 발견된다.[3] 그 후 국민경제는 일본인의 경제침탈의 형상을 보
도할 때도 등장하는데 일본인의 완도삼림채벌이 "국민경제 상 문제"라는
것이다. 이때 국민경제는 대한제국인 경제활동 전체를 지시하는 것으로 현
재의 사전적 의미가 분명하게 내포되어 있다고 할 수 있다. 또한 1910년
조진태(趙鎭泰), 유길준(俞吉濬) 등이 주도하여 설립된 국민경제회는 "중외
의 경제상 연락을 통하여 상호 원조하여 재산을 보호하며 각자 혹은 공동
의 경영으로 업무에 힘써 지방물산의 흥식개량(興殖改良)과 국가부원(國家
富源)의 개발증익을 도모"한다고 하여 자본가의 부와 국가의 부를 선순환
관계로 보았다.[4]

---

[1] 어네스트 겔너(최한우 역), 『민족과 민족주의: 역사를 보는 새로운 관점』, 한반도국제대학
원대학교, 2009.

[2] 따라서 마르크스는 국민경제적 상상을 생산했던 국민경제학자에 대해 매우 신랄한 비판
을 가했고, 그들의 언어를 통해 노동자에 대한 수탈과 소외를 설명하려고 했다(칼 마르크
스(김태경 역), 『경제학: 철학수고』, 이론과 실천, 1987).

[3] 『皇城新聞』 1905년 11월 18일 「財顧說明」.

[4] 『皇城新聞』 1910년 3월 9일 「國民經濟會設立」.

  이러한 관념은 국민경제란 어휘의 등장 이전부터 발견된다. "나라마자 집과 인구와 국 중에서 생기는 돈과 밭과 논과 전국에 있는 지면, 장광 수효들을 모두 사실하여 책에 박혀 인민을 가르치는 법인데"[5]라는『독립신문』의 언급은 국세에 대한 지식의 필요성을 강조하는 것이었다. 또한 "경제는 국가를 유지하는 것이다. 자본은 국민재산을 생산케 하는 것이며, 화폐는 국민의 생산, 재산을 원활하게 유통케 하는 것이다. 서로 체결된 연후에 일정한 토지를 보존하며 인민을 조직하여 국가가 영원히 그 복을 향유하는 것이오. 만약 그렇지 못한 즉 쇠퇴의 화를 면하지 못하게 된다. 오호라 우리 '대한경제'의 상황을 돌아보면"[6]이라고 하여 '자본'과 '화폐' 즉 생산과 유통의 상호결합을 경제로 보고, 국가를 유지하는 문제로 파악하고 있다. 이미 국민경제적 관점이 수용되었음 알 수 있다.

  그러나 1905년을 기점으로 이전과 이후의 국민경제 상상에서 발견되는 차이는 경제발전의 주체로서 자본가, 지식인에 대한 것이었다. 1905년 이전 국세의 기준인 경제발전에 대한 일차적 책임은 대한제국 정부가 져야 하는 것으로 간주되었고, 매체는 정부에 '식산흥업' 정책을 요청하는 문법을 사용하고 있었다. 반면 1905년 이후에는 지식인, 자본가 그룹이 경제발전의 주체가 되어야 한다는 주장이 매체의 지면을 뒤덮었다. 국가의 자기결정권을 증명하기 위해 시장의 경쟁에서 살아남아야 한다는 사회진화론적 경쟁담론은 "지구상 인물의 태어남이 날로 번식하여 각기 생존을 위해 경쟁하며,"[7] "생존적 능력을 분휘"[8]할 것을 주장하면서 자산가의 자본투자를 촉구했다. 1906년 대한자강회 연설에서 장지연은 "무릇 일국의 경제는 수입수출의 균형 여하로 알 수 있으므로 …… 우리 자강회는 식산흥업의

---

 5)『독립신문』1896년 5월 30일 논설.
 6)『皇城新聞』1903년 6월 3일「我國經濟上有感」.
 7) 박은식,「本校의 測量科」,『西友』17, 1908년 4월.
 8)『大韓每日申報』1909년 4월 8일「經濟恐慌의 原因 續」.

발달을 기대함으로 강령의 제1항을 더하였소."라고 하여 무역을 통해 국가를 경제단위로 규정하고, 지식인과 자본가가 경제발전의 주체로 나서야 함을 강조했다.9) 이러한 인식은 을사조약으로 대한제국 정부의 통치행위가 제한된 정치적 상황뿐만 아니라 통감부의 경제조사를 통해 국부의 재원이 새롭게 발견되기 시작했다는 점 그리고 러일전쟁 이후 밀려드는 일본인, 사회간접자본의 확충, 만주무역의 증가 등으로 경제성장이 진행되고 있었던 상황과 관련을 맺고 있었다.

일본 농상무성은 1905년을 전후로 조선의 농업, 수산업, 광산 등에 대한 조사를 진행하기 시작했고, 그 결과가 출판되기 시작했다.10) 일본이 주도한 조선에 대한 경제조사는 일본인과 일본자본의 조선 진출을 유인하는 지식이었다. 『황성신문』 역시 조선경제에 대한 조사와 일본인의 경제 진출 상황 등을 보도하면서 일본인 투자에 대응하여 대한제국 자본가의 투자를 촉구하고 나서기도 했다. 함경남도 농업토지에 대한 자세한 수량과 생산량, 관개시설 현황뿐만 아니라 함경남도 한인의 직업종류와 종사자 등에 대한 정보,11) 평안북도 금광에 대한 정보12) 북방연안에 대한 경제적 조사,13) 경상남북도 지제수입 통계,14) 제주도 경제상황 보고,15) 진주경제상황 보고16) 등 각 지역의 경제상황을 보도했다. 나아가 전국 인민이 할 수

---

9) 『皇城新聞』1906년 4월 30일 「大韓自强會演說 殖産問題 張志淵氏」.

10) 통감부시기 농업과 수산업 조사에 대해서는 이명학의 연구(「통감부의 조사사업과 조선침탈」, 『역사문화연구』39, 2011)를 참조.

11) 『皇城新聞』1906년 12월 27일, 29일, 31일 「咸鏡南道槪況」.

12) 『皇城新聞』1910년 9월 1일 「平北의 黃金鄕」.

13) 『皇城新聞』1906년 11월 16일 「北方沿岸調査 西湖津의 槪況」, 17일 「北方沿岸調査(續)」, 19일 「北方沿岸調査 咸興의 槪況(續)」, 21일 「北方沿岸調査 咸興의 槪況(續)」.

14) 『皇城新聞』1906년 5월 9일, 11일 「慶尙南北道租稅收入의 槪況」.

15) 『皇城新聞』1906년 4월 27일 「濟州農産槪況」, 4월 28일, 5월 2일 「濟州財務官報告」.

16) 『皇城新聞』1906년 11월 1일 「晉州經濟狀態」.

있는 교육, 언론, 경제에 대한 모범사업을 소개[17]하고 지식인과 자본가의 사업열을 추동했다.

비밀에 속해 있었던 인구, 지리, 산업 현황에 대한 통계지식은 19세기에 이르러 비교통계서 또는 통계적 지지들이 발간되면서 공개되기 시작했고, 1885년 국제통계협회(ISI)가 성립되어 국세조사의 표준화를 시도했다.[18] 공개된 통계지식을 통해 '국세'가 비교되고 근대 주권국가의 위계적 힘을 확인할 수 있게 되었으며, 동시에 이 지식은 개별자본이 국가적 이동을 결정하는데 중요한 근거로 활용될 수 있었다.

대한제국 경제통계 지식은 대한제국 지식인, 자본가가 새로운 투자처를 발견하는데 있어서 매우 중요한 지식이었고, 이 지식은 역으로 일본인투자에 맞서 자본가의 결정에 구체성과 근거로 작용할 수 있었다. 1905년 이후 『황성신문』과 『대한매일신보』의 잡보는 수출입 상황, 투자 상황 등을 이전보다 더 많이 싣고 있었다. 경제통계지식의 유통으로 개인은 스스로 투자를 결정할 수 있는 지식을 확보함과 동시에 그 활동이 국민경제의 발전에 기여하는 것임을 확인할 수 있었다. 국부의 확대라는 윤리적 가치의 확인과 자유로운 투자결정의 근거 지식으로써 통계는 국민경제의 발전을 주도할 경제주체를 형성하는 지식체계였다.

2) 통계지식의 생산과 유통

재화에 대한 조사는 통치대상에 대한 관심의 변화와 함께 진행되는 것인 만큼 식민지시기 총독부의 통계조사 역시 정책적 필요성에 따라 대상과

---

17) 『皇城新聞』 1909년 9월 24일 「全國人民의 模範홀 事業」, 1910년 2월 16일, 17일, 18일, 19일 「歐洲諸國의 畜産業槪況」, 1910년 8월 20일 「二十世紀新報界에 有力家」.

18) 박명규 · 서호철, 『식민권력과 통계: 조선총독부의 통계체계와 센서스』, 서울대학교출판부, 2003, 41쪽.

방식에 변화가 있었다. 1907년 통감부의 사무분장규정을 마련하여 산하 기구의 조사 행위를 의무화했고, 1908년에는 지방행정기구의 사회경제조사를 의무화했다. 총독부의 사회경제조사는 행정기구의 변화에 따라 그 주관부서가 변경되었다.

조선총독부는 1910년 9월 30일 칙령 제354호 「조선총독부 관제」와 10월 1일 훈령 제2호 「조선총독부사무분장규정」이 공포되면서 통계업무는 문서과가 각 도와 소속관서의 서무과(또는 서무계)를 통해 통계를 집적, 정리했다. 1910년대는 총독부 직제 변화가 자주 발생했기 때문에 통계업무 담당부서 또한 자주 바뀌었다. 총독관방국이 설치되면서 통계집적 및 관리는 총무과에서 문서과로 담당이 바뀌었다. 그러다가 1918년 총독부 관제개정으로 총무국에 통계과가 설치되었고, 조선에 대한 국세조사를 실시하기 위해 임시국세조사과를 설치했다. 3·1운동 이후 총독통치를 위한 조직개편이 자주 발생하는 가운데 통계 관련 업무 담당부서는 다시 조사과-문서관-조사과-총부과-기획과로 바뀌었다. 이러한 잦은 변화는 식민지통계 행정체계가 안정화되어 있지 않았음을 보여준다.

총독부는 조선통치에 필요한 통계자료를 확보하기 위해 정책방향에 따라 행정조직의 일상적 조사 통계 이외의 조사에 대해서는 세칙을 발표하여 시행했다. 1910년 토지조사관련 세칙, 1918년 임시국세조사, 1920~30년대 국세조사 등은 조선사회와 경제에 대한 체계적 통계자료를 확보하기 위한 조치였다. 특히 중일전쟁 이후 총독부는 인력동원을 위하여 인구조사, 가계조사, 직업조사를 더욱 강화해갔다. 식민지시기 조사대상은 총독부 통치의 개입영역의 확대와 함께 증가되었다.

그러나 이러한 통계가 모두 공개된 것은 아니었다. 총독부가 매년 발행했던 『통계연보』에 의해 공개된 통계항목은 1911년 616개였다가 점차 줄어들어서 1919년 이전에는 507개로 그리고 그 이후에는 425개로 감소했다. 조사대상은 확대되었지만, 공개된 통계항목이 감소한 이유는 통계자료의 공개에서 총독부가 비밀주의를 채택하고 있었기 때문이었다. 총독부는 집적된 통계에 대한 '보고례'를 통해 공개여부를 결정했다. 전쟁기간이라는 특수한 상황이 존재하지만, 1944년 「보고례」에서 공개하기로 결정된 통계는 55.9%, 비밀로 부친 것은 44.1%였다.[19] 통계자료의 공개여부를 결정했던 「보고례」의 운영은 통계지식이 갖는 '힘'에 대한 우려 때문이었다고 할 수 있다.

통계는 현상을 직접적으로 보여주는 증거이기 때문에 통치방향과 정책결정을 위한 객관적 지표로써 통계지식의 생산이 절대적으로 필요했다. 하지만 이와 동시에 통계는 통치의 효과를 진단할 수 있는 증거가 되기 때문에 통계지식의 공개 여부에는 정치적 고려가 개입될 수밖에 없었다. 그러나 그럼에도 불구하고 통계가 객관적 지식으로 받아들여지고, 조선통치의 발전상을 지표로 드러낼 수 있는 지표이기 때문에 총독부는 통계지식의 보급과 유통에 적극적으로 나섰다.

3) 통계지식의 민족적 전유

총독부는 1911년부터 매년 전국의 통계사무담당자와 경무부의 통계담당자를 대상으로 통계강습회를 개최하여 조사와 통계집적 방식에 대한 교육을 실시하여 정확한 통계자료를 확보하고자 했다.[20] 또한 1910년 민적통계표를 각 관청과 경찰서에 배부한 것을 시작으로 지방통계 및 전체통계를 정리·집적하고 주요 기관에 배포하여 일반에 공개했다.

1918년 일본의 '쌀소동'으로 통치균열이 발생하면서 통치의 유효성제고

---

[19] 총독부 통계행정의 변화과정에 대한 연구는 송규진의 연구(「조선총독부의 통계행정기구 변화와 통계자료 생산」, 『사림』 54, 2015, 1~25쪽.

[20] 1911년 10월 1일 임시통계주임회의를 시작으로 통계사무강습회, 경무통계사무강습회, 통계강습수업식, 통계강습회 등의 이름으로 거의 매년 전국의 업무담당자에 대한 교육을 실시했다(『每日申報』 기사 참조).

를 위한 지식으로 조사통계의 중요성이 더욱 강조되었는데, 이는 일본 식량수급 조절을 위해 조선에 대한 조사가 필요했기 때문이었다.[21] 1918년 11월 조선에 온 니카이도(二階堂) 통계관은 "저 독일이 무너지지 않는 것은 정밀한 통계가 있기 때문이라"고 하여 일본의 통계조사는 독일에 비해 후진적임을 지적하고, 통계조사 방법의 개선과 정밀성을 강조했다.[22] 그러나 통치행위와 통계지식의 관계가 직결된다는 인식 속에서는 통치에 직접적으로 관계가 없다고 간주되는 대상은 조사를 실시하지 않는다. 때문에 민족별 조사는 총독부의 관심사항에만 한정되어 있었다.

1920년을 전후로 하여 『총독부통계연보』에서 조사항목마다 민족별통계가 제시되어 있는 영역은 인구, 재판, 감옥, 교육, 종교 등 사회관련 영역이었다. 반면 종사자 인구를 제외한 경제영역에서 민족별 통계가 제시되어 있는 것은 수산업, 광업, 공장, 재정, 임금 분야였다(〈표 2-1〉 참조). 그중 공장은 업종별, 공장수, 자본금, 원동력기관수와 마력, 생산품가격을 모두 민족별로 조사했고, 종업원의 민족별구성도 조사되었다. 수산업과 광업의 경우도 허가건수, 소유현황, 생산현황 등이 민족별로 조사되었다. 공장에 대한 조사는 1911년 선포된 회사령을 둘러싼 찬반갈등, 존폐논란으로 인해 총독부가 지속적으로 신경을 썼던 분야였고, 회사령의 효과를 진단하기 위한 근거지식으로 활용되었다.[23] 수산업은 일본거주 일본인 통어(通漁)의 증대에 따른 관리와 재조일본인과 일본인의 합자 등에 대한 관리의 필요성 때문이었다. 광업은 일찍부터 미국과 영국 자본가가 진출한 분야였고, 일본의 정화확보필요성으로 인해 금광에 대한 관리가 필요했기 때문이었다.

---

[21] 1919년 6월 1일 개최된 일본의 임시국민경제조사회의 안건은 첫 번째가 국민식량품의 범위라고 하여 일본본국의 식량문제에 대한 조사이고, 두 번째는 식량문제의 해결을 1) 내지에 있는 식량상태, 2) 신영토의 생산상태, 3) 수입의 상태, 4) 수출의 상태로 구분짓고 있다(『每日申報』 1919년 6월 1일 「國民經濟調査會」).

[22] 『每日申報』 1819년 11월 4일 「統計는 중대한 것. 二階堂統計官談」.

[23] 1910년대 『每日申報』에서는 회사령문제가 제기될 때 회사통계가 함께 제시되곤 했다.

반면, 농업은 농업종사자인구의 민족별 구성만을 제시할 뿐 농지소유, 경
작, 생산 등에 대한 민족별조사는 없다. 임업은 아예 종사자 인구수조차
조사되지 않았다. 반면 재정은 1917년부터 부동산세 납세자와 납세액에 대
해 민족별조사가 이루어졌다.

〈표 2-1〉 1916년~1923년 총독부통계연보 산업부분 민족별통계 제시 항목

통계연보 목차	민족별통계가 제시된 항목
농업	경지면적 및 농업자 호구
임업	
수산업	수산업자 호구/수산업자용선박/어구류별/어업출현건수/어업면허건수/출어선 및 어획고/수산제조물/양식면적 및 수렵고 종류별(1918년~)
광업	광업출업건수/광업허가건수/허가광구국인별(1918년~1923년)/광산액국인별
상업·공업	공장(업종, 자본금, 종업자수, 원동기소유, 생산가액)
물가·노운	노은(업종별 임금)
재정·금융	1. ~1917년: 토지소유자결수별인원/토지소유자지세납액별인원/광구세/광산세 2. ~1920년: 납세의무자면적별인원(지세시행지, 시가지세시행지)/납세의무자납액별인원(지세시행지, 시가지세시행지)/광구세/어업세(~1919) 3. ~1923년: 납세의무자납액별인원(지세시행지, 시가지세시행지)/광구세/광산세(1921년~)

※출전: 총독부, 『총독부통계연보』, 1916년~1923년.

총독부의 이러한 민족별 통계는 1922년 김동성(金東成)의 글이 게재되
기 이전부터 민족주의 정치기획세력들에 의해 민족적 전유가 이루어지고
있었다. "다이쇼(大正) 8년(1919년)의 일약 공장수는 2,000사요 자본총액은
6,500만 원이라고 하나 그중에 우리 자본력은 10분의 1이 못 되고 경영자
와 기술자등은 수 삼인에 불과할지니",[24] "(무역적자로 인해) 매년 1억 수
천만 원씩 조선민족은 그 생활에서 밑져가는 것"[25]이란 언급 속에는 무역

---

24) 劉斗燦, 「農工業上으로 본 半島 經濟界, 去去益甚한 生活難의 原因」, 『開闢』 4, 1920.

적자의 원인이 생산의 저열함 때문이라는 국민경제적 관점이 분명하게 자리하고 있다. 무역통계는 산업생산의 효과를 보여주는 지표였기 때문에 유럽은 중상주의시대부터, 한국은 대한제국시기부터 국가의 경제 상태를 진단하는 지표였다. 무역적자는 경제의 취약성을 표현하는 기호였고, 조선과 일본의 경제관계를 표현하는 기호였다.

따라서 총독부 무역통계는 국가별, 항구별, 상품별, 수출입, 이출입 등 매우 상세하게 조사되는 영역이었다. 또한 조선총독부가 생산한 산업통계에 근거하고 있었던 만큼 무역적자의 원인은 조선인공장의 취약성에서 제일 먼저 발견될 수밖에 없는 것이었다. 그리고 그 취약성의 결과는 다시 조선인납세의 규모와 연결되는 것이라고 할 수 있다. 조선인경제에 대한 상상은 식민지배자가 생산한 국민경제적 산업조사방식과 민족별조사에 의존한 것이었다.

그러나 공론장에 등장한 조선인경제에 대한 진단은 '조선경제'의 발전에 복무하고 있다고 선전했던 총독부의 정책에 대한 비판으로 연결되는 것이었다. 또한 물산장려회에서 조선인경제에 대한 실질조사를 위한 조사부가 만들어지면서 통계조사와 해석을 둘러싼 경합은 더욱 확대될 가능성이 높아지고 있었다.[26]

이에 총독부는 통계지식을 통해 조선경제발전을 증명하고자 했고, 그 구체적 실천 중의 하나가 통계전람회였다. 1923년 3월 28일 의성, 안동, 청송, 군위 등 오군 연합물산품평회가 주최한 통계전람회 개최의 성과를 확대하여[27] 총독부는 1923년 10월 23일 경복궁에서 부업공진회와 함께 조선통계전람회를 개최했다. 총독부 조사과장은 "통계는 사회의 축도(縮圖)"라는 제목으로

[25] 魯啞子(이광수), 「少年에게」, 『開闢』 17, 1921.
[26] 나경석과 이순탁은 물산장려회 조사부 부원으로 활동했고, 『産業界』에 무기명으로 게재된 각종 조사관련 글은 조사부에서 작성한 것으로 추정된다(유시현, 「나경석의 '생산증식'론과 물산장려운동」, 『역사문제연구』 2, 1997, 294~323쪽).
[27] 『每日申報』 1923년 3월 28일 「義城의 物産品評會와 統計展覽會 開催」.

통계전람회 개최의 의미를 설명하는 가운데 "조선에 있는 통계사무에 대하여
일찍이 개선 상쇄를 요할 점이 많다. 이는 단순히 관공서의 요구에 의한 것일
뿐 아니라 사회 일반의 요구이며 …… 특히 관공서의 노력에 한정할 뿐만 아
니라 민간에 있는 유행사상의 보급에 기대하지 않으면 불가하다."[28]라고 하
여 통계전람회 개최가 민간의 요청에 부응하기 위한 것이란 점을 피력했다.

전람회는 행정기구, 민간단체, 개인 등이 출품한 통계도(統計圖), 통계표
어, 통계창가 등을 전시하고 시상하는 방식으로 진행되었다. 통계지식의 보
급에 대한 총독부의 전향적 태도는 통계가 객관적이고 과학적 지식이란 믿
음을 공고히 하고 확산시킴으로써 통계생산 주체의 힘을 사회적으로 승인
받을 수 있고, 그 해석의 다양성을 열어 놓음으로써 특정방식으로 전유된
논의의 힘을 약화시키는 효과를 갖는 것이었다. 전람회 출품작품에서 통계
는 '사회를 비추는 거울', '모든 일의 기초', '진리의 빛'이라고 하여 '사실'로
승인되고 있었다.[29] 통계지식의 전유를 통해 조선인경제를 상상했던 민족
주의 정치기획세력은 통계전람회에 대해 우려를 표명하지 않을 수 없었다.

> 통계는 약도 되고 독도 되는 양방면이 있다. 가장 사실의 진상은 어떤
> 확정 불변할 명제를 공급하는 동시에 또 가장 오류와 허위의 가설을 추출
> 하는 것도 이 통계의 명칭 하에서 감행되는 것이다. …… 우리는 다만 진
> 정한 통계를 바랄 뿐이다. 즉 통계학적 양심을 고창하여 마지않는다. 과거
> 총독정치가 통계마술로 인하여 그릇되었다는 것을 우리는 들었다. 이와 같
> 은 통계는 소위 진정한 통계가 아니었던 것이다. 통계는 정학(靜學)인 동시
> 에 동학(動學)이다. 즉 공간적으로 보면 상태 그대로이고, 시간적으로 보면
> 유동적이고 창조적이다. 또 통계는 가장 침묵적인 동시에 일면으로는 비상
> 히 요설가이다. …… 이점에 있어서 통계는 실학인 동시에 비판학인 것이
> 다. 여하간 금번의 통계전람회는 조선에 있어서 드문 계획이다. …… 초유

28) 『每日申報』 1923년 8월 23일 「朝鮮統計展覽會」.

29) 「朝鮮統督府主催通計展覽會概況」, 『朝鮮』 11月號, 1923.

의 이 계획으로 하여금 결코 양두구육(羊頭狗肉)의 탄이 없도록 많은 인상
을 일반에게 끼치기를 바란다.30)

　'공간적으로 상태 그대로'라는 것은 통계가 사회에 대한 '확정 불변한 명
제'를 공급하는, 즉 경험법칙을 탐구할 수 있는 지식이라는 것이다. '시간적
으로 보면 유동적이고 창조적'이라는 것은 시간적 집적을 통해 변화와 그
가능성을 예측할 수 있다는 것으로 '실천의 방향과 그 효과'를 새롭게 제시
할 수 있는 지식이라는 것이다. 통계에 대한 이러한 인식은 '경험주의'와
'역사주의'란 근대 인식론에 토대를 두는 것이었다. 그래서 '실학인 동시에
비판학'이란 언급은 통계지식의 '힘'을 그대로 승인하는 것이었다.

　그러나 총독부가 생산한 통계지식이 보여주는 있는 '사실'과 민족주의
정치기획세력이 조선인의 경험을 독해한 것 사이에는 분명한 괴리가 존재
했다. 통계에 의해 정립된 '사실'와 산포된 개인 경험사이의 괴리로 인해
통계지식에 대한 의구심이 제기되었지만, 이 의구심으로는 통계지식의 힘
을 부정할 수 없었다. '가장 오류와 허위의 가설을 추출'할 수 있는 '통계마
술'이라는 표현에서 드러나듯 곧바로 생산주체의 '통계적 양심'으로 해소될
수 있는 것이었다. 그래서 통계지식과 경험독해 사이의 균열은 좀 더 엄밀
한 통계조사를 총독부에 요청하는 것으로 봉합되어 버렸다.

　"통계적 양심"이란 비판에 직면한 총독부는 1924년에도 전라남도가 주최
하는 통계전람회를 개최하였고,31) 행정기관의 통계표 중 우수작을 선정하
여 공개했다.32) 또한 1924년 11월에는 총독부와 소속관서의 통계사무 담
당자와 민간인이 공동으로 통계연구회를 창립했다.33) 통계연구회는 기관

---

30)『東亞日報』1923년 10월 15일「統計展覽會 開催, 統計의 兩面」.
31)『每日申報』1924년 6월 28일「全南統計展覽會」.
32)「通計事務功績者表彰」,『朝鮮』2月號, 1924.
33)『時代日報』1924년 11월 15일「統計研究會創立」.

지 『조선의 통계』를 발행하고, 통계에 관한 연구회, 강연회, 전람회, 상담회 등을 개최하고, 통계공로자를 표창하는 사업을 계획했다.[34] 통계를 둘러싼 공론장의 경합과정은 총독부로 하여금 통계사무를 공개적이고, 엄밀하게 하도록 요청하는 효과를 가져왔으며, 공론장의 민족경제담론은 통계가 보여주는 '사실'의 힘에 더욱 구속될 수밖에 없는 것이었다. 따라서 총독부의 통계적 양심이 지켜졌다고 하더라도 통계가 보여주는 현실과 경험독해 사이의 괴리는 전혀 좁혀지지 않았다.

문제는 조선지식인들이 총독부의 통계지식을 객관적 사실로 받아들이고, 통계산출로 범주화된 공간과 구성을 그대로 승인한다는 점이다. 일반적으로 체제위기를 완화하기 위해 시행되는 각종 사회조사 지식은 객관적지표로 받아들여지기 때문에 사회적 의사결정에 합리적 근거를 제시한다고 본다. 국가가 창출하는 공적 지식은 국가가 계급대립의 조정자로서 등장하는 중요한 지적토대라고 할 수 있다.

근대 국가는 공공지식의 생산자로서 등장하고, 그 지식을 의표화함으로써 계급 사이의 합리적 조정을 이끌어낸다는 것이다.[35] 조사지식이 공론장을 통해 유통되는 과정에서 생산된 담론은 문제의 해결 방향을 둘러싼 갈등을 촉발하지만, 지식의 객관성을 전제로 하는 만큼 그 문제에 대한 '합리적 결정'을 승인하도록 하는 효과를 발생시킨다.[36]

---

34) 薄田美朝, 「通計研究會生る」, 『朝鮮』 7月號, 1924.

35) 최장집, (서평)「지식국가론: 영국, 프랑스, 미국에서의 노동통계발달의 정치적 의미」, 『한국정치학회보』 26-1, 1992, 451~457쪽. 최장집은 쉐보르스키의 지식국가론을 통해 근대국가의 지식생산의 사회적 의미를 지적하고 있다.

36) 자본주의 성장위기는 행정체제를 통해 처리되고, 정치적 영역을 경유해서 단계적으로 사회, 문화적 영역으로 이전한다. 이로써 체제 통합의 문제는 사회 통합의 위기로 나타나게 되는 조건이 창출된다. 따라서 체제위기는 자본축적으로 심화된 격차에 대한 보상으로 일시적으로 완화되지만, 사회통합의 위기는 지속적으로 재생산되고, 공론영역은 '(헤게모니가 개입된) 공공적 이익'이 수렴되는 것 이상의 기능을 갖지 못한 채 탈정치화된다(홍기주, 『하버마스와 현대철학』, 서울, UUP, 1999, 158쪽).

조선인경제라는 민족경제를 구상했던 지식인들은 조선인경제 상태를 알 수 있는 좀 더 정확한 통계조사의 필요성을 절감해했고 조선사정조사연구회를 창립했다. 이 연구회에는 일본유학생 출신이 다수를 점하고 있었지만, 미국 콜롬비아대 출신 이긍종(李肯鍾), 미국 오하이오주립대 이준호(李浚鎬), 독일 베를린대학 출신 박승철(朴勝喆)과 최두선(崔斗善) 등도 참여했다.[37]

하와이에서 열린 제1차 태평양회의에 참석했던 김양수(金良洙)는 "우리의 실상을 정관할 만한 여러 가지 재료를 가지지 못한 것 …… 어서 우리도 우리의 권위 있는 조시기관을 설치하여"라고 하여 조선사정조사연구회의 설립필요성을 제기했고,[38] 뒤이어 "조선의 사회사정을 과학적으로 조사연구"를 목적으로 연구회가 조직되었다.[39] 이 연구회는 극단적인 공산주의를 거부하고 조선의 역사와 민족성을 연구하기 위한 학술운동을 전개하고자 했다.[40] 조선사정조사연구회의 실천공간으로『현대평론』에는 조선인경제 상태에 대한 다수의 분석논문이 게재되기도 했다. 그러나 조선인경제의 실상과 문제를 학문적으로 분석해야 한다는 열망은 '통계지식의 힘'을 승인하는 효과를 발생시키는 것이었다. 또한 통계해석이라는 학문적 영역으로 깊숙이 들어갈수록 생산된 통계에 내재한 생산자의 관념적 자장의 영향력은 더욱 커질 수밖에 없는 것이었다.

---

[37] 고정휴의 연구(「태평양문제연구회 조선지회와 조선사정연구회」,『역사와 현실』6, 1991, 282~326쪽)에 따르면 조선사정연구회는 태평양문제연구회 조선지회와 밀접한 관련을 맺고 출범한 학술단체로 당시 민족주의세력과 사회주의세력의 갈등으로 민족주의 운동세력의 확대를 위하 순수한 학술단체를 표방했다고 보았다. 따라서 조선사정연구회 회원의 이념적 스펙트럼은 매우 넓을 수밖에 없었다고 보았다. 이 단체에는 백남운, 이순탁 등의 사회주의 계열, 선우전, 김기전, 안재홍 등 민족주의 계열 지식인들이 다시 포진되어 있었다.

[38]『朝鮮日報』1925년 7월 17일「태평양회담행(2)」.

[39]『朝鮮日報』1925년 11월 30일「조선사정연구회」.

[40] 이지원은 조선사정조사연구회를 비타협적 민족주의 운동으로 좌우합작의 주체적인 민족주의 입장을 명백해 보여준다고 지적했고, 이러한 관점의 하에서 민족의식, 민족문화에 대한 기획이라고 평가했다(『한국 근대 문화사상사 연구』혜안, 2007, 270~274쪽.

4) 경제담론의 전유

　　민족경제담론을 생산했던 민족주의 정치기획의 실천은 물산장려운동으로 전개되었고, 1923년 물산장려회는『산업계』를 발간했다. 1923년과 1924년에 총 5호가 발간된『산업계』는 물산장려운동을 고취하고, 실천방침과 내용, 경제상황에 대한 지식과 분석 등을 담은 글을 게재했다.『산업계』에는 무기명 조사보고 형태로 총 19개의 글이 게재되었고, 설태희, 나경석(羅景錫), 이순탁(李順鐸) 등은 통계지식을 근거로 경제 상태에 대한 진단과 방향을 제시하는 글을 실었다. 따라서『산업계』는 통계를 비판 학문으로써 전유하겠다는 민족주의 정치기획자의 담론적 실천이 유효한 것인가를 확인할 수 있는 대상이라고 할 수 있다.

　　먼저『산업계』에서 제시된 무기명 통계보고는 물산장려조사회가 직접 조사한 것으로는 보이지 않는다. 1923년 1월 창립된 물산장려회는 '조선인 산품에 대한 조사'를 실시하고 선전할 것을 목적으로 조사부를 설치했고, 조선 물품 생산자에게 품목, 산지, 수량, 가격 등을 적어서 조사부로 보내달라는 광고를 게재하기도 했다.[41] 또한 조사부 설치에 앞서서 조선인 경제상태에 대한 조사의 필요성을 강조하면서 통계지식을 생산하려는 움직임을 보이기도 했다. 그러나 민간에서 경제조사를 한다는 것은 매우 어려운 일이었는데, 조사부원인 이순탁은 조선인생활상태 조사를 직접 실시하기 위해『동아일보』의 협조를 얻어 우편을 통해 '중등 계급'으로 간주되는 300가구의 가계 소득과 소비상태에 대한 조사를 실시했다. 그러나 확보된 설문지는 총 50매였고, 비교적 정확히 작성된 것도 20매에 불과하여 조사가 실패했음을 스스로 인정할 수밖에 없었다.[42] 따라서『산업계』의 통계

---

[41] 유시현, 앞의 논문, 307쪽.

[42] 李順鐸,「朝鮮人生活調査의 必要를 論함」,『産業界』3; 1924년 3월,「生活費調査報告」,『産業界』4, 1924년 7월.

는 총독부 생산 통계를 전유하는 방식을 답습하고 있었고, 통계지식은 두 가지 해석 방향에서 활용되고 있었다. 하나는 조선인경제 상태에 대한 진단이었고, 다른 하나는 조선인 개발가능성에 대한 타진이었다.

　조선인경제 상태를 진단하기 위해 사용된 통계는 무역, 공장, 농업에 대한 통계였다. 무역통계는 시간적 나열을 통해 무역액의 증가 양상을 보여줌과 동시에 수입초과액을 강조하고 있다.[43] 예를 들어 1924년 7월에 발간된 「최근 10년간의 무역 상황」은 무역액 비교표(수입초과액 제시), 수입출 중요품(품목별 증감 표시), 국별 무역액(국별 비중 제시)을 게재하여 수입 초과와 일본무역 의존도를 분명하게 나타냈다. 반면 같은 해 발간된 총독부 기관지였던 『조선』에서는 최근 2년간 무역통계(증감 표시, 수입 초과 표시), 최근 2년간 월별 무역통계(증감 표시), 10년간 일본 무역액(수입수출 초과 표시), 항구별 무역액(증감 표시) 등을 게재하여 무역수지 적자 상황이 크게 부각되지 않았다.[44]

　더구나 『조선』은 10년간 대일본무역액 통계 중 1918년에서 1923년까지 이출초과(대일무역흑자) 수치를 제시한 반면, 『산업계』는 대일무역상황에 대한 표를 제시하지 않고 있다. 양자 모두 총독부의 무역통계를 활용하면서도 정보의 제한과 편집을 가하고 있는 것이라고 할 수 있다. 『산업계』는 수입초과액의 증가 양상을 통해 조선인경제의 취약성을 드러내려고 했고, 『조선』은 무역총액의 증가를 통해 조선경제의 발전추이를 드러내려고 했다. 통계지식의 전유에서 양자는 분명한 차이를 보였지만, 무역상황이 경제공동체의 상태를 진단할 수 있는 가장 강력한 지표란 신념을 갖고 있었다는 점에서는 동일했다.

---

[43] 「産業上 重要統計」, 『産業界』 1, 1923년 12월; 「最近 10年間의 貿易狀況」, 『産業界』 4, 1924년 7월; 「最近 産業統計 一束」, 『産業界』 5, 1924년 9월.

[44] 「大正12年中 朝鮮對外貿易槪況」, 『朝鮮』 3月號, 1924년.

나아가『산업계』는 "조선의 부력(富力)은 아직 통계적으로 조사한 적이 없어서 자세히 알기 어려우나 개괄적 숫자로 열거"하면, 조선의 총 부력은 약 130억 내외인데 이는 관동대지진으로 없어진 총 손해액 보다 얼마 많지 않다고 했다.[45] 조선의 부가 일본에 비해 현저히 적음을 알리려고 했다. 일본농업생산성과 조선농업생산성을 비교하여 조선인 대부분이 종사하는 농업생산성의 취약성을 부각시키기도 했다.[46] 또한 총독부의 공장통계를 활용하여 조선인 공장의 영세성을 지적하기도 했다.[47] 경제상태의 취약성이 생산성문제 때문이라는 진단은 통계의 전유를 통해 객관성을 확보할 수 있었다.

이러한 진단은『산업계』권두언에서 경제생활의 불평등은 "생산방식이 아니라 분배제도의 결함"이란 선언에 뒤이어 '생산물의 소비가 목적이 되지 못하고 고품(高品)으로 이익을 취하는 경제조직의 죄악'이라고 하여[48] 소비문제를 해결하는 방안이 곧 값싼 상품을 생산하는 것이라고 하였다. 소비자의 이익을 보장하고 이들이 직접생산에 참여하는 방식으로 구상된 소비조합운동 역시, 분배제도의 개선불가능을 전제로 한 이상 생산증대를 추동하는 효과 이상을 기대할 수 없다. 소비조합원의 생산참여는 소비자의 소득증대를 위한 부업장려와 동일한 의미였다. 인천소비조합은 총독부가 부업장려를 위해 전국적으로 개최한 부업공진회에 생산품을 출품했다.[49] 총독부가 추동했던 부업장려는 기존 경제체제 속에서 중산층 이하 계층의 소득증대에 기여할 수 있는 유일한 방식이었고, 이 시기『조선』에서는 가계소득증대를 위한 모범적인 사례와 직종을 발굴하는 기사를 싣고 있었다.[50]

45) 「朝鮮의 富力槪算」,『産業界』2, 1924년 1월.

46) 「朝鮮農産地와 生産力」,『産業界』1, 1923년 12월;「朝鮮農業에 관한 數字的 考察」,『産業界』3, 1924년 3월.

47) 「朝鮮의 副業的 小工業」,『産業界』2, 1924년 1월.

48) 「卷頭言」,『産業界』1, 1923년 12월.

49) 『東亞日報』1923년 7월 13일「仁川消費組와 副業共進會」.

『산업계』역시 농촌의 부업, 부업적 소공업, 소자본경영의 상업 등을 소
개하고, 구체적으로 비누제조, 돼지와 닭의 사육 등을 소개했다.[51] 농업개
량을 위해 품종개량, 수리조합 등을 적극적으로 활용해야 한다는 점을 주
장하는 한편[52] 가마니 생산 등 농촌의 유휴인력을 활용한 부업장려가 제
시되었다.[53] 이글의 경우, 부업에 대한 정의와 장점은『조선』에 실린 '부업
의 필요 및 특질'의 내용과 동일했고,[54] 가마니의 생산이 농가소득 증대에
기여할 수 있다는 주장은『조선』에서 유망한 농촌부업으로 가마니 생산을
제시한 것과 동일했다.[55] 또한 조선인의 부업적 소공업으로 마포생산에
주목하기도 했는데,[56] 이 글이 게재된 동일 호에는 중국 마포수입액의 추
이를 제시하면서 마포수입에 대한 제한이 필요하다고 주장했다.[57] 이 두
개의 글은『조선』에 게재된 '조선 직업(織業)의 현상 및 장래'의 내용과 거
의 동일했다.[58]『산업계』는 부업에 대한 진단과 전망뿐만 아니라 면화에
대해서도『조선』에 게재된 내용을 근거로 하고 있었다.[59] 민족경제담론을
통해 총독부의 경제정책을 비판하고, 재조일본인과의 경제전쟁을 선포했
던 민족주의 정치기획세력은 그 담론적 실천을 총독부 기관지인『조선』에

50) 「副業か盛な道也味里」,『朝鮮』12月號, 1923년,『朝鮮』1월호, 1924년; 「慶尙南道 晉州郡の
副業獎勵計畫」,『朝鮮』4月號, 1924년; 「改良種豚鷄普及狀況」,『朝鮮』6月號, 1924년. 이외
에도 지역의 경제 상태와 개발가능성을 진단한 지역탐방기사 등을 싣고 있다.

51) 「主要副業인 豚鷄飼養」(一記者), 「造船工業中有望한 石鹼製造」(編輯室), 「小資本經營의
商業」,『産業界』5, 1924년 9월.

52) 漆室談, 「農事改良에 관하여」,『産業界』3, 1924년 3월.

53) 徐佑忠, 「朝鮮農村經濟振興策」,『産業界』5, 1924년 9월.

54) 「副業の必要及特質(西村保吉)」,『朝鮮』9月號, 1923년.

55) 「朝鮮における繩叺の生産について」,『朝鮮』11月號, 1923년.

56) 「朝鮮의 副業的 小工業」,『産業界』2, 1924년 1월.

57) 「中國麻布收入額」,『産業界』2, 1924년 1월.

58) 「朝鮮機業の現狀及將來」,『朝鮮』11月號, 1923년.

59) 「棉花의 種類와 性質」,『産業界』4, 1924년 7월,『産業界』5, 1924년 9월; 「棉花と木浦」,
『朝鮮』4月號, 1924년.

의존하고 있었다.

이는 통계조사를 할 수 없었던 현실적 어려움 때문이었다고 할 수 있다. 그러나 통계의 전유를 통해 만들어진 민족경제적 상상이 그 구체적 실천에서 중산층 이하 조선인의 소득증대를 추동하는 것이었다는 점은 결국 자본축적 위기를 극복하기 위한 총독부의 정책적 효과를 제고하는 데 기여하는 것이었다. 식민지배가 필연적으로 내포하고 있는 민족차별에 대한 경험은 조선인이 총독부 정책에 반감을 갖게 하는 것이었고, 그 반감은 총독부의 정책적 효과를 떨어뜨리는 것이었다. 그러나 민족주의 정치기획에 의해 차별의 경험이 공유되면서, 조선인의 반감은 소득증대를 위한 각성으로 전환된다. 그리고 이 민족적 각성은 자본축적위기에 빠진 자본주의 경쟁시스템의 회복을 위해 시장의 경쟁에 다시 참여할 수 있는 경제주체—경제적 중간층—를 형성하는 데 기여하는 것이었다.

"민족적 자멸을 방지함에도 조선인이란 조선인은 모두 정말 무산자다운 무산자가 되기를 각오하지 않으면 안 되니, 곧 '일하지 아니하는 자는 먹지 마'라는 진의를 이해하는 노동자의 수가 증진하기를 절망하는 것이 소위 물산장려운동의 진정골수라 하겠다."[60]라는 민족주의 정치기획자의 토로는 민족경제담론의 실천 목적이 자본주의 경제주체로서 조선인을 자각시키는데 있음을 인정한 것이었다. 이것은 마르크스의 표현을 빌리자면, "노동자가 한 마리의 말처럼 노동에 필요한 것을 획득하여 노동을 할 수 있어야 한다는 명제를 제시한다. 국민경제학은 노동을 생산하지 않는 노동자를 생각할 수 없으며, 노동자를 인간으로서 고찰하지 않는다."[61]는 점을 명백히 드러낸 것이었다.

60) 『東亞日報』 1923년 10월 7일 「物産奬勵와 副業共進會」.
61) 칼 마르크스, 앞의 책, 18쪽.

5) 통계, 지식 – 권력의 자장

1920년대 통계지식에 대한 민족주의 지식인의 전유과정은 1930년대 일본인과 조선인 경제학자의 논의로 이전되었다. 학문적 권위를 앞세운 논의과정은 조선인경제담론의 문제에서 조선경제에 대한 분석으로 논점이 이전되었다. 또한 1920년대 경제불황과 분배불평등의 심화는 일본의 조선통치에 심각한 균열을 일으키고 있었다. 사회주의 사상의 보급, 노동파업과 소작쟁의의 급증 등 계급갈등이 격화되는 현상은 치안유지법과 같은 치안강화만으로 해소될 수 없는 문제였다. 이에 총독부는 조선사회에 대한 조사를 실시하여 대응책을 마련하고자 했다. 1930년 전국적인 국세조사와 조선의 소작관행에 대한 조사가 실시되면서 조선사회의 실상에 대한 통계지식의 양적증가와 공개가 진행되었다. 경성제국대학의 일본인 학자와 1920년대 외국유학을 경험한 조선인학자 사이에 통계분석을 둘러싼 조선사회의 구조와 특수성에 대한 논쟁이 촉발되었다.

조선경제의 발전단계에 대한 경제학자의 논쟁은 조선경제연구소의 성립으로 일본인 경제학자들이 논쟁에 참여하면서 새로운 국면으로 전환되었다. 1928년 경성제국대학 법문학회 부설기관으로 조선경제연구소가 설립되었다. 이 연구소는 법문학부 소속의 교수, 조교수 및 전임강사 그리고 문화에 관한 학문을 전공하거나 이에 관한 실력이 있는 자를 회원으로 했다.

조선경제연구소는 경성제국대학의 관제상 기구가 아닌 경제연구실의 하위 연구소로 조선경제 관련 자료를 집적하고 연구했다.[62] 조선경제연구소에서 활동한 대표적인 일본인경제학자는 시카타 히로시(四方博)와 스즈키 다케오(鈴木武雄)였다. 이들은 조선정체성론에 입각하여 조선경제의 발전

---

62) 송병권, 「1940년대 스즈키 다케오의 식민지 조선 정치경제인식」, 『민족문화연구』 37, 2002, 403~436쪽.

이 일본의 자본과 기술, 그리고 일본의 정책에 의해 진행되었다는 입장을 갖고 있었다.[63]

조선경제연구소는 총독부의 재정지원 하에 조선의 사회경제 전반에 대한 자료를 집적, 정리했고, 이를 토대로 방대한 연구 성과를 산출했다. 이 연구소는 당시 조선사회에서 유통되고 있는 조선경제에 대한 연구관점이 지나치게 주관적이고, 정치화되어 있다고 보고 실증주의에 입각한, '사실을 사실로서 관찰'하여 조선경제 상태에 대한 객관적 진단과 문제해결의 방향을 모색한다는 입장을 갖고 있었다. 이 연구소의 실증주의적 연구는 조선경제의 발전을 검증함으로써 결과적으로 당시 조선사회에 유통되고 있었던 마르크스주의 이론에 대항하고 식민정책 수립에 기여하는 것이었다.[64]

1931년 연구소가 발간한 『조선통계총람(朝鮮統計總攬)』의 서문에서는 당시 총독부 기구 내에서도 다양하게 생산되고 있었던 통계지식을 체계적으로 분류하여 통계자료 이용에 편리함을 주고자 함을 그 목적으로 밝히고 있다. 이용의 편의성에 초점을 맞추었기 때문에 이 책은 당시 정기적으로 간행된 통계보고서 92종을 토대로 자연, 호구, 산업일반, 농업, 임업, 수산업, 염업, 광업, 상공업, 물가, 금융, 무역, 교통, 통신, 노동, 위생, 사법 · 경찰, 교육 · 종교, 사회문제 · 정책, 사회사업, 재정의 22개 항목으로 구성되었다. 그리고 각각의 통계표에 대해 간단한 해설을 붙인 일종의 색인서다. 각 기관에서 제공되는 있는 통계를 어떻게 효과적으로 활용할 수 있는가를 안내해주는 참고 도서 용도로 기획된 것임을 알 수 있다.

조선경제연구소는 총독부가 생산한 통계지식에 근거하여 조선경제의 성장을 증명하는 연구논문집을 간행했다. 1929년 『조선경제의 연구』와 1933

[63] 스즈키 다케오의 관점에 대해서는 송병권의 연구(앞의 논문)과 박찬승의 연구(「스즈키 다케오(鈴木武雄)의 식민지조선근대화론」, 『한국사학사학보』 31, 2014, 209~252쪽)를 참조.
[64] 방기중, 『한국근현대사상사연구: 1930~40년대 백남운의 학문과 정치경제사상』, 역사비평사, 1992, 91~92쪽.

년『조선사회경제사연구』가 경성제국대학교 법학학회 논문집으로 출판되면서 조선경제 문제에 대한 학술적 논쟁을 촉발했다. 특히 조선정체성론에 입각하여 식민지시기 조선경제의 발전을 고찰한 대표적인 학자였던 시카타 히로시의 논문 내용이『동아일보』에 게재되면서 학문적 논쟁이 언론을 통해 유통되기 시작했다.

　그는 1910년 이후 진행된 조선의 생산력 발전은 일본의 자본과 기술에 의해 진행된 것이라고 주장했다. 그리고 조선경제 발전의 혜택이 조선인에게 전적으로 돌아가지 못한 것은 조선인 사회가 갖고 있었던 역사적 정체성과 관련을 맺고 있다고 했다. 그는 서구의 경제사학적 지식에 기초하여 조선시대를 정체된 자급자족 사회로 보았고, 자급자족의 조선인경제가 아직 완전한 발전의 궤도에 오르지 못했다고 보았다. 즉 조선경제의 발전은 총독부, 재조일본인, 그리고 일본인의 지위를 획득한 조선인에 의해 진행된 반면 조선인 대다수의 경제활동은 여전히 자급자족적 경제에서 머물러 있다는 점이다. 따라서 그는 일본인과 조선인의 경제적 지위 차이는 자본주의 경제활동에 필요한 지식과 기술의 정도에서 발견되는 차이일 뿐이고, 이것은 곧 개인의 경제활동 능력에 좌우될 뿐이라고 보았다.[65] 그는 경제상태의 민족별 차이는 개인의 행위에 기초한 자본주의 경제의 일반적 운영원리일 뿐이라고 지적했다. 이러한 관점은 경제주체로서의 개인의 능력에 따라 이윤을 획득한다는 자유주의적 자본주의 경쟁질서 관념이라고 할 수 있다.

　통계의 축적이 보여주는 조선경제의 발전상에 대한 우려는 앞서 언급했듯이 1920년대 초반부터 제기되어 왔다. 민족주의 지식인들은 일본인과 조선인의 경제 상태의 비교를 통해서 조선경제 발전의 그늘을 확인했지만, 과학적이고 객관적인 '지식'이라는 통계에 대한 관념이 강화되면서 통계결과의 시간적 축적이 보여주는 발전상을 부정하기는 쉽지 않았다.

---

[65] 조명근, 「식민지 조선의 경제공황과 경제상식」,『사림』54, 2015, 93~117쪽.

　1931년부터 1935년에 걸쳐 발간된『숫자조선연구(數字朝鮮研究)』는 통계의 시간적 축적 대신 통계의 민족별 차이에 주목하여 총독통치가 조선인의 생활개선에 기여하지 못했다는 증거를 제시하고 있었다. 이 책은 조선경제에서 조선인의 상태에 주목하고, 성장의 혜택이 다수의 조선인에게 돌아갔는가의 문제를 해명하기 위해 지역별, 민족별 비교 통계를 제시했다.[66]

　『숫자조선연구』는 1920년대부터『동아일보』와『조선일보』에 게재되었던 일본인과 조선인의 경제력 비교를 통해 조선인경제의 비참한 현실을 폭로함으로써 조선경제와 조선인경제가 반비례관계에 있다는 관점의 연장선상에서, 이제까지 유통되었던 조선인생활 실태에 대한 통계자료를 망라한 것이었다. 실제로 이 책은『조선일보』,『동아일보』,『삼천리』,『비판』,『동광』등에 실린 이여성의 원고를 모아 정리, 보완한 것이었다. 이 책이 발간될 때마다 언론은 대체적으로 이 책의 성과를 긍정적으로 평가했고, 이여성의 방대한 작업에 찬사를 보냈다.

　그러나 이 책의 2집이 발간되었을 때『동아일보』에 실린 김우평(金佑枰)의 비평은 총독부가 산출한 통계지식의 근원적 문제를 드러내는 것이었다. 김우평은 이 책이 채택하고 있는 통계숫자의 비교방법이 통계학의 원리도 알지 못한다고 하는 신랄한 비판을 포함하여 추리방법의 비타당성, 중요사항의 누락, 통계자료 인용의 부적절성, 참고서적 누락 등등을 지적하면서『숫자조선연구』가 학문적 글쓰기가 부족하다는 점을 지적했다.[67] 미국 콜롬비아대학에서 경제학을 공부했던 김우평의 입장에서 볼 때『숫자조선연구』는 학문적 체계를 갖추지 못한, 그래서 학문적 권위를 갖고 있다고 인정하기 어려운 성과였다.

66) 정병욱,「숫자를 통해 본 조선인의 삶:『숫자조선연구』(이여성·김세용, 세광사, 1931~1935)」, 역사와 현실』21, 1996.

67) 최재성,「『숫자조선연구』의 체재와 내용 분석」,『사림』44, 2013, 205~243쪽.

　김우평의 비평과 이여성의 반박이 지면을 통해 알려지면서, 통계지식에 대한 두 가지 입장이 드러났다. 김우평은 "사물에 대한 과학적 사색풍은 특히 과거 2~3년간에 우리의 머리를 자극하였으며, 지배하여 왔다. 그리하여 재래와 같이 사물에 대한 자아중심의 관념론은 점차 줄어가는 듯하다. 그 일례로 우리는 언필칭 통계를 논하여 자기의 사상 및 논지라든지 저술의 기초를 숫자상에 두려하는 것이다. 사물을 이해함에 이 얼마나 공정한 태도이며 진보된 방법이랴"라고 하여 통계를 토대로 한 분석을 과학적 객관적 지식으로 승인하고 있었다. 따라서 그는 통계표에 대한 제시에서 이여성의 책이 균형을 잃었다고 비판했다.

　"유독 금융조합에 있어서 (일본인과 조선인)의 구별이 없다", "민족별 회사의 파산수에 관한 통계표가 없다"[68] "숫자조선연구는 통계를 토대로 한 것임으로 수자조선연구의 생명은 통계라고 할 수 있는데 이에 대한 결함이 적지 않고 따라서 분석연구의 착오"[69]가 있다고 했다. 통계인용의 객관성이 확보되는 않은 채 이루어진 분석은 인정할 수 없다는 것이었다.

　반면 이여성은 "이 책은 그냥 통계집이 아니오. 조선숫자현상에 대한 연구서이므로 논문을 안보고 통계표만 찾아보려는 사람을 그 주요 독자로 삼지 않는다."[70]라고 하여 통계인용의 객관성보다 통계숫자의 배후에 존재하는 현상에 대한 분석의 중요성을 강조했다. 나아가 그는 "(김우평)씨는 이와 같이 현대적 치부학설(致富學說)을 역강하고 조선인이 금조에 빚내는 것도 치부의 방편인 것을 고조한 뒤 빚내어 쓰기 위한 수단이란 것을 힘써 부정하고자 노력하였다."[71]라고 하면서 김우평을 부르주아 경제학자라고 지칭했다.

68) 『東亞日報』 1931년 12월 23일 「이여성, 김세용 공저 「숫자조선연구」 중」(金佑枰).

69) 『東亞日報』 1931년 12월 24일 「이여성, 김세용 공저 「숫자조선연구」 하」(金佑枰).

70) 『東亞日報』 1932년 1월 17일 『『숫자조선연구』 독후감을 읽고」(李如星).

71) 『東亞日報』 1932년 1월 19일 『『숫자조선연구』 독후감을 읽고(2)」(李如星).

그리고 "(김우평)씨는 우리가 말하는 실제론이란 것을 혹은 이해하지 못할지 모르겠다. 씨는 식민지 자본주의 경제조직하의 조선 소자산계급이 급속도로 몰락되고 있는 과정을 잘 인식하는가? …… 자본주의가 세민에게 주는 영향 등 식민지 정치가 토착 세민에게 주는 영향 등을 몰각하고 조선 세민생활의 실제를 몰각한대서 파손을 깨닫지 못하는 '독장사의 구구(九九)'와 같은 착각에 떨어지고 만 것이다"[72]라고 하여 식민지 자본주의의 발전이 조선인에게 도움이 되지 않는 현실을 직시하라고 일갈했다.

사실 김우평과 이여성의 논쟁은 총독부가 산출한 통계방식이 구성했던 틀을 전혀 벗어나지 못한 것이었다. 앞서 언급했듯이 '국민경제'적 관점에서 조선의 경제와 사회조사가 실시되고 있었던 만큼 통계는 각 부분의 규모를 중심으로 조사될 수밖에 없는 것이었다.

또한 김우평과 이여성의 논쟁에서 주로 언급되었던 금융조합의 부채문제나 직접세와 간접세의 비율 등의 통계는 부채의 내용과 세목의 구체적 항목, 지역별, 민족별, 계층별 부담정도에 대한 조사가 뒷받침되는 않는 한 통해 조선인의 경제현실을 해석할 수 없으므로 근본적 한계를 갖고 있는 것이었다.[73] 따라서 김우평과 이여성의 논쟁은 총독부가 생산한 통계지식이 갖고 있는 근본적인 문제였고, 통계지식이 끊임없이 새롭게 생산되더라도 해결될 수 없는 문제였다.

통계지식의 엄밀성을 강조한 김우평의 입장이나 통계가 현실을 분석하기 위한 도구라는 이여성의 입장은 통계지식을 객관적이고 과학적인 지식으로 승인하고 있었다는 점에서는 동일했다. 양자에게는 모두 통계가 보여주는 현실과 경험으로 확인된 현실 사이의 괴리가 통계지식에 대한 엄밀한 분석으로 좁혀질 수 있다는 신념이 자리하고 있었다.

---

72) 『東亞日報』 1932년 1월 12일 「『숫자조선연구』 독후감을 읽고(4)」 (李如星).
73) 조명근, 앞의 논문, 110쪽.

　　이러한 신념은『숫자조선연구』의 5집에 대한 백남운의 평가에서도 발견
된다. 그는 김우평과 이여성의 논쟁에서 드러난 입장의 차이를, 통계가 보
여주는 현실과 경험으로 확인된 현실의 괴리를, 여전히 통계에 대한 분석
을 통해 좁힐 수 있다고 주장했다. "조선의 약진을 말하는 오늘날 현 조선
을 인식하는 방법으로 대립되는 두 가지의 코스가 전개되어 가는 것을 지
적할 수 있으니, 하나는 현조선의 통계적 연구로서 그 약진을 실증하려는
수량적 방법이고, 그 둘은 통계적 조선의 비판적 연구로서 그 본질을 검토
하려는 과학적 방법이 그것이다."[74]이라는 백남운의 언급은 통계란 지식
－권력 자체의 문제를 비판하기보다는 자신의 경험독해를 통해 그 권력을
전유할 수 있다는 믿음이 반복되고 있었음을 보여준다. "통계는 과학성을
부여할 수도 사실을 가리는 기만성을 가질 수도 있다. …… 그러나 결코
통계를 무시해서는 안 된다."는 언급은 경험독해에 기반 한 논증의 객관성
역시 통계를 통해 증명되어야 한다는 점을 강조한 것이었다.

　　학문적 영역에서 통계해석은 '통계'라는 지식권력의 자장을 보다 분명히
보여주고 있었다. 1932년 발간된『조선의 소작관행』의 발간 이후 제기된
조선사회성격논쟁에서 통계지식이 전유되는 방식을 고찰한 김인수는 "통
계라는 특정한 지식체계가 정치적 발화의 수단으로 권위를 획득해가는 이
러한 현상은 물질적이기보다는 인지적 차원에서 발생하는 일"이라고 지적
했다.[75]

　　경성제국대학 조교수였던 쓰마가리 구라노조(津曲藏之丞)는 「조선에서
의 소작문제의 발전과정」[76]이란 논문을 통해 마르크스주의의 역사유물론

[74]『東亞日報』1935년 5월 28일 「數字朝鮮研究 第五集에 대한 讀後感(上)(白南雲)」.

[75] 이하 조선사회성격논쟁에 대한 내용은 김인수의 연구(「식민지 지식국가론: 1930년대 '조선
　　사회성격논쟁에 대한 재고」,『한국사회학회 사회학대회 논문집』2012-12) 내용을 요약했음.

[76] 津曲藏之丞, 「朝鮮に於ける小作問題の發展過程」,『朝鮮經濟の研究』, 京城帝國大學法文
　　學會論文集, 1929.

을 적용하여 조선에서 봉건적 토지소유를 확인하는 한편, 1912년 조선민사
령의 성립 이후 조선농촌이 자본주의의 '시조축적' 단계에 있다고 주장했
다. 이에 대하여 박문규(朴文奎), 인정식(印貞植), 박문병(朴文秉)은 그가
사용한 통계를 재조직하고, 비교 대상의 차이와 문제들을 지적하여 쓰마가
리의 주장에 대한 반박 논문을 발표했다.[77]

　박문규는 경성제대 경제학 졸업생으로 1931년 당시 유진오 등이 설립한
조선사회사정연구소에 참여하고 있었으며, 인정식은 고려공산청년회 조직
재건을 시도하다 체포된 후 혁명운동을 포기하는 조건으로 1934년 가출옥
한 뒤 『조선중앙일보』 기자로 활동하고 있었다. 박문병 역시 고려공산청년
회 활동으로 체포된 후 1936년 경 출감하여 조선농업문제에 대한 논문을
발표했다. 이들은 쓰마가리와 통계를 공유하면서 범주의 재구성, 시기의
조정, 다른 통계와의 비교 등을 통해 조선농업의 기형성—자작농의 몰락과
기생지주제의 확대—을 다양한 방식으로 증명하려고 했다. 그러나 이들의
시도가 과연 쓰마가리의 주장을 압도할 또는 대신할 '과학적 증명'을 제시
했다고 볼 수는 없다. 이들이 인용한 통계는 이미 자신이 말하고 싶은 결론
의 도출을 위해 다양하게 재구성된 것이었다.

　그렇다면 백남운이 언급했던 '실증하려는 수량적 방법'과 '통계적 조선의
비판적 연구'라는 범주로 이들 네 명의 연구를 구분지울 수는 없다. 이는
오히려 통계를 통한 학문적 비판은 객관성과 과학성이라는 자기 검열의 장
을 확장시키면서 경험적으로 확인된 현실의 모순을 설명 가능한, 그래서
수긍 가능한 영역으로 치환시키는 것이었다.

---

77) 朴文奎,「農村社會分化の起點としての土地調査事業に就て」『(京城帝國大學法文學會第
　一部論纂第六輯)朝鮮社會經濟史研究』, 1933; 印貞植,『朝鮮の農業機構分析』, 白揚社(東
　京), 1937; 박문병,「조선농업의 검토」,『조선중앙일보』1936년 6월 9일~8월 26일,「조선농
　업의 구조적 특질」,『비판』4-9, 1936.

2. 경제 지식의 유통

1) 경제학 지식의 유통

조선에서 경제지식은 1905년 이후 일본 경제학교과서를 번역 소개한 경제학교과서가 출판되고, 교재로 사용되면서 유포되기 시작했다. 보성전문학교 경제학 강의록을 토대로 1907년에 출간된 유치형(俞致衡)의『경제학』은 일본의 자유주의 경제학자로 알려진 다지리 이나지로(田尻稻次郎)의『경제대의(經濟大意)』(專修學校, 1903)를 거의 대부분 번역한 것이었다. 다지리 이나지로는 1871년 미국 예일 대학에서 경제학, 재정학을 전공했고, 귀국 후에 도쿄대학 강사를 지내면서 다수의 경제학 관련 서적을 출판했다. 1900년 이후 대장성 은행국장, 대장성 차관 등을 지낸 인물로 일본이 자유주의 경제학을 수용하는데 기여했던 인물이었다.

이 책에서 적극적으로 수용한 이론은 영국 고전경제학파의 이론으로서 아담 스미스(A. Smith), 토마스 멜더스(T. R. Malthus), 데이비드 리카도(D. Ricardo), 제임스 밀(J. Mill), 윌리엄 제번스(W. S. Jevons)와 프랑스의 장 바티스트 세이(J. B. Say) 등의 이론이다. 반면 단순히 이론을 소개하는 데 그친 것은 다음과 같다. 독일 역사학파는 프리드리히 리스트(F. List), 빌헬름 로셔(W. G. F. Roscher), 아돌프 바그너(A. H. G. Wagner)의 이론이 소개되었다. 사회주의 경제이론에 대해서는 칼 마르크스(K. H. Marx), 국가주의 경제이론을 주장한 요한 로드베르투스(J. K. Rodbertus), 독일사회민주당의 이론이라 할 수 있는 페르디난트 라살레(F. Lassalle) 등이었다. 이 책은 19세기말 서구의 경제학 이론을 거의 모두 다루고 있었지만, 영국과 미국의 자유주의 경제학이라고 할 수 있는 고전경제학을 중심으로 구성되었다.

1910년대 후반 일본유학생이 중심이 된『학지광』등을 통해 자본주의 경제 운영의 원리, 경제발전 단계에 대한 이론들이 소개되었다.『학지광』의 경제관련 글은 대부분 자유주의 경쟁원리에 기초한 국민경제론을 적극적으로 소개하고 있었다. 제1차 세계대전 직전 선진자본주의 국가들이 보호무역주의를 채택하여 국민경제 발전론에 경도되어 있었던 상황 속에서『학지광』의 경제관련 글 역시 당시 유행했던 경제담론의 영향을 받았다고 할 수 있다.

1917년 연희전문학교의 상과가 성립되고, 1922년 사립보성법류상업학교가 보성전문으로 승격되고, 경성고등상업학교 등 사립전문학교에 상과가 신설되었다. 당시 상과는 직업교육의 성격이 강했고, 대학수준의 경제학과라고 할 수는 없었다. 하지만, 경제 현상을 설명하고 이해하는 기초지식이 교육되었다는 점에서 경제지식을 형성하는 토대를 갖추기 시작했다고 할 수 있다.

경제지식이 매체를 통해 본격적으로 유통되기 시작한 것은 제1차 세계대전 직후 찾아온 경제불황 때문이라고 할 수 있다. 상점의 파산, 금융의 부족, 실업의 확산 등이 왜 발생했는지, 생활과 직접적으로 관련되는 물가는 왜 등락을 거듭하는지를 설명하는 과정에서 경제지식은 자연스럽게 유통될 수밖에 없었다.

1920년대 신문과 잡지가 발간되고, 일본유학생들이 귀국하면서 경제문제에 대한 논평이 기고되기 시작했고, 경제단체들은 당시 경제상황에 대한 이해를 확산하기 위해 각종 강연회를 개최했다. 1920년대 공론장을 통해 확산된 경제인식은 크게 두 가지 경향을 갖고 있다. 하나는 조선경제의 어려움을 세계경제와의 관련성에서 분석하는 인식이다. 이러한 인식은 주로 일본인과 조선인 대자본가 중심의 경제단체가 유포한 것이었다. 조선중앙경제회 등에서는 일본인 경제학자를 초청하여 세계경제상황과 정책에 관한 강좌를 개최하였고,[78] 경성상업회의소 후원으로 개최된 통속금융경제대학 강좌, 조선협회 주최의 보험, 취인소(取引所), 은행 창고에 관한 금융경제대학 강좌 등이 개최되기도 했다.[79] 일본인과 조선인 자본가들로 구성된 조선중앙경제회와

78)『東亞日報』1921년 7월 4일「하기대학강좌」.

경성상업회의소는 3 · 1운동의 파괴력을 완화하려는 총독부의 조선경제개발 정책에 대하여 적극적으로 의견을 개진했고, 그 속에서 제국 일본의 경제정 책에서 조선에 대한 정책적 지원의 미비에 대한 불만을 제기했다.

1920년대 조선의 불경기는 일본, 나아가 세계경제의 흐름에서 이해되었 다. 그 흐름을 타개하기 위한 제국 일본 차원의 경제정책에서 조선이 소외 되고 있다는 불만이 제기되었다. 물론 총독부의 정책적 지원 방향에 대해 조선인과 일본인 자본가의 이해가 달랐고, 조선산업조사위원회에 포함된 조선인 자본가들의 불만이 일본인 자본가에 비해 많은 것도 사실이었다. 그러나 조선과 일본이라는 지역적 차별이 존재한다는 인식은 조선경제를 일본경제와 분명히 구별 짓는 것이었다고 할 수 있다.

다른 하나는 3 · 1운동 이후 제한적으로 활성화된 조선인 공론장을 배후 로 등장한 민족주의 정치기획의 '조선인경제' 공동체에 대한 구상을 주도했 던 지식인들이 조선경제 문제를 조선인경제의 문제로 전유하고 이를 통해 총독부와 대립각을 형성하고자 하는 경향이었다. 1920년대『개벽』을 필두 로『동아일보』와『조선일보』에서 경제논평을 담당했던 이들은 대부분 일 본유학생들이었다. 선우전(鮮于全)은 1913년 와세다 대학농과를, 배성룡은 1919년 니혼대학 전문부 사회과를 졸업했다. 이후 교토제국대학 경제학부 를 졸업한 이순탁(1922년 졸업)과 서춘(1926년 졸업), 앞서 언급했던 미국 콜롬비아대학을 졸업한 김우평 등은 1920년대 이후 조선의 경제상황, 조선 인의 경제생활에 대한 다양한 논평을 기고하여 경제 지식의 확산에 기여했 다. 이들의 경제논평은 대체적으로 조선인경제 또는 조선인생활이란 관점 에서 경제문제를 바라보았지만, 1930년을 기점으로 변화되고 있었다.

1920년대는 조선인경제공동체적 구상 속에서 조선인경제의 낙후성을 일 본과 조선의 경제관계에서 찾는 경향성을 띠고 있었다. 선우전은 1923년

---

79)『東亞日報』1923년 2월 20일「통속경제대학」.

『조선의 토지겸병과 그 대책』을 출판했다. 1925년 동아일보『동아일보』의 논문공모 당선작이었던 배성룡의 「경제파멸의 원인 현상 및 대책」은 『동아일보』의 지면을 통해 공개되었고, 1926년 『조선경제론』이란 책자로 간행되었다. 또한 같은 해 노동규(盧東奎)의 「농촌진흥책여하」라는 논문이 당선되었다. 경제문제가 조선인 공론장의 중요한 이슈로 등장하면서 『동아일보』 등의 언론 매체는 당시 조선인경제의 문제를 해석할 수 있는 지식담론의 발굴에 적극적으로 나섰다. 1920년대 전반기에 활동했던 이들은 조선인경제라는 민족 경제적 상상을 통해 조선경제와 조선인경제의 문제를 진단했다.

선우전은 쌀값의 상승이 총독부의 토지조사사업 이후 진행된 토지의 집중화 현상 때문이라고 진단했다. 배성룡은 1910년대 농업생산성은 증가했지만, 농업이익은 지주들에게 집중되고 농민 등 조선인에게는 분배되지 않고 있다면서 총독부가 분배구조를 개선해야 한다고 주장했다. 이 시기 조선인이 처한 경제현실에 대한 분석은 경제성장의 이익을 일본인이 독점하고 있다는 점에 초점을 두고 있으며, 동시에 이러한 독점구조를 배태한 것이 곧 총독부의 경제정책이라고 보고 있다. 총독부 경제정책에 대한 강한 비판은 발전하는 조선경제와 달리 추락하는 조선인경제를 대비시킴으로서 강력한 민족 경제적 상상을 형성하는 지렛대 역할을 했다.

이들은 1929년 세계대공황의 영향, 금본위제 폐지라는 세계통화체제의 변화라는 상황에 직면에서 조선경제 또는 조선인경제를 세계경제의 흐름과 연결 지은 반면 조선경제와 조선인경제를 분명히 구별 짓지 못했다. 예를 들어, 1930년 일본의 금본위제로의 복귀를 둘러싼 서춘의 경제분석은 물산장려운동 재건기에 공론장에 등장했던 '민족경제'적 상상이 관념적이었음을 드러내는 것이었다.[80]

서춘은 일본이 금본위제로 복귀하면서 금수출금지령을 해제한다면 조선

---

80) 이행선, 「식민지 조선의 경제공황과 경제상식」, 『한국민족문화』 54, 2015, 235~270쪽.

경제에 어떠한 영향을 미치는가라는 문제에 대해서 조선은행권, 물가, 농촌에 대한 영향 순으로 분석하는 연재기사를 게재했다.[81] 그는 일본이 금본위제로 복귀하면 엔화 가치가 회복될 것이라고 전망하고, 일본의 무역적자로 인해 정화가 유출되고, 통화량이 감소하고, 금리가 인상되어 물가는 하락할 것이라고 설명했다. 그리고 물가하락은 채권자보다는 채무자, 비정액수입자보다는 정액수입자가 유리한 환경이 될 것이라고 진단했다.

또한 증권시장이 활발하게 전개될 것이라고 평가했다. 그러나 이러한 환경은 오히려 농촌에 불리하게 될 것이라고 분석했는데, 금본위제 복귀 이후 일본이 재정긴축을 실시할 것이고, 이는 소비절약으로 이어져 쌀값이 떨어지고 농업자금의 회전이 어렵게 될 것이라고 보았기 때문이다. 따라서 그는 쌀값의 저락이 농업경영에 불리하다고 진단하고 있다.

이러한 분석은 실물경제의 흐름을 쉽게 설명하고 조선인의 경제활동에 대한 조언의 역할을 하는 것이었다. 그러나 실물경제의 흐름이 일본경제와 연동되는 과정에 대한 상세한 설명에는 '민족경제'에 대한 상상이 완전히 빠져있다. 1920년대 통계 수치에서 자본가의 민족별 구성, 납세자의 민족별 구성, 가옥 소유자의 민족별 구성의 차이는 조선인과 일본인이 경제상황의 차이를 보여주며, 그 차이는 곧 일본인의 경제와 조선인의 경제를 구분 짓는 경계가 되는 지식이었다. 그러나 1929년 금본위제 복귀를 둘러싼 실물경제의 흐름에는 조선인경제를 구분하려는 인식이 들어설 공간이 없다.

1920년대 생산된 경제지식 속에는 민족 경제적 상상으로서의 '조선인경제'와 일본경제와 구별되는 '조선경제'라는 두개의 상상이 존재했다. 그러나 조선인경제와 조선경제의 상상은 1927년 쇼와(昭和)공황과 세계대공황의 여파로 실물경제가 심각하게 추락하고, 실물경제를 이해하기 위한 지식이 유포되면서 그 경계가 불투명해지기 시작했다.

---

81) 『東亞日報』 1929년 10월 5일, 11일, 16일 「경제강좌 금해금과 통화」.

2) 경제 어휘의 유통

1920년대 후반 초반 조선 경제지식의 확산 과정에서 이슈로 등장한 것은 쇼와공황, 금본위제의 폐기와 만주사변과 상해사변 등이 조선경제에 어떠한 영향을 미칠까 하는 문제였다. 조선경제에 대한 불확실성이 사회적으로 확산되어 갔다.

『조선일보』와『동아일보』는 경제관련 강좌를 개설하여 불확실성이 확대되는 공론장의 주도권을 장악하려고 했다.『조선일보』는 1928년 11월 6일~12월 12일 사이에 총 13회에 걸쳐서 '상식 강좌'로 화폐론에 대한 글을 실었고, 이후 '경제상식'(1929년 5월 10일~1929년 6월 20일, 총 30회), '경제해설'(1929년 9월 7일~1940년 8월 10일 중간) 지면을 할애하여 경제지식과 경제상황에 대한 논평을 실었다.『동아일보』역시 '경제 강좌'(1929년 9월 24일~1929년 10월 26일까지, 12월 24일~12월 28일, 총 31회), '문제와 용어 해설'(1932년 1월 21일~1932년 4월 19일, 총72회), '경제용어'(1932년 8월 2일~1933년 1월 12일 총 69회), '시장용어해설'(1933년 1월 21일~1933년 4월 7일 총 31회) 등의 지면을 할애하여 경제관련 용어를 해설하고 보급했다.

『조선일보』는 공황이 발생했는데도 경제학자들이 상아탑에 갇혀있다고 비판하면서 신문의 경제면을 이해하기 어려운 독자를 위해 해설과 설명이 필요하다고 언급했다.[82] 언론매체는 계몽주의적 관점에서 조선인이 경제지식을 습득하고 이해함으로써 자본주의사회를 스스로 영위할 수 있는 주체가 될 수 있다는 입장을 피력했다. 경제지식을 통해 조선인 개인의 경제활동이 합리적으로 이루어질 수 있다는 입장이었다.

1920년대 제한적이지만 출판의 자유가 보장되면서 조선사회에는 서구의 새로운 지식이 급격히 유입되기 시작했고, 계몽주의적 관점으로 민족주의

---

82) 이행선, 앞의 논문, 252쪽.

정치기획을 수행했던 지식인들은 자신들이 생산한 담론의 영향력을 강화하기 위해서 그들이 습득한 지식의 어휘를 보급할 필요가 있었다. 이점은 비단 경제문제만은 아니었다.

1920년대 후반에서 1930년대 식민지 근대 경험공간이 확대됨에 따라서 어휘사전에는 점차 대중 사이에 유행하는 어휘 그리고 새롭게 등장한 현상을 지시하는 어휘가 포함되기 시작했다. 어휘사전 섹션을 구성한 잡지를 중심으로 그 종류를 나누어 보면 다음과 같다.

〈표 2-2〉 어휘 사전 섹션을 구성한 잡지의 시기별 현황

시기	종류 수	잡지 제목
1920~1925	4종	개벽, 공제, 아성, 철필
1926~1930	9종	농민, 대중공론, 별건곤, 사상운동, 신인간, 인도, 조선농민, 조선지광, 학생
1931~1936	17종	농민, 당성, 동방평론, 별건곤, 비판, 삼천리, 신동아, 신만몽, 신흥영화, 실생활, 아등, 여인, 월간매신, 전선, 조선지광, 철필, 호남평론
1937~1941	4종	가정지우, 반도의광, 신시대, 인문평론

1920년에서 1925년까지 어휘 사전을 구성한 4종의 잡지는 천도교에서 발행한 『개벽(1920~1926)』과 조선노동공제회 기관지였던 『공제(1920~1921)』, 조선청년연합회 기관지 『아성』 그리고 철필구락부에서 발행한 『철필(?~1931)』[83]이다. 이들 4종의 잡지에서 소개된 어휘는 총 155개였고, 그 중 『개벽』은 131개의 어휘를 선정하여 소개하고 있다. 이 시기는 잡지 발행이 아직 활성화되지 못했던 상황이었기 때문에 『개벽』을 제외한 나머지

---

83) 철필구락부는 각 신문사의 사회부 기자들이 1924년에 조직한 단체이며, 기관지 『철필』에는 당시 조선의 정치, 사회적 이슈를 담거나 또는 기자들이 생활상을 보여주는 글들이 많이 소개되었다. 철필구락부는 1931년 해체되었다(최민지·김민수, 1978, 『일제하 민족언론사론』, 일원서각, 1978, 463쪽).

2종의 잡지는 단기간에 폐간되었으며, 『철필』의 경우는 기자단체의 기관지였기 때문에 매우 전문적인 용어를 간략하게 설명하는 데 그치고 있다.

1926년에서 1936년까지의 시기는 종교계, 사회운동단체, 언론인 등이 본격적으로 잡지를 발간했던 시기였다. 잡지 중에는 발행과 동시에 폐간되거나, 매우 단기간 동안 발행된 경우도 많았다. 조선총독부는 1925년 보안법을 제정하여 독립운동, 사회주의, 공산주의 세력에 대한 탄압을 본격적으로 진행하는 한편 조선의 독립 또는 총독부에 대한 비판, 사회주의와 공산주의를 선전하는 등의 내용을 검열하거나 잡지를 압수폐간시켰다.[84] 이로 인해 이 시기 잡지의 기사에서는 사회주의 관련 또는 조선의 해방 및 독립과 관련한 글이나 어휘가 삭제되어 발행된 경우가 많았다.

24종의 잡지를 발행주체별로 분류해 보면, 천도교계열에서 발간했던 잡지로는 『농민(1930~1933)』, 『별건곤(1927~1933)』, 『조선농민(1925~1930)』, 『신인간(1926~?)』 등이 있다. 그중 『별건곤』은 다른 여타의 잡지와 달리 대중취미잡지라고 할 수 있다.[85] 사회주의계열에서 발간한 잡지로는 『대중공론(1930~1930)』, 『사상운동(1925~1926)』, 『조선지광(1922~1930)』, 『당성』, 『실생활』, 『전선』 등이 있다. 또한 『청년』, 『여성』, 『노동』, 『신흥영화』,[86] 『학생』, 『여인』 등은 부문운동 단체에서 발간한 기관지였다.

1930년 이후 부터는 대중 종합잡지가 등장하기 시작했다. 앞서 『별건곤』이 1920년대 후반 거의 유일한 대중잡지라고 할 수 있었는데, 1930년대 이후부터는 『동방평론(1932~?)』, 『삼천리(1929~1941)』, 『신동아(1931~1936)』,

84) 손지연, 「식민지 조선에서의 검열의 사상과 방법」, 『한국문화연구』 32, 한국문화연구원, 2007, 129~178쪽.

85) 이경돈, 「'취미'라는 사적 취향과 문화주체 '대중'」, 『대동문화연구』 57, 성균관대 동아시아학술원 대동문화연구원, 2007, 234~259쪽.

86) 이 잡지를 발간한 단체는 신흥영화예술가동맹이다. 이 단체는 당시 카프계열 영화가들이 중심이 되어 결정되었다.

『월간매신(1934~?)』 등이 발행되어 대중의 일상생활과 문화 활동을 매개하
는 역할을 수행했다.

　1930년대 음반, 라디오, 영화 등 대중매체의 발달 과정에서 대중의 문화
적 욕구를 수렴하고 추동하는 대중잡지의 출현은 잡지의 어휘선정에 있어
서도 변화를 가져왔다. 1930년대 이전 잡지의 어휘사전이 대부분 '신술어
(新述語)'란 제목이었다면, 그 이후에는 '모던어'·'유행어'·'모던문예'·'사
회과학용어'·'외래어' 등 다양한 제목으로 새롭게 유행된 어휘를 명명하고
있었다. 이들 어휘사전에는 지식인의 계몽 수사에서 사용되는 어휘가 대부
분이기는 했지만, 이전과 달리 당시 조선사회 특히 서울을 중심으로 하는
도시의 소비문화 확대와 함께 새롭게 등장하거나, 유행하고 있었던 어휘의
비중이 높아졌다. 잡지에 수록된 어휘의 변화는 이 시기 대중문화의 발달
상황을 반영하고 있었다.

　30종의 잡지에 수록된 어휘 1,292개의 분야별 출현 빈도 상황을 보면
〈표 2-3〉과 같다.

〈표 2–3〉 잡지 추출 어휘의 분야별 빈도 현황

어휘 빈도수	정치	경제	사회	문화	기타	어휘수	총수
1	100	122	173	369	130	894	894
2	23	20	26	47	8	124	248
3	6	6	7	7	2	28	87
4	4	0	2	2	0	8	32
5	2	0	2	1	0	5	25
6	1	0	0	0	0	1	6
합계	136	148	210	426	140	1,060	1,292

※정치: 국가, 정치체제, 정치사상, 정치제도, 행정제도, 외교 등과 관련한 어휘.
※경제: 생산, 유통, 소비 등과 관련한 어휘.
※사회: 사회 부문운동, 도로, 건물 등 사회적 인프라, 계급, 직업 등과 관련한 어휘.
※문화: 문학, 예술, 종교, 철학, 풍속, 개인 일상생활과 관련한 어휘.
※기타: 인물, 단체이름, 사건 등 고유명사.

먼저 1,292개 어휘의 어휘사전 출현 빈도를 보면, 1회에서 6회의 어휘가 각각 894개, 124개, 28개, 8개, 5개, 1개 등으로 어휘의 중복성이 매우 낮았다. 이는 잡지가 '신어'·'모던어'·'유행어' 등의 취지에 맞게 시기별로 새롭게 등장 또는 유행했던 어휘를 선정했다는 점을 방증한다고 할 수 있다. 빈도수가 많은 어휘를 살펴보면 다음과 같다. 6회 빈도수의 어휘는 '쿠데타'[87)]이고, 5회 빈도수의 어휘는 '과정'·'계급'·'계엄령'·'군국주의'·'보이코트', 4회 빈도수의 어휘는 '과격파'·'과학적사회주의'·'데모크라시'·'테러리즘'·'계급투쟁'·'생디칼리즘'·'개념'·'관념론'이다. 3회 빈도수의 어휘는 28개로 정치·사회 문제를 설명하는 데 동원되는 지식개념과 관련한 어휘들이 대다수였다.[88)] 정치, 경제, 사회 영역의 어휘에서 중복 빈도가 다수 나타난 반면 문화 영역의 어휘들은 '팬'을 제외하고 거의 중복되지 않았다. 이것은 문화현상이 비교적 빠르게 변화되었음을 보여줌과 동시에 잡지 주체들이 포착했던 문화현상이 각기 달랐음을 보여준다. 즉 1920년대 후반부터 1930년대 중반까지 잡지의 발행주체가 종교, 청년, 여성, 농민, 노동 등 부문 운동과 도시의 소비와 대중문화를 선도했던 지식인들인 만큼 그들의 관심영역에서 포착된 어휘는 다를 수 있다. 더구나 문화영역의 어휘들은 대부분 외국어였는데 이는 새로운 문화적 현상이 서구와 일본으로부터 급격히 유입된 시대상을 반영한다.

한편, 1,292개의 어휘 중 1937년 이후 잡지에 수록된 147개의 어휘는 이 글의 분석대상에서 제외했다. 이 시기 어휘는 전시 동원체제와 관련한 것

---

87) 출전 잡지는 다음과 같다. 『朝鮮之光』(1929년 85호), 『大衆公論』(1930년 2권 7호), 『別乾坤』(1930년 28호와 29호), 『黨性(1932년 1집)』, 『半島之光』(1941년 12호).

88) 빈도수 3회 어휘: 가격, 가치, 감각론, 감상, 강단사회주의, 개량주의, 게페우, 경제학, 계급의식, 공업동원, 과도기, 과두정치, 관세, 군중심리, 귀납법, 금융자본, 데몬스트레이션, 버스, 변증법, 인텔리겐챠, 제국주의, 제3국가, 착취, 치외법권, 카르텔, 쿨리, 테마, 팬.

으로 이전의 시기에 비해 분야별 변동 추이와 단절된 특성을 갖고 있기 때문이다. 전쟁이라는 특수한 시대상과 관련하여 이 부분에 대해서는 별도의 분석이 필요하다고 생각된다. 1937년 이후 등장했던 어휘 147개를 제외한 1,145개의 시기별 영역을 보면, 문화 영역의 어휘가 가장 많고, 그 다음으로 사회, 경제, 정치 영역 순으로 나타났다.

〈표 2-4〉 분야별 어휘의 시기적 변화

연도	정치사상		경제		사회		문화		기타		총수
1920~1925	23	(15)	8	(5)	33	(21)	78	(50)	13	(8)	155
1926~1930	90	(18)	117	(24)	108	(22)	148	(30)	26	(5)	489
1930~1936	73	(15)	44	(9)	108	(22)	245	(49)	31	(6)	501
합계	188	(16)	169	(15)	249	(22)	471	(41)	70	(6)	1145

※( )은 각 시기 어휘 총수에 대한 비중.

시기별로는 1926년 이후 잡지에서 선정된 어휘가 모든 영역에서 양적으로 크게 증가하였음을 알 수 있다. 이는 대중매체의 양적 증가와 관련을 맺고 있으며 동시에 식민지 근대 경험공간의 확장이 1926년 이후 빠르게 진행되고 있었음을 반증하는 것이었다.

어휘의 영역별 변화를 보면, 정치 영역 어휘의 비중은 매시기 일정한 반면, 경제관련 어휘의 비중은 1926년에서 1930년까지의 사이에 집중되어 있다. 그 배경에는 자본축적 위기에 대한 최초의 경험이었던 공황의 영향이 있었다. 사회적으로 생활의 위기를 가져온 경제현상에 대해 관심이 증대하고, 조선인의 경제생활의 위기로 경제문제가 사회적 이슈로 등장했기 때문이었다.

현재 다양한 사회적 갈등을 지시하는 '사회문제'란 용어는 1920년대 계급문제를 지시하는 용어로 사용되었다. "경제적 강자계급과 경제적 약자계급의 사이에 있어서 분배상의 불균평으로부터 생기는 계급쟁투에 관한 문제"로 풀이되었다.[89] '사회문제'가 곧 계급갈등이라는 인식은 '자본주의'에 대한 풀이에서도 발견된다.

1924년 『개벽』에서 풀이한 자본주의는 "현시의 법률이나 경제조직에서, 자본가가 대자본을 출자해서 기계의 설비를 하고 노동자와는 일정한 계약 아래에서 그들을 사역해서 비로소 거기서 생산되는 대물은 자기의 마음대로 판매해서 그 이익의 전부를 자본가가 소유하고 노동자에게는 그 계약에 따라서 일정한 임은을 지불하는 생산조직을 자본제도생산 혹은 자본주의라고 한다."라고 하여 기계제 산업 생산방식을 자본주의로 규정했다.

그리고 이 자본주의의 폐단에 대해서 "자본가는 자기의 기업에 대해서 군주와 같은 지위를 점령한다. 그런 故로 자본가와 노동자 사이에 노동계약을 맺은 때부터 노동자는 자본가의 신하와 같이 되고 만다."[90]라고 풀이했다. 기업 내에서 자본가가 군주와 같은 지위를 갖는다는 표현은 자본주의의 억압과 폭력성에 대한 지적이었다. 자본가와 노동자의 관계는 사회적으로 경제적 강자와 경제적 약자의 관계로 치환되었고, '사회문제' 곧 계급문제로 이해되는 현상이 나타났다고 할 수 있다.

'공황'[91]이란 어휘가 이때 등장했으며, '과대자본'[92] · '금융자본'[93] · '트

89) 『공제』 1, 1920년 9월.

90) 『開闢』 51, 1924년 9월.

91) "불경기의 심한 자를 말함이니 자본가적 생산에 따라오는 필연의 현상이다. 즉 자본가 간의 경쟁과 자본의 축적과는 더욱더욱 대규모의 생산을 필요케 되고 그 반면에는 드디여 생산과다라는 증세에 걸녀 상품은 폭락하고 공장은 생산을 중지하고 소자본가는 몰락되든지 합병되든지 하고 노동자는 가로에 방황하게 된다. 이것이 즉 공황이다. 1826년 영국을 **한 이후 주기적으로 전 세계적으로 내습하였나니 구주전쟁 전에는 가장 심하엿섯다. 그 후 의연히 회복되지 아니하고 회색의 공황 하에서 전 세계는 허위적거리고 잇다(『朝鮮之光』, 1927년 12월호); 極甚한 不景氣. 資本家的 生産에 伴하는 必然의 現像으로 資本家들의 競爭과 資本의 蓄積과는 더욱 大規模의 生産을 喚起하야 遂 生産過剩에 陷케 한다. 商品은 暴落되고 工場은 生産을 中止하며 小資本家는 沒落 或은 合倂되여 勞働者는 街頭에 彷徨하게 된다. 이것을 恐慌이라고 한다. 1826年 英國에 侵襲한 以來

라스트'94) 등 당시 공황의 원인과 배경을 설명하는 주요 어휘가 등장했다. 또한 경제영역에서 조선인의 어려워진 생활을 반영한 '가정부업'95) · '간이 생활'96) · '간이식당'97) 등의 어휘가 등장했다.

이 시기 경제상식으로 알려진 용어 중에서 조선경제현상과 관련한 어휘

週期的으로 來襲하야 歐洲戰爭 前에는 가장 甚하엿다. 歐洲戰爭은 이 過剩生産物을 破壞하기 爲하야 勃發된 것이다. 이 狀態는 戰後에도 依然히 回復되지 안코 永久히 恐慌에 陷하여 잇다"(『新人間』 1927년 11월호).

92) "주식회사에서 주주의 출자재산을 고의 또는 추정으로 實價이상 견적으로 자본금액을 정하는 때에 써는 말"(『朝鮮農民』 2-3, 1926년 3월).

93) "갑이라는 자본가는 축적된 잉여가치를 전부 일시에 생산에 投하지 아니하고 일정액에 達할 때까지 혹은 지불이 필요케 될 때까지 이것을 놀려둔다. 그런데 이와 동시에 일방에 생산을 시작하기만 하면 확실히 이익을 엿볼 수 잇다는 자신이 잇스나 자본액의 부족으로 因하여 시작하지 못하는 을이라는 자본가가 잇다. 즉 갑에게 잇서서는 상당한 다액을 놀려둔 것은 불이익이며 을에게 잇서서는 다소간 무리를 무릅쓰고라도 자본을 차입하게 된다. 그러나 이 사회에는 이 두 사람만 사는 것이 아니다. 그와 갓튼 상태하에 잇는 자본가가 만흠으로 이 중간을 연락하기 위한 기관으로는 은행이라는 것이 설립되여 잇다. 원래 은행이라는 것은 자금으로서의 생산에 투하될 자본의 융통을 중개하는 기관, 즉 금융기관에 불과하엿섯스나 그것이 발달됨에 따라 성질도 일변하엿다. 즉 은행은 성질상 거액의 자금을 집중하고 잇는 고로 은행의 융통에 의하여서만 생산을 행할 수 잇는 생산자본가에 대하여는 큰 지배력을 가기게 되여 중개기관이든 은행은 생산과 밀접히 결합하고 또 이것을 지배하게 되엿다. 如斯한 은행자본, 즉 생사자본과 완전히 융통된 자본을 힐파-팅은 금융자본이라고 명명하엿다. 그리하야 금융자본은 그 지배하고 잇는 제기업을 통일하며 합동하며 생산자본 자체의 가진 집중적 경향을 더욱더욱 强케 하며 「자본주의 발전 단계인 제국주의」 시대에 잇서서 그 지배자의 역할을 완전히 하는 자이다"(『朝鮮之光』 74, 1927년 12월).

94) "시장의 독점과 원료의 독과점을 목적으로 한 기업의 합동을 말한 것이다. 자본의 집중이 가장 격심한 것임으로 이 단계에 잇는 자본주의는 즉 제국주의이다.(제국주의 참조) 미국에서 가장 격심하고 일본과 갓튼 후진국에서도 제철업, 은행업, 해운 등 점차 합동이 속행케 되고 또 정부당국에서도 늘 합동정책을 장려하고 잇다"(『朝鮮之光』 69, 1927년 7월).

95) "일반 가정에서 식사와 침자일하는 것박게 또 박게서 전문덕으로 하는 것박게 어린이, 부인네, 늙은이들의 손으로 사소한 돈버리를 할 수 잇는 일거리를 말함"(『朝鮮農民』 2-2, 1926년 2월).

96) "복잡한 생활의 수단방법을 버리고 생활의 실질만으로 만족하는 일. 즉 말하자면 먹기 위하야 일하기 위하야 이 생활 이외에 욕망을 구치 아니하는 일. 생활난이 생(生)하게 되야서부터 생긴 일"(『朝鮮農民』 2-2, 1926년 2월).

97) "간의생활의 부산물인데 자기의 집에서 밥짓는 시간과 노력을 덜고 저렴한 비용으로 간단히 식사할 수 잇게 설비한 곳을 말함"(『朝鮮農民』 2-2, 1926년 2월).

군들은 조선인 대중의 경제관념을 보여준다. 경제현상을 지시하는 어휘의 유형을 나누어 보면 다음과 같이 8개로 구분될 수 있다. 첫째, 가격, 경기, 경매, 구매, 권리금, 물가, 임금, 분배, 등의 경제용어로서 경제학교과서에 등장하는 용어뿐만 아니라 매체에서 경제상황을 설명할 때 등장하는 경제 관련 일반용어이다. 둘째, 경제를 규정한 용어로 경제, 경제계, 경제관계, 경제사회, 국민경제, 도시경제, 블록경제, 통제경제 등 경제를 공간적으로 범주화하고 경제운영을 내용적으로 분류한 것이다. 셋째, 경기변동과 관련한 것으로 경기, 인플레이션, 디플레이션, 슬럼프, 중간경기 등의 용어이다. 넷째, 시장의 교환과 관련한 용어로 시세, 보합, 경매, 혐기매, 환매, 처분, 파산 등 시장의 기능을 표현하고 설명하는 용어이다. 다섯째, 분업, 불생산, 사업, 확대재생산, 최소생산, 생산과잉 등 생산형태 또는 상태의 변화를 지시하는 용어이다. 여섯째는 자본과 관련한 어휘로 가변자본, 고도자본주의, 불로소득, 벼락부자, 유동자본, 자본공세 등의 용어이다. 일곱째는 경제정책과 관련한 용어로 5개년 계획, 계획경제, 물가조절, 보호방책, 오타와협정, 오픈마켓오퍼레이션 등의 용어이다. 여덟째는 가계 즉 가정경제와 관련한 용어로 가계, 가사비용, 가족경제, 간이생활, 국민생계, 표준생활 등의 용어이다.

　1894년 갑오개혁 이후 자유상업, 회사제도, 영업세 도입 등 자본주의 경제방식이 제도적 틀을 갖추기 시작했고, 국가의 문명화에서 경제의 중요성이 점차 부각되기 시작했다. 1905년 이후 경제학이 학교의 교과과정으로 채택되고, 이에 따라 경제학 교과서가 출판되면서 경제관련 용어가 점차 확산되어 갔다고 할 수 있다. 따라서 첫 번째 유형으로 분류된 경제관련 일반 용어는 1905년에서 1910년 사이에 발간된 경제학 교과서에서 발견되는 용어가 대부분이라고 할 수 있다. 가격, 교환가치, 재화, 분배, 법정가격, 관리처분, 구매, 권리관계, 매도, 물가, 임금 등이 대표적인 것이다. 이들 용어는 경제 영역을 객관적인 것으로 인식하게 하는 개념적 토대를 제공하는 것들이라고 할 수 있는데, 예를 들어, "상품의 가치를 화폐로 예정(例定)한 것"으로 설명한 '가격'에 대한 용례를 보면 "시장가격은 수요공급의 관계로 일상일하(一上一下)하나 그것을 평균하여 보면 교환가치─단순상품에 있어서는 가치와 일치하나 자본적 상품에 있어서는 가치와 분리됨─와 일치하며 교환가치에 의해서 결정되는 것이다"라고 하여 가격이 국가의 권력 또는 정책과는 무관하게 시장의 수요공급이라는 사회적 관계에서 결정되는 것으로 설명하고 있다. 또한 이 용례 설명에 등장하는 교환가치에 대해서는 "원래 가치라는 것은 상품 가운데 포함되어 있는 사회적 노동이니 교환가치로만 그 형태를 나타낸다"고 하여 '사회적 노동'이라는 마르크스주의적 개념으로 설명하기도 했다.

두 번째 유형인 경제에 대한 범주적 용어의 대표적인 것은 경제를 공간적으로 한정했던 용어라고 할 수 있다. 국가경제, 국민경제, 국가소유, 경제블럭, 블록경제, 도시경제 등의 용어가 등장하고 있었다는 점은 경제란 것을 물리적 공간의 영역으로 한정 짓고, 그 물리적 공간 안에서 발생하는 현상을 포착, 이해, 통제하려는 욕망이 등장했음을 의미한다고 할 수 있다. 경제를 국가의 영역 안으로 제한했던 어휘의 양산은 그러한 상상을 강력하게 유지하는 관념적 틀을 제공하는 것이다. 국가경제 또는 국민경제는 역사적으로 볼 때 최고의 발전단계를 의미한다고 생각했다. 도시경제에 대한 설명을 보면 "경제조직 발달의 제2단계여서 가족경제에 다음 가고 국민경제의 전에 있는 시대이다."라고 하여 가족경제가 점차 국민경제로 발달해 가는 과도적 형태를 도시경제라고 보았다. 그리고 이러한 "도시경제는 국민경제로 대치되었다." 국가경제 또는 국민경제가 최고의 경제조직이라는 인식적 토대는 그 이전 경제를 설명하는 다양한 어휘의 사용을 통해 재확인된다. 자급경제, 고립경제, 물물교환, 경제발달, 경제사회, 경제제도 등의 어휘가 그것이라고 할 수 있다.

또한 국가경제 또는 국민경제라는 공간적 범주설정은 그것의 내용적

분류를 가능케 하는 인식적 태도와 연결된다. 전시경제, 통제경제, 경제
계, 경제적 구조, 경제적 공황, 국토개발, 국부증식이란 어휘의 사용이
그것이다. 그리고 이러한 내용적 유형 또는 지향을 표현하는 어휘는 일
곱 번째 유형인 경제정책과 관련된 어휘로 직접 연결된다. 5개년 계획,
계획경제, 네프맨, 리플레이션, 미가조절, 보호방책, 신경제정책, 오픈마
켓오퍼레이션 등은 경제 또는 시장에 국가가 인위적으로 개입함으로써
경제를 특정 방향으로 나아가게 할 수 있다는 관념적 토대를 형성하는
것이다.

그러나 경제영역을 한정하고 그것에 개입할 수 있는 가능성을 확인하는
어휘보다는 경제가 객관적 실체이며 그 자체로 변화된다는 관념에서 파생
된 어휘가 더 다양하게 등장했다. 셋째와 넷째 유형인 경기변동 및 시장변
화와 관련된 어휘가 그것이다. 경기변동과 관련된 어휘는 인플레이션, 디
플레이션, 슬럼프, 중간경기, 모라토리엄, 재계동요, 불경기, 빈부현격, 쌀
값소동 등으로 1920년대 제1차 세계대전 이후 찾아온 불경기과 공황의 현
상을 반영하고 있다고 할 수 있다. 또한 이러한 경제적 현상 속에서 유행어
로 만들어진 아이오유(내가 당신에게 빚을 졌소 I owe you를 표하는 상업
상의 약자, 차용증서), 브레드 라인(bread line, 구휼빵, 빵을 구하는 걸인
실업자의 행렬인 기아열), 절약동맹(생산과 소비와의 권형을 잃어 경제계
에 동요가 된 결과로서 생활난이 닥친 때에 그것을 조절할 목적으로 많은
사람이 일치하여 절약을 단행하는 것 등의 어휘도 등장했다. 경기변동, 경
제상태의 주기적 순환상태는 시장에서 발생하는 가격변동을 표현하고 그
에 따른 행위를 지시하는 어휘의 사용을 통해 보다 구체적으로 표현되었다
고 할 수 있다.

네 번째 유형인 시장의 교환과 관련된 어휘가 그것이다. 과태파산, 기배,
기장, 낙, 난고하, 내기배, 당옥(토오야), 대보합, 보세, 등세의 역전, 절정시
세, 매과, 매난평, 매뢰절, 매만복 등은 현재 거의 사용되지 않는 어휘이지

만, 당시에는 시세의 등락과 앞으로의 시세 전망을 표현하는 어휘로서 매
우 다양하게 표기되었다는 것을 알 수 있다. 특히 이들 용어는 미곡거래소
나 증권거래소에서 사용되는 용어라고 볼 수 있는 것들이다. 미곡이나 증
권 시세 변동, 전망 속에서 적절한 매매시점을 찾아야 이익을 볼 수 있기
때문에 이와 관련된 용어는 과거, 현재, 미래의 시세 추이를 반영하고 있는
어휘들로 세분화되어 있었다. 또한 미곡거래소나 증권거래소는 일본인이
대부분 관계하고 있었고 거래방식 또한 그들에 의해 도입된 것이라서 일본
한자 어휘가 그대로 사용되었다. 시세변동과 예측가능성을 표현하는 어휘
의 등장은 시장의 변화를 객관적 실체로 인정하도록 하는 효과를 발생시키
는 것이라고 할 수 있다.

　1920년대 대규모 생산 라인의 도입과 확산 속에서 생산방식의 변화와
생산 상태를 표현하는 어휘도 새롭게 등장했다. 대규모생산, 산업의 합리
화, 콘체른, 콤바인, 콤비네이션, 테일러시스템, 테크니컬머니펄리, 확장적
재생산 등의 어휘는 생산성의 극대화를 위한 생산방식을 표현하는 것들이
다. 특히 1930년대 일본 중화학공업자본의 진출로 새롭게 등장한 공장집단
구역을 표현하는 콘체른, 콤바인, 콤비네이션, 그리고 자연과학과 기술의
결합을 통해 노동효율성을 강화하려 했던 경향이 반영된 테일러시스템, 테
크니컬머니펄리 등의 어휘는 이 시기 대규모 생산공장에서 발생했던 변화
를 반영하고 있는 어휘라고 할 수 있다.

　그러나 생산성의 극대화를 위한 다양한 방식을 지시하는 어휘와 달
리 생산과정의 문제를 지적하기 위한 어휘도 있었다. 과잉생산, 무정부
주의적 생산 등은 공황의 원인으로 지적되는 현상이었으며, 산업자본의
모순을 지적하기 위한 것이었다. 또한 불생산 소비는 "생산을 목적치
아니하며 또한 생산적 노동자를 기름이 아니요, 유희일락(遊戲逸樂) 등
을 위하여 물품을 소비함"라고 하여 산업자본주의 시대의 소비확대를
문제시하는 어휘였다. 생산방식의 변화를 포착하고 동시에 문제적 지점

을 지시하는 어휘의 등장은 1920년대와 1930년대 노동계급의 등장에 수
반하여 생산과정에 대한 관심과 이해가 심화되었음을 보여준다고 할 수
있다.

여섯 번째 유형은 자본과 관련된 어휘이다. 가변자본, 고도자본, 국가자
본, 유동자본 등 자본을 유형화한 어휘, 자본의 독점현상을 지시하는 독
점, 독점업, 독점주의, 모노폴리, 신디케이트, 카르텔 등의 어휘, 자본의 극
단적 폐단을 지시하는 자본공세(자본가계급이 노동계급을 전면적으로 공
격하는 것으로 생산조직의 내부적 모순을 해소하기 위한 일시적, 인위적
안정책), 올마이티달러(almighty dollar, 금력, 황금만능), 머티리얼파워(物
質的 權力) 등의 어휘가 등장했다. 자본의 독점과 폐단을 지시하는 다양한
어휘의 등장은 자본축적 과정에서 빈부격차와 계급갈등의 심화를 가져온
자본주의적 현상에 대한 비판을 위해 동원된 것이라고 할 수 있다. 이 외
에 투기, 투기매매, 투기사업, 투기자 등 자본의 투기현상을 반영한 어휘
도 등장했다.

경제상황, 경기변동, 시장의 변화, 생산방식의 변화, 자본의 독점화 등이
진행되고 있었던 당시의 상황을 반영한 어휘가 다양하게 출현했고, 그와
동시에 이러한 변화에 따른 가정경제의 변화상을 지시한 어휘도 함께 등장
했다. 먼저 가정경제를 의미하는 가계란 어휘가 출현하고, 여성노동력에
사회적 의미를 부여하려는 여성운동의 등장으로 가사비용이란 어휘도 등
장했다. 또한 가족경제, 가족임금, 표준생활비 등 가족을 단위로 하는 경제
또는 생계를 지시하는 어휘도 있었다.

1930년대를 전후하여 매체를 통해 유통되기 시작했던 경제용어는 조선
인이 자신의 경험을 사회현상과 연결시켜 해석하고 이해할 수 있는 지식적
토대를 형성하는 것이었다. 특히 세계경제, 국가경제, 실물경제를 이해하
기 위해 보급된 어휘는 개인의 경제생활을 시장, 국가, 세계의 경제적 변동
과 연결 지어 이해할 수 있는 지식 도구들이었다.

총독부가 생산한 통계, 일본인과 조선인 분석한 경제지식을 조선인 대중
이 스스로 이해할 수 있는 지적토대가 형성될수록 경험적으로 인지되었던
경제적 부조리, 모순은 이러한 지식을 통해 설명이 가능한, 그래서 이해가
가능한 것으로 전환될 수 있었다고 할 수 있다.

〈표 2-5〉 경제 관련 신어

유형	관련 신어
일반용어	가격 / 가격단위 / 가격변동 / 각 / 경기 / 경매 / 경매소 / 고케쓰키 / 부동 / 초부(焦付) / 공회 / 매매불성 / 관리처분 / 교환가치 / 교환비례 / 구매 / 구매력 / 권리관계 / 권리금 / 간판료 / 권리질 / 낙찰 / 내부 재화 / 다량매매 / 대수합 / 오오테아이 / 대체법칙 / 도산 / 도폐 / 도업 / 파산 / 마진 / 매도 / 매도증서 / 매매 / 매매거래 / 못 / 무료 / 무월삯 / 무상 / 물가와 임금의 관계 / 발행가격 / 발행권 / 발행액 / 배급 / 배급소 / 배급을 받음 / 배상 / 배상금 / 배상법 / 배상주의 / 법정가격 / 법정과실 / 벤토 값 / 도시락 값 / 변매 / 변상 / 변상기한. 변제기한 / 보상금 / 보이콧 / 보조금 / 보증금 / 보증대급 / 보통경매방법 / 보호금 / 보화 / 복수의무 / 부당변상 / 부당이득 / 부당이익 / 부도 / 부족료 수입장 / 분배 / 불이익 / 불하 / 불환 / 블록시스템 / 사기파산 / 사상매매 / 사유 / 사익 / 생계 / 셧아웃 / 소폭 / 수요공급 / 수요공급의 법칙 / 수요자 / 얼라우언스 / 엔터프라이즈 / 예상고 / 오타키 / 오프셋 / 오픈앤드모기지 / 이앤드오이 / 이지페이먼트 / 인베스트먼트 / 인벤토리 / 인스톨먼트 / 인스펙터 / 인컴 / 인터레스트 / 임포트 / 잉여가치 / 잉여가치설 / 자연가격 / 자연적 / 자연점유 / 자원 / 장기대 / 적자 / 적자 / 결손 / 부족 / 조폐 / 종물 / 주식합자회사 / 주식회사 / 주조권 / 주택임대계약서 / 준점 / 중개 / 중품 / 지급 / 지급지 / 지불지 / 지발지 / 지도대 / 지수 / 지출 / 직견공진회 / 참가담수 / 참가지 / 참가지불 / 채산 / 채산 / 사이산 / 체인 / 총수입 / 치프 / 카드시스템 / 칸트리뷰션 / 컨섬프션 / 크이시스 / 토지소유권 / 토지소유자 / 토지영유 / 토지합병 / 트럭식 / 특별회계 / 판매가치 / 판매법 / 페 오프 / 편락 / 일부처분 / 편무계약 / 포괄명의 / 포션 / 표준가격 / 표합 / 효아와세 / 프라이스 / 프라이카드 / 프라이즈 / 피틀레시시장 / 하층건축 / 하부구조 / 할당 / 할증금 / 프리미엄 / 합명회사 / 합자 / 합자회사 / 해운발달 / 협상 / 협해계약 / 흡수 / 흥행
경제	경제 / 경제계 / 경제공황 / 경제관계 / 경제동맹 / 경제력 / 경제발달 / 경제블럭 / 경제사회 / 경제상 / 경제적 / 경제적 공황 / 경제적 구조 / 경제제도 / 고립경제 / 고립경제적 / 공황 / 국가경제 / 국가경상 / 국가소유 / 국민경제 / 국부증식 / 국토개발 / 도시경제 / 물물교환경제 / 블라케이드 / 블록경제 / 블록이코노미 / 이코노미 / 자급경제 / 전시경제체제 / 통제경제
경기	디프레션 / 디플레이션 / 디플레이션 정책 / 모라토리엄 / 미소동 / 쌀소동 / 불경기 / 불경기 / 경기가 뜸 / 붐 / 붕 /붕락 / 브레드라인 / 빈부현격 / 슬럼프 / 쌀값소동 / 아이 오 유 / 인플레 / 인플레이션 / 인플레이셔니스트 / 재계동요 / 절약동맹 / 중간경기 / 패닉

시장	객관적 상세 / 경매매 / 골드러쉬 / 공급하다 / 과태파산 / 기미매 / 기배 / 등세급락 / 기승박 / 무세 / 기예 / 기장 / 기세강경 / 기중 / 약인기 / 낙 / 처분 / 낙옥 / 처분주 / 처분미 / 낙조 / 낙세 / 낙착 / 평 / 난고하 / 난시세 / 난수 / 역수 / 내기배 / 내경기 / 내외 / 다 팔렸다 / 품절 / 우리키레타 / 단경 / 단경 / 신곡기(新穀期) / 하사가이 / 당옥 / 토오야 / 당용구 / 토요오구치 / 대보합 / 대보세 / 대상초 / 대고 (大高位) / 인족 / 종가선 / 대저 / 원바닥 / 도합 / 보세(保勢) / 돈좌 / 등세의 역전 / 돌부매 / 고가매 / 도비스기카히 / 두 / 천정 / 최고시세 / 두중 / 약보 / 두타 / 절정시세 / 루즈 / 리덕션 / 마켓 오퍼레션 / 매건 / 매약정 / 매경 / 총매인기 / 매계 / 매물 / 매고 / 매압 / 매공 / 매건 / 매과 / 과매 / 매규 / 매 / 매난평 / 매평균 / 매대 / 매뢰절 / 매방의 방전 / 매만복 / 매피 / 매매 / 매충 / 매모 / 매물박 / 매물희 / 매방낙성 / 매방패퇴 / 매부 / 매입 / 매약 / 매빙 / 매사혹 / 매투기 / 매삽 / 매주저 / 매상기 / 매상장 / 시세 / 매석 / 매주저 / 매선 / 선장(煽場) / 매순 / 매기회 / 매습 / 매승 / 매연맹 / 매연합 / 매연합 / 매 맹 / 매옥 / 매건주 / 매건미 / 매외 / 매충 / 매처분 / 매요 / 매요 / 매방기세 / 매욕 / 매압 / 매월 / 매물 과 / 매인기 / 매일순 / 매물출진 / 매입 / 성매 / 매입가격 / 매입원가 / 매잉 / 매월 / 매장 / 하장 / 매재 / 매재료 / 강재료 / 호재료 / 매저 / 매규 / 매기회대 / 매주 / 매기선동 / 매중 / 매직 / 재매진 / 속매 / 매진 / 매초 / 매초조 / 매퇴 / 매물처분 / 매퇴 / 매처분 / 매평균 / 매피 / 과매 / 매피 / 매만복 / 매하 / 대항 / 매향 / 매응 / 매혐기 / 매염증 / 매회 / 모도리 / 여 / 모사쓰 / 불신 / 미 / 아지 / 밀어냄 / 쿠리사 / 바겐세일 / 바터 / 박상내 / 매매근소 / 박초 / 박차 / 소차 / 반동 / 반락 / 반향 / 반영 / 방관 / 보조 / 간시세 / 부요련 / 부족 / 우키아시 / 수요 / 수요품 / 수용공급 / 시세경로 / 시세난측 / 신기 / 등세 / 신 장 / 실제수요 / 암거래 / 암시세 / 유도 / 자유경쟁 / 자유항 / 자폐 / 자유폐업 / 저강 / 소고쓰요 이 / 종 / 대인 / 오오비끼 / 중 / 두중(頭重) / 등세미약 / 중저(中低) / 어다복 / 오다후쿠 / 채산근 / 사이산스 / 청전매매 / 추구매 / 추격매 / 추시세 / 친불효상장 / 친불효시세 / 클리어런스세일 / 클리어링 세일 / 클리어링세일 / 타보 / 프리미엄 / 파 / 폭락 / 와락 / 가라 / 프라핏 / 하삽 / 사게시부루 / 혐기근 / 혐기 / 혐기매 / 혐기전 / 혐기투 / 호전 / 기직 / 호조 / 화견상장 / 하나미소-바 / 화견시세 / 춘난 시세 / 화 트세일 / 환매 / 매려 / 매처분 / 회줍발 / 후리오도시 / 진락 / 히글링포스
생산	과잉생산 / 대규모생산 / 무정부주의적 생산 / 미르 / 분업 / 불생산소비 / 불생산적 / 사업 / 사업비 / 산업의 합리화 / 산업혁명 / 산과잉 / 소프호스 / 아우타르키 / 영국식산 / 오픈숍 / 최소생산비 / 콘체른 / 콤바인 / 콤비네이션 / 테일러시스템 / 테크니컬머나펄리 / 확대재생산 / 확장적 재생산
자본	불입 / 빌리어네어 / 순이윤 / 신디케이트 / 아이들리치 / 올마이티달러 / 유동자본 / 이윤 / 자본공세 / 자본유출 / 자본주의 / 자본주의 제3기 / 자본축적 / 주식회사조직거래소 / 주전주의 / 총이윤 / 카르 / 투기 / 투기거래 / 투기매매 / 투기사업 / 투기자 / 트러스트 / 파이어니어워크 / 퓨전
정책	5개년계획 / 경제정책 / 계획경제 / 네프맨 / 리플레이션 / 물가조절 / 미가조절 / 쌀값조절 / 보호방책 / 신경제정책 / 오타와협정 / 오픈마켓오퍼레이션 / 퍄치레트카
가계	가계 / 가사비용 / 가족경제 / 가족임금 / 간이생활 / 국민생계 / 표준생활비

※출전: 송찬섭 외, 『한국 근대신어의 유형과 특성』, 역락, 2016, 116~118쪽 〈표 11〉재인용.

제3장

시장의 발견

1. 시장의 자유

1) '거래의 자유'와 국민경제적 상상

시장에서 상품의 거래가 자유롭게 진행되어야 한다는 관념이 언제부터 등장했는가를 밝히는 문제는 거의 불가능하다. 브로델은 시장의 자유거래에 대한 관념은 고대 서구문명에서도 발견되는 것이고, 시장 안에서 상품교환의 자유는 자연적인 것이라고 주장한다. 시장이 어디에 세워지고, 교환되는 상품이 무엇이며, 교환에 누가 참석하는가에 대해서는 시공간적으로 매우 다양한 제한과 규칙이 존재했고, 동시에 시장을 규제하는 권력과 방식에 대한 비판과 저항도 존재했다고 할 수 있다.

또한 브로델은 '시장의 자유'가 문제되는 것이 아니라 그것이 시간적 공간적 격차를 이용한 자본축적 방식과 결합되고, 법적, 제도적, 사회적으로

국가의 승인을 받음으로써 개인의 물질생활에 복무하는 투명한 생산과 교
환이 오히려 비민주적으로 왜곡된 것이 문제라고 지적했다.[1] 시장을 매개
로 생계를 유지하는 개인의 삶과 이윤을 축적하는 자본의 관계가 선순환적
관계가 아니라 오히려 대립적 관계이기 때문에 근대 국가의 통치는 개인의
생계문제에 대해 개입하고, 관리해야 하는 필연성을 안고 있다고 할 수 있
다. 자본주의 경제와 복지국가의 관계는 바로 '시장의 자유'를 어떻게 관리
할 것인가의 문제와 직접적으로 연결되는 것이라고 할 수 있다. 복지는 시
장에서 밀려난 사람들이 다시 시장의 경쟁에 참여할 수 있도록 하는 최소
한의 장치라는 성격을 갖고 있다.

　근대 사회에서 '시장의 자유'에 대한 사회적 인식이 포착되는 경우는 시
장에 대한 국가의 개입이 등장했을 때이고, 그때는 자유로운 시장거래가
구성원의 생존권에 위협이 되는 상황이 빚어질 때라고 할 수 있다.

　'자유로운 거래'를 허용한 조치는 1882년 임오군란이 발생 한 직후 고종
이 내린 윤음에서 발견된다. "오늘 통상과 교섭을 하고 있는 이때에 관신맹
예지가(官紳吡隸之家) 모두 크게 물건을 교역하도록 허락하여 부가 여럿
에게 미치게 하려고 한다. 농공상고지자(農工商賈之子)도 학교에서 공부하
는데 따라 다 같이 올라가게 하려고 한다. 오직 재간과 학문이 어떤가 하는
것만을 보고 출신의 귀천은 따지지 않겠다."[2]는 것은 신분적 지위에 따라
시장의 거래를 제한하지 않겠다는 의미였다. 그러나 이 윤음을 제도적으로
뒷받침한 조치는 없었다. 1791년 신해통공으로 제한적이지만 사상의 거래
자유가 인정되었지만 육의전에 대한 특권적 지위는 여전히 유지되고 있었
다. 1882년 고종이 거래의 자유를 천명했지만, 1883년 혜상공국의 설치와
인천항 25객주제가 실시되면서 상업거래에서 특권적 지위가 부활했다.

1) 페르낭 브로델(김홍식 역), 『물질문명과 자본주의 읽기』, 갈라파고스, 2012
2) 『承政院日記』, 高宗 19년 12월 28일, 有八道四都人民等書.

자유거래에 대한 법제화는 1894년 갑오개혁을 통해 이루어졌다. 육의전의 폐지와 신분제적 조세와 형법의 폐지와 신체·생명·재산의 법적 보호에 대한 법률적 규정은 자유로운 거래에 대한 제도적 승인이라고 할 수 있다. 나아가 방곡령의 폐지(1894년 1월), 조세의 금납화, 진휼청과 환곡의 취모보용(取耗補用) 폐지함으로써 지방아문의 비축 곡물량을 축소했던 조치들은 곡물의 시장거래를 활성화시켰다. 그리고 자유주의적 시장질서는 1905년 사회진화론적 경쟁담론 속에서 그 위력을 발휘했고, 시장을 통한 경쟁이 국가, 민족, 개인의 자기결정권을 확보할 것이란 믿음이 형성되기 시작했다.

그러나 1902년과 1903년 흉년은 구성원의 생존권위기를 완화할 수 있는 정책적 수단이 상실을 인지하게 되는 계기가 되었다. 조선정부는 부민을 동원했던 권분(勸分)을 실시했지만, 거래의 자유와 곡물가격 상승으로 정책적 효과를 거둘 수 없었다. 반면 곡물의 시가판매를 통해 지역이 곡물부족을 해소하려 했던 내장원의 무곡활동은 비정상적으로 상승하는 지역의 곡물가격을 안정시키는데 기여했지만, 곡물가격의 상승에 따른 생존위기를 완화시키는 데 매우 제한적이었다.

시장의 자유가 확대될수록 구성원의 생계위기가 심화되는 상황은 1912년과 1918년에도 반복적으로 재현되었다. 1912년 상반기 목포에서는 1905년 이후 최고의 쌀값을 기록했고, 쌀 거래가 정지될 정도였다. 인천의 하역노동자 20명은 임금으로 생계유지가 어렵게 되자 동맹휴업에 들어갔다. 도와 군은 경찰과 면장으로 하여금 빈민조사를 실시하도록 하고, 지역의 유지들과 함께 빈민구제 방안을 협의했다. 도와 군에서는 민관협의 기구로 구제회가 설립되었고, 지방보조비, 기부 등으로 토목공사, 전답매입을 통한 소작지제공, 공동노동 공장의 설립 등을 통해 빈민의 일자리를 창출하려고 했다. 그러나 곡물가격의 급등을 제어할 수 없는 상황에서 빈민은 더욱 양산되었다. 이에 시장의 자유로운 거래에 대한 비판론이 제기되기 시작했다.3)

『매일신보』에서는 빈곤문제를 실업의 문제로 인식하고 조선에서 일자리를 창출하기 위해서는 '국민경제'를 강화해야 한다는 논의가 제기되었다. 조선경제의 성장 혜택이 조선인에게 미치도록 하기 위해서는 조선인에 의한 생산과 소비가 진행되어야 한다는 것이었다. 따라서 이 논설에서는 적극적인 보호무역주의를 채택하여 국내 산업생산의 보호를 주장했다. 조선인은 "수입품을 사용하지 말고, 조선에서 산출되는 것만 사용"해야 한다고 하면서 국산품 소비문제를 제기했다.[4]

보호무역과 국산품애용에 대한 주장은 당시 일본인 유학생이 발행했던 『학지광』에서도 등장하는 경제담론이었다. 1915년 7월 이강현(李康賢)은 조선에서 설립한 조선산직장려계(朝鮮産織奬勵契)를 소개하고, 조선의 산업발전을 위해 조선인이 조선산 직물을 소비해야 한다고 주장했다.[5] 이러한 경제담론은 해외시장과의 관계에서는 보호무역주의를 채택한 반면, 국내 경제문제에서는 자본투자의 자유를 주장하는 것이었다.

자본가에게 자본투자의 자유를 보장해야 한다는 담론은 당시 총독부의 회사령 폐지를 둘러싼 논란과정에서 등장했다. 1914년 총독부 회사령폐지안이 일본 제국의회 중의원에 제출되었다.[6] 1911년 시행된 회사령으로 인해 조선에서 설립되는 회사들에는 일본 상법이 적용되지 않았다. 일본 상법이 적용되지 않은 상황은 일본에 본점을 두고 있는 회사가 조선에 진출하는데 걸림돌이 되고 있었다. 회사령은 선포 직후 일본 중의원에서 논란이 되었고, 일본 자본가들은 회사령 선포를 거세게 비판했다. 일본 국가부채의 누적, 1909년 오사카 면 공장 2/3의 파산 등으로 일본의 경제 불황이 지속되고 있는 상황에서 일본 자본의 조선시장 진출이 회사령으로 크게 제

---

3) 김윤희, 「1894년~1910년 빈민구제담론의 구조와 허구성」, 『한국사학보』 64, 2016, 221~252쪽.

4) 『每日申報』 1913년 3월 2일 사설 「細民救濟의 方針」.

5) 李康賢, 「朝鮮産織奬勵契에對하야(寄書)」, 『學之光』 6, 1915년 7월.

6) 『每日申報』 1914년 2월 2일 「東京特電: 下院 제출의안」, 3월 7일 「會社令 廢止案」, 3월 17일 「會社令委員會」, 3월 24일 「會社令 후의 會社」.

한을 받게 되었기 때문이었다.

일본 제국의회 중의원에서 회사령폐지안이 논의되자 조선총독부는 회사령의 성과를 적극적으로 알렸다. 회사령은 건전하지 못한 회사의 진입을 제한했던 것으로 회사령 하에서도 회사는 꾸준히 증가했다는 것이었다. 회사령을 둘러싸고 일본 내 자본가들과의 공방이 진행되는 과정에서 제1차 세계대전이 발발했고, 일본경제는 전쟁군수품 생산을 통해 회복되기 시작했다. 이에 총독부는 11월 회사 허가절차를 간소화하는 방향으로 회사령을 개정했다.

회사령 폐지를 둘러싼 공방이 진행되었을 때 조선 내 자본가들 역시 회사령 폐지에 대해 찬성하는 입장을 갖고 있었다. 앞서 언급했던 『학지광』에서는 조선인경제의 발전을 위해 자본가의 기업열이 필요하다고 하면서 자본가의 자유로운 투자환경을 위해 금융기관의 확충을 주장했다.

또한 당시 서울의 대자본가로 알려진 한호농공은행장 백완혁은 회사령이 폐지되지 못한 것에 대해 아쉬움을 표현하면서 회사설립 허가절차가 간소화된 것은 '조선 산업계의 행운'이라고 평가했다. 그는 허가절차 간소화로 조선인의 회사투자가 더욱 활성화될 것이란 기대감을 표시했다.[7] 백완혁의 이러한 입장은 조선인 자본가의 투자활성화를 위해 회사설립의 자유가 필요하다는 것이었다. 이는 투자의 자유가 확대되어야 조선인경제도 발전할 수 있다는 관념이 이미 형성되고 있었음을 확인시켜 준다.

1910년 이전 공론장에서 유통되기 시작했던 시장질서에 대한 관념은 해외시장과 국내시장을 분명히 구분하고 있었다. 해외시장과 국내시장의 관계를 논할 때는 보호무역주의를 채택해야 한다고 주장한 반면, 국내시장질서는 거래와 투자의 자유가 보장되어야 한다고 보았다. 일견 상반된 것처럼 보이는 이러한 관념은 국민경제적 상상을 통해 모순적이지 않은 것으

---

[7] 『每日申報』1914년 11월 15일 「産業界의 幸運, 會社令의 改善에 대하여, 漢湖農工銀行長 白完爀氏談」.

로 인식될 수 있었다. 국민경제라는 경제공동체가 여타의 경제공동체에 비해 낙후되어 있기 때문에 해외시장으로부터 경제공동체를 보호해야 할 필요성이 제기된 것이다.

그러나 식민지였던 조선의 상황으로 인해 보호무역주의를 실현할 정치권력은 일본과 총독부가 갖고 있었다. 반면 조선인경제 공동체의 발전을 위해서는 그 내부가 치열한 경쟁의 장이 되어야 한다고 생각했다. 경쟁은 생산성을 제고시키기 때문이었다. 따라서 거래와 투자의 자유가 보장된 시장질서에 대한 관념은 더욱 강화되는 경향이 나타났다.

제1차 세계대전 기간 일본산업화에 따른 빈부격차의 심화로 1918년 일본에서 '쌀소동'이 발생했고, 그 영향은 조선에도 미쳤다. 쌀소동의 확산을 방어하기 위해 총독부, 매일신보, 경성의 일본인과 조선인 유지들은 경성구제회를 결성하여 곡물의 염가판매를 실시했다. 염매미는 시중 가격보다 10전 싸게 판매했지만, 시중 곡물가격의 상승으로 염매미 판매 가격 역시 상승했다. 염매미 판매는 시중 곡물상의 피해로 연결되기 시작하면서 『동아일보』에서는 염매판매 과정의 문제점들을 보도되기 시작했다. 이에 총독부는 빈민에 한정하여 염매미 판매를 실시했고, 시중 곡물상을 통해 염매미를 판매하도록 지시했다. 염매미 판매를 통해 일본 쌀소동의 연쇄를 일시적으로 차단할 수 있었지만, 시중가격과 연동된 염매미의 상승은 결국 3 · 1운동이 대중운동으로 전환되는 배경으로 작용했다. 염매미 판매정책은 앞서 대한제국 정부의 무곡활동과 유사한 효과를 발생시키는 것이었고, 시장의 자유로 인해 파생되는 생존위기를 효과적으로 관리할 수 없다는 점을 다시 확인할 수 있는 사례였다.

시장의 자유가 경쟁질서의 토대이고, 경쟁질서가 유지되어야 생산성이 제고된다는 관념이 공론장을 통해 확산되었지만, 시장의 자유가 생존권을 유지하는 데 일정한 한계가 있다는 관념은 공론장에서 크게 유통되지 못했다. 이는 경제공동체의 발전을 통해 조선민족이 자기결정권을 가질 능력이 있다는 것을 증명해야 한다는 민족경제적 상상이 여전히 공론장을 장악하고 있었기 때문이라고 할 수 있다.

시장의 자유를 관리해야 한다는 관념은 3·1운동 이후 제기되기 시작했다. 3·1운동을 통해 식민통치의 균열상과 마주한 조선총독부는 조선 산업화 정책과 사회사업이라는 두 가지 정책방향을 제시했다. 조선 산업화는 회사령 폐지를 통해 투자의 자유와 활성화를 도모하고, 사회사업은 민간의 자선단체를 지원·관리함으로써 빈민이 시장의 경쟁에서 완전히 배제되지 않도록 지원하는 것이었다. 특히 사회사업은 구체적인 빈민지원 조치뿐만 아니라 정신교화를 통해 근검, 절약, 합리적 소비를 실천하는 노동자를 양성하는 것이기도 했다.

2) 조선시장의 자유를 유지·관리하기

시장의 자유를 관리해야 한다는 관념의 유통은 총독부의 사회사업정책과 밀접한 관련을 맺고 있었다. 급격하게 진행된 일본의 산업화는 빈부격차를 심화시키고, 빈민의 생존권이 위협받는 상황을 초래했다. 1918년 일본의 '쌀소동'과 1919년 3·1운동이 발발한 이후 일본은 빈곤문제를 관리하고, 사회를 관리할 필요성에 직면했다. 총독부는 3·1운동 직후 내무부의 내부국에 사회과를 신설하여 그 이전 천황의 임시은사금기금 수입으로 진행해왔던 빈민구제조치를 확대 개편하는 한편 사회관리의 차원에서 다양한 사회 정책 등을 실시하고자 했다.

한 예로 경성부에서는 사회사업에 대한 구체적인 실행조치들을 마련하기 위해 경기도평의회와 경성부협의회를 소집하기도 했다. 이 회의에는 경성의 일본인과 조선인 유지가 참석했고, 이들은 '쌀소동' 이후 일본정부가 시행했던 다양한 조치를 조선에서도 시행할 것을 요청했다. 당시 제기된 내용은 사회사업조사를 위한 기관의 설립, 사회사업을 구체적으로 연구할

수 있는 연구회, 그리고 위생관리체계의 혁신적 개편을 위한 연구시설 등
을 설립할 것, 민간의 사회사업 기구에 대한 보조금을 확대할 것 등이었다.
또한 빈민구제, 실업구제 등을 위해 공공전당포, 공설주택사업, 순회 진료
소, 직업소개소, 노동숙박 등의 설치를 제안했고, 조선인의 계몽과 교화를
위해 공연장, 체육시설, 도서관 건립 등을 요청했다.[8]

경성부는 조선사회사업연구회(1921), 경기도사회사업조사위원회(1921),
사회사업교화위원회(1922) 등 사회사업 연구 및 관리 기구를 설립하고 은
사금과 민간에서 운영하는 사회사업기구에 대한 보조금 지급을 확대했다.
여기에 부응하여 한진달(韓鎭達)재단, 향상회관(向上會館) 등 민간의 구제
단체가 결성되기도 했다.[9] 또한 1923년 내무과의 조사계를 사회과로 독립
시킬 계획을 수립하기도 했다.[10] 그러나 이 계획은 다시 조정되었고, 내무
과 소속 사회계를 설치했다.[11]

1923년 경성부가 운영하거나 보조금을 지급하는 사회사업기구는 1910년대
12개에서 총 40개로 증가했다. 1920년 이후 새롭게 신설된 사회사업기구를
그 기능별로 나누어 보면, 사회사업연구 및 관리기관 4개, 교화사업기구 2개,
인사상담 및 숙박소 3개, 공설시장 8개, 주택공급사업기관 4개, 수양기관(도
서관) 3개였다. 기존 사업에 추가로 증설된 것은 사회사업의 보조기구 1, 교
육사업기구 3개, 수산사업 1개였다. 신설된 기구로 볼 때 1920년대 초 사회사
업 확대의 주요 내용은 정책과 실시를 위한 전문가 집단의 구성 그리고 긴급
하게 제기되었던 빈민의 생존위기를 완화하는 것이었다고 할 수 있다.

---

8) 『每日申報』, 1921년 2월 6일 「사회사업 회답, 大垣丈夫氏의 회답」, 2월 19일 「사회사업에
대한 道府議員 의견, 京城府恩賜金使途」.
9) 京城府, 『京城府內社會事業槪況』, 1923년.
10) 『東亞日報』 1923년 1월 29일 「京城에 兒童公園, 경성부 사회과에서 계획 중」.
11) 경성부 사회과 설치는 1931년 경성부 직제개편 과정에서 다시 논의되었고, 1932년 신설되
었다(『東亞日報』1931년 7월 7일 「庶務課廢止 社會課設置, 京城府職制變更」, 1932년 6월
5일 「京城府廳 內에 社會課 新設」).

경성부 인사상담, 공설시장, 경성부 한강통 공설주택, 봉래정 공설장옥,
훈련원 공설장옥의 사업비는 경성부 지방비에서 지출되었다. 조선사회사
업연구회는 상시적으로 보조금을 받았으며, 1924년의 경우 총독부로부터
700엔, 경기도로부터 400엔, 경성부로부터 200엔 등 총 1,300엔의 보조금을
받았다. 민간의 사회사업기구는 총독부, 경성부, 경기도 등으로부터 보조
금과 회원의 회비 그리고 기부금으로 경비를 마련했다.

그러나 총독부가 표방한 사회사업 의제에 걸맞은 내용이 갖추어지지는
못했던 것으로 보인다. 예를 들어 공설시장은 1924년 이후 사설시장과 물
가수준이 비슷해지면서 물가안정에 거의 기여하지 못했다. 이는 경성부가
공설시장에 대한 수수료와 임대료 등을 징수하기 시작했으며, 불경기에 따
른 물가하락이 발생하고 있었기 때문이었다.[12] 또한 경성부 인사상담소의
경우 광공업, 토목건축, 상점, 농림업, 통신운수, 잡업에 취업한 조선인 구
직자의 비율은 1926년 30%(일본인 25%) 내외에 불과했다. 반면 가사도우
미의 경우만 78%(일본인 48%)로 높았다.[13]

1920년대 초 경성부 사회사업의 효과가 발휘되지 못하고 있었던 주요
원인은 다음과 같다. 첫째, 1920년부터 심화되기 시작한 경기불황과 총독
부의 재정부족 때문이었다. 은사금의 지출 역시 크게 확대되지는 못했는
데, 전체 은사금 지출에서 빈민구제를 위해 사용된 금액은 1920년 10만 원
에서 1926년 20만 원으로 7년간 두 배 증가하는데 그쳤다.[14] 둘째, 1920년
예정된 국세조사의 연기로 조선인의 생활실태 조사가 전면적으로 실시되

---

12) 박이택, 「식민지 조선의 공설일용품시장과 가격규제체계」, 『경제발전연구』 17, 2011,
    211~244쪽.

13) 송치호, 「일제시기 조선사회사업협의회 성격에 대한 실증분석: 식민지배 도구적 성격을
    중심으로」, 서울대 사회복지학과 석사학위논문, 2006, 24쪽.

14) 尹晸郁, 『近代日本の植民地朝鮮に於ける社會事業政策研究』, 同志社大學, 1995, 161쪽. 궁
    민구제에 사용된 은사금지불액은 1927년부터 급격하게 상승하여 1930년에 이르면 110만
    원으로 증가했다.

지 못하면서 사회사업 정책수립의 토대가 충분히 마련되지 못했기 때문이었다.[15] 따라서 경성부민의 생활실태 조사는 이전부터 진행했던 5서의 경찰서와 각 정(町) 총대의 분산적인 빈민 조사에 의존하고 있었다. 그리고 이 조사는 체계적으로 집적되는 것이 아니었기 때문에 경성부 차원의 빈민구제사업 역시 급구(急救)의 성격을 띨 수밖에 없는 것이었다.

한편 경성부 물가대책 사업이었던 공설시장은 경기불황이 가속화되면서 영업곤란이 지속되고 있었고, 여기에 경성부가 빈민을 위해 염매소를 증설하면서 공설시장의 영업은 더욱 어려워졌다.[16] 빈민구제를 위한 염매소와 공설시장 사이의 경합이 발생하면서 시장개입의 사회사업 정책이 도전받는 상황이 발생하고 있었다.[17]

1920년대 총독부의 사회사업정책은 시장의 자유를 유지하기 위해 필요한 관리체계라고 할 수 있는 것들이었다. 노동능력을 상실한 극빈자에 대한 정책으로서 진행된 의료지원, 생활비부조 등은 '구빈(救貧)정책'으로 통치의 관용이란 차원에서 진행된 것이었으며, 이는 식민통치의 정당성을 확보하기 위한 조치이기도 했다. 반면 노동능력을 가진 빈민에 대한 정책으로서 인사상담, 노동숙박, 공설질옥, 공설시장, 공설주택 등은 이들이 빈민으로 완전히 전락하지 않도록 방지하는 일종의 '방빈(防貧)정책'으로 분류된 것이다. 방빈정책은 빈민이 시장의 자유경쟁에서 완전히 이탈하지 않도록 하는 조치로 시장의 자유경쟁체제를 유지하는 정책적 효과를 갖고 있는 것이었다.

---

15) 1920년 국세조사가 연기되고 임시호구조사로 대체되었다. 호구조사 내용은 원적, 가족, 성명, 생년월일, 배우자, 직업(종류 및 직업상 신분, 농업의 경우 자작, 소작 등 구별), 수입종류(은급, 수당, 소작료, 이자 등) 등이었고 개인이 10월 1일부터 호구조사신고서를 작성하는 것이었다. 따라서 조선인 생활상태에 대한 정보가 제대로 확보될 수 없었다. 또한 연이은 재해와 총독부의 재정부족으로 1925년 계획된 간이국세조사도 임시호구조사로 대체되었다.

16) 『每日申報』 1924년 7월 28일 「苦境에 陷한 공설시장, 염매소로 以하여」.

17) 따라서 1924년 이후 공설시장은 물가안정의 기능을 거의 상실한 채 가격관리모델로서 기능했다(박이택, 앞의 논문, 236~240쪽).

시장의 자유는 경쟁을 촉발하고, 경쟁의 격화는 대자본가가 시장의 이익을 독점하려는 방향으로 전개된다. 독점에 대한 지향이 드러날수록 시장의 자유는 훼손될 수밖에 없는 것이었다. 따라서 시장의 자유를 유지하기 위해서는 경제활동 주체들이 경쟁의 장에서 완전히 탈락하지 않도록 하는 조치들을 필요로 한다. 이러한 점에서 총독부의 사회사업 중 방빈사업은 시장의 자유를 유지하고 관리하기 위한 조치라고 평가할 수 있다.

구빈정책은 노동능력을 상실한 극빈자에 한해 재화를 무상으로 직접 제공하기 때문에 시장 상품의 수급과 가격에 직접적인 영향을 미치지 않지만, 방빈정책은 구빈정책에 비해 그 대상이 광범위하고, 그들이 소비할 재화의 가격을 안정화시키는 정책은 시장에서 가격 결정의 자유를 침해할 가능성이 높다. 또한 그들이 노동자로 다시 노동시장에 진입할 수 있도록 해야 하기 때문에 방민정책은 시장상황과 매우 밀접하게 연동될 수밖에 없는 것이었다. 1920년대 총독부가 실시한 공설주택 설립 사례는 시장의 자유를 관리하기 위한 조치가 마주한 상황을 보여 준다.

(1) 자유로운 시장과 그 관리의 필요성

주택난은 1921년 3월 처음 신문을 통해 공론화되기 시작했다.[18] 경성 시구개정으로 가옥이 철거되고, 경성인구가 증가하면서 공설가옥제도의 실시 주장이 제기되었다. 주택부족 현상은 동년 5월 5일 박영효(朴泳孝)를 회장으로 하는 주택구제회 설립의 배경이 되었다.[19] 주택구제회는 1922년

---

[18] 『每日申報』1921년 3월 31일 「社說: 京城에 住宅難, 將來 善後策 如何」.

[19] 주택구제회는 경성부 수송동에 사무실을 두고, 朴泳孝(후작, 京城住宅救濟會 회장), 劉文煥(京城住宅救濟會 부회장), 李圭桓(京城住宅救濟會 이사), 池錫永(京城住宅救濟會 이사), 徐光前(京城住宅救濟會 이사), 辛龍夏(京城住宅救濟會 이사), 金教聲(京城住宅救濟會 通常理事) 등이 임원이었다(『每日申報』1921년 5월 5일 「주택구제회」).

독립문 부근에 2칸짜리 신 주택 100여 간을 건축하여 매달 2원의 임대료를
받는 조건으로 추첨을 통해 빈민에게 분양했다. 신청자가 몰리면서 추첨은
대성황을 이루었다.[20]

　『매일신보』와『동아일보』는 주택난의 해결을 위해 경성 내 국·부유지
에 주택을 건설할 것을 촉구하고 나섰다.[21] 1921년 9월 경성부가 발표한
주택조사결과는 경성에 주택난이 발생했음을 보여준다. 경성시내 가옥은
39,208호, 거주가구는 54,341호이고 15,133호가 세입가구였다.[22] 이 조사에
따르면 주택 부족률은 27.8%로 매우 높다고 할 수 있다. 조사결과는 주택
신축을 요청하는 중요한 근거였고, 경성도시계획연구회의 결성과 함께 경
성도시개발을 촉구할 수 있는 지식으로 활용되었다.

　1920년대 초 제기된 주택난을 둘러싸고 언론매체와 총독부 사이에는 이
견이 존재했다.『매일신보』에서는 주택난이 공급부족에 기인하기 때문에
가옥공급을 늘려야 한다고 주장했다.

　반면, 경성부는 복덕방을 찾는 수요들이 많이 중복되어 있기 때문에 주
택난이 심한 것처럼 착시가 일어나는 것이라고 보았다. 그리고 주택 가격
의 증가는 주택 수요의 증가보다는 집주인이 폭리를 취하기 때문이라고 보
았다. 이에 경기도 경찰부에서는 폭리를 취하는 가주 조사를 실시하기도
했다.[23]『동아일보』는 임대차 갈등을 조정하기 위해 일본에서 실시하고
있었던 '차가차지(借家借地) 규칙'을 간단히 소개하기도 했다.[24] 그러나 경

---

20)『每日申報』1922년 6월 25일「二間 二圓의 新主宅」, 7월 19일「簡便 住宅 抽籤」

21)『每日申報』1921년 6월 21일「京城都市의 住宅難, 市民의 輿論을 促함」, 6월 24일「社說:
　　住宅難問題의 善後策, 根本的 解決方法」,『東亞日報』1921년 6월 8일 住宅難을 實地調査,
　　세상에 큰 문뎨인 집난리를 京城부청에서 실디로 조사하여.

22)『東亞日報』1921년 9월 10일「住宅難의 活證據」.

23)『東亞日報』1921년 9월 10일「住宅難의 餘弊로 暴利를 貪하는 家主團束, 경긔도 경찰부에
　　서 名署에 엄명하야 방금 사실 조사중」.

24)『東亞日報』1922년 9월 21일「借家借地紛爭 調定裁判開始」.

찰서에서 임대가격을 조사하고, 복덕방 단속을 실시하여 임대기간의 자의
적 단축, 임대료의 자의적 인상을 단속하면서 차가차지 규칙 문제는 더 이
상 언론에 등장하지 않았다.

　자유로운 거래가 보장되는 주택시장에서 주택가격 상승 문제가 제기되
었을 때 언론은 주택매매에서 발생하는 폭리를 지적했다. 집주인의 폭리가
가능한 것은 매도자와 매수자의 관계가 매우 비대칭적 관계에 놓여 있기
때문이었다. 즉 주택시장에서 교환이 매우 비민주적으로 진행되면서 집주
인들은 자유거래가 인정된 주택시장에서 더 많은 이익을 얻게 되었다.

　언론에서 제시한 문제해결 방향은 집주인의 폭리에 불법적인 것이 없는
지를 조사함으로써 거래를 일시적으로 위축시키는 것과 집주인이 우위에
선 주택시장 상황을 변화시키기 위해 공급을 늘리는 것이었다. 두 가지 해
결안 중 어느 것을 실시해야 효과적인지를 판단하기 위해서는 정책의 실행
에 앞서 시장동향에 대한 조사결과가 필요했다. 『동아일보』와 『매일신보』
는 왜곡된 주택시장의 거래를 개선하기 위해 주택시장에 대한 조사를 요청
했다.

　1922년 10월 경성부는 서울 주택난의 원인과 실태를 조사했다. 경성부
주택소유 현황에 대한 조사결과를 보면, 조선인 가구 37,120여 호 중 가옥
소유가구는 20,380여 호로 약 55%가 자가 소유였으며, 45%가 임대가구였
다. 반면 일본인 가구는 17,300여 호 중 가옥소유가구는 3,850여 호로 88%
이상이 임대가구였다. 또한 가옥소유주 중에서 자가 소유 가옥에 거주하
는 자는 단지 570호뿐이었다. 경성 일본인 거주가옥이 대부분 임대가옥이
라는 점은 경성 일본인이 주택공급을 늘려달라는 요청의 근거가 되기도
했다.[25]

　경성 주택상황에 대한 조사결과가 알려지면서, 주택을 신축해야 한다는

---

25) 『東亞日報』 1922년 10월 19일 「住宅難과 借家人數」.

주장은 더욱 힘을 받기 시작했다. 또한 가옥 임대료가 급격히 상승했기 때문에 빈민의 거주 안정을 위해 임대주택 사업을 실시해야 한다는 주장도 제기되었다.

경성부는 남대문 봉래정과 동대문 훈련원에 부영주택을 신축하여 빈민에게 임대하는 사업을 실시했다.[26] 또한 서울 외곽지역에 주택이 신축되기 시작했다. 1923년 주택공급이 증가하면서 주택난이 다소 완화되는 듯했다.[27] 그러나 신축 주택의 공급으로 경성뿐만 아니라 동대문 밖과 서대문 밖의 지가가 급격히 상승했다.[28] 집값의 상승과 동시에 임대가격 역시 크게 상승했다. 가옥의 공급이 진행되었지만, 여전히 집소유자가 우위에 있는 주택시장의 문제는 해결되지 못했다. 앞서 『동아일보』와 『매일신보』가 제시했던 해결책으로는 왜곡된 주택시장 문제를 해결할 수 없었음이 확인된 것이었다.

1923년 주택이 공급되었음에도 매매, 임대 가격이 가파르게 상승했던 상황 속에서 서울에 빈집이 증가했다. 경성부의 조사에 따르면, 빈집은 월세 10원 이하 5채, 20원 이하 24채, 30원 이하 46채, 40원 이하 6채, 40원 이상 10채, 가격이 분명하지 않은 것이 23채로 총 134채였다.[29] 임대료 10원에서 30원 사이의 빈집은 총 70채로 가장 많았다. 월세 10원 이상을 부담할 수 있는 가구는 중위소득자(중산층)라고 보아야 할 것이다.

경성에서 실시된 방면위원회의 조사에 따르면, 1928년 한 달 생활비가 20원 이하인 자는 세민(細民)으로 직접적인 부조는 필요 없지만, 의료, 겨울철 난방비 등 특정소비가 필요한 경우 생계곤란에 빠질 수 있기 때문에

[26] 『東亞日報』 1921년 5월 11일 「府營住宅基地(부영주택기지) 두곳을다완명」.
[27] 『東亞日報』 1922년 11월 4일 「家屋建築狀況, 住宅難 緩和乎」.
[28] 유승희, 「1920년대~1930년대 경성부 주택문제의 전개와 대책」, 『아태연구』 19, 2012, 143~145쪽.
[29] 『東亞日報』 1923년 7월 4일 「緩和된 府內의 住宅難, 일백삼십여채의 빈집이 잇다」.

방민조치가 필요한 계층이었다. 이때 경성에서 세민으로 분류되는 계층은
조선인의 50% 정도였다. 따라서 1923년 한 달에 10원을 낼 수 있는 계층은
세민 이상의 소득을 가진 자라고 볼 수 있다. 10원에서 30원 사이 구간 임
대 가옥에서 빈집 비중이 높다는 점은 중위소득자의 주거부담도 증가되고
있었음을 반증한다. 임대가격의 급격한 상승은 서민층이 자살을 시도할 정
도로 심각한 문제로 떠올랐다.[30]

1923년 주택시장의 문제는 신축으로 공급과 매매가 증가하면서 주택가
격과 임대주택이 동시에 상승하는 것이었다. 공급을 증대함으로써 주택의
매매가격과 임대료가 안정화될 것이라는 기대와는 정반대의 결과가 초래
되고 있었다. 또한 주택 임대 가격의 상승으로 인해 오히려 소득 수준에
맞는 임대주택이 공급되지 못함으로써 임차인을 찾지 못한 빈집이 증가하
는 현상도 빚어지고 있었다.

그러나 문제는 '주택난'이란 기표가 주택공급을 위한 신축에 방점을 두
도록 하는 효과였다. 앞서 임대주택난의 문제를 언급한 『매일신보』 역시
"집을 짓고 세는 주는 것은 일종의 사회사업이다. 결코 고리대금업자나 청
류의 부자같이 자기의 사리만을 채우는 것은 아니다"라고[31] 하여 주택신축
을 통해 임대주택의 공급을 확대해야 한다고 주장했다.

반면 『동아일보』는 『매일신보』와 달리 빈집의 발생은 가옥의 신축으로
공급이 과잉되었기 때문이며 이로 인해 임대료는 하락하고 주택난이 완화
될 것이라고 보도했다.[32] 나아가 경성 공황의 여파가 심각하게 전개되어
임대료가 하락하고 임대업에도 불황이 닥쳤다고 보도하는 등[33] 주택공급
자, 임대업자의 이익을 지지하는 인식을 드러냈다.

30) 『每日申報』 1923년 9월 4일 「住宅難으로 自殺코자, 서슬을 먹었으나」.
31) 『每日申報』 1926년 9월 11일 「解放欄 투고 환영, 京城의 주택난 있는 자들이여」.
32) 『東亞日報』 1923년 1월 19일 「家屋建築旺盛 家賃低落傾向」.
33) 『東亞日報』 1923년 11월 13일 「最近京城市況 極度로 沈衰」.

1924년 불경기 심화로 물가의 하락이 발생했고, 주택수요 역시 줄어드는 경향이 나타나기 시작하면서 빈집이 증가했다. 1924년 11월에는 3천 호의 공가가 발생했다.[34] 이로 인해 시장에서는 임대료가 2원 정도 인하되는 경향이 있었고, 세입자를 구하기 위해 가구 등을 갖추어 임대를 내놓은 경우도 발생했다. 그러나 저렴한 경성부영주택의 수요는 꾸준히 증가하여 신청자가 쇄도하는 양상이었다.[35] 빈집이 확대되고 임대료가 하락하는 상황에서도 여전히 값싼 주택에 대한 수요가 많았다는 점은 이미 발생한 경성부 주택시장의 문제가 전혀 완화되지 않았다는 것을 보여준다. 이 시기 경성의 주택시장은 매매 중심에 따른 가격 상승이 발생한 반면 임대시장에서는 값싼 주택의 심각한 수급 불균형이 발생하고 있었다.[36]

빈집의 증대는 민간 임대사업자의 이익에 타격을 입히는 것이었다. 이에 경성부에서는 부영주택의 임대료를 당분간 인하하지 않을 것이며, 부영주택을 신축하지 않겠다고 선언했다.[37] 이처럼 빈민 임대주택사업이 민간 임대업자의 이익과 상충되는 사례가 공론장을 통해 확산되면서 경성부의 부영주택신축 중단을 승인하도록 하는 효과를 발생시켰다.

1920년대 초 경성부는 공론장이 제기하는 주택난에 대해 주택수요를 조사하기 시작했고, 경찰서를 중심으로 공가조사를 상시적으로 행하고 있었지만, 주택시장의 수급 불균형의 문제를 파악하기 위해 주택임대료, 주거실태 조사를 전면적으로 실시하지 않았다. 또한 공론장에서도 가옥임대료와 주거실태 조사에 대한 요청은 등장하지 않았다.

---

34) 『東亞日報』 1924년 12월 30일 「京城市內에 空家三千」.
35) 『東亞日報』 1924년 11월 16일 「市內家賃減下와 府營住宅狀況」.
36) 경성의 부영주택은 일본인이 주로 거주하는 용산과 조선인이 주로 거주하는 남대문 봉래정과 동대문 훈련원에 있었다. 흔히 조선인 거주 부영주택을 부영장옥이라고 일컬었는데, 여기에는 빈민 뿐만 아니라 중류 월급 생활자들이 거주했다(『東亞日報』 1923년 12월 11일 「府營長屋의 悲慘한 生活(上)」, 1923년 12월 14일 「府營長屋의 生活內面 二」).
37) 『東亞日報』 1924년 11월 16일 「市內家賃減下와 府營住宅狀況」.

1920년대 후반에 들어 불경기는 더욱 심화되었고, 경성의 인구는 더욱 증가했다. 인구압에 다른 주택부족 현상이 다시 공론장에 등장하기 시작했고, 주택신축 건설이 활성화되기 시작했다. 1924년 총독부 재정악화로 관유재산정리를 실시하기 시작하면서 경성부근의 관유지에 대한 민간 불하방침이 확정되었다.[38] 이후 조선토지신탁이 1925년과 1927년 두 차례에 걸쳐 서울역에서 한강통으로 가는 지역에 주택지를 개발했다.[39] 토지신탁의 주택지 개발 성과는 조선인 거주지역의 저발전과 대비되었고, 1927년 이후 공론장에서는 동대문, 신당리 등 조선인 거주구역의 가옥신축에 대한 요청이 제기되었다.[40] 여기에 경성박람회 개최의 결정 등으로 경성개발에 대한 기대가 겹쳐지면서, 경성 주택난이 다시 공론장에 등장했다.

경제공황의 영향으로 물가는 하락하는데 주택가격과 임대료는 상승하는 상황이 빚어지면서 경성부민의 생활에서 주택임대료 문제가 크게 대두되고 있었다. 경성의 임대료가 다른 도시에 비해 2배에 달한다는 조사통계의 발표와 일본에서 진행되고 있었던 임대료 감하 운동의 영향으로 경성 신간회 지부는 차가인 총회를 개최하고 적극적인 주택임대료 감하운동을 전개했다.[41] 그러나 이러한 움직임에 대해『동아일보』는 1929년 경성부민 50%가 월세 생활자라는 조사결과를 토대로 주택공급과 시가지 확장을 주장하고 나섰다.[42] 그리고 주택임대료는 물가의 하락의 영향으로 곧 하락할 것

---

38) 『東亞日報』1924년 9월 8일 「관유재산정리 특히 시가지부터」.

39) 유승희, 앞의 논문, 144쪽.

40) 『每日申報』1927년 11월 5일 「사설, 京城府의 住宅經營」.

41) 『中外日報』1929년 11월 16일 「여론은 구체화하여 점차 실행에 착수, 각 사회단체도 해결책 강구, 경성 가임 감하 운동」.

42) 『東亞日報』1929년 11월 8일 「대경성 면목이 安在 3만 호가 월세 세민, 총 호수 4만 9천호 속에, 주택난 중의 경성(1)」, 11월 9일 「地域은狹窄한데人口는飽和狀態, 따라서 주택난이생기는것 住宅難中의京城(二)」, 11월 10일 「保健衛生에도不適한每人當十三坪半, 밀도가심한것으로는고위 住宅難中의京城(三)」

이라는 낙관적 전망을 내놓았다.[43] 경성부는 세민의 주택난 완화를 위해
금융조합을 통해 초가를 담보로 한 대출을 실시하는 등 대출 기준을 완화
시켰다.[44]

다시 제기된 주택난과 그것을 확인하는 조사결과의 발표는 한편에서는
임대료 인하 운동을 다른 한편에서는 경성개발과 시가지 확장을 추동하는
근거가 되고 있었다.

『동아일보』 등 민족주의 정치기획세력은 주택시장의 왜곡현상과 집소유
자 중심의 주택거래 시장문제는 수요와 공급의 조절을 통해 안정화될 수
있을 것이라고 생각했다. 그러나 주택공급이 증가해도 매매가격과 임대가
격은 상승했고, 집소유자의 '자유로운 거래'가 방해 받을 수 있는 시장개입
조치들이 시행되기도 했다. 또한 공급과잉으로 주택가격이 하락할 수 있다
는 예상에도 불구하고 임대가격은 떨어질지 않았고, 오히려 빈민의 주거안
정을 위해 시행했던 경성부 부영주택 건설만이 중지되었다.

거래의 자유가 소유자의 우월성을 관철시키는 방향으로 전개되었을 때
통치의 균열이 발생할 수 있다는 점이 일본의 '쌀소동'과 조선의 3·1운동
을 통해 확인되었고, 총독부는 이후 이 균열이 확대되지 않도록 사회사업
을 실시했다. 사회사업은 빈민이 시장의 경쟁질서에서 완전히 이탈하지 않
도록 하는 최소한의 조치이기도 했다. 이 조치들은 근본적으로 소유자 우
위의 시장질서에 개입하려는 것은 아니었다. 그러나 그럼에도 불구하고 소
유자의 비판에 직면했고, 총독부는 사회사업정책 중 시장과 연결된 조치들
을 수정할 수밖에 없었다.

주택시장의 자유거래가 초래한 왜곡현상에 대하여 민족주의 정치기획세

---

43) 『東亞日報』 1929년 11월 20일 「家賃減下運動漸次로 具體化, 경성의 집세도 차차 나린다,
自進減下家主續出」.
44) 『每日申報』 1929년 6월 6일 「住宅難緩和方針 金組가 積極的으로 活躍」.

력은 수요와 공급의 균형이란 관점에서 문제를 해결하려고 했고, 매도 우위의 시장에 대해서는 공급확대를 통한 문제해결을 제시했다. 그러나 주택공급의 증가에도 가격상승은 지속되고 있었고, 수요와 공급의 균형은 이루어지지 않았다. 필수재인 주택문제는 수요와 공급의 문제 이전에 생존권과 관련된 문제였고, 따라서 가격과 무관하게 수요가 창출되는 것이었던 만큼 '보이지 않는 손'에 의해 조정될 수 없는 문제였다.

(2) 시장의 자유와 시민의 공공적 이해

시장의 자유를 보장해야 한다는 관념이 사회적으로 승인되는 과정은 개인의 사적영역이 확대되고, 개인의 사적이해관계의 조정을 통해 사회적 결정이 이루어지는 경험들에 의해 진행된다. 그래서 근대 자본주의 사회에서 시장의 자유는 개인의 자유로운 행위를 보장하는 물리적 토대로 인식된다. 기존 연구에서 식민지시기 사회의 미발달을 지적한 대다수의 연구는 식민통치에 의해 개인의 자율적 영역이 확보되지 못했고, 시장의 자유 역시 경제수탈을 자행하는 식민통치에 의해 매우 불완전하게 승인되었다고 평가한다.

그러나 시장의 자유는 오히려 생산성제고를 최고의 목적으로 하는 식민통치에 의해 확고하게 보장되는 경향이 더 강하다. '누구나 평등하고 민주적으로 교환할 수 있는 시장'이란 본연의 개념 대신 식민지 자본주의사회에서는 '자본가 또는 사적소유자가 주체가 되어 자유롭게 거래할 수 있는 시장'이란 개념으로 정착되었다고 할 수 있다. 자본주의 사회에서 '시장의 자유'는 기원적 의미망에서 벗어나 '가진 자가 자유롭게 거래하는 시장'이란 의미로 전환되었다. 그리고 이러한 관념적 토대에는 '시민의 공공적 이해'라는 조정 메커니즘의 작동이 있었다.

1920년대 경성 도시개발문제가 공론장에 대두되면서 형성된 시민의 공공적 이해는 투자의 자유에 대한 요청으로 연결되고 있었다. 그 이전부터 누적되어 왔던 경성 빈민가 정리 작업에 대한 열망이 시민의 공공적 이해로 수렴되고 있었다. 여기서는 경성 빈민과 빈민거주지였던 토막촌의 정리 과정을 통해 시장의 자유와 시민의 공공적 이해 사이의 관계를 고찰하고자 한다.

빈민에 대한 조사가 각 정의 총대와 경찰서에 위임된 채, 빈민구제는 경성의 5서와 각 정(町)의 일상적인 구호 활동의 영역에서 이루어졌다. 그러다가 1923년 경성부조사계가 집계한 통계가 최초로 언론에 공개되었다. 5인 가족으로 한 달에 30원 미만으로 생활하는 빈민인구는 15,048명으로 당시 경성인구 대비 약 5.75%에 달했다.[45] 이 통계는 5서 경찰서가 종전대로 집계해 온 것으로 빈민생활 실태에 대한 면밀한 조사라고 보기에는 충분하지 않다. 다만, 빈민가구수와 소득 수준에 대한 집계는 경성부민의 생활 상태를 가늠할 수 있는 지표로 받아들여지기에 충분했다.

『매일신보』는 빈민 비율이 도쿄 3.41%. 뉴욕 9.97%라는 점을 들어 경성 도시 번영책을 강구해야 할 때임을 주장했다.[46] 여기에는 당시 재일조선인 사이에서 일고 있었던 경성도시계획에 대한 요청이 반영되었다고 할 수 있다. 반면『동아일보』는 "현대 물질문명이 가장 발달한 미국……, 영국도…… 다수에 달함은 특히 주목할 현상이라 우리 조선의 장래는 엇지나 될는지 뜻있는 자는 이에 주의할 문제라고 하겠다."라고 하여 문제해결에

---

[45] 『每日申報』1923년 1월 25일 「부내 빈민굴은 何處, 광희정과 그 다음 삼청동, 도시 번영책을 강구하라」;『東亞日報』1923년 1월 25일 「萬五千의 貧民, 경성시내의 가난한 사람, 부청의 조사한 통계대로, 人口로 百分五, 戶數로 百分六, 光熙町을 筆頭로 빈민의 부락은 본명관내에 만타고·米國이 最多, 빈민의 비례는 부자나라에 만타고」.

[46] 경성도시계획에 대한 논의는 1921년 결성된 '경성도시계획연구회'에 의해 제기되었고, 1922년에는 경성부가 이 연구회의 도시계획안을 수용하려는 움직임을 보이기도 했다(김백영,「식민지 도시계획을 둘러싼 식민권력의 균열과 갈등: 1920년대 '대경성(大京城)계획'을 중심으로」,『사회와역사』67, 2005, 84~128쪽).

대한 직접적인 방향을 제시하지 않았다. 대신 하루 전 기사를 통해 조선물산장려운동의 촉진을 위해 면밀한 경제 상태조사를 실시할 것을 주장했고, 뒤이어 자본주의 경제의 폐단을 지적하면서 하층민에게 필요한 생필품의 생산 확대를 주장했다.[47) 이는 생산증대를 통해 빈민의 생활난을 완화시킬 수 있다는 경제성장주의적 입장이라고 볼 수 있다.[48) 경성부 빈민의 존재와 낮은 소득은 '조선인경제'의 낙후를 확인시켜주는 근거일 뿐이었다. 빈민조사 통계에 대한 이러한 해석은 이후에도 반복적으로 재현되었다.

1925년 경성부 토막민에 대한 조사통계 결과, 토막호는 수입이 하루 최저 15전에서 1원이고, 1인당 생활비는 5전에서 13전으로 하루 한 끼도 해결하기 어려운 상황에 놓여 있었다. 『매일신보』는 경제공황이 심각해지는 상황에서 토막호는 갈수록 증가할 수밖에 없는 것이고 "문명도시 경성의 체면상, 인도상 그대로 둘 수 없는 문제"라고 지적함으로써 도시개발을 통한 문제 해결이란 관점에서 접근했다. 반면『동아일보』는 이들의 참상을 전하면서 식민통치의 유효성 문제를 거론했다. 이 통계의 보도 이전인 1924년도부터 『동아일보』는 토막촌의 탐방 기사를 특집으로 구성했으며, 이들의 참상과 더불어 이들 중 일본인이 거의 없다는 사실은 조선인경제발전을 총독부에 요청할 있는 근거로 활용되었다.[49)

공론장의 주도권을 장악해갔던 민족주의 정치기획세력은 1920년 초 총독부의 경제개발과 사회사업 실시 방침이 경기불황과 긴축정책으로 제대

---

47) 『東亞日報』 1923년 1월 24일 「조선물산장려운동의 단서」, 「자본주의생산조직의 해부(5) 생활필수품의 생산제한(속)」.

48) 전성현의 연구(「1920년 전후 조선 상업회의소와 조선 산업정책의 확립」, 『역사와 경제』 58, 2006, 167~202쪽)를 통해 1920년대 초 재조일본인 자본가와 조선인 자본가들은 총독부의 경제발전 정책에 대한 이해관계가 달랐음을 확인할 수 있다. 그러나 양자 모두는 경제를 성장주의적 관점에서 바라보고 있었고, 하층민 또는 빈민의 생존권 문제를 도외시했다는 점에서는 동일하다.

49) 김윤희, 「근대 서울의 숲, 위험관리와 민족주의정치기획」, 『사학연구』 111호, 2013, 108쪽.

로 실시되지 못하고 있고, 일본인 중심의 개발만 진행됨으로써 조선인의 생활난을 더욱 심화시켰다고 주장했다. 총독부 통치의 유효성 문제를 둘러싼 총독부와 민족주의 정치기획세력의 대립각 속에서 빈민조사 결과는 곧바로 조선인경제의 저발전을 증명하는 것으로 해석되었다.

1927년 8월 경성부가 실시한 방면위원제도의 도입으로 1928년 경성부 빈민의 생활실태에 대한 전체적 조사결과가 공개되었다. 방면위원들이 경성부 극빈자를 호마다 방문하여 극빈자 카드를 작성하고 이 조사결과를 통해 이후 방면위원활동의 방침을 확정하기 위한 방면위원총회가 개최되었다. 총회에서 공개된 통계조사 결과에 따르면, 경성부에서 한 달 20원 이하의 수입으로 생계를 유지하는 호구수(평균 6~7인 구성)는 약 12만 2천명에 달했다. 조사된 빈민 숫자는 경성부 조선인 인구 24만 명의 50%에 달하는 것이었다.

12만여 명의 극빈자는 대부분 비지를 주식으로 하고 있었고, 서속, 보리, 감자는 이에 비하면 매우 양질의 식사일 정도였다. 이들은 하루 최하 3전에서 최고 5전으로 생활하고 있었다. 이들의 상태가 영양 부족 상태라는 방면위원총회의 보고는 '조선인본위'의 경제개발에 대한 필요성을 각인시키는 매우 강력한 근거였다.[50] 조선인 극빈자 수는 경성 발전의 불균형을 상징적으로 드러내는 것이었고, 『동아일보』는 이를 적극적으로 활용하여 경성부 개발의 기준이 조선인이 되어야 한다고 주장했다.

생존 위기의 사회적 공론화는 분명 통치의 유효성 문제를 제기하면서 정치적 대립각을 형성할 수 있는 좋은 소재였다. 그러나 문제는 해결의 방향이 사회적 안정망을 확보하려는 방향으로 진행되지 않았다는 점이다. 공론장의 권력관계는 공공적 이해의 내용을 새롭게 구성하면서 제기된 문제에 대한 해결을 다른 방향으로 이끌어가고 있었다.[51]

---

50) 『東亞日報』 1928년 8월 2일 「1일 1식의 극빈자, 1만 7천 호 10만여 명」.

조사를 마친 방면위원은 1929년 5월 조사 빈민을 1종과 2종으로 나누어 구호내용을 세분화했다. 1종은 궁민으로 생계보조가 시급한 경우로 상시적인 부조사업 대상으로 구분되었고, 2종은 세민으로 상시구호보다는 의료지원, 직업소개, 빈민아동교육기관 등과 연계해 주는 대상으로 구분되었다. 이러한 구분은 이제까지 급구의 차원에서 진행된 빈민구제사업이 체계성과 효율성을 갖게 하는 것이었다.[52] 그리고 그것의 사회적 효과는 민족주의 정치기획세력이 만들어 놓은 대립각의 근거들을 해체시키는 것이었다.

경성부 빈민조사는 경찰서와 총대가 중심이 되어 경성부 빈민구호사업의 효율적 집행을 위해 상시적으로 실시되었다. 그러나 1920년대 후반 경제상황의 악화로 빈민의 수가 증가하고 생활상태가 악화되었고, 빈민에 대한 경성부 전체 차원의 부조사업 필요성이 다시 대두되었다. 경성부는 방면위원제도를 실시하고, 구체적인 빈민생활 조사를 통해 구제사업의 효율성을 제고해 나아갔다. 반면 당시 조선인 공론장을 장악했던 민족주의 정치기획세력은 빈민조사 결과를 활용하여 경성도시계획 또는 조선인본위의 경제개발을 추동했고, 조사통계에 대한 분석과 빈민구제에 대한 대안적 입안을 제시하지 못했다. 이로 인해 빈민구제에 대한 요청은 경성부 사회사업의 틀 내에서 구제재원 확대를 요청하는 것에 그치거나 민간 유산자의 각성과 기부를 촉구하는 것 이상으로 진행되지 못했다.

한편 빈민의 생활 상태에 대한 조사결과가 공론장을 통해 유통될수록 빈민에 대해서는 비위생, 나태와 무식, 잠재적 범죄자라는 부정적인 인식

51) 『東亞日報』 1928년 10월 7일 「경성부의 시설, 표준점은 무엇인가」.
52) 『每日申報』 1929년 5월 14일 「京城府方面委員 管內極貧者調査 貧民을 第一 第二 兩種으로 區分 北部三洞의 統計」; 『中外日報』 1929년 5월 14일 「도시 시설의 발달과 정비례하는 빈민군, 방면위원이 조사한 바에 의하면 경성에 느는 것은 빈민들뿐이다, 제1·제2종의 구별」.

이 형성되어 갔다. 경성부 개발계획이 현실화되었던 1930년대에 빈민에 대한 부정적 인식은 더욱 강화되었고, 빈민구제 문제는 도시생활이란 시민의 공공적 이해와 분리되고 대립되어 갔다.[53] 그리고 그 과정에서 빈민 조사 통계는 경성부에서 실시하고자 하는 사회사업의 내용을 확장하고 법제화를 촉구 근거로 활용하기보다는 오히려 경성의 경제개발을 촉구하는데 활용되었다.

1928년 8월 경성박람회 개최가 결정되면서(1929년 9월 개최) 토막촌은 빈곤 집단이란 문제보다 도시공간의 재배치 문제로 인식되기 시작했다. 1928년 『중외일보』는 '내년 박람회까지 철거될 수백 토막'이란 제목으로 동대문 밖 왕십리, 서대문 박 부근 국유림과 부유림에 수백호의 토막이 있어 매년 증가하는 현상이 있는데 "대경성의 미관상으로도 좋지 못할 뿐 아니라 그러한 토막 부락은 온갖 범죄의 발원지가 되어 …… 사회생활상 그대로 간과할 문제가 아니기에 경성부와 경기도 당국에서 그 선후책에 대한 회의를 거듭해 오던 중"이라고 보도했다.[54] 이러한 보도는 토막촌이 미관상, 범죄상, 위생상 부정적 공간이란 이미지를 이미 갖고 있었음을 알려준다.

토막촌의 공간적 이미지는 1928년 10월 동대문 밖 토막촌에서 집단 살해를 동반한 마약사건이 적발됨으로서 더욱 굳어졌다. 『동아일보』는 10월 12일부터 17일까지 동대문 밖 토막촌의 살인 사건을 '살인 아편 마굴'이란 기사 제목으로 그 수사 진행상황을 자세히 보도했다.[55] 이전에도 토막촌의 살인, 성범죄, 마약 등의 범죄 사건이 보도되기는 했지만, 희생자 90명

53) 김윤희, 앞의 논문(2013), 102~117쪽.

54) 『中外日報』 1928년 10월 13일 「明年博覽會期까지 撤去될 數百土幕」.

55) 『東亞日報』 1928년 10월 12일 「廣熙門 밖 殺人阿片魔窟」, 13일 「殺人魔窟의 희생자 昨日까지 30여 명 判明」, 14일 「愈出愈怪한 殺人阿片魔窟事件: 犧牲者 推定 數爻는 勿驚! 九十名」, 15일 「殺人魔窟로 檢事局 活動」, 17일 「阿片密賣 殺人魔一段 九名 送局」.

에 달하는 살인사건에 대한 보도는 토막촌이 범죄 소굴이라는 매우 부정적인 인식을 강화시키는 계기였다. 이 사건은 토막촌에 대한 대대적인 조사로 연결될 정도로 큰 파장을 일으켰고,[56] 토막촌은 도시 생활의 위험이 축적된 공간으로 공론장에 등장했다. 이러한 공간적 규정은 발전되고 쾌적한 도시생활이란 도시민의 이해와 대립하는 것이었다.

또한 경기불황과 인구증가로 심화된 경성 주택난으로 주택시장이 확대되면서 경성부유림이었던 토막촌에서는 철거가 진행되고 있었다. 1928년 8월 신당리 소재 경성부유림의 일부를 불하받은 가토 기사부로(加藤喜三郎)는 주택사업을 위해 토막촌의 철거를 시작했고, 약 5천 명의 토막민은 가토에게 시가에 준하여 임대료를 지불하고 계속 살게 해달라고 요청하고 있었다.[57]

『동아일보』는 일본 도쿄와 오사카에서 시행되고 있는 차가인 보호법의 도입이 필요하다고 주장하면서 소유주의 강제철거를 제한해야 한다고 주장하기도 했다.[58] 이 주장은 토막촌 대책과는 직접적인 관계가 없었지만, 철거의 위협에 노출된 토막촌은 대다수 조선임대인의 비참함을 대변하는 것으로 간주될 수 있었다.

차가인 보호법은 사적소유의 폭력성을 완화시킨다는 점에서 법제화를 통해 일상생활의 조건을 개선할 수 있는 것이기도 했다. 차가인 보호법 시행 촉구를 위한 차가인 동맹과 조합이 결성되고 촉구대회 등이 개최되었지

---

[56] 『東亞日報』 1928년 10월 16일 「成服祭後藥方文 至今에야 各種 調査, 도보안과장도 출장조사, 아편밀매 殺人魔窟事件 後聞」.

[57] 『東亞日報』 1928년 8월 8일 「光熙門外 土窟에 突然 撤毁의 暴擧, 新堂里土窟 십여 호에 청천벽력, 지주 가등모가 인부시켜 철훼 중, 形勢不穩 警察警戒中」, 9일 「어허 天地가 좁은가!, 갈곳 없는 土幕細民, 京城府內에만 五千餘名, 新堂里의 强制撤毁는 一部分, 將來 波及이 더욱이 重大」.

[58] 『東亞日報』 1928년 8월 9일 「地主의 家屋撤毁: 借地人保護法의 必要」; 『中外日報』 1929년 11월 5일 「급속을 요하는 차가법 실시, 재판소의 소장으로 본 부민주거상의 고통」; 『東亞日報』 1932년 7월 14일 「都市生活과 住宅難, 借家法과 住宅組合令 制定이 必要」.

만, 도시계획이 공론화되고 있었던 경성보다는 주로 평양 등지에서 전개되었다.[59] 그러나 이 법이 일본에서도 폐지될 위기에 처했다는 보도가 등장하면서 법제화의 가능성도 축소되고 있었다.[60]

경성부는 신당리 지역을 택지로 개발하기 위해 공동묘지를 폐지하고 분묘의 이장을 결정했다.[61] 경성부는 주택지 확장과 도시계획 재정 마련을 위해 부유림의 민간불하를 실시하기 시작했다. 장충단 공원과 성벽 사이를 마주하고 있었던 신당리 지역은 새로운 주택지로 주목받았고, 이 땅은 1928년 오사카 자본가 시마 도쿠조(道德藏)에게도 불하되었다. 특히 시마와 전 부윤 우마노 세이이치(馬野精一) 사이에 체결한 계약이 시마에게 과도한 혜택을 주었고, 경성부협의회가 이를 문제 삼아 예산의 효율적 집행에 반한다고 경성부 당국을 비판했다. 『동아일보』는 이 계약의 전면적 폐기를 주장하기도 했다.[62]

신당리 부유림의 민간불하 문제는 전 부윤의 비리를 견제할 수 없을 뿐만 아니라 납세자인 경성부민의 공공적 이해를 대변할 수 없는 당시의 부

---

[59] 1921년 일본에서 차가법·차지법이 제정된 후 평양 등 지방 도시에서는 이 법의 시행을 촉구하는 차가인, 차지인 동맹과 조합의 결성이 활발히 진행되었다. 이 운동의 조직화 양상에 대해서는 염복규의 연구(「1920년대 후반: 30년대 전반 차지·차가인 운동의 조직화양상과 전개운동」, 『사회와 역사』 73, 2007, 75~99쪽)를 참조.

[60] 『每日申報』 1937년 2월 17일 「借家法, 借地法의 實施는 아즉 問題: 내지선 도로혀 철폐될 듯하다고 大原法務課長 談」.

[61] 『東亞日報』 1928년 8월 20일 「新堂里所地 共同墓遷葬, 九百六十餘墳墓를 옴겨, 都市計劃上關係로」.

[62] 신당리에 대한 불하를 조건으로 馬野 전 부윤은 신당리를 관통하는 도로 개설을 약속했다. 도로개설 비용이 10만 원이 넘으면서 부협의회에서는 경성부의 합리적 예산 지출상 신당리 도로 개설은 시급하지 않다는 반론이 제기되었고, 예산의 효율적 집행을 문제시 하면서 경성부협의회 의원 9명이 보이코트에 나서기도 했다(『東亞日報』 1929년 4월 4일 「斷然 契約을 廢棄하라, 다시 新堂里土地問題에 對하야」); 道德藏에 대한 민간불하 문제는 김동명의 연구(「식민지 조선에서의 부협의회의 정치적 전개: 植民地朝鮮における府協議會の政治的展開: 1929年京城府 「新堂里土地問題」 を中心に」, 『한일관계사연구』 43, 2012, 543~573쪽)참조.

협의회의 문제로 확대되었고, 부협의회에 결의권을 부여하는 문제를 요청하는데 이르기도 했다.[63]

『동아일보』역시 이 문제에 대해서 "부협의회는 자문기관에 지나지 않음으로 부당국자가 원안을 집행한대로 할 수밖에 없는 것으로 결국 부의 이해관계상 원안을 가결하지 않을 수 없는 모양이나 …… 문제의 책임자인 부 당국자에게는 충분한 불신임이 형성되어 있으므로 …… 책임자의 인책 문제는 당연히 일어날 형세"라고 하면서 당시 부협의회의 한계를 지적했다. 『동아일보』는 이 문제를 납세자의 공공적 이해와 관련한 예산집행의 효율성 문제로 공론화하고 있었다.

계약의 집행이 관철되면서 시마는 불하대금을 완납하지 않은 채 토지를 분할하여 주택지로 개발하고 민간에 판매할 목적으로 대행인 방규환(方奎煥)을 시켜 토막촌 철거를 시작했다.[64] 철거과정에서 유혈사태가 발생하자 경찰이 직접 철거 중지를 명령하기도 했다.[65] 신당리 부유림 불하 문제의 여파와 소유권이 시마에게 완전히 넘어가지 않았던 상황이었던 만큼 토막철거는 경성부에서 하는 것이 옳다는 부협의회 의원들의 의견이 받아들여 진 것이었다.

그러나 소유권이 이전되었을 때의 문제는 여전히 남아 있는 것이었다.[66] 오히려 경성부는 신당리의 사례에 따라 민간 불하를 위한 선제적

63) "각도의 도평의회니 부협의회의 기사를 보건대 시민의 **한 이익을 보호할 줄 알며 도시의 공평한 **을 *할줄 안다는 것이 명료히 보인다. 이러한 시민의 대표에게 결의권을 준다는 것이 어찌하여 시기상조가 될지 매우 불가사의하다. 그러므로 신당리토지문제 해결점으로 현재의 부협의회에 의결권을 부여하여 시민의 권리를 적극적으로 보호할 수 있도록 그 제도를 개혁할 것이다"(『中外日報』1929년 4월 30일 「社說: 新堂理土地問題와 府議制」).

64) 『東亞日報』1930년 3월 25일 「所有權도 移轉안코 土幕民에 撤退强拍」.

65) 『東亞日報』1930년 3월 28일 「土幕撤盤工事 警察이 中止」.

66) 경성부협의회를 통한 공론화로 인해 신당리 토지는 원가의 약 9배가 되는 374만 원에 방매되었고, 약 700호의 주택 건설 계획이 진행되었다(김동명, 앞의 논문, 569쪽).

조치로서 아현리 부유림 토막민에게 철거명령을 내렸다.[67] 토막민은 청원을 제기하고 철거에 저항했지만, 공론화된 토막촌 문제는 더 이상 토막민의 생존권의 문제가 아니었다. 훼손된 경관, 살인적인 주택난이라는 도시민의 공공적 이해 관점에서 토막촌은 제거되지 않으면 안 되는 대상이 되었다.[68]

　토막촌의 집단성을 조선민족의 비참한 삶으로 기표했던 민족주의 정치기획은 이제 개별적 빈민구제책이란 관점에서 토막촌을 다루기 시작했다. 『동아일보』는 "도시의 소위 슬럼, 빈민굴, 토막민 등은 실로 현대 문명의 암흑면의 하나로 …… 빈곤은 현대제도의 필수적인 부산물로 여기에 대해서는 근절의 책 보다 그냥 급구적(救急的) 대책으로 **해나가는 길이 있을 뿐이다. …… 불결과 빈곤과 질병과 **가 생기는 원인을 근본적으로 탐구하면 빈곤자 그 자체에 있다는 것보다 사회의 책임이라 아니할 수 없으니"라고 하여 민간의 사회사업을 촉구하는 한편 행정당국의 대책이 필요함을 주장했다.[69] 이러한 요청은 경성부 도시계획의 법제화가 가시화될수록 경성의 경제발전에 대한 기대와 연결되었다. 『동아일보』는 경성의 발달이 조선인 부민의 발달이 되려면 조선인 사업을 일으키고, 보호하여 각각 직업을 갖게 하는 것이라고 주장했다.[70]

---

67) 『東亞日報』 1931년 9월 19일 「亞峴理 土幕撤去를 命令」.
68) 당시 경성에서는 경관훼손 보다 주택난이 훨씬 시급한 문제였다고 할 수 있다. 주택난은 주택가격의 상승과 임대가격의 상승으로 연결되었고, 차주의 횡포가 심각했다. 여기에 대해 『東亞日報』(1929년 11월 18일 「日本의 各 都市보담 物價비싼 大京城, 전긔 수도 까스 집세 어느 것 하나 일본의 도시보담 아니 비싼 것이 업서 主要原因은 官吏加俸」)는 일본인 관리의 가봉에 따른 예산 난으로 도시개발이 쉽지 않다고 진단하기도 했다. 한편, 일본인 신문이었던 『京城日報』(1931년 12월 3일 「ルンペン層を行く」)는 서울의 토막민을 "택지 개척의 선각자"라고 하면서 도시경관상 위생상 좋지 못한 곳이기는 하지만 그들이 거주한 곳이 주택지로서 가장 좋은 입지를 갖고 있다고 하면서 경성의 주택난을 해결하기 위해 그들을 처리하고 그곳에 택지를 조성할 것을 주장했다.
69) 『東亞日報』 1931년 11월 22일 「社說:京城府와 土幕民問題 일정한 對策 樹立이 必要」.
70) 『東亞日報』 1932년 10월 26일 「大京城과 朝鮮人 그 繁榮策은 如何오」.

1933년 경성의 경관을 정비하려는 풍치계획이 추진되고 풍치위원회가
결성되면서[71] 쾌적한 도시 경관에 대한 욕망은 토막촌을 제거하는 것에
암묵적 동의로 작용했다. 1933년 6월 경기도지사를 중심으로 한 풍치계획
은 "내지와 만주를 연결하는 경성은 중요한 중심점—여객의 왕래가 점차
많아지고, 근래 외인관광단의 수가 증가하여 …… 이번 경기도에서 경성부
계획과는 별개로 마츠모토(松本)지사의 제창으로 경성풍치계획을 추진하
게 되었다 …… 관민합심의 일환으로 경성풍치계획위원회가 설립되어 모
던(modern) 도시 경성의 주변을 정비하고 산림을 배경으로 밝고 환한 유
람도시로서 약진시키려고 하니 각 방면에서 매우 주목을 하고 있다"라고
하여[72] 경성도시계획과 무관하게 경성부 도심과 그 주변을 관광도시로 정
비하려는 것이었다.

풍치위원회는 보안림으로 편입되었던 17,600평의 국유림에 100만 원을
투자하여 관광시설과 자연환경을 정비할 계획을 갖고 서울에 산재한 숲에
녹화사업을 진행하면서 도시경관을 해치는 토막촌을 경기도로 이주시킬
것을 첫 번째 의제로 상정했다.[73] 총독부와 교섭하여 은평면 홍제리 소유
림을 양여 받아 화광교원(和光敎園)에 토막민 이주와 관리를 맡겼다.[74]

풍치위원회는 남산, 백악산, 인왕산, 모악산, 낙타산의 5개 지역을 풍치
지구로 선정하고 이 지역에 대한 개발 및 벌목을 금지시키는 한편, 풍치
지구 내 민가를 매입하여 자연녹지로 만들 계획을 실행하고 있었다.[75]

[71] 풍치위원회는 경기도지사, 경성부윤을 중심으로 민간에서 조선인과 일본인 그리고 도청
과 부청의 산림과장 등 30여 명으로 구성되었다.
[72] 『京城日報』1933년 6월 21일 「遊覽大都市として: 京城の風致計劃」.
[73] 『京城日報』1933년 6월 16일 「土幕を整理し公園を新設」.
[74] 『東亞日報』1935년 1935년 6월 16일 「府內外 2千餘戶 土幕 集團 部落으로 移住시켜」,
이미 경기도에 설치된 토막민 수용시설은 화광교원이 운영하는 아현동(1931년 개설), 돈
암동(1925년 개설) 그리고 대곡파 본원사가 운영하는 홍제외리(1925년 개설)에 있었다(경
성제국대학 위생조사부 엮음(박현숙 역) 『토막의 생활과 위생』, 민속원, 2010, 25쪽).

파고다 공원을 제외한 서울의 6개 공원에 나무를 심고 정자와 산책로를 만들어 개방하고, 청계천의 정화를 위해 부녀자의 세탁을 금지시키고 동대문 근처에 공동세탁장을 설립했다. 여기에 대해『동아일보』는 '대경성 보록운동(大京城保錄運動)'으로 풍치계획의 성과를 보도했다.[76] 또한 동대문 주변 개발과[77] 오염된 청계천에 대한 정비 사업에 대한 요청이 제기되면서『동아일보』는 청계천의 수질오염, 추락 사고에 대한 기사를 자주 거론하면서 '살인도로'라는 세간의 호칭을 재현했고,[78] 청계천 수축 지연에 대해 비판적 입장을 취했다.[79] 경성의 정비와 개발이란 관점에서 그리고 경성부 조선인 공간의 발전이란 관점에서 토막촌의 해체는 기정사실화되어 있었다.[80]

빈민에 대한 개별 구제책 또는 이주를 통해 토막촌 문제를 해결하려고 했던 것은 토막촌이 갖는 집단성ㅡ무산자의 잠재적 힘을 제거하는 것이었다. 앞서 언급했듯이 토막촌은 통치의 위협요소로서 집단성을 갖고 있으며, 사적소유를 토대로 하는 시장의 운영원리 그리고 도시민의 공공적 이해와도 대립하는 하는 것이다. 따라서 그것의 공론화는 토막민을 중심으로 한 의사결정구조를 조선인 사회로 확장시켜 조선인의 생존권 문제를 보장

---

75)『東亞日報』1935년 6월 12일 「風致林委員會, 散策路, 小公圓, 土幕整理 등 15日 道廳에 開催」.

76)『東亞日報』1935년 1월 19일 「大京城保綠運動: 風致計劃의 成果一面」, 1935년 6월 16일 「부내외 2천여 호 토막 집단 부락으로 이주시켜」.

77)『東亞日報』1933년 1월 1일 「東部로 躍進하는 大京城, 東大門 남기고 周圍面目一新」

78)『東亞日報』1936년 10월 30일 「殺人道路稱號받는 淸溪川의 暗渠化 多年의 懸案이 비로소 具體化 不遠間工事에 着手」.

79)『東亞日報』1936년 8월 27일 「淸溪川 修築遲延은 東部發展에 支障, 漢水逆流와 下水不通 等으로 浸水 騷動 每年 反復」.

80)『東亞日報』에서는 토막민을 경성에 산포된 여러 극빈층 중의 하나로 보고, 그들을 매우 부정적으로 다루고 있다. (『東亞日報』1933년 11월 28일 「大京城暗街의 行進(三) 비뚤어진 人生觀에서 下水溝哲學의 꿈, 빛을 등진 불량자 깍쟁이 땅꾼은 都市文明의 大癌腫」).

할 수 있는 다양한 형태의 결정 전망─사회적 태도의 형성과 생존권 보장을 위한 사회적 안전망의 제도화 등등─을 확장할 수 있는 가능성을 내포하는 것이었다.

그러나 민족주의 정치기획세력은 이들의 생존권을 확장하기보다는 '민족'의 이름으로 '발전'을 추동하는 근대적 기획을 실행했다. 그들의 근대발전에 대한 기획은 시민의 사적투자의 영역을 확대시키고, 시민의 공공적 이해관계로 치환된 경성발전계획을 지지하는 것이었다.

경성부의 민간불하로 인해 토막촌의 소유자가 달라지고 있었고, 도시계획의 법제화 과정에서 토막촌 토지의 용도 역시 달라졌다. 여기에 토막민의 생활조건 역시 다양해졌다. 이러한 상황에서 곧바로 행정력의 투입을 요청하는 것은 이들을 집단적으로 이주시켜 도시민의 가시거리에서 제거하는 방법을 승인하는 것이었다. 또한 개별 지역의 토막촌에 개입하여 토막촌 간의 연대 가능성을 차단하면서 위협요소를 분산시키는 방법을 승인하는 것이었다.

토막민 중에서 비교적 경제상태가 양호했던 신당리 533명의 토막민은 기성회를 조직하여 토지소유자로부터 토지를 매수하려는 방향으로 문제를 해결하려고 했다.[81) 여기에 대해 『동아일보』는 토막민이 원가로 토지를 매수할 수 있도록 해야 한다고 주장했다.[82) 이 요청은 기사 내용에서도 언급하고 있듯이 일본인 소유자의 재산권을 침해하는 일이었기에 '人道上'이란 도덕적 태도를 언급하면서 원 소유자인 행정당국이 원가매입이 가능하도록 압력을 행사해야 한다고 주장했다. 토막거주지 땅값이 상승하고 있는 상황에서 이러한 해결방식은 '善處'의 방식일 수밖에 없는 것이었고, 공론화된 토막촌 문제에 대한 의사결정전망을 협소하게 하는 것이었다.

---

81) 『東亞日報』 1933년 12월 18일 「新堂里 三百住民 大會 最後的 對策으로 決議」.
82) 『東亞日報』 1933년 11월 11일 「新堂里土幕 撤毁 問題: 原價대로 賣買하는 것이 至當」.

이후 신당리 기성회는 소유자인 우치다 겐지로(內田元治郎)와 협의를
진행했고, 기성회의 매입에 우치다가 동의하는 것으로 마무리 되는 듯 했
다.[83] 그러나 매입가격을 둘러싼 이견이 좁혀지지 못한 가운데 우치다가
집달리(執達吏)를 폭행한 토막민을 고소하고, 기성회가 우치다를 상대로
'토지소유권 이전등기수속 이행청구'를 제기하는 등 개인 간의 법적문제로
다루어지기 시작했다.[84]

결국 우치다는 이 땅을 제3자에게 다시 매도했다.[85] 이 과정에서 신당리
토막촌은 크고 작은 화재로 이재민이 발생하면서 사실상 해체되어 갔다.[86]
이후 토막촌 철거업무는 1936년 경성부의 행정구역 확대가 결정되면서 경
성부로 이관되었고, 행정구역 확장으로 부외 토막촌 철거문제가 전면적으
로 등장했다.

토막촌은 이미 빈민의 생활 안정이란 개별구호 차원에서 처리한다고 결
정 방향이 확정되어 있었다.[87] 그리고 도시의 쾌적한 자연경관을 위해 경
성부 외곽으로 풍치지구가 설정되고 『동아일보』는 "경성인의 오아시스—
300만평의 풍치지구계획완료"을 보도했다.[88]

---

83) 『朝鮮中央日報』1933년 12월 20일 「新堂里 土地問題 遂 解決, 雙方 妥協 成立되어, 기성회
   에서 매입키로」.

84) 「京高特秘 第295號 新堂里162番地土地問題ニ關スル件」1935년 6월 10일, 「京高特秘 第
   1676號の4 新堂里162番地土地問題ニ關スル件」1935년 7월 19일(김경일 편, 『한국독립운
   동사자료집』 3, 영진문화사, 1993년).

85) 『東亞日報』1937년 7월 1일 「新堂里五百住民이 登記抹消 請求訴訟 覆審에서 係爭中인
   土地를 第三者에게 賣買契約」.

86) 대표적인 큰 화재는 1936년 2월에 발생한 것으로 100여 명의 이재민이 발생했고, 여기에
   대한 구호성금이 잇따랐다(『朝鮮中央日報』1936년 2월 2일 「新堂里 火災一斑 詳報, 이재
   민 1백여 명 두 곳에 수용, 원인은 失火로 판명」, 4일 「新堂里大火罹災民에 各方面同情翕
   然 금품의 긔승이 뒤이어 답지중 兩處에 나누어 收容」).

87) 경성부는 집단 이주가 아닌 도시계획지구내 세민지구를 설정하는 방향으로 선회했지만,
   세민지구의 설정은 시장 원리의 관철 그리고 전쟁으로 인한 예산의 확보 문제 등으로
   제대로 시행될 수 없었다(염복규, 「일제말 경성지역의 빈민주거문제와 '시가지계획'」, 『역
   사문제연구』 8, 2002, 132~152쪽).

1920년대 민족주의 정치기획세력은 토막촌의 기표를 활용해서 '민족발전'이란 기치 아래 식민통치의 실행들과 대립각을 형성하려 했다. 그러나 식민통치가 제한적이나마 '발전'과 '위험관리'란 유효성의 실천들을 행하면서 민족주의 정치기획의 대립각은 그 전제가 희석되고 와해에 직면하게 되었다. 여기에는 시장의 자유라는 시민의 사적영역에 대한 믿음 그리고 사적이해관계의 조정으로 간주된 시민의 공공적 이해가 자리하고 있었다.

2. 시장의 자유에 대한 비판담론

1920년 회사령의 철폐, 일본과 조선 사이의 관세철폐 등으로 개인의 사적 투자의 자유와 자유주의적 시장질서가 확대되었다. 자유로운 시장질서는 앞서 살펴보았듯이 개인의 사적이윤을 정부의 정책적 조치가 방해할 수 없다는 관념을 확산시키고 있었다. 그러나 조선인 경제생활이 악화되는 원인이 식민지가 갖고 있는 구조적인 문제라고 인식했던 민족주의 정치기획세력은 조선인경제공동체 구상의 연장선상에서 시장의 자유주의적 질서에 대한 비판을 전개했다.

1) 자유주의적 시장질서에서 민족을 구출하기

조선인시장을 조선시장과 그 외부 시장으로부터 보호해야 한다는 담론

---

88) 『東亞日報』 1938년 8월 24일 「京城人의 오아시스: 三百萬坪의 風致地區計劃完了」, 풍치지구에 대한 제한이 강화되면서 설정지구 내 재산권 행사가 제한되었다. 특히 주택건설이 활성화되면서 석재와 목재 수요가 증가하는 상황이 초래되는 가운데 이 지구 내 소규모 석재와 목재 채굴업자들은 채굴과 벌채 제한을 풀어줄 것을 행정당국에 요청하기 시작했다(『東亞日報』 1939년 10월 28일 「採石場에 異變, 京城風致區指定으로 採石못한다고 말성」).

은 1910년 이전 보호무역을 찬성했던『학지광』의 지식인들도 제기했던 문
제였다. 1920년대『동아일보』가 인식한 시장질서는 조선은행권과 조선은
행에 대한 평가 속에서 드러난다.

> "조선은행권이 일본자본의 대표가 되어 만주에 활동한 뒤에 일본의 경제
> 세력 하에 조선인의 생활이 조선에서의 그것과 같이 만주에서 희생된 사실
> 은 조선은행권이 만주로 침입하기 전후를 비교하여 보면 잘 알 것이다.
> …… 만주의 일본세력의 본체는 자본인 것과 이 자본은 조선은행권이 대표
> 하고 있는 것은 잊어서는 안 된다."[89]

　　조선의 통화였던 조선은행권이 조선인보다는 일본인 자본가를 대표한다
고 하는 인식은 조선은행권이 유통되는 시장질서가 이미 일본인을 위한 것
이라는 점을 전제로 하고 있는 것이었다. 또한 조선은행권이 유통되는 만
주시장 역시 일본인 자본가를 위한 시장이 되었다고 바라보고 있었다. 조
선은행권에 대한 부정적인 인식은 조선은행의 활동에 대한 평가에도 그대
로 반영되어 있었다.

> "조선은행에서 은행권을 발행하여 그것을 식산은행에 대하면 식산은
> 행은 그것을 금융조합에 대출하며, 금융조합은 또다시 그것을 조선인인 농
> 민 또는 소상인에게 대출한다. …… 조선은행에서는 연리 5%, 식산은행에
> 서는 연리 8%, 금융조합에서는 연리 10%로 가정하면 최후의 소지자 조선
> 인에게 금리가 전가되는 것은 물론이오, 조선인이 부담하는 10% 중에서
> 2%로는 금융조합이, 3%는 식산은행이, 5%는 조선은행이 분식하여 그 발전
> 과 확대를 도득(圖得)하는 것이 아니냐? 다시 말하면, 조선인이 10%의 금
> 리를 지출하여 금융조합, 식산은행, 조선은행 모두 먹여 살리는 것이다."[90]

89)『東亞日報』1925년 5월 8일「朝鮮銀行의 完固를 論함(上)」.
90)『東亞日報』1925년 5월 11일「朝鮮銀行의 完固를 論함(下)」.

조선은행이 은행권 발행을 통해 식산은행, 금융조합의 이익을 지원하고 있으며, 이러한 은행들의 대출활동은 결국 조선인이 과도한 금리를 지불하게 되는 결과를 낳는다고 보았다. 금융구조가 시장환경을 지배하는 것이기 때문에 조선은행권이 유통되는 시장은 이미 조선인에게 불리한 질서라는 인식이 자리하고 있었다. 여기에는 일본에 비해 높은 금리를 형성하고 있었던 조선의 상황이 반영되어 있었다. 경기불황으로 일본과 조선의 시중 금리가 인하되고 있었지만, 조선시장에서는 일본 시장에 비해 높은 금리가 형성되어 있었다. 이 점은 식민지에 대한 차별적 조치라는 반감으로 연결되고 있었다.

따라서 자본시장에 있어서도 일본 자본으로부터 조선의 시장을 보호해야 한다고 생각하고 있었다. 『동아일보』는 조선총독부가 발표한 통계조사에 근거하여 일본과 조선의 자본시장 관계를 다음과 같이 설정했다. 1910년 조선을 강제 병합한 이후 1927년까지 조선과 일본의 무역관계에서 유입된 자본액을 제외한 순수유입 자본액은 약 20억 7천만 원 정도였고, 조선에서 일본으로 나간 자본액은 총 12억 6천만 원으로 조사되었다. 17년간 순 자본유입액만 놓고 보면 약 8억 1천만 원 정도가 조선에 유입된 것이었다. "자본의 유입상태를 보아 그 유입이 유출을 초과한다면 그는 그 초과한 액수만큼 그 국가 또는 지방의 자본이 팽창함을 의미한다."고 지적하여 일반적인 자본주의 경제에서 순 자본유입은 곧 경제발전을 의미한다고 언급했다. 그러나 "이제 조선이 과거 20년 간 8억의 자본수취 초과가 있다고 하여 그 만큼 조선인의 부가 증진하였고, 조선인이 향상을 도모하였을까?"라고 하면서 두 시장의 수지관계를 명확히 따져볼 필요가 있다고 했다. 통계조사라는 과학적 지식을 통해 일본과 조선의 자본시장 관계를 평가하고자 한 것이었다.

『동아일보』가 제시한 방식은 유입된 자본이 차입금의 성격이 강하다는 것이었다. 총독부의 일반회계 지출에 따른 조선경영비가 4억 8천으로 가장 많은데 이것은 공채모집에 의한 유입이라는 것이었다. 또한 민간부분에서는 사채모집에 의한 유입이 가장 많고, 조선에 본점을 둔 회사에 대한 일본의 투자, 일본에 본점을 둔 회사가 조선 지점에 투자한 것이 그 다음이라는 것이다.

반면 조선에서 일본으로 유출된 자본의 내용은 일반회계 조입금(租入金), 사채 및 차입금 상환, 조선 지점회사에 대한 회수금, 공채 등 전형적인 금융차관에 대한 상환과 이자 지불 등이라고 할 수 있는데 실제 순 유입된 8억여 원 역시 조선인이 지불해야 하는 이자라는 것이었다. 따라서 『동아일보』는 조선과 일본 자본시장의 이러한 관계가 결국 조선인의 부를 오히려 수탈하고 있다고 주장했다.

> "위와 같이 논해 보면 과거 20년간 조선에 유입한 20억의 대금은 조선의 부를 개발하는 데는 위대한 효력을 발휘하였으나 경제가 발달하지 못한 조선인에게는 도리어 과중한 부담이 되어 많은 폐해를 끼쳤다. 최초 화폐제도의 개선, 토지조사의 확립, 철도·항만의 정비를 위한 조선경영비는 현대적 경제시설의 단초를 삼는 것으로서 산업상 투자의 안전을 보장하기는 하였지만, 대자본의 진출이 마침내 토지겸병, 과세 과중, 소비증대, 유리군 속출을 가져왔다. 이러한 경향은 자본유입의 정도로 정비례하여 갈 것이니 어찌 자본의 유입을 호 현상이라 하리오. 물론 이 현상은 세계적 대세로서 한두 사람이 좌우할 바는 못 되는 것이지만, 당국자는 마땅히 이러한 폐해의 일면을 고찰할 필요가 있으며, 조선인도 이 추세에 대하여 성찰하는 바 있지 않으면 안 되겠다."91)

일본에서 조선으로 자본이 유입될수록 토지겸병, 과세과중, 소비증대, 농촌인구의 유리 등도 증가할 것이라는 점을 지적하면서 자본유입은 오히려 조선인의 삶을 피폐하게 한다고 보았다. 『동아일보』는 조선인 경제공동

91) 『東亞日報』1929년 2월 23일 「外資流入과 그 影響」.

체를 구상하고 있었고, 식민지배를 받는 조선인은 일본자본에 의해 억압받는 계층이란 인식을 갖고 있었다.

1920년대 초 총독부의 산업개발 정책이 조선인경제의 발전을 위한 것이 아니라고 비판하면서 조선경제에서 조선인경제를 분리했던 민족주의 정치기획은 1920년대 중반에 들어서면 총독부 정책이 자유경쟁질서를 전제로 한다는 점을 비판하고 나섰다. 그리고 시장의 거래 상품을 조선산(朝鮮産)과 조선인산(朝鮮人産)으로 구분하고, 조선인이 구체적으로 실천할 수 있는 방법으로 소비자 운동을 제시했다.

> "3, 4년 전 조선인 측에서 절규하여 오는 물산장려운동과 고 시모오카 주지(下岡忠治)정무 총감 이 훈령으로 조선의 관공서를 향하여 될 수 있는 대로 조선산품을 사용하라고 한 것과는 내용상 차이가 있을 것을 알아야 할 것이다. 조선산과 조선인산이 조선 내에서는 조선인이 많이 사는 의미로 보아서 그다지 큰 차이가 없는 듯 하지만 우리는 그 차이가 크다는 것을 항상 지적하여왔다. 위대한 금융력의 배경을 가진 일본인과 그렇지 못한 조선인은 산업계에 있어서 자유경쟁이라는 미명하에 승패의 세가 분명하고, 현실이 가장 웅변적으로 이를 증명하고 있는 바와 같을 뿐만 아니라 그 결과가 조선인의 상업은 흥하는 것보다도 패하는 것이 많고 따라서 필연한 결과가 조선인경제생활의 파산이라는 참혹한 사실을 재래하는 것이다. 그러므로 조선에서는 은행회사와 일부의 공장이 증가됨에도 불구하고 조선인의 생활은 날로 고통을 더하여 가는 것이다.[92]

나아가 『동아일보』는 중국과 일본 상품수입을 제한하기 위해 보호무역의 필요성을 강조하고, 동시에 산업생산력 증진과 공업화에 대한 기대감을 갖고 있었다. 특히 조선인 소득 증대방안으로 제시된 부업장려는 물산장려운동 세력의 주장만이 아니었다. 총독부는 부업공진회를 개최하여 부업을

---

[92] 『東亞日報』 1926년 9월 5일 「朝鮮物産과 朝鮮人物産」.

장려했고, 소규모 생산증진을 추동했다.

『동아일보』는 여전히 물산장려운동 담론의 자장 속에 머물러 있었다. 조선인경제의 파멸을 피하기 위해서는 여전히 소비자운동이 중심이 되어야 한다고 생각했고, 그래서 소비자운동으로서 사치심의 팽배, 자존심의 부재, 동포애호 정신의 부족 등을 지적하면서 조선인 생산품의 소비를 추동하고 있었다.[93]

1920년대 물산장려운동에 참여했던 설태희는 경제공동체의 이상을 구현하기 위한 방안으로 생산과 유통의 직접거래를 통해 생산자와 소비자의 이윤이 보장되는 경제조직을 제시했다. 장산사(奬産社)를 설립하여 생산자과 소비자의 직접거래를 실천하고자 했고, 동과 면 단위의 조합 또는 계를 조직하고, 자본을 모아서 "전 동리의 총 소비와 총생산의 구입과 매출을 공동적으로 하는 기관 상점을 만들어, 중간상인을 배제하여 농촌이 도시의 착취를 받지 않도록"하는 직업영위의 조직, 동리 주민이 직접 경영하는 조합을 만들 필요가 있다고 주장했다. 만약 이러한 조직구성이 불가능할 경우, 간접영위 조직을 구성할 수 있다고 주장했다. 간접영위 조직은 동리에 회를 조직하고 상점에 관한 것은 자산이 있는 사람으로 하여금 별도의 조합을 조직하여, 그 이익을 평분하고 그 이익의 1/10을 주식배당하게 하는 것이었다.[94]

설태희의 경제공동체 조직은 이윤이 독점되는 시장 질서를 개선하기 위해 생산자와 소비자의 직거래를 구상한 것이다. 또한 농촌의 경우 생산물의 공동출하와 매매를 통해 형성된 이윤을 균분하는 조직을 구상했다. 이러한 구상은 생산과 소비의 연결과정에 자본이 개입할 수 있는 여지를 차단하는 것이었고, 자유로운 투자, 자유경쟁질서를 통제하려는 것이었다.

---

93) 『東亞日報』 1926년 12월 24일 「朝鮮民族 更生의 道(60)」.
94) 『東亞日報』 1926년 12월 30일 「朝鮮人生活 破滅에 관한 對策(1)」(反求室主人).

문제는 시장의 자유경쟁을 제한할 수 있는 수단이 법적 강제에 의한 것이 아니라 조선인 결사체에 주어졌다는 점이라고 할 수 있다.

　자유경쟁의 시장질서로 인해 조선인의 생활난이 가중된다는 인식은 자유경쟁질서를 지속적으로 유지하고자 했던 총독부의 산업제일주의 정책에 대한 비판으로 연결되었다. 자유경쟁질서에 대한 비판은 조선과 일본의 경제관계에서는 관세 철폐정책에 대한 비판으로 나타났고, 조선 내 경제정책에 대해서는 산업제일주의가 표방했던 보조금 정책에 대한 비판으로 나타났다. 이는 모두 대자본에 의한 소자본의 몰락을 막기 위한 정책으로 조선인경제에 대한 지원책을 마련해야 한다는 요청이었다.

　그러나 총독부의 경제정책이 실효를 거두지 못한 채, 경제상황은 더욱 악화되었다. 1920년대 후반 영국과 미국이 금본위제를 강화하면서 일본 엔화 가치가 하락하고, 그로인해 파생된 금융부족 현상이 발생했다. 또한 만주 곡물가격의 하락의 영향으로 조선의 물가도 하락했고, 이에 따라 국내 실업이 더욱 증가했다. 문제는 이러한 경제 불황을 완화할 수 있는 총독부의 조치가 충분하지 않았다는 점이다. 즉 일본 경제 불황에 따른 재정긴축은 식민지 조선에 대한 재정지출의 감소로 연결되었으며, 총독부의 예산 역시 경제 불황을 타개하기 위해 재정지출을 늘릴 수 없는 상황이었다. 여기에 방만한 대출로 부실채권이 늘어났던 조선은행이 정리 절차에 들어갔기 때문에 총독부의 재정금융정책은 매우 제한적일 수밖에 없었다.[95]

　이에 민족주의 정치기획세력은 시장의 자유경쟁질서를 제한할 수 있는 정치적 결정권이 부재하다는 점을 자각하기 시작했고, 경제 불황을 타개하기 위해서는 정치적 결정권을 획득해야 한다는 담론을 전면적으로 제기했다. 자치운동을 주장했던 최린은 앞에서 언급했듯이 "정치의 세력이 업는

95) 『東亞日報』 1927년 1월 16일 「經濟問題의 一觀(상)」, 18일 「經濟問題의 一觀(하)」.

까닭으로 아무리 현재와 같이 전 민족이 파산을 당하더라도 구제의 도가
없습니다."라고 하여 정치적 결정권을 획득하지 않고서는 경제불황을 타개
할 수 없다고 주장했다.[96]

　앞서 언급했듯이 민족주의 정치기획 세력은 조선인이 모두 경제적으
로 파산한 계층이라고 규정했고, 사회주의 정치기획세력은 조선인을 무
산계급이라고 규정했다. 전자는 근대 자본주의 사회를 스스로 영위할 주
체를 형성해야 한다는 지향을 갖고 있었고, 후자는 근대 자본주의 사회
를 전복할 혁명적 주체를 형성해야 한다는 지향을 갖고 있었다. 양자의
미래지평은 매우 달랐지만, 조선인의 경제적 생존권이 위기에 처해 있다
는 점, 그리고 그 위기를 타개할 주체가 조선민족이라는 점에서는 동일
한 인식을 공유하고 있었다. 생존권적 위기에 내몰린 조선인을 어떠한
미래의 지평으로 이끌 것인가를 두고 양자의 치열한 공방이 제기될수록
양자가 공유하고 있는 조선인경제 담론의 자장은 확대될 수밖에 없는 것
이었다.

　2) 자유주의적 시장질서에서 무산계급을 구출하기

　사회주의 정치기획세력 또한 이 점에 있어서는 동일한 인식을 갖고 있
었다. 화요파의 대표적 이론가로 활동했던 배성룡은 『동아일보』에 「현하
의 조선과 총독부 경제책」이란 제목의 경제평론을 게재했다. 1919년 이전
총독부의 경제정책은 "자유경쟁 무보호방임"으로 자본집중, 토지겸병을 통
해 생산기관의 획득에 성공했고, 그 다음인 제2기의 정책은 획득된 생산기
관이 생산을 확대도록 하는 정책이라고 평가했다.[97]

96) 「現下 朝鮮志 大旱 憂慮點科 喜悅点: 各人各觀」, 『開闢』 66, 1926년 2월.
97) 『東亞日報』 1926년 5월 26일 「現下의 朝鮮과 總督府經濟策(1)」(裵成龍).

배성룡이 언급한 제2기의 생산적 정책은 3·1운동 수습책으로 제기된
총독부의 산업발전정책을 가리키는 것이었다. 배성룡은 총독부 경제정책
의 제1기에 해당하는 1919년 이전에는 "보호방임 자유경쟁의 고조에는 생
산기관이 집중되지 아니할 수 없으니"라고 하여 자유경쟁의 시장질서로 인
해 "생산기관이 조선민중의 손에서 분리"되었다고 주장했다. 그리고 총독
부가 제2기 조선산업 발전정책을 채택하면서 동시에 일본과 조선의 관세
를 철폐한 것은 제2기 정책이 이전의 자유경쟁적 시장 질서를 더욱 강화하
는 것이라고 보았다. 더욱이 조선인이 자본주의 시장질서에 대한 이해가
부족한 가운데 총독부가 이와 같은 자유경쟁의 경제 질서를 실시한 것에
대해서 "자유경쟁 제도가 어떤 것임을 이해하기도 전에 자유경쟁제도가 먼
저 실시되어 조선인의 경제적 지능 활동으로는 어떻게 수습할 길이 없었던
것이다."[98]라고 지적했다.

배성룡은 총독부가 실시했던 자유경쟁 제도가 생산수단의 집중화를 가
져왔고, 조선인의 손에서 생산수단이 분리되고, 조선인이 무산계급이 되었
다고 보았다. 이는 민족주의 정치기획세력이 일본자본 우위의 시장질서 속
에서 조선인은 경제적으로 파산했다고 비판했던 것과 유사했다. 조선인을
무산계급으로 규정했던 사회주의 정치기획 세력에게 자유주의 시장질서는
일본인자본가, 일본자본이 생산수단을 독점할 수 있는 토대로 인식되었고,
이는 조선인의 생활 상태를 개선하기 위해 조선인경제를 조선경제와 구분
짓고자 했던 민족주의 정치기획세력의 경제담론과 유사한 내러티브 구조
를 갖는 것이었다. 조선인의 경제생활을 규정하는 어휘의 차이 그리고 앞
서 언급했듯이 미래의 기대지평의 차이가 분명했음에도 불구하고 1920년
대 경제 불황에 대한 양자의 원인 진단에는 큰 차이가 없었다. 식민 지배와
조선인 생산력의 미발전이란 진단 속에서 그 해결 방안 역시 유사했다.

98) 『東亞日報』 1926년 5월 27일 「現下의 朝鮮과 總督府經濟策(2)」(裵成龍).

　배성룡은 영국이 인도경제를 공업화시켰지만, 이로 인해 오히려 영국 본국의 공업이 부진하게 되었다는 사례를 들어 총독부가 조선에 대해 농업중심의 산업을 장려한 이유가 바로 여기에서 비롯되었다고 보았다. 영국의 식민지경영에 대한 경험을 통해 얻은 교훈으로 총독부는 일본의 공업화를 위해 조선을 농업국으로 삼았다는 것이었다. 이러한 지적은 식민지의 공업화가 제국 본국의 경제에 악영향을 미친다는 확신을 전제로 한 것이었다.

　배성룡의 관념 속에는 일본경제와 조선경제라는 구분이 분명하게 자리했고, 공업화를 지향하는 한 양자의 관계는 영국과 인도처럼 대립적 관계에 놓여 있는 것이라고 보았다. 따라서 그는 비싼 공업품의 수입으로 조선의 자본이 해외로 유출되고, 조선인의 생활이 더욱 어렵게 된다고 주장했다. 공산품의 소비시장으로 전락한 조선시장이란 관념은 레닌의 제국주의론에서 제기된 시장에 대한 인식과 매우 유사하다. 또한 민족주의 정치기획세력이 조선인경제의 낙후성과 무역적자 상태를 강조한 관념과도 매우 유사한 것이었다. 따라서 그는 "현재 조선은 농업 증산이 아니라 공업 증산이 파멸의 상태에서 벗어날 수 있는 길"이라고 하여 조선인경제의 공업화를 주장했다.[99] 조선의 공업화를 조선인 생활상태의 개선뿐만 아니라 일본 자본주의에 타격을 입힐 수 있는 방법으로 제시했다.

　자유주의 시장질서에 의해 악화된 조선인 경제생활을 개선하기 위한 해결방안이 공업화에 있다는 배성룡의 진단은 자유주의 시장 질서를 어떻게 바꿀 것인가 보다는 자유주의 시장질서라는 숙명 앞에 조선인이 어떻게 대처해야 한 것인가에 더 초점을 두고 있는 것이었다. 문제는 자유주의적 시장질서이고, 그 해결은 공업화라는 도식 속에는 '시장'의 문제가 중요하게

[99] 『東亞日報』1926년 5월 28일, 29일, 30일 「現下의 朝鮮과 總督府經濟策(3)~(5)」(裵成龍).

자리하고 있지 않았다. 배성룡의 문법 속에 자본주의는 곧 자유주의 시장과 동일한 것이었다.

배성룡은 식민지 자본주의가 제국주의 본국의 경제에 타격을 입힐 수 있는 방향으로 나아가기 위해서는 조선인이 생산수단을 소유해야 한다고 주장했다. 그는 공업이 발전한다고 하더라도 생산기구가 조선인 손에 없는 한 경제적 파멸을 모면하기 어렵다고 보았다.[100] "조선의 산업정책은 이제야 일본인의 조선 통치책의 실지 이용적 단계에 들어간 것이라, 그 정책이 좀 더 조직화한 것이오, 좀 더 진화한 것이다."라고 하여[101] 1920년대 들어와서 일본인이 조선통치의 실질적 혜택을 보게 되었다고 평가했다. 총독부가 채택한 산업 제일주의 정책의 실질적 표현 형태로 등장한 토지개량 사업계획, 수리공사의 장려, 농회령과 산업조합령의 발포, 관세철폐 정책, 조세정리 등은 자유주의적 시장 질서를 더욱 강화하는 것이기 때문에 조선에 대한 일본인의 식민정책이 더욱 노골화되어 갈 것이라고 보았다. 또한 이 정책에 적극 부응한 일본인이 민간자본을 구성하여 동양척식주식회사와 동일한 성격을 갖는 '조선토지개량회사'를 창립한 것도 노골적인 식민지 경영을 분명히 보여주는 사례라고 지적했다.

> "새로운 제도가 나타나면 그에 따라서 반드시 일본인자본가의 투기적 행위가 발동하고 조선인의 경계계에서는 어떤 유혹의 폐해를 면치 못한다. 그 자본주의적 경제행위에 대한 훈련도 부족하려니와 비록 훈련이 있다 할지라도 대자본의 위력에 소자본이 대항할 수가 없고, 유산자의 활약에 무산자의 희생이 없을 수 없는 것이니 그것으로 조선의 산업적 개선이라는 것은 늘 조선인에게는 개악의 결과를 나타내는 것이라.…… 경제가 움직이기만 하면 늘 불리가 조선인에게 돌아오는 것이 사실이니 …… 새로운 경제

100) 『東亞日報』 1926년 5월 28일, 29일, 30일 「現下의 朝鮮과 總督府經濟策(6)」(裵成龍).
101) 『東亞日報』 1926년 6월 4일 「現下의 朝鮮과 總督府經濟策(9)」(裵成龍).

정책이 조선인에게 실시되면 반드시 조선인의 경제가 퇴축하는 것이 그 항
례이다."[102]

　대자본=일본인자본가, 소자본=조선인자본가, 무산계급=조선인이라는 분
명한 계급적 규정 속에서 자유경쟁의 시장질서는 곧 식민지 자본주의의 특
성으로 규정되었다. 그리고 그는 식민지 자본주의 아래에서 조선인의 생활
이 개선되려면, 공업화를 통한 생산력 증진만으로는 부족하다고 보았다.
농회령에 의하여 조직된 농회, 산업조합령에 의하여 조직되는 산업조합 등
은 자본주의 사회의 사회 정책적 시설에 관한 법령이지만, 이 법령으로 인
해 자본가 중심의 산업기관이 등장하는 것은 자명한 일이라고 했다. 그런
데 식민지 상황에 놓인 조선에서 자본가 중심의 산업기관은 법령의 의도와
달리 '관청의 별동 기관'으로 전락하여 자본가 세력도 이 기관에 영향을 미
치지 못할 것이라고 진단했다. "그 직접의 감독권을 관청이 가졌음에 그것
이 자연히 일본인 생산자의 이익을 비호하는 기관이 되고 일본인 구매자만
이 이용하는 기관이 되는 모양이 없을 수가 없을 것이니 이는 가난한 조선
인의 산업을 2중 3중으로 얽매는 수단"[103]이 될 것이기 때문이라고 했다.
자본주의 경제조직조차 식민지 통치기구로 전락할 것이라는 배성룡의 진
단은 결국 식민지의 지배권력 문제와 연결될 수밖에 없는 것이었다. "조선
의 정치적 사정이 이대로 지속하는 동안에는 이미 시작된 조선의 산업 제
일주의정책은 최후까지 조선인의 경제적 운명에 대한 마지막 **에까지 진
전하고야 말 것이다."[104]는 언급은 정치권력의 장악이 아니면 자유주의 시
장질서로 인해 조선인경제가 악화되는 상황을 해결할 수 없다는 선언이었
다. 헤게모니를 장악하지 않으면 경제문제를 해결할 수 없다는 관념이 조

102) 『東亞日報』 1926년 6월 4일 「現下의 朝鮮과 總督府經濟策(9)」(裵成龍).
103) 『東亞日報』 1926년 6월 8일 「現下의 朝鮮과 總督府經濟策(12)」(裵成龍).
104) 『東亞日報』 1926년 6월 8일 「現下의 朝鮮과 總督府經濟策(12)」(裵成龍).

선인 공론장에서 유통되고 있었다.

3) 조선시장의 관리 주체는 누구?

(1) 총독부에 대한 비판과 승인

자유주의적 시장질서에 대한 비판론은 1920년대 등장한 민족경제적 상
상에 의해 그 자장의 힘을 강화해 갔다. 여기에는 자본력 우위의 시장 질서
를 유지하는 총독부의 정책에 대한 비판뿐만 아니라 일본 제국에 의해 포
섭된 영역 내부에서 자본과 노동력이 자유롭게 이동했던 경제 질서에 대한
비판도 내포되어 있었다. 1910년대 이미 보호무역주의의 필요성에 대한 인
식을 공유하고 있었던 『학지광』의 지식인들이 1920년 활동 무대를 조선으
로 옮기면서 시장을 공동체의 경계로 구분하는 인식이 조선인 공론장에서
유통되었다. 1910년대 조선은행권이 만주로 유통되고, 만주의 경기변동이
조선시장에 직접적인 영향을 가져오면서 조선시장과 그 인접 시장의 관계
설정 문제가 공론장에 등장했다. 그리고 조선미 이입제한과 조선인 노동자
의 일본 도항제한 조치는 시장의 관리주체에 대한 문제를 제기하는 계기가
되었다.

1926년 만주의 농업공황의 여파로 조선과 일본의 곡물가격이 폭락하자,
일본 정부는 본국 농산물가격의 하락을 방지하기 위해 1928년 조선미의 일
본 이입을 제한하는 논의를 제기했다. 산미증식계획으로 조선미의 생산이
증대되고 있었던 상황에서 조선미 이입제한 조치는 조선의 대일본 무역과
금융시장에도 큰 영향을 미치는 것이었다.

조선총독부는 일본의 이입제한 조치에 대해 강력하게 반발했고, 이 문제
를 조선에 대한 차별이라고 비판했다. 조선의 지주와 미곡상인 뿐만 아니
라 조선 경제계의 주요 기관들도 반대 입장을 표명했고, 총독부는 이들의

반대운동을 지원하기도 했다. 조선인 언론 역시 이입제한이 민족 차별적 조치라는 입장을 갖고 있었다. 김제정의 연구에 따르면, 조선총독부와 재조일본인 그리고 조선인 최상층 자본가들은 이 문제를 일본에 의한 조선지역의 차별이라고 인식했던 반면, 『동아일보』와 『조선일보』는 지역차별의 문제를 인정하면서도 조선총독부 정책의 계층적 성격을 부각시키려 했다는 것이었다. 이입제한 법제화에 대한 논의가 제기된 초기에 민족주의 정치기획세력은 총독부가 이입제한 반대에 대해 무책임한 자세를 갖고 있다고 비판했다. 그러나 1933년 이입제한 법제화가 본격화되자 이입제안 정책을 둘러싼 총독부와 일본정부 사이의 갈등이 표면화되었고, 이에 민족주의 정치기획세력은 총독부의 지역차별 담론을 지지하는 모습으로 전환되었다는 것이다.[105] 이 문제는 조선과 일본의 지역차별을 부각시키는 것이기도 했지만, 동시에 '조선시장의 관리 주체가 누구인가?'라는 문제와도 깊게 연관되어 있었다.

『동아일보』와 『조선일보』는 미곡통제문제가 처음 제기되었을 때 미곡통제를 조선에도 전면적으로 실시해야 한다고 보았다. 그 이유는 미곡통제법이 실시되어 정부가 조선미를 매입하게 되면 조선미의 과잉생산과 가격 폭락을 방어할 수 있다고 생각했기 때문이었다. 따라서 이들은 매상 방법에 대해서도 미곡상을 통한 매입이 아닌 농민으로부터의 직접 매입을 제시했다. 총독부가 미곡 매입의 주체가 되고, 총독부에 의해 매입한 미곡은 조선 내에 보관해야 한다고 주장했다. 즉 총독부가 매입한 곡물은 조선 곡물시장의 수급을 조절하기 위한 수단이 되어야 한다는 것이었다. 또한 총독부는 곡물생산비와 생산자의 생계비를 기준으로 하여 공정가격을 책정하여 곡물을 매입해야 한다고 주장했다.[106]

---

105) 김제정, 「경제공황기 미곡통제정책에 대한 조선인 언론의 인식」, 『한국민족운동사연구』 70, 2012, 227~256쪽.

민족주의 정치기획세력은 미곡의 과잉생산과 가격하락을 조정하기 위해 시장의 미곡수급을 조절해야 한다는 인식을 갖고 있었고, 미곡통제법의 시행이 조선 곡물시장을 관리하는 데 효과적인 것이 될 수 있는 방안을 구체적으로 제시했다. 그리고 이러한 대안 제시에서 전제가 되었던 인식은 시장의 미곡수급 조절을 위해 조선과 일본 시장을 구분해야 한다는 것이었다. 총독부가 매입한 곡물을 일본의 미곡수급조절을 위해 사용할 수 없게 해야 한다는 주장 속에는 곡물시장을 조선과 일본으로 나누고, 동시에 시장의 관리 주체를 총독부와 일본정부로 구분하는 것이었다. 미곡통제정책에 반대하는 총독부의 입장을 지지하기 이전부터 이들은 이미 총독부가 시장의 관리 주체가 되어야 한다는 점을 승인하고 있었다.

자유주의적 시장질서에 대한 비판은 시장을 관리해야 하는 필요성과 동시에 시장관리의 주체가 누가인가에 대한 문제를 제기하는 것이었다. 이제까지 총독부가 자유주의적 시장 질서를 강화했다는 점을 비판하고, 자유주의적 시장질서의 폐해를 시정하기 위해서는 민족이 정치적 결정권을 가져야 한다고 했던 민족주의 정치기획세력은 점차 자유주의 시장질서의 문제 해결을 총독부에 의지하려는 인식을 드러냈다.

자유주의적 시장질서에 대한 비판담론이 시장의 관리주체로서 총독부를 승인하는 효과와 연결된 사례는 1925년 일본 도항제한 조치에 대한 민족주의 정치기획 담론에서도 발견된다. 1920년 초반 제1차 세계대전 직후 발생한 경기불황으로 조선에서는 실업자가 늘어나고 있었고, 일본으로 도항하는 조선인 노동자가 급증하게 되었다. 1910년대에는 급격한 산업화로 조선인 노동자를 적극적으로 유치했던 일본 정부는 1920년 이후 불경기가 시작되자 조선인 노동자의 일본 도항을 제한하기 시작했고, 1924년에는 조선인

---

106) 『東亞日報』 1929년 10월 28일 「시일과 방법 미가상실시에 대하여, 속히 실시를 바란다」; 『朝鮮日報』 1932년 12월 23일 「미곡통제법과 정조저장안, 미가에의 영향 여하」.

의 일본 도항을 규제하기 시작되었다. 1925년 10월 일본은 무허가 모집 인력에 대한 도항, 취업이 분명하지 않는 자·일본어 해독불가능자·여비 이외의 소지금이 10엔 이하인 자에 대한 도항을 금지시켰다. 특히 소지금 10엔 이하인 자에 대한 도항 금지는 사실상 실업노동자군의 일본 유입을 차단하는 것이었다.

한편, 1920년대 조선으로 유입되는 중국인 노동자의 증가로 조선인의 실업이 더욱 증가되는 현상이 빚어지고 있었다. 『동아일보』는 중국상인들이 경성을 비롯한 도시에 포목점, 요리점을, 일본인은 여관업과 잡화점을 장악하면서 조선인이 설 곳이 없다고 하고, 중국인의 경우도 일본상품을 중국인이 수입하는 상품으로 둔갑시켜 폭리를 취하고 있다고 주장했다. 나아가 중국인 노동자의 증대로 조선인 일자리까지 빼앗겼다고 주장하면서 이주 일본인과 중국인에 대한 반감을 드러냈다. "오호라 우리의 경제생활에는 내외 일부의 두 가지 기생충이 있으니 외부의 기생충은 다시 말할 것도 없거니와 내부의 기생충이 점차로 잠식하여 우리 고혈을 고갈케 하니 동포여 자각하고 반성할 지어다."[107]라는 언급에서 외부의 기생충은 조선에 이주한 중국 상인과 노동자를, 내부의 기생충은 조선에 유입되는 일본인 자본가를 의미하는 것이었다.

1920년대 후반 실업의 증대로 임금이 하락하는 경향이 나타났다. 총독부 역시 조선의 과잉노동력의 문제를 해결하지 않으면 식민통치의 안정성을 도모하기 쉽지 않은 상황이었다. 이에 총독부는 조선인의 만주이민 정책을 적극적으로 추진하기 시작했다.

만주국 성립 직후 일본정부와 관동군은 일본 농민의 만주 이민을 적극적으로 장려했지만, 조선인의 만주 이민에 대해서는 방임주의를 채택하고 있었다. 금지하지는 않지만 그렇다고 장려하지도 않는다고 할 수 있었다.

---

107) 『東亞日報』 1926년 2월 15일 「中國商人에 見欺치말라」를 읽고」.

반면, 총독부는 조선인의 만주이주를 장려한다면 조선인이 일본으로 도항하는 것도 억제할 수 있다고 주장하면서 일본정부를 설득했다. 소위 '남쇄북개(南鎖北開: 남쪽을 봉쇄하고 북쪽을 개방한다)의 논리를 통해 일본정부로부터 조선인 만주이민 지원을 끌어내려고 했다.

일본으로의 도항제한 조치 이후 조선인의 만주이민은 증가했지만, 일본정부의 방임주의적 태도로 인해 만주로 이민한 조선인의 생활은 매우 열악한 상태에 놓여 있었다. 만주사변 직후 조선인의 만주이주가 더욱 증가했지만, 그들의 생활은 매우 비참했다. 이에 『조선일보』는 만주이주 동포를 구원하자는 운동을 전개했다. 『조선일보』는 사실을 통해 비참한 만주 이민 조선인의 생활을 보도하는 한편, 동포애를 발휘하여 그들을 구제해야 한다고 주장했다.[108] 나아가 『조선일보』는 조선인 만주 이민에 대해 총독부가 적극적인 지원 정책을 실시해야 한다고 주장했다.

조선인 만주이민자가 안정적으로 정착할 수 있도록 하는 지원책으로 제시된 것은 경제적 안정을 위한 토지상권의 확보, 만주에서 치외 법권이 철폐된 후 재만 조선인의 취적(就籍) 문제, 그리고 이주 조선인의 교육문제 등이었다. 『조선일보』는 총독부의 이민정책에 대해 매우 비판적이었다. 실업 때문에 만주로 밀려나는 조선인을 총독부가 보호할 생각도 않고, 돈만 써서 이민을 장려한다고 비판했다. 만주 이민 문제는 1937년 중일전쟁 이후 만선척식회사가 조선인의 만주이민을 대량으로 실시하기 전까지 『조선일보』가 총독부의 정책을 비판하는 중요한 소재 중의 하나로 등장했다.[109]

그러나 일본 도항규제에 대한 비판과 만주이주에 대한 정책적 지원에 대한 요청은 총독부가 조선의 노동시장문제를 관리해야 하는 주체임을 승

---

108) 『朝鮮日報』 1931년 10월 26일 「在滿 同抱의 救濟難」, 28일 「同胞愛는 이런 때에」.

109) 김기훈, 「만주국 시기 조선인 이민담론의 시론적 고찰 조선일보 사설을 중심으로」, 『동북아역사논총』 31, 2011, 97~155쪽.

인하도록 하는 효과가 있었고, 총독부 역시 일본정부를 설득하여 조선인의 만주이민에 대한 정책적 지원을 이끌어냈다.

자유주의적 시장질서의 폐해에 대한 비판 담론은 시장에 대한 관리의 필요성을 제기하는 것이었고, 동시에 총독부의 방임주의, 관리의 무능 등을 비판함으로써 민족담론의 자장은 확대되어 갔다. 그러나 현실에서 작동하고 있는 자유로운 시장질서의 문제를 해결하기 위해서는 정책적 수단의 동원이 필요한 것이었고, 이에 민족주의 정치기획세력은 정책적 수단을 가진 총독부를 시장의 관리주체로 승인하지 않을 수 없었다.

(2) 자유주의적 시장질서에 대응한 민족의 자구책—농촌조합운동

1920년대 후반에서 1930년대 전반기 민족주의 정치기획세력은 경제구조의 독점화, 곡물가격의 하락에 따른 농촌의 피폐화 등에 대응하기 위해 농촌협동조합운동을 전개했다. 농촌조합운동은 일본자본 중심의 자유주의적 시장질서로부터 조선인의 생활을 보호하기 위한 운동으로 제기되었다. 시장의 질서를 개혁할 수 있는 정치권력이 부재하다는 인식 속에서 조합운동은 그 폐단을 개선할 수 있는 조선인의 자구책이었다.

1920년대 이후 산미증식계획에 따른 미곡 단작화, 1926년 만주 농업공황, 1929년 세계대공황의 여파 등으로 쌀값 등 농산물 가격이 폭락했다. 조선금융조합연합회의 조사에 의하면 1926년에서 1931년 사이 총 평균 물가지수는 232에서 140으로 떨어졌고, 농산물 평균지수는 262에는 129로 떨어졌다. 총 평균 물가지수에 비해 농산물의 물가지수가 더 떨어졌다고 할 수 있다. 1926년 1원이던 농산물이 1931년에는 49전이 된 셈이라고 할 수 있다.[110]

110) 이경란, 『일제하 금융조합 연구』, 혜안, 2002, 105쪽.

1920년대 전반기 유통업의 파산으로 시작된 불경기는 1926년을 경과하면서 더욱 심화되었고, 이 과정에서 농촌경제는 심각한 위기 상황에 봉착했다. 민족주의 정치기획세력은 이 시기를 조선 농촌의 파멸 상황으로 규정했고, 피해는 대지주와 소작농을 막론하고 모두를 파멸시키는 것이라고 보았다.

그들이 진단한 이 시기 농촌경제의 문제는 지주의 토지겸병, 지주와 소작 관계의 극심한 비대칭성이었다. 이훈구(李勳求)의 경우 토지소유의 양극 분해에 따른 농촌중견층의 몰락, 지주중심의 소작관행으로 소작인의 피해가 심화되고 있다고 지적하기도 했다. 『동아일보』를 비롯한 민족주의 정치기획세력은 일본제국주의의 잘못된 조선경제 운영이 문제라고 지적했다.[111]

협동조합운동사의 대표적인 이론가였던 함상훈(咸尙勳)은 조선 농촌의 현실을 현상적으로는 농촌 부채의 증대, 자작농의 몰락, 소작농의 궁민으로의 몰락이 발생했다고 보고, 그 원인으로 ① 농업 자체 성질상의 불리 ② 매매제도(공판제도)의 불리 ③ 지대의 과중 ④ 고금리 ⑤ 소작권의 불안정 ⑥ 조세공과의 과중 등을 지적했다. 그는 각종 통계조사를 통해 조선 내 일본인과 조선인을 비교했고, 일본인에 비해 저열한 조선인 농업경영의 문제를 지적했다. 그리고 그는 총독부의 농업정책 이외에 조선인 농업 기술과 경영 정신의 부재를 지적했다.[112]

---

111) 대표적으로 주요한(「내외대관－全世界的農業恐慌그 原因이 무엇이냐」, 『東光』20, 1931년 5월)의 글 참조. 이와 달리 자본주의의 문제점을 지적하는 경우도 있었다. 예를 들어, 임병철은 외래 자본주의의 이식과 식민지의 특수상이 결합된 것을 현재의 농촌문제의 원인으로 이해했다(『東亞日報』1930년 4월 2일「過去十年間朝鮮農村의 趨勢(1)」). 그는 같은 시기 세계 자본주의를 분석한 글에서 자본주의 자유 경쟁의 폐해인 독점과 공황을 설명하고 "자본주의 경제조직의 커다란 모순"을 지적했다. 그리고 새로운 경제조직의 출현을 기대한다는 말을 덧붙이고 있었다(林炳哲, 「자유경쟁의 사회적 영향」, 『新生』3-7 1930년 7월; 林炳哲, 「세계적 경제공황」, 『新生』3-10, 1930년 10월). 이성환 역시 현하의 농업공황을 자본주의적 특징으로 이해하면서 "자본주의 사회가 인류사회의 최초부터 존재하였던 것이 아니고 또 장래 영원토록 不動의 것이 아니라는 것을 여실하게 알 수 있는 일"이라고 하였다(李晟煥, 「자본주의적 농업공황」, 『신민』, 1930년 11월).

YMCA의 신흥우(申興雨)와 홍병선(洪秉璇)은 조선 농민에게는 신용과 협동 정신이 부족하다고 지적했고, 조선농민사의 임문호(林文虎)는 조선 농민들이 봉건적 유교사상에서 벗어나지 못했다고 지적했다. 또한 동우회 소속이자 숭인상업학교 교장 김항복(金恒福)은 조선사회 개인생활이 현대 문명생활 즉 경제본위에 입각한 문화적 생활에 대하여 훈련이 없었고, 소비절약을 못하는 것이라고 했다. 훈련 부족, 소비 절약의 생활 태도의 부족 등을 그 원인으로 보았다. 자유주의 시장질서에서 조선인이 생활을 개선하기 위해서는 조선인이 경제적 태도를 개선해야 한다는 것이었다. 이것은 시장을 관리할 수 있는 권한을 갖지 못한 조선인이 자유주의적 시장질서에서 생계를 유지하기 위한 최소한의 자구책이었다.

한편 물산장려운동에 참여하여 생산과 소비가 결합된 소비조합운동을 제시했던 설태희는 1930년대 들어 경제운동을 주장했다. 그는 지금까지의 운동이 선전기관에 불과했다고 반성하면서 현실의 문제를 개선할 수 있는 실질적인 운동이 필요하다고 선언했다.[113] "각종 공업이 발흥한다고 하더라도 자유경제주의 즉 자본주의적 현 경제 제도 하에서는 강식약육(强食弱肉)적 상태"가 지속되기 때문에 현재의 조선인의 재력과 지력으로는 도저히 극복할 수 없다고 선언했다.[114] 따라서 그는 경쟁하는 시장에서 경쟁력을 가진 부분을 살펴보아야 한다고 했다. "농촌을 망각하고 산업을 말하는 것은 조선 사람으로서는 연목구어(緣木求魚)의 망상일 것이외다"라는 언급은 농촌이 곧 조선 산업에서 가장 경쟁력 있는 분야라는 것이었다. 그래서 조선인 경제의 근본적 대책은 바로 농업에 있다고 주장했다. 그가 생각한 농촌 경제조직은 내용은 다음과 같다.

112) 조형렬, 「1920년대 후반~1930년대 전반기 민족주의 계열의 농촌협동조합론: 제기 배경과 경제적 지향을 중심으로」, 『한국사학보』 61. 2015, 585~613쪽.

113) 薛泰熙, 「民族的 經濟運動의 三要素」, 『三千里』 4-5, 1932년 5월 15일.

114) 이하 내용은 앞의 설태희의 글을 분석한 것으로 각주는 생략한다.

첫 번째는 면단위의 생산조합을 조직하고, 두 번째는 2개의 면이 합동으로 1개의 향촌금융조합을 조직하고, 세 번째는 동 혹은 리 단위의 상점 1개를 조직한다는 것이다. 면단위의 생산조합은 그 가격과 품질을 통일한 제품을 판매하고, 같은 기계 등을 공동으로 이용하는 조직이다. 그 수익은 출자한 구좌(주식)를 기준으로 나눈다는 것이다.

두 번째 향촌금융조합 역시 출자구좌 수에 다른 이익을 분배하지만, 향촌 유산계급의 희생이 필요하기 때문에 금융조합은 각자 관내에 있는 생산조합과 동리에 개설되는 상점의 유통자금을 후원해야 한다는 것이다. 또한 향촌금융조합은 향촌 간의 환거래를 담당하는 기관으로 당국의 허가가 필요하며 동시에 은행과 현재 영업을 하고 있는 금융조합과 연결되어야 한다고 보았다.

세 번째 조직인 상점조직은 절대적으로 주민 모두가 동등한 권리를 갖는 조직이 되어야 하며 그래서 출자 역시 매호당 동일하게 하고, 출자금을 부담할 수 없는 빈민은 유산자가 대출을 해주고 이후 빈민이 받을 이익에서 변제하도록 해야 한다는 것이다. 이러한 조합조직의 이익은 세 번째 동리상점의 이익에 비해 매우 클 것이라고 예상했다. 현재 농산물이 5, 6 단계를 거쳐 중간상인 및 중개자의 손을 거치고, 이익의 대부분이 그들에게 돌아가는 상황인데 만약 생산지에서 도시로 직접 판매하게 된다면 이러한 거대한 이익이 농촌의 생산자에게 돌아올 것이라고 보았다. 그래서 동리상점은 최후의 이익을 실현하는 매우 중요한 기관이라고 설명했다.

이 조직은 소비조합, 구매조합, 생산조합, 신용조합의 모든 기능을 통합한 것이었다. 나아가 그는 이 조직이 조합의 운영과정에서 농민들이 일반 물가 시세정보에 주의를 기울이기 때문에 농민들이 중요한 경제개념을 학습할 수 있는 교육의 장이며, 도시의 흡수력에 대항할 수 있기 때문에 농촌이 도시화할 수 있는 근원이며, 촌락이 이해를 같이 하기 때문에 향촌 사회의 도덕 함양에도 기여할 수 있다고 주장했다. 또한 이농 현상을 예방하여

도시 노동자가 증가하는 폐단을 방지하여 사회의 안정에도 기여할 것이라
고 보았다.

  농촌을 단위로 생산과 소비, 구매와 판매, 금융거래를 통합한 조합의 구
상은 개인의 경제행위를 공동체의 이익에 구속시키는 구상이었으며, 동시
에 '시장의 자유'를 상품교환의 영역으로 한정하는 것이었다. 조합을 통해
자유주의적 시장질서를 일정하게 통제하고자 하는 구상이라고 할 수 있다.
그러나 이러한 조합조직을 실현하는 데는 설태희도 언급했듯이 "민족적 또
는 사회적으로 책임사상을 가진 일반 형태의 협동노력"이 절대적으로 필요
한 것이었다. 따라서 그는 이 조직의 결성을 위한 준비단계로 장산사란 재
단을 설립하자고 주장했다.

> "가령 전 조선을 모두 조직하고 경영하기 위해 4기로 나누어 제1기에
> 50군을 선택하고, 그 50군의 소관 면 약 6백 곳에 생산조합 6백 개소를
> 조직하도록 독려할 것이오. 이 구역 내에 향촌금융조합 3백 개소를 설립
> 한다면 업무를 지배할 지배인 혹은 이사에 참여할 인원 2백 명을 양성하
> 고, …… 장산사는 이 책임을 갖고 한편으로 전국 요충지에 출장소 등을
> 설치하고 총 생산조합과 총 동리상점의 구입매출의 위탁중개업에 종사할
> 지니, 이것을 통해 얻는 상당한 수입으로 지출을 충당하는 데는 넉넉할
> 것이 외다"

  장산사를 매개로 조합을 전국적인 조직으로 확산시킬 수 있다고 보았던
그는 유산계급이 장산사를 설립하는 데 적극적으로 자금을 출자해야 한다
고 요청했다. 그리고 "이 계획의 실현은 거의 조선민족이 위기에서 탈출하
는 유일한 모유(謀猷)라고 확신"했다.

  생산, 소비, 교환의 전 과정을 관장하는 농촌조합 구상은 다시 도시 소비
시장과의 연결을 위한 자급사의 조직 구상으로 확대되었다. "자급사(自給
社)는 경성, 원산, 함흥, 성진, 청진 등 각 요지에 그 회사의 목적을 실행하

는 기관을(본지부의 위치에 대해서는 따로 논함) 두어 전 도 내에서 소비
생산되는 만종 물품의 수출과 수입을 위탁하는 기관"이었다.[115]

　설태희가 농촌조합운동을 구상하고 실천에 옮기려고 한 것은 당시 총독
부와 일본정부 사이에 논의되고 있었던 중요산업통제법와 관련을 맺는 것
이라고 볼 수 있다. 처음 일본에서 중요산업통제법이 논의되었을 때『동아
일보』는 이 법이 조선에도 적용되어야 한다고 생각했다. 그 이유는 중요산
업통제법이 생산조합을 통해 시장을 통제할 수 있는 정책으로 여겼기 때문
이었다. 설태희의 구상도 조합을 통해 자유주의적 시장 질서를 제한해야
한다는 점에서『동아일보』의 해석과 매우 유사했다. 그러나 설태희는 총독
부의 정책적 시행에 의한 조직보다는 조선민족의 자발적 의지에 의해 구성
되는 조직을 생각했다. 그리고 이를 통해 조선민족이 시장의 관리주체로
설 수 있다고 보았다.

　4) 통제에 도전하는 시장

　자유주의적 시장질서가 곧 자본주의라고 받아들였던 조선의 지식인들은
1930년대 초부터 시장의 자유에 대한 비판담론을 통해 관리, 통제의 필요
성을 제기했다. 자유주의적 시장질서에 대한 비판담론은 공황을 거치면서
더욱 확산되어갔다. 일본정부와 총독부 또한 제국통치의 안정성을 확보하
기 위해 경제공황에서 탈출을 시도했고, 자유주의적 시장 질서를 통제, 관
리할 필요성에 직면했다. 자유주의적 시장에 대한 제한조치들이 일본정부
와 총독부, 총독부와 민간의 경제주체 사이에서 표류하는 가운데 발발한
중일전쟁은 정치권력이 자유주의적 시장 질서를 통제하는 것에 대해 이의
를 제기할 수 없도록 하는 환경을 제공했다. 전시경제통제를 위한 법령과

---

[115]　薛泰熙,「當面의 經濟運動方略, 自給社 組織議案」,『三千里』5-1, 1933년 1월 1일.

정책이 시행되면서 시장의 자유는 효율적이고 합리적인 생산을 위한 최소한의 영역으로 축소되었다.

1930년대 공황탈출을 위해 일본은 중요산업통제법을 부분적으로 조선에 적용했으며 이 법에 근거하여 설립된 조합을 통해 중요 상품에 대한 판매통제를 실시했다. 상품거래에 대한 통제가 시작된 것이었다. 다른 한편에서는 자유주의적 시장질서에 대한 비판 담론이 조선인 공론장에 유통되면서 시장통제의 필요성에 대한 인식이 확산되었다.

그러나 부분적인 시장통제는 시행초기부터 문제를 노정하기 시작했다. "현대 평남도 당국의 산업정책의 일단으로 판매 통제를 행하는 것은 종전대로 각 군 산업조합의 자유판매를 방임하는 것만 같지 못하다. 이를테면 충남도 당국에서 서천, 보령, 부여, 청양 등 4군 상인이 저포 판매를 통제하기 위하여 수년전에 서천 읍내에 충남 저포공동판매조합을 설치하여 얼마동안 경영하다가 그만 막대한 손해를 보고 해산한 일까지 있으며, 평남도에서 기존 방침대로 판매 통제를 행하면 각 군에서 생산한 항라, 명주, 마포 등을 평양 하수조합에 위탁 판매할 것이다. 그러면 동 조합이 다소 수익이 있으면 따라서 평양 재계에도 유익할 터인데 또다시 경성 방면 어떤 대 상업가에 판매를 위탁한다면 평남 지방의 경제를 전혀 무시하는 것으로 밖에 볼 수 없으니 도 당국 상계를 위하여 숙고하기를 바란다."[116]라고 하여 판매조합의 활동이 오히려 상업의 발전에 저해될 수 있음을 지적했다. 1920년대 조선인 생활안정을 위해 결성되었던 수많은 상품판매조합의 활동은 경기회복기에 접어들면서 오히려 판매통제로 해석되기 시작했다.

한편, 중일전쟁 이후 세계 시장은 "가진 자"와 "못가진 자"의 균형을 위해 새롭게 분배되어야 하는 것으로 인식되었다. 제1차 세계대전 이후 독일,

116) 『東亞日報』 1936년 6월 3일 「朝鮮人本位 金融機關要求, 商業界 吳胤善氏談」.

이탈리아가 식민지를 상실하면서 이들은 일본과 같이 '못가진자'의 대열에 속한 나라로 인식되었다. 또한 제국주의 국가의 영토 증감 과정은 가진 자와 못가진 자의 균형 운동의 하나로 인식되었다. 이때 시장은 분명히 국가경제에 부속된 영역이었다.

"가진 나라와 갖지 못한 나라와의 평균운동은 이렇게 해서 종종 시행되어 가나 갖지 못한 나라가 만족하게까지 평균화가 되려면 아직 전도요원하다. 영국이 싱가포르에서 대 군항을 축조했다든지 네덜란드가 네덜란드 영 인도에서 공군의 확충을 계획했다든지 한 것은 요컨대 일본 방면으로부터 행하여 평균운동을 방어하려고 한데 지나지 않는다. 그러나 지나사변이라는 것이 돌발하기 때문에 '갖지 못한 나라'로서의 일본의 세계적 지위는 종전과는 전혀 달리 그 취지가 달라졌다."라고 하여 일본의 중일전쟁 발발을 시장을 둘러싼 평균운동의 하나로 해석했다.[117]

이 논의에는 일본과 조선의 경제를 구분하는 인식이 존재하지 않는다. 일본과 조선의 경제는 이미 제국이라는 경제공동체란 관념을 전제로 한 것이었다. 따라서 시장은 제국이란 영토에 구속된 것이었고, 그것은 제국경제의 발전을 위해 복무하는 것이다. 이 논의는 시장을 갖게 되는 것이 동시에 시장의 변동성이 가져올 위험을 함께 갖는 것이란 관념의 잔영을 완전히 탈각한 것이었다. 시장은 제국의 물리적 영토의 확대와 함께 확보해야 할 물적 토대로 제국의 경계에 완전히 복속되어야 할 것으로 인식되었다. 이러한 인식은 시장을 통치권력 내로 완전히 포섭할 수 있다는 자신감의 표현이기도 했다. 그러나 이러한 관념은 전쟁을 위한 통제정책이 의도와 다른 효과를 발생시키면서 허구임이 드러나기 시작했다.

관세, 주세, 연초세(전매익금) 등 기존의 제한된 물품에 대한 소비세로는 전시 재정 지출을 충당하기 어렵게 되자 일본은 중일전쟁 도발을 계기로

---

117) 長江學人, 1939, 「支那市場確保와 大資源國家로 日本登場」, 『三千里』 11-1.

물품세와 유흥음식세를 신설했다. 물품세는 1938년 「사변령」 제정 당시 처음 과세되었지만 1937년 「사변령」에서도 물품세와 과세대상이 비슷한 물품특별세가 규정되어 있었다. 또 "물자절약, 소비억제 등 국책적 견지"에서 신설된 유흥음식세는 1939년 「사변령」 개정 때부터 과세되기 시작했다. 이제까지 소비세 과세대상 품목은 대중 소비품인 술, 담배, 사탕 등 몇 개의 물품에 한정되어 있었다. 물품세 신설을 통해 사치품과 일상용품에 대한 과세의 실시로 판매 가격을 기준으로 하여 10~20%의 높은 세율이 부과되었다. 이는 세수입 효과와 동시에 '원활한' 전시물자 수급을 위해 소비감소를 노린 것이기도 했지만, 동시에 물가상승을 촉진시키는 것이었다.[118]

전쟁 기간 통화가 급격히 증가했고, 물가도 이에 따라 상승했다. 그러나 통화증가율과 물가상승률의 연동관계를 보면, 물가상승률이 통화증가율보다 매우 낮았다. 즉 통화량 증가 속도에 비해 물가상승 속도가 느렸다. 그 원인은 총독부의 물가통제정책으로 시장의 공정가격 상승이 억제되고 있었기 때문이었다. 통화팽창에도 불구하고 물가상승이 억제되어 있는 억제인플레이션(suppressed inflation)이었던 것이다.

물가통제 정책에도 불구하고 시장의 쌀 가격은 계속 상승했고, 만주 잡곡의 수입이 적극적으로 논의되기 시작했다. 『동아일보』는 "미곡 수급응급책으로 만주 속의 수입을 구현하라 하고 있는데 중국과 만주 무역 긴밀화의 입장에서도 강소, 절강 방면에서 지나미(支那米)를 유치하라는 일부 유력 측의 제안이 있다. 이것은 수입관계를 저해 할지라도 만주 속은 스스로 그 수입한도가 있기 때문에 차라리 신기축을 내어 중지 방면에서 지나 미를 수입하면 바터제로서 조선 산품 진출의 단서를 얻을 가능성도 고려된다. 문제는 그 수입 방법 여하인데 상당량이 될지가 문제이고, 중지 방면과의 접촉을 긴밀히 하는 것은 장래에 조선으로도 좋은 것이므로 이 제안은

---

118) 정태헌, 『일제의 경제정책과 조선사회: 조선정책을 중심으로』, 역사비평사, 1996, 165~166쪽.

일고의 여지가 있다"고 평가했다.[119] 이는 물가통제 정책이 초기부터 문제
를 발생하고 있었음을 알려준다.

1939년 독일의 폴란드 침공으로 제2차 세계대전이 발발하면서 독일, 이
탈리아, 일본은 영국과 미국의 중국 보조를 더욱 견제하면서 일본, 조선,
만주를 연결하는 엔화 경제권의 결속을 강화하고자 했다. 만주곡물에 대한
관세를 철폐하고, 조선의 식량난을 완화했다. 여기에는 1939년 충청도와
전라도 한재의 피해가 예상되기 때문이기도 했다. 만주잡곡 수입관세의 철
폐는 곧바로 시장에서 영향을 발휘하기 시작했고, 만주에서 곡물 수입이
증대되면서 임금도 점차 더욱 하락했다. 인플레이션 속에서 대용식량의 확
보는 저임금 노동력확보를 유지할 수 있는 것이었다.

그러나 공정가격 정책은 곡물의 수출입과정에서 문제를 발생시킬 가능
성이 높았다. "조선미 최고 가격은 지난 발표를 보았는데 최고 가격 실시
에 의하여 내지, 만주, 관동, 중국의 수입출 거래가격이 당연 문제가 될
것이다. 최고가격은 조선 내 거래에 한정되어 내지와 만주의 수입출 거래
가격은 적용되지 않으므로 조선 내 이외의 매매에는 하등 구속되지 않는
다. 이 관계로 조선 이외의 유출은 크게 걱정되는 바, 내지는 내외지 협력
이란 입장에서 당연히 근근 조선미의 공정가격이 결정 실시될 예상으로
문제는 없다. 그러나 북지 만주 방면과 거래가격은 이를 구속할 방법이
없고 자유에 임할 외엔 없는데 허가제가 실시되고 있는 관계로 미의 이동
에 대변화는 없다고 본다."[120]라고 하여 공정가격에 의한 거래가 실시되
는 조선과 자유거래가 이루어지는 만주 사이의 곡물거래가 왜곡될 우려가
제기되고 있었다. 일단 두 지역 간 거래 허가제를 실시하여 가격 차이로
인한 과잉 공급을 차단하고 있기는 했지만, 불법적인 거래를 완전히 막을

119) 『東亞日報』 1939년 7월 21일 「中支의 支那米 朝鮮에 輸入하라」.
120) 『東亞日報』 1939년 9월 26일 「移出價는 內地서 統制, 滿支向은 許可로 制限」.

수는 없는 것이었다.

조선총독부가 실시한 가격통제는 시장의 가격 차이를 발생시켰고, 이로 인해 초과수요도 확대되었다. 소위 구매력 과잉과 상품품귀 현상이 그것이었다. 이는 다시 암시장 가격을 더욱 상승시킴으로써 공정가격과 암시장 가격 간의 차이를 더욱 확대시켰다.

1945년 암시장 가격은 쌀의 경우 공정가격의 98.2배, 콩은 46.5배, 비누는 80배, 설탕은 무려 173.9배에 이르고 있었다.[121] 이러한 상황에서 암시장에서의 암거래가 활성화되었다. 상대적으로 단속을 피하기 쉬운 여성들이 암거래에 나서는 경우가 많았고, 배급표 자체가 암거래되거나 배급 과정에서 초과 수량을 취득하여 다시 암거래를 하는 등 그 방법은 다양했다. 이것은 기본적인 생활을 영위하기 위한 상품이 절대적으로 부족했던 상황에 기인한 것으로 민중들의 생존권 확보 차원에서 피할 수 없는 것이었다. 그러나 다른 한편 가격 차이에서 발생하는 구매력 과잉이 가격을 끌어올리면서 생존을 더욱 어렵게 하는 악순환을 발생시키는 것이었다. 여기에 더해 경제경찰의 암시장 단속도 강화되어 살풍경이 연출되고 있었다.

암시장의 살풍경에 대해 "춘천에서는 식량이 적어 암거래가 행해지는데 그 방법은 부인이 아이를 등에 업고 가는 것처럼 해서 운반하는 경우가 많아 모 순사가 아이를 업고 가는 부인을 보고 몰래 운반하는 것이라고 칼을 뽑아 찔러 아이가 죽었다", "경성에서는 식량의 암거래가 성행하고 있는데 사체를 운반하는 것처럼 꾸며 식량을 몰래 운반하고 있다"는 등의 유언비어가 유포되었다.

한편, 물자통제가 강화되면서 현금이 있어도 물건이 없어 구입할 수 없는 상황이 계속되자 각종 물자의 물물교환이 나타났다. 농민 및 상인 간 혹은 행상인, 자동차 운전수 등은 도시와 농촌 각지를 다니면서 물물교환

---

121) 배영목, 『한국금융사: 1876~1959』, 개산, 2002, 333~335쪽.

을 했다. 전쟁은 화폐의 유통을 마비시켰고, 자본주의 상품화폐경제에서 시장을 통해 생존을 유지했던 사람들의 고통은 심화되었다. '물물교환 형태의 유통이 증가한 것은 암거래와 마찬가지로 민중들 스스로 선택한 생존을 위한 고육책'이었다.[122]

1940년 전쟁이 장기화되면서 물자통제의 강화와 함께 경제경찰의 단속도 강화되었다. 경제경찰에 의해 검거된 경제사범수도 크게 증가했다. 검사국에서 기소할 정도의 큰 규모의 상습적인 암거래도 전국적으로 크게 증가했다. 수천 원에서 백여만 원이 넘는 대규모 암거래에 의해 상품이 유통되는 경로에는 하층민, 농·어민, 제조업자, 관·공리 및 배급통제단체 직원, 군수공장 노동자, 운수업자 등 다양한 사람들이 참여하고 있었다. 암시장의 상품들은 자본이 많은 암상인, 브로커, 영세노점상, 행상 등을 거쳐 일반소비자에게 판매되었다. 전쟁이 막바지에 이르렀던 1944년 이후에는 많은 일상용품들을 암시장이 아니면 구할 수 없게 되었다. 암시장의 거래 상품 가격도 천정부지로 치솟았다.

은밀하게 행해지던 암거래가 사회전반에 퍼져가면서 암거래 관련자가 다양한 계층으로 확산되고 있었다. "전쟁 이전 내재된 조선 내 사회갈등이 암시장을 통해 표출되고, 전쟁으로 인한 물자부족이 암시장에서 기형적으로 해소되고 있었다. 비정상적 통제경제체제 하에서 암상인은 그림자 경제 주체로 활동했고 일부 대형 암상인은 상업 자본을 축적하며 성장했다."[123]

일본군의 패배가 계속될수록 일본은 국채판매를 강요했고, 군수물자의 생산을 위한 산업 대출액이 폭증했다. 전시 자금통제는 자금의 분배 과정에서 소수였던 조선인 대자본가가 일본에 더욱 예속될 수밖에 없는 상황을

122) 이송순, 『일제하 전시 농업정책과 농촌 경제』, 도서출판 선인, 2008, 358~363쪽.
123) 이은희, 「1940년대 전반 식민지 조선의 암시장」, 『동방학지』166, 연세대 국학연구원, 2014, 284~285쪽.

초래했다. 반면 대다수 조선인 중소자본가는 전시자금 분배에서 소외되어 운영난을 겪었다. 또한 일부는 전시 금융통제의 사각지대에서 고리대금업으로 자본을 유지하기도 했다. 전시 자금동원의 강도가 높아지면서 강제저축이 증가하고, 조선은행권 발행액도 급격히 증가했다. 하층민들은 강제저축의 여력이 없는 상황에 내몰리자 여러 가지 편법을 동원하여 강제저축을 회피하려 했다. 물가폭등과 물자난이라는 통제경제의 효과는 암시장과 물물교환을 더욱 증가시키고 있었다.

1944년 암시장은 조선인이 생활물자를 구하는데 필수적인 시장이 되었다. 암시장의 상품가격 역시 급격히 상승했다. 암시장에 참여하는 조선인이 증가할수록 암시장과 관련된 브로커, 노점상들의 부는 확대되었다. 다양한 계층이 암시장에 참여하면서 암거래는 사회 전반으로 퍼져나갔다. 시장의 자유가 통제됨으로써 확대된 암시장은 빈부의 격차를 심화시키며 전시경제통제의 효과를 내부에서 균열시키고 있었다. 시장통제가 전쟁이란 특수한 상황에서 진행된 것이기는 했지만, 암시장의 존재는 자유주의적 시장질서에 대한 통제에 저항하는 또 다른 자유주의적 시장 질서였다.

3. 객관적 실체로서의 시장

1) 가치증명의 시장

시장이 개인의 의지와 무관하게 변동된다는 관념은 시장의 자유에 대한 관념만큼이나 오래된 것이라고 할 수 있다. 농업 생산품의 교환이 중심을 이루던 시대의 시장에서도 곡물의 생산량과 소비량에 따라 상품의 가격은 끊임없이 변화되어 왔기 때문이다. 그러나 근대 세계시장이 형성되면서 일상의 소비생활은 인접지역의 상품생산과 소비, 상품의 수요와 공급 이외에 더 다양하고 많은 요인에 의해 영향을 받게 되었다. 그리고 변화무쌍한 시장의 흐름을 예측할 수 있다면 더 많은 이윤을 획득할 수 있기 때문에 사람들은 시장에 대해 많은 자료를 집적·분석 하여 관련 지식을 개발해왔다. 그리고 이러한 과정이 반복될수록 시장은 개인의 의지와는 무관한, 객관적 실체라는 관념이 확고해졌다고 할 수 있다.

갑오개혁을 통해 시장의 자유가 법제화된 이후 시장은 개인이 사적투자가 이루어지고, 상호 경쟁을 통해 이익을 실현할 수 있는 공간이란 인식이 확산되기 시작했다. 유길준은 『노동야학독본』 마지막 장, '스스로 도움(自로 助음)'에서 "스스로 도움이 실상은 서로 도움이니 가령 농부가 공장의 물건을 사니 이는 공장이 간접으로 농부를 도움이오, 공장이 농부의 곡식을 사니 농부가 간접으로 공장을 도움이로다."[124]라고 하여 교환은 자연스러운 현상이고, 개인의 생산은 시장을 통해 가치를 증명 받을 수 있다고 설명했다. 시장은 개인의 생산 활동이 공익적 가치를 가질 수 있는 토대였다. 그는 시장의 자유를 전제로 하고 교환이 생산물의 가치를 증명한다고 믿었다. 그래서 시장은 사용가치가 증명되는 장소, 인간의 경제활동의 가치가 증명되는 장소였다.

개인이 자기의 가치를 증명 받을 수 있는 장소로서의 시장개념은 1905년 이후 확대된 사회진화론에 의해 더욱 확대되었다. 통감부의 성립 이후 진행된 사회간접자본의 확충과 그에 따른 개발사업의 활성화 그리고 일본인 이주와 투자로 경제규모는 확대되었고, 시장의 경쟁을 더욱 심화시키고 있었다. 언론매체는 거래와 투자의 활성화를 경제발전으로 인식했고, 대한제국민은 시장에 적극적으로 참여하여 국가의 경제발전을 이끌어야 한다고 이야기했다.

---

124) 김윤희, 「근대 노동개념의 위계성: 『서유견문』에서 『노동야학독본』까지」, 『사림』 52, 2015, 175~206쪽.

'나라의 형세가 재물 늘어나는 것만큼 급한 일이 없다'다는 언급이 매체를 통해 확산되었고, 대한제국민은 '생존적 능력을 분휘'하여 보호국의 지위를 벗어나야 한다고 주장했다. 이러한 담론의 확산은 세계시장에서 대한제국이 독립주권을 유지할 능력이 있음을 증명해야 한다는 것이었고, 이때 시장은 국가 간 경쟁질서에서 독립주권을 가진 국가라는 것을 증명해 내야 하는 경쟁의 장이었다.[125] 따라서 시장은 유길준이 언급했듯이 자신의 생산 활동이 스스로를 돕게 되는 선순환의 장이었으며, 누구에게나 공정한 기회와 이익을 보장하는 장소였다. 시장을 통해 가치를 증명하는 일은 곧 각자가 가진 경쟁력에 의해 결정되는 것이었고, 시장은 단지 그 경쟁의 최종결정자를 확인해줄 뿐이라고 인식했다.

개인의 자유로운 경제활동의 가치를 증명하는 장소라는 시장 관념은 1910년대에도 여전히 지속되고 있었다. 앞서 언급했듯이 1910년대 『학지광』의 지식인들은 제1차 세계대전의 전쟁 특수로 경제가 호경기로 전환되자, 조선인이 여기에 적극적으로 대응하여 '기업열(企業熱)'을 가져야 한다고 주장했다. 민족경제의 발전이 곧 민족의 자기결정권을 증명할 수 있다는 관념은 식민지 상황으로 인해 그 영향력이 더 커졌다고 할 수 있다. 그리고 가치증명이 이루어지는 시장에 대한 관념은 시장의 자유를 전제로 한 것이었기 때문에 자유주의적 시장질서는 자본주의 사회에서 너무나도 당연한 것으로 받아들여졌다. 그러나 1920년대 경제공황은 가치증명을 위한 시장으로서의 개념에 균열을 가져오는 계기가 되었다.

공황으로 일을 해도 생계를 유지하기 힘든 상황으로 인해 경제가 문제시되기 시작했다. 민족주의와 사회주의 정치기획세력은 자유로운 시장 질서를 자본주의 경제와 동일시하기 시작했다. 그리고 민족주의 정치기획 세력은 자본주의 경제시스템을 구축하는데 주체가 되지 못한 민족은 근대 사

---

125) 김윤희, 「근대 빈민구제담론의 구조와 허구성」, 『한국사학보』 64, 2016, 221~252쪽.

회를 스스로 영위할 주체가 될 수 없다고 주장했다. 이것은 민족의 가치를 증명해야 하는 경쟁의 장이란 시장 개념이 여전히 지속되고 있었음을 확인시켜준다.

　사회주의 정치기획세력은 민족주의 정치기획세력과 마찬가지로 자유주의적 시장과 자본주의 경제를 동일시하는 관념을 공유하고 있었다. 그래서 시장은 무산계급이 조선민족의 계급적 의지에 의해 계급적 이해에 복무하도록 해야 하는 대상이었다. 자유주의적 시장을 전복의 대상으로 규정했던 담론의 자장은 경제 불황이 심화될수록 공론장에서 힘을 얻기 시작했다.

　민족 내부에서 격화되는 빈부의 격차, 일본인과 조선인의 차별, 일본시장과 조선시장의 차별 담론은 시장에 대한 이중적인 관념을 지속시키는 배경이 되었다. 민족이 스스로의 결정권을 가질만한 능력이 증명되는 시장, 그래서 누구에게나 공정한 규칙이 적용되는 시장에 대한 상상 그러나 공정한 경쟁의 기회를 박탈당하는 자유주의적 시장, 그래서 통제와 관리가 필요한 시장에 대한 상상은 총독부의 경제정책, 경제조사, 조선인자본가의 투자, 조선인의 소비생활 등에 대한 평가와 진단 속에 각기 다른 형태로 등장했다. 그러나 현실의 경제상황이 악화될수록 시장질서가 공정하지 않다는 경험이 확대되었고, 가치가 증명되는 시장에 대한 상상은 점차 예측 불가능한 시장이란 관념으로 바뀌어 갔다.

　2) 예측할 수 없는 시장

　1929년 세계대공황과 잇따른 금본위제 탈퇴는 보호부역주의와 블록 경제의 형성으로 연결되기 시작했다. 공격적으로 영국, 미국, 인도에 수출을 해왔던 일본경제는 타격을 입게 되었고, 이러한 영향 아래 조선역시 공황이 심화되기 시작했다.

　세계경제의 변화는 조선경제를 세계경제의 흐름 속에서 이해해야 한다는 인식을 확산시켰고, 조선시장은 세계시장의 변화 속에서 예측할 수 있는 것으로 인식되기 시작했다.[126] 1931년 1월 1일부터 연재된 「세계전황과 조선경제계진상」이란 서춘의 논설은 1월 29일까지 총 21회 게재되었다.

> "1930년 전황은 그 광도에 있어서 세계적이오, 그 심도에 있어서 거의 공전의 것이었다. 베를린경기연구소가 세계의 유수한 나라 48개국을 1) 경기하강 및 하강정지, 2) 상승정지, 3) 경기상승 3개로 구분하여 발표한 바에 의하면 1928년에는 경기하강 및 하강정리 18개국, 2) 상승정지 3개, 경기상승 국가의 수는 실로 27개의 다수에 달할 뿐만 아니라 그 상승국의 수에 현대 자본주의 국가 중 유수한 제국 즉, 미국, 프랑스, 일본 등이 포함되었었는데, 1929년에는 경기하강 및 하강정지국이 25개국으로 증가하고 경기상승정지국은 일거에 12개국으로 격증했을 뿐만 아니라 세계경제의 중심으로 지배권을 한손에 잡았다고 할 만한 미국경기가 상승정지하고, 경기상승국으로는 겨우 10개국이 남았다. 그중 겨우 영국, 이태리 등을 제외하고 말하면 다 세계경제 전제로 보아 미약한 나라뿐이다. 다시 1930년에는 경기상승국인 덴마크, 아일랜드 등 4개국을 제외하고 그 외 44개국은 전부 경기하강 및 하강정지 권내로 빠졌다. 우리는 세계 경기의 이 지리적 분포와 그 변천을 보는 것만으로도 능히 1930의 경제공황이 얼마나 광범위한 것인가를 알 수 있다. 동시에 세계의 경기는 3년 전의 1928년을 절정으로 점차 하락해가고 있는 중인데, 특히 1930년에 와서는 일대 전황이 일어났을 뿐만 아니라 자본주의의 국가 중 유수한 제국 즉 영국, 독일, 캐나다, 일본 등도 공황 또는 불경기에 빠져 그 공황의 도가 심각한 것을 알 수 있다."

서춘이 장황하게 세계 국가의 경기상황을 나열한 것은 조선경제를 이해하기 위해서는 세계 경제의 흐름에 대한 지식이 필요하다는 점을 독자들에게 각인시키기 위한 것이었다.

서춘은 이어서 공황의 현상을 1) 물가의 폭락, 2) 주식의 폭락, 3) 무역의

---

[126] 『東亞日報』 1931년 1월 1일~1월 29일 「세계전황과 조선경제계진상(1)~(21)」.

감퇴, 4) 체화(滯貨)의 격증, 5) 실업자의 격증으로 나누어 설명했다. 그리고 이러한 현상이 발생한 원인에 대해서 1) 유럽의 산업회복 이후 발생한 수출무역부진, 2) 열국의 관세 전쟁에서 드러나는 보호무역주의는 "자급자족주의를 토대한 국내산업의 보호정책은 또한 수출장려책을 겸할 수밖에 없기 때문에 한 국가 내에서 모종의 산업을 크게 발달시키는데 불가분 광대한 판로가 있기를 전제할 수밖에 없는 것"이라고 지적했다. 3) 미국농산물불매동맹, 농산물의 증산계획, 농산물수입관세의 인상, 자국농산물 강제사용 등의 정책이 채택됨으로써 재화가 과잉 생산되었음을 지적했다. 4) 러시아 혁명에 따른 경제교류의 단절과 5) 후진국의 공업화에 따른 공산품의 과잉생산을 지적했다. 6) 생산기술의 발달로 산업합리화운동이 진행되었고, 이에 생산비 절감으로 임금인하, 고용축소, 농산물 생산지의 이동과 생산증대, 7) 대중의 빈곤화로 인한 구매력 감소 등을 주요 원인으로 설명했다. 그리고 여기에 더해 소극적 원인으로 국제 은값의 폭락과 금본위제로의 회귀 등을 언급했다.

그가 진단한 공황의 원인은 제1차 세계대전을 계기로 전 세계의 경제가 생산증대, 수출전쟁, 공업화와 분업의 진전 등으로 매우 밀접하게 연결되었고, 이러한 네트워크가 과잉생산을 발생시켰다는 것이다. 여기에 더해 기업의 산업합리화로 임금인하, 고용축소가 발생하면서 소득 감소로 구매력이 떨어졌기 때문이라는 것이다. 그리고 그는 세계대공황의 영향이 일본에 어느 정도의 타격을 입혔는지를 상세히 소개하고 일본의 경제공황이 다시 조선에 미친 영향에 대해 분석했다.

"농업수출국에 있어서도 '주로 농산물을 수출하는 나라'와 '오로지 농산물을 수출하는 나라'는 구별해 말할 수가 있다." "조선은 오로지 농산물을 수출하는 사회이다." "국제 경제상에 처한 지위로 보아 조선이라는 사회가 처한 지위가 세계의 어느 나라보다도 제일 불리한 지위에 처해 있는 것을 알 수 있을 것이다. 즉 다른 나라 혹은 다른 사회에 공급할 것이라고는 오직 소수의 주요 농산물 밖에 없고, 그 와 반대로 공업품은 일용잡화에 이르기까지 일절 타국, 타 사회에 의뢰할 수밖에 없는 사회가 국제 경제상 제일 불리한 처지인데, 조선은 즉 이점으로 보아 전형적으로 불리한 지위에 처했다."[127]라고 진단했다.

조선이 세계 시장에서 가장 불리한 위치에 놓인 원인에 대해서는 1) 자본회전의 제한성, 2) 생산조절의 제한성, 3) 투자기의 속도를 조절할 수 없다는 점을 꼽았다. 즉 농업국인 조선이 세계시장의 변동에 신속하게 대응하여 생산과 투자를 조절하기 쉽지 않다는 점을 지적한 것이었다. 이러한 분석은 반대로 공업국의 경우 변화하는 시장상황에 신속하게 대처할 수 있다는 점을 전제로 하고 있는 것이었다. 이 분석은 앞서 공업과 농업의 과잉생산이란 지적과는 다소 정합적이지 않은 것이라고 할 수 있다.

이처럼 금본위제의 폐기라는 세계금융시장의 변화가 일본과 조선 시장의 변화에 직접적으로 영향을 미치자, 경제전문가가 제시하는 세계 경제에 대한 지식과 이를 토대로 한 경제비평의 중요성이 부각되기 시작했다. 그들이 시장상황을 예측하는데 있어서 매우 중요한 지식을 제공하다고 생각되기 때문이었다. 조선시장의 변화를 이해하기 위해서는 세계시장을 알아야 한다는 점이 일반의 상식으로 자리 잡기 시작했다.

1932년 잡지『동광』에 실린『조선일보』경제부장 이시완(李時琓)과『중앙일보』경제부장 배성룡의 경제논평 제목은 '세계경제의 금후 전망, 경기회복은 가능한가? 불가능한가?'였으며, 1933년에 실린 경제논평 제목은 '인플레이션 비판, 경제계의 활명수인가? 아닌가?'라는 것이었다. 이들 논설은 세계시장의 변화를 예측하고, 그 변화가 조선시장에 미칠 영향을 분석하는 방식으로 전개되었고, 그들이 중요한 변수로 생각한 요인들은 너무도 많았고, 너무도 전문적인 것들이었다.

[127]『東亞日報』1931년 1월 25일「세계전황과 조선경제계진상(18)」.

　이시완과 배성룡이『동광』기자와 일문일답 형식으로 작성된 경제논평
은 먼저 세계경제에 대한 예측으로 시작되었다.[128] '미국의 통화팽창이 세
계경제를 회복시킬 수 있는가?'에 대해 두 사람은 모두 부정적인 답변을 제
시했지만, 그 근거는 달랐다. 배성룡은 통화팽창이 미국노동자의 구매력
상승으로 연결되지 않는다는 근거를 제시했고, 이시완은 통화팽창과 관세
정책의 관계를 통해 미국의 통화팽창이 세계시장에 미칠 영향은 거의 없다
고 진단했다. 이후 이어진 질문은 1)일본 정우회의 산업정책이 일본의 경
기를 회복시킬 수 있는가? 2) 환율의 하락과 물가 등귀의 추세가 어떻게
될 것인가?였다. 여기에 대한 분석은 관련 통계숫자를 제시하거나 정책수
단의 성격에 대한 것이었다. 특히 일본 산업정책과 경기회복 관련성에 대
한 분석 중에는 당시 일본이 도발한 상해사건이란 정치적 변수가 중요한
요인으로 다루어졌다. 미국시장, 일본시장, 일본의 산업정책에 대한 분석
은 결국 마지막 질문이었던 '올 가을 곡물가격은 오를까 내릴까'하는 문제
로 귀착되었다.

　　"(기자) 이러한 경제 환경 밑에서 우리 조선 사람의 유일의 생산품인 미
　가가 어떻게 될까요. 올 가을에 이르러서 미가가 올라가겠습니까? 혹은 다
　시 떨어지겠습니까?
　　(배성룡) 올 가을의 미가라는 것은 추수전의 단경기를 의미함인지 혹은
　추수 후를 말함인지 모르겠습니다. 일반물가의 추세와 미의 수급관계로 보
　아서 오를 것은 확실할 듯합니다. 그 등귀의 정도에 대해서는 기후관계에
　크게 영향되는 바니 예상할 수가 없는 바외다. 현재의 사정에 특수한 변동
　이 없다면 혹은 30원 내외의 시세가 나타나는 때도 있을 듯합니다. 그리고
　추수 후 미가는 금년 농사의 흉풍에 전연 관계된 바인 것이니 예측을 불허
　하는 바입니다."

---

128) 「世界經濟의 今後 展望, 景氣回復은 可能乎 不可能乎」, 『東光』 32, 1932년 4월.

경제평론가의 문답은 조선의 미곡시장에 대한 예측으로 결론을 맺었다. 앞서 서춘이 세계 금본위제 폐지가 조선경제에 미칠 영향을 분석했던 글은 조선인경제의 특수성을 전제로 세계시장과의 관계를 분석하려는 시도였고, 민족 경제적 담론을 전제한 분석이었다. 반면, 배성룡과 이시완의 경제분석은 세계금융시장의 변동을 통해 조선 곡물시장의 변동을 예측하려는 데 초점이 맞춰져 있었다.

시장의 변화를 예측할 수 있다면 합리적 투자를 통해 이윤을 극대화 할 수 있는 것이었고, 이러한 방식은 당시 유행했던 거래소에 참여할지의 여부를 결정할 수 있는 것이기도 했다. 배성룡이 기본 조건이 동일할 경우를 전제로 예측을 하고 있었다는 것은 경제 분석이 이제는 투자 정보로 활용되기 시작했음을 알려준다. 그러나 이러한 예측은 항상 예측일 뿐이었다. 배성룡이 쌀값은 농사의 풍흉에 관계되는 것인 만큼 예측을 불허한다고 한 언급은 예측 불가능성에 대한 분명한 고지이기도 했다.

한편, 1919년 3·1운동 이후 시장의 가격조절에 대한 필요성을 절감했던 총독부는 공설시장을 통해 시장의 가격 변동을 예측하고 관리하고자 했다. 그러나 1920년대 중반 물가하락으로 인해 공설시장은 물가안정의 기능을 상실하고, 그 대신 시장의 물가 모니터링기관으로 성격이 변화된 것이라고 할 수 있다.

총독부는 1914년 「시장규칙」을 제정하여 기존의 시장을 분류하고, 시장세를 거두는 기초로 삼았다. 「시장규칙」은 모든 시장을 허가제로 하고, 시장운영의 공영제를 근간으로 하여 조선의 시장을 통제, 관리하는 법적 근거가 되었다. 「시장규칙」에 의해 조선의 전통시장은 대부분 부·면에서 담당하는 공설시장이 되었지만, 지방관청이 명실상부하게 시장을 경영한 것은 아니었다. 「시장규칙」은 시장의 사물화에 의한 폐단을 막는다는 소극적 목적에 중점이 있었다.

따라서 시장판매품에 대한 가격규제 체제는 공설일용품시장이 개설되면

서 형성되었다. 공설시장은 생산자로부터 소매상에 이르기까지 중개수수
료, 구전을 줄여 생산원가에 가까운 가격으로 판매하는 것을 목적으로 하
였고, 시장에 입점한 상인들은 행정기관이 정한 가격대로 상품을 판매해야
했다. 또한 시장판매품의 품질, 가격, 장내 정리 등은 모두 행정기관이 결
정하고, 입점 상인들에게 이를 따르게 했다. 대신에 시장사용료를 제외한
일체 비용을 면제하는 등 다양한 혜택을 부여했다. 정찰제, 현금거래. 할인
및 외상 금지, 영업장 양도 금지, 지정되지 않은 물품 판매 금지 등이 의무
사항이었다.[129)]

　「시장규칙」은 일본과 식민지에서 제정된 각종 시장규칙들 가운데 가장
강력하게 개설자를 제한했던 조치였다. '시장공영화'의 주요 목적은 부족한
세입을 충당하려는 목적도 존재했다. 2호시장을 제외한 모든 시장에 대해
시장거래에 세금을 징수했다.[130)]

　1919년부터 각 지방행정기관에서 설치한 공설시장은 상설 일용품시장의
전형적 모델이 되었고, 1920년 이후부터 전국적으로 '공설시장'이란 이름을
단 '사설 염매소'가 다수 증가하였다. 그러나 경제적으로 시장 기능을 수행
한 '사설 염매소'는 허가를 받지 않았기 때문에 법적으로는 시장으로 파악
되지 않았다.[131)] 총독부는 주민들의 수요를 고려해 이를 묵인했으나, 나중
에 「시장규칙」에 저촉된다는 구실로 사설시장을 강제로 매수해 제2호 공
설시장으로 만드는 방법을 택했다. 1920년대 말까지 서울에는 20인 미만의
영업자가 하나의 장옥(場屋)에서 식품과 일용잡화를 파는 사설시장이 많이
있었다.[132)]

129) 박이택, 「식민지 조선의 공설일용품시장과 가격규제체계」, 『경제발전연구』 17-2, 2011.
130) 진주완, 「조선총독부의 도시지역 공설시장제도 도입과 운영실태」, 『한국민족운동사연
　　구』 86, 2016.
131) 허영란, 「일제시기 상업의 근대성과 식민지성」, 『역사비평』 25, 1994.
132) 박은숙, 『시장의 역사』, 역사비평사, 2008, 294쪽.

총독부는 1927년 「시장규칙」 개정을 통해 도시일용품시장을 모두 공설일용품시장으로 재편하려 했다. 사설일용품시장의 경우, 시장 허가기간 만료 시 허가기간을 연장하지 않는다는 규정을 포함하였다. 물론, 그 이후 사설일용품시장이 모두 소멸한 것은 아니고, 신규 설립이 허용되지 않은 것도 아니었다. 도시일용품시장을 모두 공설로 한다는 것은 시장 정책의 지향점이었을 뿐 그대로 구현된 것은 아니었다.[133]

공설시장은 사회정책적 구빈정책, 세민구제를 위한 사회사업으로 시작되었다. 1919년 3·1운동의 배경으로는 1910년대 말 물가상승에 대한 조선인들의 사회적 불만이 깔려 있었고, 이에 대한 회유책으로 총독부는 소매물가를 억제할 수 있는 임시시설로서 공설소매시장을 개설하였다.[134] 공설시장 설치 초기에는 생필품 가격 인하, 도시민 생활난 완화라는 사회 정책적 목적에 각종 특전을 부여했다. 그 대신 판매가격에 극단적인 제한을 두어, 취급물품 가격은 시장가격보다 30% 가량 저렴하였다.[135] 그러나 실제 가격조절 기능은 매우 제한적이었다. 경성부의 경우 공설소매시장 가격은 비교적 저렴하지만, 공설소매시장과 거리가 멀어지면 가격이 비싸져서 남촌 내에서도 최대 30% 가량 가격 차이를 보이는 경우도 있었다. 또한 사설염매시장과의 경쟁으로 인해 종로공설시장의 경우 성적부진으로 폐지되기까지 했다.

1923년쯤부터 공설시장은 염가시장으로서의 의미를 상실하였다.[136] 제1차 세계대전의 영향으로 평균 13.7%(1912~1920)로 상승세를 보였던 물가는 이후 3.6%(1920~1930)로 하락하여, 시중물가는 안정세를 되찾았다. 이에 따라 공설시장은 서민의 생활안정이란 사회정책의 역할에서 가격관리

133) 박이택, 앞의 논문, 218쪽.
134) 진주완, 앞의 논문, 166쪽.
135) 박이택, 앞의 논문, 229쪽.
136) 허영란, 앞의 논문, 218쪽.

체계의 하나로 그 역할이 바뀌게 되었다.[137] 즉, 1923년 시장사용료 징수
조치가 그것이다. 이 시기에는 물가등귀보다 물가 하락이 문제였고, 공설
일용품시장의 안정화 기조가 유지되었다. 시장사용료의 징수는 일반소매
상점보다 저렴한 가격을 유지하여 도시민의 생활부담을 경감시킨다는 당
초의 사회정책적 취지를 부정하는 결과를 낳았다. 이때부터 표준물가의 공
시, 시중소매상인의 폭리 견제, 물자배급조직의 개선이란 경제 정책적 목
적으로 운영되기 시작하였다고 할 수 있다.

예를 들면, 경성부 경상수입에서 시장사용료, 수수료가 치지하는 비중은
10%(1922)에서 38%(1923)로 크게 증가하였고, 공설일용품시장의 재정자립
을 지향하는 방향에서 시장수수료 징수가 실시되었다.[138] 대신 공설시장
은 물가하락으로 그 기능을 상실한 이후 총독부의 물가 모니터링을 위한
역할을 수행했다. 총독부는 전국 공설시장의 소매가격을 조사하고, 이를
통해 산출표준을 만들어 적정 가격과 소매상의 마진을 산출했다. 소매상의
폭리를 제어하기 위한 가격 정보를 공설시장의 가격조사를 통해 확보한 것
이었다. 또한 총독부는 서울의 경우, 경성부 공설시장 소매가격표를 일반
에 공개하여, 사설 소매시장 가격과 비교를 통해 사설 소매시장의 가격 상
승을 억제하는 방식으로 시장에 대한 관리를 수행했다.

1920년대 물가관리 모니터링 기구의 역할을 수행한 공설시장은 1930년
대 인플레이션이 발생하면서 다시 물가 억제기능을 담당하기 시작했다. 도
시지역에 대규모 공업지대가 형성되면서 노동자에게 공급할 일용품 배급
목적으로 공설시장의 역할 변화가 나타났다. 1930년대에 개설된 경성부의
영등포공설시장(1931), 인천부의 송현리일용품시장(1936), 부산부의 부산
진공설시장(1930), 목도공설시장(1932), 부전리공설시장(1941), 평양부의

137) 진주완, 앞의 논문, 181쪽.
138) 박이택, 앞의 논문, 230쪽.

선교리, 신양리, 인흥리 공설시장 등은 이 일대 형성된 공업지대에서 발생
하는 소비에 대응하고자 개설된 공설소매시장이었다. 공설소매시장이 이
제 관공리나 봉급생활자뿐만 아니라 공업노동자를 대상으로 활용되기 시
작했던 것이다.[139]

1930년대 후반부터는 전시통제의 수단으로 공설시장이 활용되었다. 1930
년대 물가등귀로 인해 물가통제수단으로 활용되었던 것이다. 생필품 배급
제 실시와 함께 공설일용품시장은 생필품배급망의 일환으로 운영되었다.
이를 위해 경성부는 서대문공설시장(1934), 영등포공설시장(1937), 관동공
설시장(1940), 통인동 및 신당동공설시장(1941), 돈암동공설시장(1944), 혜
화동공설시장(1944) 등 6개의 공설시장을 추가 개설하였다. 하지만 이들
공설시장은 폐지 또는 이전된 것이 적지 않았다. 사유지에 개설한 경우 지
주의 반환요구에 의해 시장 부지를 돌려주어야 했고, 판매 시장이 자리하
기에는 적절하지 않은 곳은 폐쇄되었기 때문이다.[140]

공설시장이 물가억제에서 물가 모니터링으로 그 기능이 변화되었던 것
은 시장의 변동성이 예측할 수 없을 정도로 극심했던 상황을 반영한 것이
었다. 동시에 총독부가 물가 변동에 대응하기 위해 매우 제한적 범위에 설
립된 공설시장을 활용하고자 했다는 점은 시장의 변동성을 매우 소극적으
로 관리했음을 반증하는 것이라고 할 수 있다.

3) 모호한 그러나 예측되어야 하는 시장

1930년대를 전후로 확산되기 시작한 거래소의 어휘들은 끊임없이 변화

---

139) 진주완, 앞의 논문, 181~184쪽.
140) 박이택, 앞의 논문, 231쪽; 京城府, 「配給機關ニ関スル調査 (市場ノ部)」京城府産業調査
會報告 제7호(1936), 174쪽.

하는 시장을 대상으로 한 경우들이었고, 그 이전에 비해 매우 다양하고 많
은 어휘들이 매체를 통해 유통되고 있었다. 이들 어휘는 예측 불가능한 시
장의 상황을 표현하고 있었기 때문에 상황의 진행 추이 등을 모호하게 지
시하는 어휘들이 대부분이었다. 1933년『동아일보』는 1월부터 4월까지 총
28회에 걸쳐 '시장용어사전'이란 기사를 통해 146개의 어휘를 소개, 설명했
다.『동아일보』에 소개된 어휘는 주로 거래소에 참여하는 사람들이 사용하
는 어휘였고, 대부분은 일본에서 들어온 한자였다.

> "신문경제면 상황란에 대하여 해설하여 오던 것은 대체로 끝났다.……
> 시장용어에 대한 해설을 하기로 한다. 이 용어가 상당히 많으나 가장 필요
> 한 것만 골라서 한 말씩 간단히 설명하려고 한다. 그런데 순차에 있어서는
> 이 용어가 경제용어해설에서도 말한 것과 같이 조선말이 아니라 일본말로
> 된 것인 까닭에 할 수 없이 일본말로 읽은 순서대로 나아갈 터이다"[141]

따라서 동아일보는 일본말 순서대로 용어풀이를 하겠다고 하고, 어휘 설
명 가운데 우리말로 대체가능한 어휘를 함께 게재했다. 시장 용어해설을
배치한 이유는 앞서 언급했듯이 조선인들이 신문에 게재되는 경제비평을
이해할 수 있도록 다양한 경제어휘를 설명했던 연장선 속에 놓여 있는 것
이었다.

경제용어가 세계경제, 일본경제, 조선경제의 구조와 특성을 설명하고,
금본위제의 폐기 등 특정 경제 사안에 대한 이해를 돕기 위한 것이었다면,
시장용어는 시장의 변화에 대한 정보를 전달하는 거래소 시황기사를 독자
들이 이해할 수 있도록 돕기 위한 것이었다. 이것은 거래소가 조선인의 일
상생활 속으로 깊숙하게 들어왔기 때문이었다.
『동아일보』가 소개한 147개의 어휘는 대부분 가격변동의 양상을 지시하

141)『東亞日報』1933년 1월 21일「市場用語解說(一)」.

는 어휘들이었다. 추시세(秋時勢)는 9월부터 11월까지의 곡물시세를 의미하는데 특히 이 시기를 지시하는 어휘가 다수 등장한 것은 곡물 거래소의 가격변동으로 이익이 심하게 발생하고 있었기 때문이라고 할 수 있다.

맛을 뜻하는 미(味, 아지)는 시장의 공기를 뜻한다고 풀이되고, '경기 직각의 모양을 표시' 한다는 부가적 설명이 달렸다. 미(味, 아지)는 당시 신문의 주식시황에 대한 기사에서 매일 등장하는 용어였다. 예를 들어 "柱式 16日: 京取市場 前場 不味, 賣買 共히 見送, 後場 閑散, 氣迷深甚, 米綿安定待 强合裡에 見送, 鍾新配當落 新舊 共 割高"[142]라는 기사에서 '불미(不味)'와 같은 표현은 서울 거래소 시장의 분위기가 좋지 않다는 의미였다.

당시 주식시황에 대한 언론의 기사는 이러한 용어를 알지 못하면 암호화된 정보와 같았다. "下旬에는 四十一萬石으로 頭重이었는데", "定期는 頭打의 感이 있어 賣腰는 次第로 軟化되고", "特히 靑魚는 從來主로 朝鮮方面에 輸出하던 物産임으로 此를 中止함은 斯業의 頓坐을 招하는것이라하야" 등의 기사에서 등장하는 두중(頭重, 주오모), 두타(頭打, 아타마우치), 돈좌(頓坐, 돈자)와 같은 용어를 알지 못한다면 이 기사는 경제활동을 위한 정보가 될 수 없었다. 두중은 "시세가 등세를 펴지 못하는 경우인데 조선말로는 '약보'라고 할 것이다."이고, 두타는 "시세가 올라가는데 그 이상 더 올라갈 힘이 없고 도리어 떨어질 경향이 보인다는 말인데 조선말로는 '절정에 달한 시세' 또는 '천정을 친 시세'라고 하는 것이 좋을 것 같다."이며, 돈좌는 "시세가 높은 값으로 올라가는 때에 돌연히 등세가 꺾이고 반대로 시세가 떨어지는 경우이다. 조선말로는 '등세의 역전'이라고 함이 어떨까 한다."라고 설명되었다.

이 세 가지 어휘는 모두 현재의 시세에 집중하기보다는 미래의 가격변동에 대한 예측을 포함하는 의미를 갖는 것이었다. 두중은 가격이 잘 오를

---

142) 『每日申報』 1925년 5월 17일 「京取市場」.

것 같지 않은 모양을, 두타는 일정 정도의 가격에 다다르면 더 이상 오를 것 같지 않은 모양을, 돈좌는 현재 최고가로 앞으로 내려갈 것 같은 모양을 의미했다. "악재료의 소멸 또는 악재료가 안 없어졌더라도 시세가 상당히 떨어져 그 이상 악재료의 영향을 나타낼 수 없게 되었다"는 의미의 회즙발(灰汁拔, 키수루)은 "그러나 다시 한 번 떨어지는 곳은 灰汁拔이 되는 同時에 絶好의 買處가 될 것 같다"는 식으로 기사에 사용되었고, 더 이상 떨어질 곳이 없다는 것은 곧 매입을 해야 한다는 의미를 내포하는 것이었다.

과거의 가격, 현재의 가격을 통해 미래의 가격을 예측하려는 용어는 매우 다양한 시세변동의 양상과 예측의 가능성을 포함하고 있었다. 부족(浮足, 우키아시)은 "시세의 걸음이 상하로 정하기 어려우며 또는 떨어져 버릴 것같이 보이는 경우"로 "期米가 浮足을 보이고 있어 高價는 경계하고"와 같은 기사는 쌀 가격을 예측하기 어려운 상황이기 때문에 쌀의 고가 매입을 경계해야 한다는 의미였다.[143]

1920년대와 달리 1930년대에 접어들면서 시장용어에 대한 해설이 필요해졌다는 점은 조선인의 일상생활이 시장의 변화에 영향을 받는 정도가 매우 커졌다는 점을 반증한다. 또한 민족주의 정치기획 속에서 경제구조의 문제를 지적해왔던 이들이 시황에 대한 기사를 조선인이 이해해야 한다고 생각했던 것은 조선인이 변동하는 시장에 대응하여 주체적으로 투자를 결정해야 한다는 인식을 갖고 있었기 때문이었다. 시장에서 "시세경로표로 시세의 강약을 판단하고 매매의 방침을 결정하는 사람인데 조선말로는 '괘선가'라고"하는 족취옥(足取屋, 아시도리야), 즉 시장분석가의 전문성이 아니면 예측하기 어려운 것이 되어 있었다.

---

143) 『東亞日報』 1933년 9월 17일 「米正 各地의 商況」.

〈표 3-1〉 동아일보 '시장용어 사전'에 등장하는 어휘

1399년 1월(13개)	1933년 2월(87개)		1933년 3월(21개)	1933년4월(24개)
青田賣買 청전매매	挑合 보세(保勢)	追驅買 추격매	買競 총매인기	崩 무너짐
灰汁抜 회즙발	浮腰連 부요련	追驅賣 추격매	買方落城 매방패퇴	小幅 소폭
秋時勢 추시세	浮足 부족, 우키아시	落 처분	株式取引 주식시장	反落 반락
味 미, 아지	嫌氣筋 혐기측	落着 평온	株券 주권	傍觀 방관
足取屋 증권시장분	嫌氣賣 혐기매	御多福 중저(中低)	株式會社組織取引	落調 낙세
석 전문가, 괘선가	嫌氣煎 혐기전	海上期 매상기	所 주식회사조직	亂高下 난시세
當屋 당옥	嫌氣投 혐기투	親不孝相場 친불효	거래소	亂手 역수
頭 최고시세	買上期 매상기	시세	空廻 매매불성	反動 반동
頭重 약보	打步 프리미엄	買煽 선장(煽場)	看板料 간판료	下澁 하삽 사계시부
頭打 절정시세	內氣配 내경기	重頭重 등세미약	瓦落 폭락	루
足取 시세경로	薄商內 매매근소	買過 과매	假玉 가옥	俵合 표합, 효아와세
足取不 시세미약	薄差 박차, 소차	買待 매대	氣配 시세	採算 채산, 사이산
賣浴 매욕, 매압	賣空 매건	買募 매모	氣味買 기미매	採算筋 채산근, 사
步調 중간시세	賣埋 매충	買慕 매모	氣預 기예	이산스지
頓挫 등세의 역전	賣焦 매초조	買付 매입, 매약	氣重 약인기	當用口 당용구, 토
	賣嫌氣 매염증	買凭 매빙	氣乘薄 무세(無勢)	요오구치
	賣建 매건, 매약정	買思惑 매투기	氣丈 기세강경	戻 여, 모도리
	賣繫 매계, 매물	買相場 매시세	氣直 호전	不申 불신, 모사쓰,
	賣叩 매고, 매압	買腰 매요	片落 일부처분	伸氣 등세
	賣過 매과, 과매	買人氣 매인기	吸收 흡수	篩落 진락
	賣難平 매평균	買剩 매월	共販 공판	底強 저강 소고쓰요
	賣思惑 매투기	買材料 호재료	競賣買 경매매	이
	賣澁 매주저	買添 매증		踏 답, 답상(踏上),
	賣順 매기회	買進 매진		매방손퇴(賣方損
	賣一巡 매물출진	買外 매처분		退), 후미
	賣込 매입, 성매	買疲 과매		突付買 고가매입, 도
	賣材料 매재료	買戻 매처분		비스기카히
	賣狙 매기회대	買繫 매물		端境 단경, 단경기,
	賣惜 매주저	買窺 매규		신곡기(新穀期),
	賣疲 매만복	買氣 매기		하사가이
	賣聯盟 매연합	買瀨切 매방의 방전		花見相場 하나미소
	賣玉 매건주, 매건미	買滿腹 매피		바, 춘난시세
	賣腰 매방기세	買萌 매시작		花形株 화형주, 인
	賣越 매물초과	買物薄 매물희박		기주, 우량주
	賣走 매기선동	買順 매기회		焦付 고케쓰키, 부
	大上鞘 대고위	買拾 매습		동, 초부(焦付)
	大底 원바닥	買乘 매승		
	賣退 매처분	買聯合 매연합		
	賣何 매대항	買長 하장		
	大保合 대보합	買直 재매진, 속매		
	大手合 다량매매	買向 매웅		
	大引足 종가선	買廻 매회		
	大引 종가	買退 매물처분		
	落玉 차분주, 차분미	買平均 매평균		

4) 비정하고 냉혹한 시장

1920년대 초 경기불황에 따른 조선인 경제생활의 악화는 경제활동의 문제뿐만 아니라 사회 문화적 영역에도 영향을 미쳤다. 조선인의 문화, 정신까지 비정한 시장의 논리 앞에 무너지고 있다는 인식이 공론장을 통해 확산되었다. "우리 조선은 근대 경제적 생활이 파산의 지경에 빠지고 또 악정의 압박 하에 인민이 사상의 자유와 용기를 잃어 거의 예술을 가지지 못할 만한 땅이 되게 되었습니다."[144]라고 언급한 이광수는 예술이 이미 자본주의에 물든 향락적인 예술로 전락했다고 비판했다. 서양에서 또는 일본에서 직수입되는 고가의 예술품이 시장을 통해 고가로 소비되는 예술이 조선민중의 정신에 자리 잡게 하고 싶지 않다는 지적은 이미 문화소비시장이 돈 많은 자들에 의해 좌우하는 자본주의적 시장의 논리로 물들었다는 비판이었다.

1910년대를 거치면서 이미 자본주의 소비시장의 향락에 물든 조선인의 생활태도에 대한 비판은 앞서 언급했듯이 조선인경제의 생산성을 제고하기 위한 민족주의 정치기획의 하나였다고 볼 수 있다. 그러나 이러한 정치기획이 공론장에 등장했다는 점은 역으로 자본주의 시장의 논리가 이미 조선인의 일상생활을 지배하고 있었다는 점을 확인시켜주는 것이었다.

염상섭(廉想涉)은 문예시장이 자본주의 시장논리에 지배당하고 있기 때문에 작가가 직접 문예시장에 참여하는 것은 자연스러운 현상이 되어버렸다고 언급했다. 그는 문예시장이 시장의 논리에 물들어서 무산계급의 문예를 억압하고 있다고 주장했다. 또한 시장의 논리가 관철되면서 작가의 생계 역시 시장의 자본주의 논리가 관철되면서 유지하기 어렵다고 보았다.

144) 京西學人(이광수), 「경제적 파산과 예술」, 『開闢』 1922년 1월.

염상속의 자조적인 비판에 동의했던 이량(李亮)은 구체적인 실천방안으로 작가가 자신의 작품을 값싼 리플렛으로 제작해야 한다고 주장했다.[145]

경제 불황은 자유주의적 시장질서의 폐단을 극명하게 드러냈고, 경제적 파산에 따른 자살과 범죄가 증가했다. "근래에 패륜의 범죄가 많은 것은 조선에서는 놀랄만한, 현저한 현상이라고 아니할 수 없다. 자식이 어버이를 타살하는 등 교사가 제자와 난륜(亂倫)의 관계를 맺는 등, 이러한 사건이 하나 둘 만이 아니다. …… 이 뿐 아니라 일반으로 보아 …… 남녀의 도덕, 붕우의 도덕, 이웃의 도덕이 모두 파괴가 되는 경향이 날로 심하여 가고 개인과 개인은 마치 아무 도덕적 결속이 없고 저마다 제 이욕을 위하여 난투하는 듯한 …… 오늘날 조선과 같이 심하게 된 때는 아마 드물 것이다."[146]라는 언급 속에서 알 수 있듯이 당시 언론에서는 경제적 이익을 둘러싼 경쟁의 격화가 결국 조선인의 도덕심을 무너뜨리고 있다고 진단했다.

자유경쟁의 시장이 조선인의 생활 속에 깊숙이 들어온 현실은 채만식(蔡萬植)의 소설『탁류』를 통해 좀 더 극적으로 표현되었다. 1937년 10월부터 1938년 5월까지 총 198회에 걸쳐『조선일보』에 연재된『탁류』는 군산 미곡거래소 주변에서 기생하는 정주사의 딸 초봉의 비극적인 삶을 통해 쌀과 여성이 상품화되는 자본주의 시장의 악마적 속성을 그려냈다.[147] 소설에 등장하는 미두장, 초봉의 남편인 고태수가 근무하는 은행의 풍경, 향략적 문화소비의 장소였던 온천, 유곽, 백화점 풍경은 당시 시장을 매개로 생계를 유지하며 살아가는 조선인의 삶을 그대로 묘사하고 있다. 특히 미곡거래소에 참여하는 군상들의 투기적 모습은 인간의 윤리관을 철저하게 배

---

145) 李亮,「文藝市場論에 對한 片言」,『開闢』69, 1926년 5월.
146)『東亞日報』1933년 8월 25일「권위의 폐허」.
147) 류보선,「교환의 정치경제학과 증여의 윤리학」,『구보학보』2, 2007, 231~283쪽.

제하고 돈과 상품의 논리로 무장한 상황을 그대로 묘사했다.

자본주의 시장경제에서 곡물의 수요공급이 매우 불안정해지자, 총독부는 미국취인소의 거래에서 선물거래를 승인했다. 선물거래는 자본주의 시장경제의 불안정성을 보완하기 위한 장치로 고안된 것이라고 할 수 있다. 당시 쌀 등의 곡물은 생산량의 변화가 심했기 때문에 수급이 불안정하고 품질 또한 균질하지 않았다. 따라서 자유로운 시장거래에 전부를 위임할 경우 곡물수급과 가격결정에 왜곡현상이 심할 수밖에 없었다. 선물시장은 매매 당사자가 미래의 약정 시점에 특정 상품을 현시점에서 약정한 가격으로 매입할 수 있도록 하는 것이었다. 거래 당시에 약정된 가격으로 미래의 약정 시점 그 가격으로 쌀을 구입할 수 있다면, 생산자는 미래에 나타날 수 있는 쌀값 폭락을 걱정하지 않아도 되고, 구매자는 쌀값의 폭등을 걱정하지 않아도 되는 거래 방식이었다. 선물거래는 매매 당사자에게 손실의 위험을 줄일 수 있는 것이라고 할 수 있다.[148]

그러나 이러한 선물거래 방식은 오히려 곡물거래에서 발생하는 위험을 매매자에게 전가하는 대신 그들에게 엄청난 이익을 벌 수 있는 기회를 제공하는 것이었다. 현재에 미래가격을 예측하여 매매를 하려면 매매자는 미래 곡물가격에 대한 충분한 정보를 바탕으로 하여 가격을 예측해야 한다. 자연재해에 의해 생산량의 변동이 큰 곡물의 선물거래는 예측 불가능한 시장을 예측 가능한 시장으로 바꾸려는 인간의 다양한 노력을 창출한다.

앞서 언급했듯 『동광』의 경제 분석 기사가 가을 곡물가격을 예측하기 위해 세계경제, 일본경제의 흐름을 분석하고 있었던 것은 미곡거래소의 곡물가격이 조선인의 생계문제에서 더 나아가 이윤획득과 너무도 밀접하게 결합되고 있었기 때문이었다. 특히 거래소의 곡물가격을 예측하기 위한 정

148) 한수영, 「하바꾼에서 황금광까지 식민지 사회의 투기 열풍과 채만식의 소설」, 『일제의 식민지배와 일상생활』, 혜안, 2004, 238~239쪽.

보들은 시장을 통해 생계를 해결하는 사람들보다 가격 차이를 통해 거액의
이윤을 획득하려는 사람들에게 더 중요한 것이었다. 배성룡, 이시완 등 경
제전문가들에 대한 사회적 수요가 증대될 수밖에 없는 것이었다.

　『탁류』에서 그려진 미곡거래소는 매입시점의 가격과 미래의 가격 사이
에 막대한 이익을 얻으려는 다양한 군상들이 모여드는 장소였다. 또한 매
입가격의 일부만을 지급하여 미래의 곡물을 인도할 수 있는 거래방식은 아
주 작은 소자본가를 거래소로 유인하는 매력적인 것이었다. '머슴에서부터
중매점 점원, 경찰, 사장, 객주부상, 지식인, 교육자에 이르기까지 "눈가지
로 귀뚫린 조선 사람의 대다수는 한번 쯤 미두파에서의 일확천금의 꿈을
꾸지 않는 이가 없을 정도"로 미두는 열풍 그 자체였다.'[149] 따라서 채만식
은 "치외법권이 있는 도박꾼의 공동조계요 인색한 몽테카를로"라고 묘사했
다.[150] 그리고 그곳은 "손바닥이 엎어졌다 젖혀졌다 하고, 방안지의 괘선
이 올라갔다 내려왔다 하는 동안에 돈 만 원은 어느 귀신이 잡아간 줄도
모르게 다 죽어"버리는 상황이 벌어지는 곳이었다.[151]

　타락한 시장은 그곳에 참여하는 인물뿐만 아니라 주변의 인물까지 타락
시켰다. 정주사, 초봉, 고태수라는 중심인물뿐만 아니라 주변인물 역시 타
락해갔다. 일확천금을 얻은 한참봉이나 제약회사를 차린 제호, 그리고 태
수가 버린 '금절표'를 주워서 부를 획득한 형보 역시 성공을 위해 타락한
인간상을 보여준다. 『탁류』에서 그려진 성공한 사람들은 모든 가치를 시장
의 가치로 환원하는 인간, 그래서 더 이상 인간이 아닌 자본 또는 상품의
모습이었다.[152]

　시장은 이미 자본의 논리로 점철된 그래서 비정하고 냉혹한 곳이란 인

---

149) 한수영, 앞의 논문, 240~241쪽.
150) 채만식, 「탁류」, 『채만식전집』 2, 창작과비평사, 1978, 72쪽.
151) 채만식, 「탁류」, 『채만식전집』 2, 창작과비평사, 1978, 73쪽.
152) 류보선, 앞의 논문, 253쪽.

식이 자리했다. 매매춘 시장을 '인육시장'이라고 표현한 것은 창녀가 될 수밖에 없었던 조선여성의 비정한 운명을 그 배후로 하는 용어였다.[153] 동래 부산 어촌에서 부모와 오빠와 함께 행복한 하루를 보냈던 어린 계집아이는 어느 날 들어 닥친 일본인의 패악질에 쫓겨 가족의 생계가 막막해졌다. 어린 계집아이는 다시 어떤 일본인의 꼬임에 넘어가 오사카의 유곽에 팔려가는 신세가 되었다.[154] 시장과 사회윤리의 타락사이에 상관관계가 있다는 인식은 1920년대 이후 매체의 다양한 문학 장르가 다루는 중요한 소재였다. 특히 거래소 시장은 이러한 관계를 극명하게 보여주는 곳이었다.

중일전쟁 발생 이후 주식시장은 점차 위축되어 갔다. 만주사변 이후 준전시 체제의 강화로 금융기관의 대출은 군수산업에 집중되었고, 일반 산업계는 성황을 이루었다. 1936년 2분기까지 주식 매매량과 가격이 급등세를 보였다. 그러나 중일전쟁 발발 이후 특히 전쟁이 장기화될 것이 예상되면서 주식시장은 하락했다. 그리고 국가총동원법 제11조가 발동되면서 주식시장은 완전히 침체에 빠졌다.

통상 전쟁 시기 주요 전투에서 승리할 경우 주식시장이 동반 상승하는 것이 일반적인 현상이었지만, 중일전쟁 이후에는 일본이 전투를 승리했음에도 불구하고 주식시장은 지속적으로 침체되고 있었다. 국가총동원법 제11조에는 회사의 자금조달 이익처분에 대한 제한과 금융기관에 대한 강제 대출명령이 포함되어 있었기 때문에 기업의 자유로운 이윤활동이 크게 제한받았다. "원래 주식시장은 국가통제를 즐거워하지 않는다. …… 현재의 통제, 전쟁목적의 수행을 위하여 강화되는 국가통제는 자본주의적 기업 특성을 대부분 무시한다."고 보았고, 따라서 전시통제경제는 자본주의 주식시장의 존재의미를 말살시켰다고 보았다. 국가통제는 자본주의적 요소

153) 一記者,「大京城別世界風景, 蕩子를 顧客삼는 人肉公賣市場」,『別乾坤』67, 1933년 11월.
154) 미상,「實話, 人肉市場에 판 불상한「水香」,『三千里』2, 1929년 9월.

의 부정을 의미했고, 그래서 오히려 자본주의의 변혁을 의미한다는 것이다.[155] 시장에 대한 통제는 인간성의 회복을 위한 것으로 읽혀질 수 있는 것이었다.

---

[155] 東京 崔昌鎬, 「戰爭과 株式市場: 12條發動을 中心삼고서」, 『三千里』 11-1, 1939년 1월.

제4장

노동과 노동시장

1. 노동의 신성성

1) 공동체의 가치에 기입된 노동

전근대 사회에서 노동을 의미하는 어휘는 수고롭게 움직인다는 노동(勞動), 조세와 같이 강제적으로 해야 하는 역(役), 공동체 유지를 위해 필요한 노력(勞力)과 노심(勞心), 그리고 평생 동안 해야 하는 일인 업(業) 등 매우 다양했다. 이러한 노동들은 유길준의 『서유견문』을 통해 국가적 가치에 기입되기 시작했다. 근대 국가의 경쟁질서 속에서 주권을 유지하기 위해서는 국가의 생산성이 시장을 통해 증명되어야 했고, 유길준은 노력과 노심을 생산성과 효율성의 관계로 재배치했다. 국가적 가치를 부여 받은 노동은 1894년 이후 언론매체를 통해 나태함과 게으름을 대립어로 하는 근로로 지시되어 유통되기 시작했다. 반면 '노동(勞動 또는 勞働)'이란 어휘는 아직 공론장에서 국가적 가치로 의미화되지 못했는데, 여기에는 해외의 폭력적인 노동운동에 대한 기사의 유입, 이주 노동자의 비참함 등으로 노동자에 대한 부정적인 이미지가 유통되었기 때문이었다. 그러나 1905년 통감부의 토목사업의 증대, 이주일본인의 증대로 건축 붐이 일어나면서 노동임금이 상승하기 시작했고, 노동자 조직으로 노동야학, 노동회 등이 결성되었다.

계몽기획 세력은 노동자에게서 국가 경제의 발전 가능성을 확인했고, 노동자를 하류사회로 포착하기 시작했다. 이러한 변화를 배경으로 1908년 출판된 『노동야학독본』은 육체노동을 노동으로 규정하고 국가와 사회 발전의 원천으로 신성화하는 관념을 드러냈다.

다른 한편 노동을 개인의 실현이란 관점에서 신성화하는 관념도 등장했다. 일본의 쓰나시마 료센(綱島梁川)의 글을 번역한 「노동과 인생」에서 노동은 육체노동과 정신노동 모두를 포괄하는 인간의 행위란 개념으로 사용되었다. 노동은 개인 인생의 발전과 진보의 가치를 갖는 것이었다. 이 글은 당시 계몽운동으로 팽배해진 물질만능주의에 대한 당시의 비판을 배후로 하고 있었다. 그러나 1905년 이후 사회진화론의 자장이 확대되면서 노동은 국가의 자기결정권을 증명하기 위해 생산성을 극대화해야 하는 것으로 인식되었다.[1]

1910년 정치적 결정권을 상실한 식민지 상황에서 노동은 민족의 생존이란 가치에 기입되었다. 민족주의와 사회주의 사상의 수용 과정에서 노동개념을 설명하는 연관어휘들이 달라졌지만, 민족의 발전을 위해 생산성의 영역에서 설명되고 있었다는 점에서는 동일했다. 김경일의 연구에 따르면, 식민지시기 민족주의 계열의 노동관과 마르크스주의 노동관은 모두 근면주의적 관점으로 수렴되었다.[2] 먼저 민족주의 지식인의 노동관은 이광수

---

1) 김윤희, 「근대 노동개념의 위계성: 『서유견문』에서 『노동야학독본』까지」, 『사림』 52, 2015, 175~207쪽.

의『민족개조론』에서 나타나듯이 게으름과 나태함을 대립어로 하는 근면, 또는 근로를 추상적 규범적 차원에서 강조했다. 이들 '계몽론자들은 생산 관계에 대한 명확한 인식이 없는 상태에서 당위와 규범의 차원에서 근면주 의를 일방적으로 부과'한다고 평가했다.3) 그러나 민족주의 정치기획세력 이 생산관계에 대한 인식을 결여하고 있었다고 보기는 어렵다.

　1920년대 물산장려운동을 추진했던 민족주의 정치기획세력은 사회주의 지식인이 주장하는 자본과 노동의 관계에서 발생하는 노동수탈의 문제를 인식하면서도 문제해결을 시장의 분배문제로 전화시키려고 했다. "학리 상 으로 우리의 의식을 논단하건대 우리의 생산 취지는 만고를 통하여 보편성 과 필연성을 구비한 절대의 진정이다. 거기 불평이 있다면 생산방식을 가리킴이 아니라 분배제도의 결핍을 슬퍼하는 것이다. 소비에 관하여 불리 한 점이 있다면 그는 소비절약으로 기인한 것이 아니고, 생산물의 소비 가 목적이 되지 못하고 값비싼 상품으로 이익을 취급하는 경제조직이 최악 인 것을 명백히 판단할 것이다."4)라고 언급하고 있다. 생산방식의 문제에 서 분배제도의 결핍, 그리고 다시 소비의 불리한 조건을 발생시키는 생산 력 문제로 관심을 돌리는 것이었다. 따라서 이들은 마르크스의 논의에 대 해 "사적 산업관계를 파멸하자는 것이 결코 생산이나 생업생활을 부인하자 는 것이 아니라 다만 그 생산방법과 분배제도를 개조하여 그 운영을 원만 하게 하자는 것뿐이다. 이 주장의 고창자인 마르크스는 말하되 '물질생활 상태의 여하에 따라 생활의 사회적, 정치적, 정신적 모든 상태가 관계된다.' 고 하였다. 오늘의 사회는 생산의 사회다."라고 하여 마르크스의 언설을 적 극적으로 활용하고 있었다.5)

2) 김경일, 『노동』, 소화, 2014, 221~248쪽.

3) 김경일, 앞의 책, 233쪽.

4) 「권두언」, 『産業界』 창간호, 1923년 12월.

5) 金喆壽, 「산업과 생활」, 『産業界』 창간호, 1923년 12월.

생산력을 증대하고 일본상품으로부터 소비시장을 지켜내야 한다는 물산
장려운동의 담론은 조선인경제의 생산성 낙후를 지식과 기술의 부족 그리
고 생산성이 낮은 조선인 노동의 문제로 전환시켰다. 또한 사회주의 지식
인들이 주장하는 계급문제를 전유하고, "일본인은 자본가, 조선인은 노동
자"6)라는 비유를 통해 민족문제를 계급문제로 치환했다.

또한 1918년 7월 소비에트러시아의 제정헌법을 통해 노동이 시민의 의
무로 선언되고, '일하지 않는 자는 먹지 못 한다'는 선언을 재인용하여 "'일
하지 아니하는 자는 먹지 마라.'는 진의를 이해하는 노동자의 수가 증진하
기를 절망하는 것이 소위 물산장려운동의 진정골수"7)라고 설명했다. 앞서
언급했듯이 물산장려운동에는 사회주의 계열의 지식인들이 일부 포함되어
있었고, 이들은 사회주의 사상에서도 부정할 수 없었던 생산력 증대 그리
고 분배를 위한 소비조합 운동 등을 주장하면서 물산장려운동을 함께 이끌
고 있었다.

한편 이 시기 물산장려운동에 참여하지 않은 사회주의 계열의 노동개념
은 생산성의 영역에서 인간성의 문제로까지 크게 확장되어 있었다. 1920년
에 창간한 잡지『공제』의 창간호에는 노동을 극단적으로 찬미하는 글들이
게재되었다. 조성종(趙誠享)은 "우주란 무엇이오. 노동뿐이로다. 노동이 아
니고는 우주가 우주 될 가치가 없는 것이니", "상제의 노동으로 세계가 창
조되고, 지구의 노동으로 낮밤이 분별되고, 민중의 노동으로 국가가 존재
한다."고 하여 만물을 창조하는 것이 곧 노동이라고 찬미했다. 그리고 현대
사회의 불치병인 황금만능주의를 벗어나 "우리도 남과 같이 생의 욕망을
가지고 행복한 생활을 누리자면 두말할 것 없이 노동하고 노동하라"라고
주장했다.8)

---

6) 『東亞日報』1922년 6월 15일「朝鮮人의 觀察한 朝鮮産業大觀(2)」.
7) 『東亞日報』1923년 10월 7일「物産獎勵와 副業共進會」.

남상협(南相協)은 당시 조선의 공론장에서 유통되고 있었던 노동문제가 궁핍한 자의 생계문제로 인식되는 것을 비판하면서 노동은 계급의 문제를 넘어서 인간의 생명이라고 주장했다. "우리의 정신은 노동화하고 우리의 육체는 노동자 되자."는 언급은 불공평하고 불합리한 사회구조를 바꾸어 다 같이 잘살게 되는 것이란 의미를 함축하고 있었다. 그리고 노동자가 노동의 의미를 자각한 이 시점에서 "최고 이상은 노동으로 화하고 세계의 주인공은 노동자로 변하였도다."라고 하여 노동자가 노동의 가치를 자각하고 노동문제를 해결하는 주체로 서야 한다고 주장했다.9)

『공제』는 극단적으로 신성화된 노동개념을 통해 노동자의 자각을 이끌어내고 있었다. 김경일은『공제』에 게재된 「구미 노동운동사」는 '노동운동에서 개량주의로 알려진 영국과 미국의 노동운동에 한정된 서술이라고 보았다. 이러한 서술은 '다분히 선택적이고 의도적인 것'이고 이러한 의미에서 '마르크스주의 입장에서 노동에 대한 주장은 적어도 이 잡지에서는 아직 표면화되어 나타나지 않았다'고 보았다. 이후『공제』 2호에서부터 마르크스이론에 대한 소개가 진행되었다. 1922년 조선노동공제회의 「선언」에서는 노동력의 상품화 문제를 비판하고 노동자의 단결을 통해 노동해방을 실현해야 한다는 점이 분명하게 드러나고 있었다.10) 그러나『공제』에 게재된 글은 마르크스 사상의 단계적 수용을 보여 준다기보다는 복합적 수용을 드러낸다고 볼 수 있다.

당시 일본에서 시간적으로 격차를 두고 전개되었던 사회주의의 사상적 논의가 조선에 압축적으로 소개되었고, 지식인들은 편차가 큰 사상들의 번역을 통해 현실을 비판하는 무기로 활용했다.11) 고려공산당 내부에는 장덕수와 같

---

8) 趙誠惇, 「勞働萬能論」, 『共濟』 창간호, 1929년 9월.
9) 南相協, 「勞働化하자」, 『共濟』 창간호, 1929년 9월.
10) 김경일, 앞의 책, 244쪽.

이 신자유주의적 입장을 가진 자와 신자유주의적 관점을 모태로 마르크스주의 사상을 수용한 김명식(金明植), 그리고 일본의 사회민주주의적 관점을 공유하고 있었던 유진희(俞鎭熙) 등 매우 다양한 사상적 편차가 존재했다.[12]

　사회주의 계열 지식인이 발간한 『공제』에 극단적으로 신성화된 노동개념이 등장한 것은 세계적으로 유통되고 있었던 사회민주주의의 영향이라고 할 수 있다. 유럽의 사회민주주의자들은 노동을 인류 역사 발전의 원천으로 신성화하여 노동자의 사회적 지위를 제고하고 있었다. 발터 벤야민은 사회민주주의자들이 노동개념을 급진적으로 신성화한 것에 대해 매우 신랄하게 비판했다. 그는 사회민주주의자들이 노동을 역사발전의 원동력으로 사고함으로서 마르크스와 레닌의 '노동자'에 내포되어 있었던 "억압받는 자의 복수"란 기억을 제거했고, 무산계급의 혁명성을 소거했다고 평가했다. "프롤레타리아트 계급(the prolétariat)에게는 새로운 진격의 의식에 어떠한 역사적 선례도 없다." "노동자 계급은 그 훈련과정에서(노동의 신성화 과정)에서 증오와 희생정신을 모두 망각하였다. 왜냐하면 이 두 가지는 해방된 자손의 이상에서가 아니라 억압받은 선조의 이미지에서 그 자양분을 취하기 때문이다."라고 했다. 그는 사회민주주의자들이 마르크스구상에 존재하는 '생산하는 노동자'와 '수탈 받는 노동자'라는 두 개의 의미 중 전자의 의미를 극대화하는 대신 후자의 의미를 탈각시켜 버림으로써 마르크스가 노동자를 '프롤레타리아트(무산계급)'에 기입했던 전략을 무력화시켰다고 보았다. 프롤레타리아트의 의미를 탈각한 '노동자'는 혁명의 주체가 될 수 없다는 것이었다.[13]

11) 박종린, 「1920년대 초 공산주의 그룹의 마르크스주의 수용과 '유물사관요령기'」, 『역사와 현실』 67, 2009, 77~100쪽; 류시현, 「1920년대 전반기 「유물사관요령기」 기의 번역·소개 및 수용」, 『역사문제연구』 24, 2010, 51~79쪽.

12) 최선웅, 「1920녀대 초 한국공산주의운동의 탈자유주의화 과정: 상해파 고려공산당 국내지부를 중심으로」, 『한국사학보』 26, 2007, 285~317쪽.

극단적으로 신성화된 노동개념은 1920년대 공론장에서 '노동자'가 끊임없이 호명되는 상황을 발생시켰고, 사회주의 정치기획세력은 노동개념을 통해 노동자의 사회적 자각을 이끌어낼 수 있었다. 김경일의 연구에서 이상주의와 인격주의의 노동관으로 언급된 김명식, 남상협 등의 글은 사회민주주의적 관점의 노동관과 흡사한 것이었다.

노동을 상품이 아니라 인격의 차원에서 보야 한다고 주장했던 안확(安廓)의 「인민의 삼 종류」가 『공제』 창간호에 실린 것[14] 또한 비사회주의 계열 지식인의 노동관과 『공제』의 노동관이 공명하고 있었음을 알려준다. 안확은 "대저 인격은 노동에 인하여 성립하고 노동에 인하여 실현하나니 …… 고로 사람의 품성을 발달함도 노동이오. 인격을 완성케 함도 노동이라"로 하여 노동을 인간의 도덕성으로 절대화했다. 그리고 노동은 종류, 임금에 따라 구별되는 것이 아니라 "사회 공공을 위하여 노동하는 자는 귀하고 사회 공공을 위하여 노동하지 않거나 혹 해를 끼치는 자는 천하다."하여 공동체에 헌신하는 노동을 가장 가치 있는 노동으로 의미화했다.

그는 토마스 칼라일(Thomas Carlyle)이 주장한 노동신성론에 공감하고, 자본주의에 대한 비판적 입장에서 노동이 공동체의 가치를 통해 다시 조직되어야 한다고 주장했다. "부는 개인이 만든 것이 아니라 사회공동생활에 기인하여 만드는 것이라. 자기가 노력하여 재산을 많이 소유한 것은 결코 자기 개인의 능력으로 성공한 것이 아니라 일반사회 전체 영향을 입은 것이니라."라고 하여 노동은 모두 공동사회를 위하여 있는 것이라고 주장했다.

칼라일의 저작은 1880년대 후반 번역되기 시작했고, 1922년에는 야나기다 이즈미(柳田泉)가 『칼라일 전집』 1권을 번역하여 출판했다.[15] 물질주의

---

13) 발터 벤야민(최성만 역), 「역사의 개념에 대하여」, 「'역사의 개념에 대하여' 관련 노트들」, 『발터 벤야민 선집』 5, 서울, 도서출판 길, 2009, 329~350쪽, 364쪽.

14) 安廓, 「人民의 三種類」, 『共濟』 창간호, 1920년 9월.

15) 柳田泉 譯, 『カーライル全集(第1卷)』, 春秋社, 1922.

와 공리주의를 비판했던 그는 인격적으로 완성된 영웅의 지도하에 노동을 조직화할 것을 주장했다. 그의 저작이 일본 다이쇼 시대에 활발히 번역될 수 있었던 것은 개인주의와 물질주의에 대한 비판이 유행했던 사회상과 관련이 있었다고 할 수 있다.

식민지 공론장에서 논의된 노동의 신성성은 공동체에 기여하기 위한, 즉 공공의 이익과 행복에 복무하기 위한 것이었다. 이는 기독교에서 죄악시되던 노동의 의미가 프로테스탄티즘에서 신에게서 부여받은 선물로 신성화되었던 관념과는 차이가 있었다. 대신 노동은 공동체를 위한 자기헌신으로서 신성한 의미를 갖게 되었다. 이것은 아담 스미스가 『국부론』에서 '보이지 않는 손'의 조정능력을 통해 사적 이익에 도덕적 면죄부를 주었던 관념과 달리 공동체에 복무하도록 하는 강한 윤리적 기제를 통해 사적 이익을 위한 행위를 통제하고자 하는 것이었다.

그러나 자본주의 사회에서 현실의 노동은 노동력의 교환가치에 의해 규정되고 있었기 때문에 신성화된 노동개념과의 괴리는 더욱 커졌다. 더욱이 공황으로 인해 조선인을 무산계급으로 규정하는 담론이 공론장을 통해 확장되면서 신성화된 노동개념은 무산계급, 즉 조선인의 자각을 위한 관념적 기제로 작동될 가능성이 매우 높았다. 앞서 언급했듯이 물산장려운동의 가장 핵심적 목표였던 '일하지 않는 자는 먹지도 말라.'를 자각한 노동자 상은 사회주의 정치기획세력도 거부할 수 없는 것이었다. 조선인경제 담론의 자장이 확대될수록 노동은 민족의 이름 아래 신성한 가치로 기입되었고, 신성한 노동의 의미는 노동자를 노동에 긴박시키는 관념적 기제로 작동했다.

2) 노동 지상주의

공동체가 유지하고 발전하는 원천이 곧 노동이라는 관념은 민족주의와 사회주의 정치기획세력 모두가 공유했던 것이었다. 이것은 1920년대 불경기와 공황이란 경제상황에서 민족경제공동체란 강력한 상상에 의해 추동되었다. 그 배면에는 조선 민족이 근대자본주의 사회를 스스로 영위할 수 없다는 자책, 또는 자본주의의 폐단을 자각하고 바꾸려고 하지 않는다는 자책감이 존재했다.

> "조선은 어떤 방면으로 보던지 비감에 빠졌다. 우리가 우리의 자체를 보아도 병세에 걸렸다. …… 그러기 때문에 필자는 조선에 특수적 조선인을 부르짖고 있다. 조선인아 어째서 정신없이 강자가 창조한 약자의 지위에서 신음하고 있는가? 어째서 강자의 마술을 타파하고 조선의 환경을 창조하지 않는가. 특수적 조선인은 수영하는 자로 말하면 의복을 벗고 기립한 자라. 수영에 착수하지 않는 자다. 경주자로 말하면 신 매고 준비하는 자다. 달음질하는 자가 아니다. 그래서 아무 거리낌도 없고 후방을 회고할 것도 없이 전정만 남아 있다. 환언하면 특수적 조선인은 구사상과 풍속을 다 돌아보지 않고 생존만 위하여 신 환경을 창작하기에 분투할 것이다. 차회에 특수적 조선인이 자격을 기종(起宗)으로 설명하려고 한다. 그러한 성질로만 조선을 부활하게 할 수 있다.16)

연희전문학교 교수 한치관(韓稚觀)은 경제공황과 식민지란 절망의 시대를 살아가는 조선인이 부활할 수 있는 길은 '강자의 마술을 타파하고 조선의 환경을 창조'해야 하는 특수적 조선인으로 다시 태어나는 것이라고 주장했다. 그가 주장한 '특수적 조선인'은 생존만을 위해 새로운 환경을 창조하는 인간이었고, 그래서 만물을 창조하는 노동을 극대화할 수 있는 인간이었다. 그는 구미의 노동자가 매일 여덟 시간 노동을 한다면 조선인은 "두 배의 노동으로도 부족하면 세 배의 노동 즉 매일 27시간에 상당한 노동을 하겠다는 결심이 있어야 하겠다. 이러한 사상이 조선 노동자의 특수성이 되어야 조선을 부활케 할 수 있다."고 주장했다. 나태하고 무지한 조선의

---

16) 韓稚觀,「특수적 조선인」,『東光』8, 1926년 12월.

노동자는 선진 노동자 보다 더 많은 노동을 결심해야 하고 이것이 바로 조선이 처한 특수한 현실이라는 것이었다.

안재홍(安在鴻) 역시 경제공황의 상황을 "땀 내고 피 흘리는 생활의 전야(戰野)"라고 하여 시장 질서를 경제전쟁이라고 규정하고, 조선인은 경제전쟁을 선포하고 죽을 각오로 전쟁에 참여해야 한다고 했다. 안재홍은 조선인경제와 일본인경제가 대결하는 장에서 조선 노동자는 최전선의 전투부대와 같다고 했다. 죽음을 무릅쓰고 돌진해야 하는 최전방 전투부대란 비유 속에는 극단의 결심을 각오해야 한다는 한치관과 동일한 인식이 포함되어 있다.[17] 이렇게 식민지 지식인 안재홍은 일본과의 전쟁을 경제라는 조선인 일상생활로 끌어들였다.

노동은 개인적 가치를 갖기보다는 민족경제의 발전으로 위한 수단으로서의 의미를 가졌고, 이러한 점에서 노동은 민족의 절대적 가치와 함께 극단적으로 신성한 것이 되었다. 이러한 노동관은 '신의 소명'이란 프로테스탄티즘적 노동관을 전유하면서도 그 소명은 신이 아닌 민족이 부여하는 것이라는 관념이었다. 신=자연이라는 서구적 관념에서 의미화된 근대 노동관이 식민지 조선에서는 민족=자연이란 관념으로 대치되고 조선인의 노동은 거부할 수 없는 소명, 죽음을 각오해야 하는 매우 절박한 것이 되었다.

노동 생산성을 극대화해야 한다는 언론매체의 담론은 조선인의 낮은 노동생산성의 원인을 불교와 유교에서 찾았다. 1926년 9월 19일 『동아일보』에 실린 논설은 노동을 생명, 즉 자연으로 의미화했고, 현실에서 신성한 노동을 구현할 것을 주장했다.[18]

"현하 조선은 확실히 불교문화의 식상과 유교문화의 중독증에 걸려 있는 것이 의심할 수 없는 사실이다. 이리하여 문약에 침윤되었고, 퇴영에

---

[17] 『朝鮮日報』 1928년 3월 5일 「야인도와 노동도: 수난기의 조선인에게(안재홍)」.
[18] 『東亞日報』 1926년 9월 19일 「弊習陋慣부터 改革하자(9)」

위축되었다."라고 하여 불교와 유교의 윤리관으로 인해 " 노동을 천시하는 폐관누습에 침윤"되어 "유의유식하는 것을 가장 사회의 이상인물과 같이 또한 인류의 최고 이상으로 간주하였으며, 흠모"해왔다는 것이다. 그 결과 "자연히 노동을 천시하며 또한 노동을 염피하게 되었다. 이리하여 반도의 산하는 황폐하였고, 천년의 문화가 잔퇴"되었다고 보았다. 노동의 의미를 평가 절하했던 전통의 지적토대를 비판했다. "원래 조물주가 인류에게 자연을 주고 또한 노동력을 주는 것은 이 노동력으로 자연을 개척하여 인류사회를 진화, 선화, 미화 하라는 것이 본의"이고, 노동은 "인생의 일대 의무인 동시에 또한 일종의 권리인 것은 정확한 원리"라는 것이다. 따라서 "노동이 있는 곳에 생명의 가치가 있고 노동이 있는 곳에 문명의 광채가 발할 것"이라고 하면서 '생명'과 '문명'으로 노동을 찬미했다. 노동과 생명을 동일시하는 극단적으로 이상주의적인 노동관이 드러나고 있었다. 그리고 이러한 노동관은 조선민족의 부활을 위한 것으로 다시 한 번 역할을 부여받고 있었다.

> "우리는 자못 노동을 천시하지 않을 뿐만 아니라 절대적으로 노동지상주의를 역설 보급하고자 하는 바이다. 나태는 죄악이고 노동은 지선이다. …… 조선민족의 부활은 오로지 노동을 신성시하는 데 있다는 것을 단언하는 바이다."19)

"나태는 죄악이고 노동은 지선"이라는 선언은 노동 자체가 이미 윤리적으로 선한 행위라는 것이었고, 노동은 자연의 지상명령이라는 것이었다. 노동은 조선민족의 생명을 부활시키는 것이었다. '조선민족의 부활은 오로지 노동을 신성시 하는데 있다'는 선언은 노동을 절대적으로 순수한 것, 어

---

19) 각주 18)과 동일

떠한 비판도 허용되지 않는 것으로 추상화시키는 것이었다. 노동지상주의
적 인식은 노동 그 자체가 인간의 윤리성이며, 따라서 노동하는 자는 그
행위로 인해 절대적으로 선한 존재가 되는 것이었다.

노동지상주의적 관념이 1920년대 후반부터 매체를 통해 급속하게 유통
되기 시작한 배경에는 1923년 이후 전개된 부업장려운동의 역할이 컸다.
경제 불황이 식민통치에 대한 비판으로 연결되는 것은 차단하기 위해 총독
부는 농업인구가 대부분인 조선인의 노동력을 극대화하여 소득을 증대할
수 있는 방법으로 부업장려정책을 실시했다.

1923년 부업공진회가 지방 단위의 상품전시회를 개최하면서[20] 부업은
조선인 가계소득의 증대에 기여할 수 있는 것으로 인식되기 시작했다. 1923
년 9월 총독부 기관지였던 『조선(朝鮮)』은 농업인구가 대부분인 조선에서
부업은 가족노동을 동원하여 가계소득을 올리는데 중요한 역할을 할 수 있
다고 지적하면서 부업의 특징을 나열했다.

부업은 첫째, 토지와 같은 생산수단을 필요로 하지 않는다. 둘째, 주업과
달리 계절과 시간의 지배를 받지 않는다. 기후 변화와 생육시간을 기다려
야 하는 농업에 비해 부업은 가족노동에 기초하여 필요한 시간만큼 생산할
수 있기 때문에 기후변화에 따른 소득감소의 위험을 보완할 수 있다. 셋째,
생산물의 종류에 제한이 없다. 부업 노동은 그때그때 필요한 상품을 생산
하는 것인 만큼 어떠한 물건도 값싸게 생산할 수 있다는 것이다. 넷째, 생
산력에 제한을 받지 않는다. 농업의 경우 생산력을 좌우하는 요소가 많은
반면 부업은 인간 노동에 기초한 만큼 생산력을 제한하는 요인이 거의 없
다는 것이었다. 다섯째, 별다른 기계 없이 순수한 노동력으로 생산하기 때
문에 기계를 사용하는 것에 비해 생산량이 크게 떨어지지 않는다.[21] 부업

---

20) 『東亞日報』1923년 7월 13일 「仁川消費組와 副業共進會」.
21) 西村保吉, 「副業の必要及特質(西村保吉)」, 『朝鮮』 9月號, 1923년.

장려는 농업의 유휴노동을 극대화하는 방안이었고, 『조선』에서는 모범 부업부락을 소개하고, 다양한 종류의 부업을 소개했다.[22]

정치적으로 총독부의 정책을 비판해왔던 민족주의 정치기획세력 역시 총독부의 부업진흥정책을 공유하고 있었다. 물산장려운동의 기관지였던 『산업계』는 농가소득 증대 방안으로 부업을 장려하는 글을 실었는데, 그 글의 내용은 대부분 『조선』에 실린 내용을 전재하는 수준이었다.

서우충(徐佑忠)이 쓴 『산업계』의 '조선농촌경제진흥책'에서 부업은 '조선 농촌을 진흥하기 위한 임시 구제책으로 자본가에게 몰수되지 아니할 생산을 작위'하는 것으로 제시되었고,[23] '주업수입의 결함을 보충하여 농가경제의 안정과 충실을 얻을 수 있을 뿐만 아니라 한편으로는 근면 역행(力行)의 기풍을 양성하고 다른 한편으로는 농가경제의 안정을 토대로 인심도 견실하게 되어 유쾌한 기상이 발휘되어 자연히 농촌 전체의 풍상(風尙)에 일대 진보를 가져올 수 있는 것'으로 소개되었다. 그리고 그는 부업의 특징을 설명하는 부분에서는 『조선』에 실린 글을 번역했다.

『조선』에서 부업의 의미는 농가경제의 진작이란 측면이 강조되었고, 『산업계』에서는 여기에 더해 근면한 사회분위기를 형성할 수 있다는 의미가 부가되었다. 농촌의 모든 사람들이 쉼 없이 노동한다면 도덕적으로도 안정된 사회가 될 것이라고 본 것이었다. 물론 여기에는 경제적 안정이 전제되어 있는 것이긴 했지만, 여성과 아동 노동까지 동원할 수 있는 부업이 소득 증대의 한 방법으로 제시되고 있다는 점은 이후 노동지상주의의 언설이 등장하게 되는 사회적 배경의 하나로 볼 수 있는 것이었다. 또한 총독부와 민족주의 정치기획세력이 부업장려에 대해 동일한 입장을

---

22) 「副業か盛な道也味里」, 『朝鮮』 12月號, 1923년, 『朝鮮』 1月號, 1924년; 「慶尙南道 晉州郡の 副業獎勵計畫」, 『朝鮮』 4月號, 1924년; 「改良種豚鷄普及狀況」, 『朝鮮』 6月號, 1924년. 이외에도 지역의 경제 상태와 개발가능성을 진단한 지역탐방기사 등을 싣고 있다.

23) 徐佑忠, 「朝鮮農村經濟振興策」, 『産業界』 5, 1924년 9월.

갖고 있었던 배경에는 쉼 없는 노동이 소득증대에 기여한다는 강력한 믿음이 있었다.

1920년대 초 물산장려운동의 정치기획에 의해 강조되기 시작했던 신성화된 노동은 농가소득의 증대라는 현실적 상황을 지렛대로 삼아 1920년 후반 노동지상주의적 인식으로 강화되었다. 노동의 신성화가 강화될수록 노동은 도덕적으로 절대적 가치라는 관념이 형성되었다. 근대 사회에서 노동에 대한 개인의 성실성과 그 성실성으로 얻어진 숙련에 대해 도덕적 존경심을 표현하는 관념은 신성화된 노동관, 노동지상주의적 관점이 깊게 배어 있기 때문이라고 할 수 있다.

3) 노동과 사회윤리의 관계

자연, 신, 생명, 공동체의 가치에 의해 신성화된 노동은 도덕적 가치를 가진 절대적인 선과 동일시되었다. 프로테스탄티즘에서 발견되는 노동의 신성성은 신에 의해 부여된 절대적 가치란 의미를 갖고 있는 것이었으며, 아담 스미스에게서 발견되는 노동의 생산적 가치는 국가의 부라는 공동체의 공리적 선이란 가치를 갖는 것이었다. 또한 마르크스의 노동관에서 발견되는 생산적 노동은 역사의 발전, 진보의 원천이란 선한 가치를 갖는 것이었다. 근대 노동관의 특징을 신성화된 것이라고 규정해왔던 것은 노동이 경제적 관계에서 사유되기에 앞서 사회 윤리적 영역에서 사유되어 왔기 때문이다. 따라서 노동과 사회윤리의 관계는 근대사회에 들어 더욱 긴밀하게 밀착되었다고 할 수 있다.

노동과 사회윤리의 관계는 1905년 이후 계몽운동세력의 정치기획 속에서 발견된다. 노동의 교환가치가 상승하는 사회적 현상을 배경으로 계몽운동세력은 노동자에 대한 계몽의 필요성을 발견했고, 노동에 대해 사회적, 국가적 의미를 부여했다. 『노동야학독본』은 신성화된 노동개념을 통해 노동자에게 의무와 권리를 가진 근대적 시민의 윤리관을 습득하도록 하는 지식인의 실천이었다. 또한 1905년 이후 생산적 노동인력을 양성하기 위한 노동야학, 고아원 등 자선기구의 활동은 교육을 통해 근대 시민의 윤리관을 습득할 수 있도록 했다.

근대 계몽기획은 개인이 사회윤리관을 습득하여 근대 사회의 주체로 살아갈 수 있도록 하는 것이었고, 이때 신성화된 노동의 의미는 개인의 사회적 태도를 규정하는 중요한 윤리관이었다.

근대 계몽기획은 근대 사회윤리관을 확산시키고, 노동의 절대적 순수성을 옹호하기 위한 다양한 사회적 캠페인을 진행했다. 더욱이 식민지적 상황이 '문란한 것'을 양산하고 조선인의 도덕관념을 타락시킨다고 인식하는 순간 '문란한 것'과의 투쟁은 노동의 생산성을 유지하기 위한 것 이상의 의미를 갖게 된다. 노동의 순수성과 도덕성은 노동을 통해 사회적 정화의 효과를 배가할 수 있는 것이었다.

한편 '문란한 것'과의 싸움은 지배의 정당성이 취약한 총독부의 통치전략에서도 매우 중요한 문제였다. 정치적으로 조선인에게 승인 받지 못했던 통치 권력은 경제적 안정, 사회적 정화를 통해 조선인으로부터 최소한의 승인을 이끌어내고자 했다. 그러나 1910년을 전후로 한 일본의 불경기, 1914년 이후 산업화에 따른 빈부격차의 심화로 인해 사회적 안정을 이루기는 쉽지 않았다. 총독부는 강력한 헌병경찰력에 의지하여 사회정화를 위한 단속을 강화했고, 『매일신보』를 통해 사회정화 캠페인을 실시했다. 특히 매체를 통한 윤리 교육은 많은 비용을 들이지 않고 소기의 목적을 달성할 수 있는 것이었다. 이에 총독부는 성립과 동시에 조선사회의 분위기를 쇄신하기 위한 풍기정화에 적극적으로 나섰다.

총독부의 풍기단속은 메이지시기 만들어진 일본의 이시키카이이(違式詿違)조례, 그리고 형법에 의해 규정된 위경죄, 경찰범 처벌령 등에 근거하여 조선에도 그대로 적용된 것으로 보인다.[24] 총독부의 성립 직후 각 지방에서는 풍속경찰의 활동이 시작되었다. 풍속경찰은 사회의 선량한 풍속을 유지하고 이를 침해하는 행위와 동기를 지닌 행위를 금지 · 제한하는 역할을 했다. 무속과 무당의 방술, 과부의 탈거, 묘지에 관한 관습, 기생과 매춘, 계조직 등에 대한 검속이 실시되었다. 풍속 통제의 특징은 지방성의 원칙이 강조되었기 때문에 지방마다 사정이 달랐다. 임검(臨檢)과 같은 형식이나 영업에 대한 인허가 권한을 갖고 있는 등 경찰력의 재량권이 컸다고 할 수 있다. 풍속단속의 기준은 '선량한 풍속을 침해하는 행위'와 '선량한 풍속을 침해할 우려가 있는 행위'로 구분되어서 '정상적인 일생상활'의 일탈적 행위로 간주될 수 있는 것을 망라하고 있다.[25]

　　1910년대 총독부가 실시했던 풍기진숙(風紀振肅)은 식민지배의 안착을 위한 사회 기강의 확립을 목적으로 하는 만큼 '수백 년 이래로 정치의 부패에 수반된 풍기'[26]—부패, 거짓, 속임수, 음란행위 등이 그 대상으로 지목되고 있었다. 풍속경찰의 단속 대상은 밀매음녀,[27] 승려의 부정음란행위,[28] 연예계의 매음,[29] 부랑배와 도박장,[30] 술집과 여관의 변태적 영업[31] 등 광범했다. 총독부 통치를 '신정(新政)'으로 표현했던 『매일신보』는 총독부가

24) 李鐘旼, 「輕犯罪の取締法令に見る民衆統制」, 『植民地帝國日本の法的構造』, 信山社, 2004, 320~349쪽.

25) 권명아, 「풍속 통제와 일상에 대한 국가관리: 풍속 통제와 검열의 관계를 중심으로」, 『민족문학사연구』 33, 2007, 376~384쪽.

26) 『每日申報』 1912년 6월 12일 사설 「風紀振肅」.

27) 『每日申報』 1913년 2월 23일 사설 「社會風紀에 대하야」. 이 사설에서는 풍기진숙 의 첫 번째 대상을 밀매음녀로 규정했다. 당시 밀매음녀에 대한 단속 기사가 『每日申報』에 자주 등장했다(1914년 9월 26일 「풍기숙정의 선봉, 행정집행령의 적용」 등).

28) 『每日申報』 1913년 3월 16일 「寺刹의 風紀肅淸」, 1916년 5월 27일 「사찰풍기의 취체, 절 노래는 조심할 것」.

29) 『每日申報』 1913년 4월 16일 「社會 風紀와 演藝界」, 1915년 9월 1일 「劇場 風紀 醜態」.

30) 『每日申報』 1913년 4월 18일 「風紀肅淸의 訓示, 東部署長의 좋은 訓示」, 1915년 9월 16일 「風紀取締의 勵行, 浮浪者를 嚴密監視」.

31) 『每日申報』 1915년 1월 17일 「旅館에 風紀取締, 料理장사는 不可한 일」.

사회정화를 하는 시대에 새로운 조선민족관이 필요하다고 주장했다.

1914년 11월 21일부터 12월 12일 까지 총 15차례에 걸쳐 연재된 「조선민족관」은 총독 통치에 걸맞은 새로운 민족관을 제시하고 있었다. 총독통치가 4년이 경과했는데 "동화주의로 시정방침을 정한 총독 정치 하에 있는 조선민족은 과연 총독의 정치를 구가하며 총독의 덕화에 감읍하는가?"라는 질문으로 시작하여 '병합' 이전의 조선사회를 '무법', '퇴폐', '문란'이 난무하던 사회로 규정했다. 일본의 '신정'을 믿고 구습을 타파하고, 국권회복의 몽상을 버리고 문명국 일본의 신민이 되기 위해 열심히 분발해야 한다고 주장했다.[32] 구습의 타파를 통해 문명국 일본의 신민이 되자는 언설 속에는 조선민족이 근대 문명국의 일원으로서의 자격을 획득해야 한다는 것이었고, 그 획득을 위해서 결국 조선적 폐습을 청산하는 작업부터 시작해야 한다는 것이었다. 총독부의 풍기진숙은 조선적인 것을 지우는 과정이었고, 식민지 신민으로서의 윤리관을 수립하는 것이었다. 그러나 총독부가 제거하고자 했던 풍기문란은 사적투자의 확대과정에서 더욱 확장되고 있었다.

조선인의 풍기문란이 조선인 공론장에서 이슈로 등장하기 시작한 것은 제1차 세계대전 이후 전개된 개조사상의 영향과 전쟁 종결 이후 파생된 경제적 불황의 영향 아래 전개된 민족주의 정치기획의 등장과 관련되어 있다. 과학적 합리성에 의해 전개된 서구적 근대성에 대한 반성으로서의 개조는 동양의 전통적 윤리관을 소환하고 있었으며, 조선인의 비참한 경제 상태는 신성화된 노동개념을 통해 생산적 조선민족을 소환했다.[33] 민족주의 정치기획이 만든 '파산한 조선인'의 기표는 정신적 개조, 사회윤리의 도덕성을 통해 노동 생산성을 제고하는 기표로 작동했고, 이

---

32) 『每日申報』 1914년 11월 21일 「朝鮮民族觀(1), 樂觀悲觀의 分岐點」.

33) 김윤희, 「파산, 식민지 근대 일상생활의 기표」, 『아시아문화연구』 19, 2010, 25~34쪽.

와 대립되는 퇴폐와 타락의 현상으로서 조선인의 풍기문란이 문제시되기
시작했다.

　민족주의 정치기획의 '풍기숙정(風紀肅正)'은 1910년대 진행되었던 총독
부 주도의 풍기진숙(風紀振肅)과 달리 조선인 중심의 자율적 정화를 표방
하면서 식민지배와 차별성을 드러내려고 했다. 1921년 10월 평양에서 개최
된 가정공업전람회(家庭工業展覽會)의 기생동원 선전에 대해『동아일보』
는 우리의 상품 발달을 위해서는 좋은 일이지만 "세계미문명국에서는 식민
지의 발전 제1조로 기생・창기를 많이 이용한다고 하는 말은 우리도 일찍
이 들은 바" 이처럼 풍기를 문란하게 하는 행위는 삼가야 한다고 하면서[34]
문란한 것을 식민지배 방식의 하나로 보면서 대립각을 형성하려고 했다.

　또한 탑골공원 안에 들어선 청목당(靑木堂)과 승리(勝利)라는 요리집으
로 인해 경성의 30만 시민이 이용하는 공원이 주원(酒園)이 되었다면서 총
독부 당국자의 행위가 30만 경성시민의 공공적 이해를 무시하고 있다고 비
난했다.[35] 식민지배가 문란한 것을 양산하고, '정상적인' 조선인의 공공적
이해를 무시한다는 규정으로 인해 풍기숙정은 조선민족의 공동체 수립을
위한 것으로 간주될 수 있었다.

　그러나 문제는 '문란한 것'을 양산하는 것은 시장이란 사적자율성의 영
역이 확장되기 때문이며, 풍기숙정을 위한 즉각적 조치의 수단은 식민지배
자에게 있었다는 점이다. 따라서 이전에 비해 시장의 사적 자율성이 허용
된 1920년대 민족주의 정치기획의 풍기숙정은 양산되는 '문란한 것'과 그것

34) 『東亞日報』 1921년 10월 5일 「家庭工産展覽會와 風紀問題(제1회 全2回)」, 8일 「家庭工産展
　　覽會와 風紀問題(제2회 全2回)」, 12일 「工産展覽會餘興場風紀團束」.
35) 『東亞日報』 1924년 2월 13일 「公園인가 酒園인가, 無視당한 三十萬 京城市民」. 이 기사는
　　경성부가 남산, 장충단, 훈련원 터에 공원조성 예산을 편성하면서 경성부의 공간 재배치
　　에서 소외된 북촌의 문제가 제기되고 있었던 상황과 연결된다. 그래서『東亞日報』는 공공
　　의 공간으로서 공원의 이미지와 총독부 당국자에 의해 훼손된 공원의 현실을 극명하게
　　대비시키고 있다.

의 제거를 위한 통제와 감시의 강화라는 순환구조에 갇힐 수밖에 없었다.

풍기숙정이 공론화되자 각 지역의 풍기숙정 주장은 총독부의 행정적 조치를 이끌어내는 방향으로 전개되었다. 음주, 도박, 매춘, 연애, 사행심 등 문란상으로 지목되었던 것에 대한 도덕적 공격이 시작되면서 각종 단체들은 '풍기숙정'의 문제를 의제로 상정하는 집회를 열고 집단행동에 나서면서 단속규칙을 마련하라고 행정당국에 요구했다.[36]

이러한 상황은 1910년대 총독부가 주도했던 풍속영업에 대한 단속을 더욱 강화했다. 민족주의 정치기획은 조선인의 도덕적 정화란 관점에서 이 문제를 다루고 있었다. 그런데 도덕적 정화를 위해 행정적 조치가 개입되는 순간 풍기숙정 주장의 전제조건이었던 식민지배의 부정성은 희석되고, 사적 자율성의 영역에 대한 감시가 강화된다.

"근래 청년 학생의 머리에는 연애라는 사상이 들어와 …… 요사이 여름이 오자 서늘한 밤이 되면 인적이 고요한 삼청동 솔밭이나 남산공원, 한강철교나 장충단 등지로 …… 꿀 같은 정담으로 밤을 새는 이도 있고, 실연에 가슴을 짓이기다가 자살하는 이도 있고, …… 남녀가 추한 행동을 기탄없이 한다는데 …… 사회풍교상 적지 않은 해독을 일반사회에 끼치는 영향이 있어서 시내 각 경찰서에서는 이를 엄중히 취체할 작정"이라는 보도는 사회풍교를 위해 경찰의 풍기단속이 시작되었음을 알렸다.[37] 그리고 사회풍교상 동원되는 행정력으로 인해 풍기숙정 주장은 더 이상 식민지배

---

36) 이와 관련한 『東亞日報』의 대표적인 기사는 다음과 같다. 1921년 8월 8일 「義城靑年團消息, 地方風紀 振肅과 經濟界 發展을 目的으로 禁酒同盟會創立總會 開催」, 3월 22일 「日本學生風紀, 남학생은 술집가기, 녀학생은 애첩되기」, 3월 29일 「平原郡邑內耶蘇敎堂에서 風紀矯正大演說會」, 4월 3일 「玄風靑年會美風, 靑年의 風紀改良에 努力中」, 7월 6일 「東萊靑年會, 社會風紀改良을 爲해 活動」, 10월 2일 「平壤風紀團束, 큰길가있는 料理店에서 장고침과 기생 소리함을 엄중히 금지」 등.

37) 『東亞日報』 1922년 6월 2일 「靑年間의 惡傾向, 警察에서 風紀를 團束키 爲하여 밤이면 公園 等地를 警戒」.

와 대립각을 형성하지 못하게 되는 상황에 직면했다.

　풍기숙정을 표방하며 충독부의 행정력이 개입하는 순간 풍기숙정의 전제는 와해된다. 또한 행정조치에 대한 개인 경험의 다양성으로 인해 식민지배에 대한 입장은 개인의 관념 내부와 개인 간, 집단의 내부와 집단 간에서 분화된다. 그 결과 과도한 통제와 감시가 개성에서 개최된 전국 조각·사진·판화전시회에 로댕의 '키스'를 모사한 작품이 풍기문란으로 압수되는 상황이 빚어질 정도로 공공의 자율성을 훼손하고 있었지만, 그에 대한 비판은 냉소적으로 조롱하는 수준으로 표출되는데 그쳤다.[38]

　더 큰 문제는 민족주의 정치기획의 풍기숙정이 민족 내부의 균열과 대립하면서 진행되고 있었다는 점이다. 숲에서 벌어지는 성범죄와 성애표현을 명확히 구분하지 않고 "남녀학생의 풍기문제가 점차 일반의 주의를 끌게 되었다. 문제의 성질상 사회의 표면에 드러나는 사건은 많지 않지만 이면으로는 상당히 불미스러운 사건이 많이 발생하여 여자교육당국자와 여학생의 학부형이 심히 걱정되는 모양이다. …… 그 해결의 요체는 남녀학생의 자주적 인격의 확립에 있는 것이다."라고 하여[39] 법률적 판단과 도덕적 태도 사이의 경계를 모호하게 함으로서 억압적 윤리관을 재생산하고 있다는 점이다.[40] 시장과 사회라는 사적 자율성의 영역이 확대될수록 문란하다고 간주되는 것이 조선인 생활 방식의 하나로 자리 잡기 시작했지만, 민족주의 정치기획의 풍기숙정은 새롭게 등장한 생활의 방식과 대결하면서 도시민 생활방식의 변화와 점차 유리되고 있었다고 할 수 있다.[41]

---

38) 『東亞日報』 1922년 7월 31일 「沒常識한 開城警察署」.

39) 『東亞日報』 1924년 3월 24일 「男女學生의 風紀問題」.

40) 槿友會 鄭鍾鳴, 「風紀肅淸에 必要, 別乾坤에 對한 批判과 要望」, 『別乾坤』 10, 1927년 12월 2일. "우리 사회의 풍긔숙청(風紀肅淸)에 만흔 영향을 준 것은 절대로 필요하고 또 통쾌한 일입니다. …… 그러나 초긔운동에 잇는 녀성(女性)에 관한 긔사에 대하야 만흔 고려를 하야 주섯스면 조흘 것"이라고 하여 풍기숙정을 논하는 과정에서 여성을 비하한 것을 비판했다.

1920년대 후반에는 민족주의 정치기획세력이 노동 생산성 제고를 위해 비난했던 현상들이 더욱 증가했다. 문란, 퇴폐, 향략이란 부정적 의미로 유통되었던 어휘들이 더욱 증가했다. 민족주의 정치기획세력에 의해 사라져야 하는 것으로 지목된 행위와 관련한 어휘가 증가했다는 점은 역으로 이들 정치기획이 현실에서 균열과 마주하고 있었음을 알려준다.

'관료적'·'모던걸'·'크레물린'·'탬머니'·'토마토-하이칼라' 등의 어휘가 등장하고 유행했다는 것은 이미 일상생활의 다양한 지층에서 그 균열이 진행되고 있었다는 점을 확인시켜 준다. '관료적'이란 표현은 임금노동자 내부의 균열로서 조합원에 의해 선출된 간부의 "독재적 태도"는 노동단체 내부의 분열 현상을 보여주는 것이었다.[42] 조선 대중을 쟁취하기 위한 운동세력 간의 갈등은 권력다툼으로 비춰졌고, 이를 반영하듯 '크레물린'이 "권력의 발생지인 것 같은 말"로 사용되었다.[43] 권력을 가진 자와 그렇지 못한 자 사이의 분화 그리고 권력자의 부패가 극에 달한 상황을 표현했던 '탬머니(tammany)'의 유행은 민족공동체에 대한 상상이 마주한 현실이었다.[44]

근대 소비문화의 확산은 권력의 유무 못지않게 재산의 유무를 민감하게 인식했던 사회상을 반영한 어휘를 출현시켰다. 서양식 복식과 유행의 첨단

---

[41] 민족주의 지식인들은 조선인이 근대생활을 영위할 주체가 되어야 한다는 주장에 강력한 힘을 얻기 위해 경제뿐만 아니라 생활의 모든 것이 파산했다고 규정했다. "자본주의와 제국주의 문명의 파산선고", "과학의 파산" "생활파기" "품성파기" "성격파산" "청년계의 파산" "여성계의 파산" 등이 그것이다(김윤희, 앞의 논문,2010, 35~41쪽). 전통의 윤리성으로 무장하고 생산성 높은 생활 태도에 대한 강박적 집착은 새로운 생활방식을 인정할 수 없었다. 특히 1925년 이후 퇴폐적이라고 여겨지는 생활방식이 서울 중심으로 확산되어 갔는데, 성과 관련한 유행어의 등장은 민족주의 정치기획의 풍기숙정과 대립하는 것이었다(김윤희, 「한국 근대 신어 연구(1920년~1936년)일상·문화적 맥락을 중심으로」, 『국어사연구』 10, 2010, 37~67쪽).

[42] 『朝鮮之光』 71, 1927년 9월.

[43] 『別乾坤』 29, 1930년 6월.

[44] "市政 攪亂者. 넷날 뉴욕에 잇던 탬머니 홀(Tammany Hall)을 근거로 한 민주당 일파의 정치적 타락으로 하야 뉴욕의 시정이 부패의 정점에 달한 데서 나온 말"(『別乾坤』 31, 1930년 8월).

으로 다소 부정적이었지만, 새롭고 이색적인 광경을 연출했던 '모던걸'45)의 의미는 빠르게 타락의 의미로 전환되었다. "신식으로 모양만 내고 향락적으로 생활하는 여자를 그리기 때문에 一說「못된껄」이라고도 합니다. 그런 사람이 남자면「모던뽀이」라고" 하여46) 조선적인 것을 버리고 서구적인 것을 추구하고 과시하는 '모던뽀이'와 '모던걸' 역시 조선적인 것의 동질성을 상상하기 어렵게 하는 존재였다. '모던걸'이 '못된껄'과 등치되면서 조선적인 것을 상실한 여성은 민족공동체의 일원이 될 수 없었다. 조선적인 것을 상실한 조선인 상층도 조롱과 배제의 대상이었다. '모던'적인 것을 추수하는 조선인 하이칼라를 조롱하는 어휘였던 '토마토-하이칼라'의 유행은 조선민족 내부의 복잡한 균열이 표출되고 있었음을 보여준다.47)

이들 어휘는 이전에는 등장하지 않았던 것으로 식민지 조선의 상황에서 민족적 공동체를 구축하기 위해 '조선적인 것'을 주장해왔던 지식인들은 이들을 매우 부정적 의미로 사용했다. 그러나 이러한 부정적 어휘가 유행하는 현상은 노동의 신성성을 통해 조선민족의 부활을 추동했던 담론이 이미 균열과 마주하고 있었음을 반증하는 것이었다.

이전 시기와 구별되는 새로운 것, '모더니티'의 확산은 구시대의 억압기제를 거부하는 대중 심성을 추동하였고, 시대에 뒤떨어진 것을 의미하는 '아나구로니즘'이란 말을 유행시켰다.48) 구시대와 다른 새로운 현상은 외모, 취미, 소비의 영역에서 포착되었다. 못생긴 사람을 의미하는 '콤마이

---

45) 朴英熙, 「유산자사회의 소위 '근대녀' '근대남'의 특징, 모-던걸·모-던뽀-이 대논평」, 『別乾坤』 10, 1927년 12월.

46) 『學生』 1-2, 1929년 4월.

47) "토마토-란 빨간 일년감으로 서양인은 즐겨 먹지만 동양 사람의 입에는 그리 신통치가 못하다. 그럼에도 불고하고 洋風을 쫓을여고 억지로 먹기조와하는 사람을 가르치는 말. 되다만 하이카라를 빈정그릴때 쓴다"(『別乾坤』 31, 1930년 8월).

48) "시대착오의 의미. 시대의 변화, 사회의 발전에 딸아서 인간의 사상과 습관이 변화되는 것인 바 구시대의 사상과 습관으로써 신시대에 잇서서 놀고자 한다는 뜻이다"(『大衆公論』 2-7, 1930년 9월).

하,'[49] 여성의 성적 외모를 표현하는 '코퀘티쉬(Coquettish),'[50]와 '피카데리
(Picadilly)',[51] 서울의 댄스 열풍에서 비롯된 '테런테러(tarantella),'[52]와 '테런
틔즘(tarentism),'[53] 그리고 유통의 새로운 방식이었던 '테리맨(tallyman),'[54]
백화점과 함께 등장한 '크레프트매니아(Cleptomania),'[55]는 이전시대에는
존재하지 않았던 어휘로 일상생활에서 새롭게 등장했던 현상들을 지시했
다. 그리고 그러한 어휘는 새로운 것을 갖고자 하는 개인의 욕망이 사회적
으로 분출되기 시작했음을 의미했다. '팬'은 새로운 문화를 소비하고 싶은
대중의 욕망이 응축된 대표적인 어휘였다.[56]

　소비문화는 이제까지 금기시 되었던 성의 상품화를 촉진했고, 여성들의
새로운 직업이 성적 대상으로 취급되는 현상을 발생시켰다. '마네킹걸'과
'세일즈걸'은 소비문화의 발달과 관련한 여성의 신종직업이었으며, '스탠드
걸'과 '헬로걸'은 문화를 소비하는 계층의 확대에 따라 나타난 신종직업이
었다. '웨트레스'는 카페 등의 유흥문화의 확산과 함께 등장한 어휘였다.
매춘여성을 뜻하는 '구류' 이외에 '매춘'의 경계부근에 위치한 여성을 지칭
하는 어휘로 '보트껄'·'스틕껄'·'키스껄'·'탁시껄' 등은 성 산업과 관련된
것들이었다.

---

49) 『別乾坤』 28, 1930년 5월.

50) "대개 여자에게 쓰는 말인데 妖艷한 교태 잇는 여자를 가르켜 쓴다"(『別乾坤』 27, 1930년
　3월).

51) "영국 倫敦의 번화한 곳. 아름다운 매춘부가 만히 나오는 곳임으로 행동이 좀 수상한
　美裝의 부인을 가르치는 말도 된다"(『別乾坤』 33, 1930년 10월).

52) "경쾌한 6박자의 무도곡, 이태리 네-풀스에서 유행된 것"(『別乾坤』 31, 1930년 8월).

53) 舞蹈病(『別乾坤』 31, 1930년 8월).

54) "견본을 가지고 단이면서 주문을 바더가지고 나종에 물품을 보내는 상인"(『別乾坤』 31,
　1930년 8월).

55) "日本말로 소위 「만빗기」(萬引)라는 것으로 商店이나, 데파-트멘트 店頭에서 行하는 鼠賊"
　(『別乾坤』 30, 1930년 7월).

56) "(英) 熱心家, 愛好者. '야구판'하면 야구구경을 잘가는 사람. 'movie fan'하면 활동사진광"
　(『學生』 1-2, 1929년 4월).

〈표 4-1〉 신종 여성 직업을 지칭하는 어휘

어휘		의미	출전
구류	Grue	파리의 스트리-트·껄. 본래는 鶴이란 뜻으로 가두에 나서서 한편 다리를 조곰 구부리고 사면을 살피면서 에로家를 물색하는 樣이 방불한 데서 나온 것이다.	『별건곤』 36, 1931
마네킹껄	Manequain Girl	산 人形이 流行品을 입고 그 實際 應用美를 街頭나 店頭에서 손님의게 보여서 同性과 異性의 購賣慾을 일으키는 모단 職業이다.	『신흥영화』 창간호, 1932
보트껄	Boat Girl	31年型의 尖端的 新職業 한 시간에 을마의 約束으로 舟遊의 相對者가 되는 것이다. 請函에 따라서 海水浴服 한 개만 입고 水泳의 동무가 될 수도 잇답니다.	『신흥영화』 창간호, 1932
스탠드껄	Stand girl	客待合所 또는 競技場 갓튼 데서 손심부름 하는 女子.	『신흥영화』 창간호, 1932
쎌쓰껄	Sales girl	영어. 「쎌쓰」는 「판매」, 「껄」은 「여자」란 말이다. 「물건파는 여자」라는 뜻이니 곳 女給이다. 「요새 무엇을 하우?」「동아백화점 쎌쓰껄입니다.」하고 쓸 수 잇다.	『신동아』 6, 1932
스틱껄	Stick Girl	윙크(Wink. 註 한 눈을 감고 찡긋하고 놀이는 것)와 笑顔로서 사람을 놀려가지고 戀人同志와 가티 散步도 하고 술잔도 가티 들고 하는 모든 職業껄을 말합니다.	『신흥영화』 창간호, 1932
웨트레쓰	Waitress	영어. 女給이다.	『신동아』 7, 1932
키쓰껄	Kiss Girl	입술에다 키쓰를 하는데 一分間에 五十錢, 二分間에 壹圓 누구에든지 職業的으로 키-쓰를 파는 女子.	『신흥영화』 창간호, 1932
탁시껄	Taxi Girl	이것은 입뿐 女子助手가 손님을 誘하면 놈팽이는 어엽분 女子맛에 타고서 바루 잘난 척하고 갑도 뭇지 안치요. 車가 떠나려고 쏑쏑하면 女子助手는 차에 내리면서 조심해 가서요 한다. 기지애 보고 탓든 놈은 입맛만 쩍쩍 다시고 잇다. 女子助手는 이러케 하고 一割 乃至 二割의 口錢을 먹는다고 한다.	『신흥영화』 창간호, 1932
핼로껄	Hello Girl	交換手란 말이다. 英國서는 「여보」 대신 헬로라고 하닛가.	『여인』 1-3, 1932

특히 성 판매 관련 직종의 등장은 공창제도의 폐지 문제가 사회적으로 이슈가 될 정도로 성의 상품과가 이미 대중적으로 확산되었던 사회적 현상을 다시 한 번 확인시켜 준다. 그리고 이는 여성성이 섹슈얼리티와 결합

되어 사회적으로 부각되기 시작했던 것이 이때였음을 보여준다. "사람의
피를 빨아먹는 그런 요괴가 잇다고 하는데 그것을 뱀파이어라고 한다. 거
기서 전하여 뱀푸(Vamp)라는 말이 생겼으니 곳 남자의 애를 태워주는 요
부(妖婦)를 가르킨 말이다"라는 '뱀프'는 남성의 성적 충동을 자극하는 여
성을 지칭하는 대표적인 말로 사용되었다. 뱀프란 어휘의 유행은 성적매
력을 발산하는 여성이 사회적으로 포착되고 있었음을 보여준다. '메이크
업'[57] 역시 '매춘'을 연상하는 성적이고 천박한 여성의 이미지를 표현하는
어휘였다.

한편 사회적으로 요구되는 여성상이었던 '양처현모(良妻賢母)'와는 대조
적인 '위생부인'이란 어휘도 유행했다. 1930년 이전 못생겼지만 튼튼한 여
자를 지시했던 '위생적 미인'이란 조롱의 어휘에서 "몸은 튼튼하나 머리가
지극히 모자라는 여자"의 뜻을 가진 '위생부인'이 연쇄적으로 파생되었다.[58]
'위생부인'은 민족공동체를 재생산하는 양육의 주체였던 '양처현모'의 사회
적 필요성을 뒷받침하는 부정적인 어휘였다. 여성을 묘사하고 지시하는 어
휘는 근대 여성상의 변화를 담고 있는 것이었으며, 전통적으로 공론화될 수
없었던 섹슈얼리티가 1930년 이후 공론장에서 등장했음을 보여준다.

성의 상품화라는 사회적 현상은 성과 관련한 다양한 어휘의 유행을 가져왔
다. "이성을 포옹하고 목덜미에 키스하는" 모습을 표현한 '넥킹(Necking),'[59]
"남자가 동정을 잃고 여자가 처녀성 잃은" 것을 표현한 '세례(洗禮),'[60] 연
하의 정부를 지칭하는 '제비,'[61] 호색한을 지칭하는 '쉬익(Shiekh),'[62] 색정

---

[57] "女子가 분을 처바를 밤거리를 도라단기는 것도 「메이크업」을 하고 잇는 女子라고 한다"(『
實生活』 3-1, 1932년).

[58] 『三千里』 14, 1931년 4월.

[59] 『別乾坤』 36, 1931년 1월.

[60] 『三千里』 14, 1931년 4월.

[61] "年下의 情夫란 뜻(녀자가 저보다 나어린 男子를 愛人으로 가질 때 그 사내를 제비라고-
무슨 뜻이냐고? 다 아시면서)"(『三千里』 14, 1931년 4월).

본위의 뜻인 '에로(Eroticism),'[63] "음탕한 생활"을 뜻하는 '퍼스트라이프 (First life),'[64] 등은 성과 관련하여 유행한 대표적 어휘였다.

　이 시기 일상생활의 변화는 이전과는 달리 변화의 속도가 더욱 빨라졌다. 일상생활의 변화를 보여주는 어휘의 폭증은 이러한 현상을 방증하고 있다. '바겐세일'· 'S.O.S'[65] · '카지노폴리'· '쿠폰'· '크리-야링·셀-(Clearing sale),'[66] · '허니문'· '네온싸인'· '씌 앤드 씌(D and D)'[67] · '맘모니즘(Mammonism)'[68] · '메센저 샏이(Messenger boy)'[69] · '밴이틔 페-(Vanity fair)'[70] · '써-븨쓰(Service)' · '시익(Chic)'[71] · '스타일'· '알라모-드(Allamode)'[72] · '알라칼트(AlaCarte)'[73] ·

---

[62] "아라비아 「쉬익」(영감님)치고 첩이 4, 5명 이상 없는 사람이 없다. 그래서 서양사람들이 이 뜻만 뽑아가지고 여자를 조화하는 사람을 가르쳐 「쉬익」이라고 부르는 것이다. 곳 好色男女를 이르는 말이다"(『新東亞』 3, 1932년 1월).

[63] "영어로 「에로티씨즘」인데 그것을 略하야 그냥 「에로」라고 부른다. 몹시 유행하는 말인데 곳 「연애본위」 혹은 「색정본위」라는 뜻으로 一進하여 「음탕」하다는 뜻으로 널리 씌운다" (『新東亞』 3, 1932년 1월).

[64] 『新滿蒙』 4, 1932년 12월.

[65] "그런데 요새는 다른 방면에 이 말이 사용되야 友人에게 S.O.S의 전보를 친다. 즉 「긴급하니 돈 좀 보내달라」는 말로 쓰는 것이 모던 용례이다"(『新東亞』 1, 1931년 11월).

[66] "일 년에 한 번이나 두세 번 상품 전부의 전환방법으로 버리는 물건가치 막 싸게 파는 것"(『別乾坤』 37, 1931년 2월).

[67] "Drunk and disarderly의 略인대 泥醉하야 前後不覺하는 狀態를 意味함이라"(『新滿蒙』 4, 1932년 12월).

[68] "「拜金主義」 또는 「황금만능주의」란 말이다. 첫재도 돈, 둘재도 돈, 셋재도 돈, 그저 돈만 안다는 것을 가르친 말이니 곳 돈을 神처럼 숭배하는 경향을 가르친 말이다. 「현대는 맘모니즘의 최고봉에 達하엿다」라고 쓸 수 잇다"(『新東亞』 2-8, 1932년 8월).

[69] "特히 百貨店 等에 少年雇人으로서 華美한 유니폼을 입고 自轉車로 主文品 配達하는 것이다"(『新滿蒙』 4, 1932년 12월).

[70] "虛榮의 港. 流行品市場. 流行社會"(『新滿蒙』 4, 1932년 12월).

[71] "어데로 보나 첨단적이고 보기조코 남의 마음을 끄는 물건을 「시익」하다고 부른다"(『新東亞』 3, 1932년 1월).

[72] "流行式이란 말이다. 「時好에 의하야」 또는 「유행에 의하야」 하는 뜻이 된다. 특히 요리에서 가장 만히 쓰는데 요리 일흠 밑에 이 알라모-드라는 말을 가하면 곳 그 요리는 최신 유행식으로 특별히 만든 음식이란 뜻이 된다. 딸아서 보통요리보다 알라모-드 요리가 값이 좀 더 빗싸다"(『新東亞』 10, 1932년 9월).

'워터맨(Waterman)'[74]·'체인스토어'·'파리지엔'·'파자마'·'까페와 빠' 등
의 어휘는 현재와 차이가 없는 도시의 소비문화를 보여준다.

소비문화의 확대는 조선 대중이 문화소비의 주체로 등장했음을 보여주는
사회적 현상이기도 했다. 이로 인해 '캠핑'·'살롱'·'쏘시알딴스' 등 개인의
문화생활과 관련한 어휘와 '파노라마'·'뼈-ㄹ즈아이뷰(Birds-eye-view)'·'스
카이스크랩퍼(Skyscraper)'·'일류미네-숀(Illumination)'과 같이 문화행위를
통해 얻은 경험을 표현하는 어휘들도 유행했다.

민족주의 정치기획세력이 발간한 매체에 등장했던 이러한 어휘들은 그
들이 절대적 순수성으로 의미화한 노동과 민족의 관계를 균열시키는 것들
이었다. 따라서 이들은 끊임없이 이러한 어휘들과 대결함으로써 그 순수성
을 지켜내는 수호자의 역할을 자임할 수 있었다. 따라서 1930년대에도 20
년대의 노동지상주의는 반복적으로 소환되고 있었다.

> "생활난은 오늘날 조선의 풍토병이다. 어느 곳에나 만연된 병이다. 특히
> 조선인의 종족병이다. …… 비록 당장에 굶어죽지는 아니한다 하더라도 민
> 족의 영향은 저하하고 자녀의 교육을 저지되고, 도덕도 날로 퇴폐로 기울어
> 진다. 이 만성적 기근으로 불어오는 조선민족의 체질적, 정신적, 퇴화의 영
> 향은 아마 수대, 내지 수세기에 미치리라고 우려된다. …… 이에 우리는
> 비상한 위기에 처한 우리의 경제생활에 처할 실천적 원리를 발견한다. 그
> 것은 각 개인, 각 가정, 각 집단이 총동원하여 소극적으로 소비의 합리화를
> 도모하고 적극적으로 만인 개업, 가정 전원 개업주의 혹은 수확의 증가, 혹
> 은 부업을 택함으로 일분일초라도 증수를 도모하고 …… 민족 전원 총동

---

73) "料理屋에서는 「獻立書」라는 의미가 된다. 그런데 음식점 정가표에 보면 간혹 가다가
알라칼트라고 쓴 것을 볼 것이다. 그것은 곳 定食이 안이라 한그릇식 낫그릇을 의미하는
것이다. 정식을 먹으면 여러 그릇을 순서로 가저오지마는 알라칼트로 식혀 먹으면 낫그릇
으로 식힌대로만 가저오는 것이다"(『新東亞』 14, 1932년 12월).

74) "카페에 가서 술과 料理가튼데 돈을 쓰지 안코 紅茶나 고히만 먹으면서 女給과 노러는
사람을 稱함이라"(『新滿蒙』 4, 1932년 12월).

원, 전가족 총동원, 전동민 총동원, 전교회 총동원, 전단체 총동원으로 비상
한 각오와 결심과 의기와 인내, 꾸준력을 주로 한 용기를 분발하라"[75]

2. 노동 시장

1) 노동력 수급정책

1920년대 매년 15만 명 정도의 인구가 농촌을 떠났지만 1931년의 5인
이상을 사용하는 공장의 전체 조선인 노동자의 수는 10만여 명에 불과했
다. 공업생산 증가에 따라 공장과 노동자의 수가 증가하는 추세였으나 공
업생산 자체가 영세했기 때문에 몰락 농민이 도시의 공업부문에 곧바로 고
용될 수 있는 상황은 아니었다. 몰락 농민은 토목공사장 노동자·날품팔이
등 일용노동자가 되어 도시 주변의 빈민층을 형성하고 노동시장의 최하층
에 편입되었다.[76] 경성 내에 거주하는 조선인의 10분의 8이 일정한 직업이
없다고 지적될 만큼[77] 빈민층은 도시와 농촌을 막론하고 거의 실업 또는
반실업의 상태에 놓여 있었다. 이러한 '상대적 과잉인구'의 광범위한 존재
는 노동조건을 악화시키는 요인의 하나가 되고 있었다.

75) 『東亞日報』 1933년 3월 23일 「生活難의 對策」.

76) 1925년 이농인구 150,112명 가운데 상업으로 전업한 경우가 23,728명으로 15.8%, 공업
및 잡업으로 나간 경우가 16,876명으로 11.2%, 일본·만주·시베리아로 옮겨간 사람이
29,532명으로 19.7%, 노동 혹은 용인으로 나간 사람이 69,644명으로 46.4%를 차지하였다.
1927년 역시 이농인구 146,939명 가운데 공업 및 잡업으로 전업한 인구는 16,839명으로
11.5%에 불과했다(강만길, 『일제시대 빈민생활사연구』, 창작과비평사, 1987, 289~292쪽).

77) 1924년 동아일보는 「직업난에 대하여」라는 논설에서 경성 내 거주하는 조선인의 10분의
8이 일정한 직업이 없다고 지적하였다. 그 원인으로는 '농촌은 날로 조잔하고 다른 생산기
관은 아직 발달하지 못하여 직업자리는 손꼽아 셀 만한데 직업을 구하러 도회로 몰리는
사람은 거의 수가 없다.'고 이야기하고 있다(강만길, 앞의 책, 1987, 336쪽).

1910년대 총독부는 군부의 힘에 의지해 만주로의 진출을 적극적으로 추진하고자 했기 때문에 교통, 항만 시설 등 유통 인프라 확충에 중점을 두었다. 반면 노동문제는 아직 사회정책 차원으로 인식되지 못하고, 천황의 은혜로 실업을 구제한다는 관점에서 천황의 은사금에 의해 직업교육과 생산 일자리 확대를 지원하는 사업이 실시되었다. 1910년 일본천황의 은사금 중 일부를 기금으로 하고, 발생하는 이자 중 60%는 수산(授産)에 30%는 교육에, 나머지 10%는 흉겸(凶歉) 구제에 충당했다.

수산사업은 양반유생과 같이 항산(恒産)이 없는 자가 산업에 종사하여 생계를 꾸릴 수 있도록 지원하는 것을 목적으로 하였고, 대표적인 지원 사업으로 양잠과 녹지(漉紙, 한지생산)가 지목되었다. 교육 사업은 보통학교 설립을 지원하는 것으로, 사립학교의 경우 보통학교로의 전환을 전제로 보조금이 지원되었다. 흉겸구제는 부득이한 경우 생업부조 또는 현물급여 등을 할 수 있도록 했다. 은사금은 지방 장관이 관리하고, 기금은 원칙적으로 소비하지 못하도록 했다.[78]

반면, 일본의 노동정책은 이미 1911년 노동시장의 폭력성으로부터 노동자를 보호하기 위해 공장법을 제정하고, 아동노동과 여성노동에 대한 보호를 위해 노동 가능연령과 노동시간을 제한하고 있었다.[79] 러일전쟁 이후 일본경제의 심각한 불황으로 1900년 79개였던 면방적회사가 1909년에는 37개로 격감하여 실업자가 양산되고 사회불안이 증폭되었다. 여기에 천황 암살 모의라는 '대역사건(大逆事件)'이 알려지면서 통치안정이 크게 위협

---

78) 「朝鮮各道府郡 臨時恩賜金由來及其の事業槪要」, 『식민지사회사업관계자료집.조선편』 1, 30~36쪽. 배분 원칙은 경성부 이외 부군은 평균 5만 원으로 하고 그중 2만 5천 원은 평균분할, 나머지 2만 5천 원은 인구비율로 정했다. 12부 317군에 배분되었다.

79) 식민지조선에서 직공이 노동파업을 조직한다는 것은 즉각적인 해고와 경찰의 체포, 그리고 경찰 기록에 오름으로써 영구히 낙인이 찍힌다는 것을 의미할 뿐이었다(박순원, 「日帝下 朝鮮人 熟練勞動者의 形成: 오노다(小野田) 시멘트 勝湖里공장의 事例」, 『국사관논총』 51, 국사편찬위원회, 1994, 24쪽).

받았다.[80] 일본 공장법 제정은 실업자 양산이라는 경제불황으로 인해 통치 안정성이 위협받았던 상황을 타개하기 위한 조치 중 하나였다.

같은 시기 일본과 비교하자면, 총독부의 노동정책은 사실상 없었다고 보는 것이 타당해 보인다. 만주로의 진출과 일본 제국의 경제 개발에서 조선경제의 역할이 논의되기 시작했고, 일본이 부담해야 하는 초기 식민지 경영비용의 절감, 조선의 대일본 무역적자 문제의 해결이 우선적으로 고려되고 있었기 때문이었다. 따라서 총독부는 노동시장의 문제점을 관리하기 위한 법제화보다는 일본 제국의 경제상황의 변동에 따라 조정해야할 노동력 수급을 노동정책의 핵심적 과제로 상정했다.

총독부의 노동력 수급정책은 일본, 조선, 만주의 노동시장을 시야에 넣고, 각 지역의 경제개발정책과 노동시장 상황을 고려하면서 진행되었기 때문에 노동 생산성의 제고, 노동력의 효율적 배치에 집중되었다. 반면, 노동시장에서 파생되는 실업, 비정상적 노동력 착취, 임금 등의 관리정책은 법제화되지 못한 채 지방행정 단위에서 실시했던 사회사업의 영역에서 다루어지고 있었다.

총독부는 조선노동자를 일본과 만주의 노동시장에 지배치하기 위한 이주관리 정책을 실시했다. 1922년 12월 조선총독부령 제153호로 도항제한령이 폐지되고 자유도항제가 공포되었다. 이후 조선인 도항자 수는 격증하여 연간 2~3만으로 증가하였다. 그러나 1920년대 일본 제국 경제의 불황으로 본국 노동시장에서 실업자가 양적으로 증대되고, 실업문제가 사회문제로 확대되자 일본정부는 조선노동자의 도항규제를 재실시했다. 1923년 5월 내무성 경부국장은 각 지방장관 앞으로 「조선인 노동자모집에 관한 건」이라는 통첩을 보내 '조선인 노동자의 모집에 대해서는 조선총독부와 협의

---

80) 여박동, 「근대 일본의 국민생활상태와 생활보호 시설에 관한 연구 — 특히 1910~20년대를 중심으로」, 『日本學志』 9, 1989, 53~98쪽.

를 거쳐 자유도항 및 단체모집에 대해서 저지할 것'을 공표하였고, 1924년 2월 도항증명 취급방법을 엄격히 하는 「조선인에 대한 여행증명서의 건」을 시행했다.

1928년 경성부 조선인의 일본 도항 목적은 생활난, 구직활동, 취업, 영리활동과 같은 경제적 이유의 비중이 절대적으로 높았다. 일본 도항 세대원 400명 중에서는 92.9%, 1,600명의 독신자 도항 가운데 83.2%가 경제적 이유로 도항을 하는 상황이었다.[81] 1928년 7월 조선총독부 경무국에서 각도 경찰부에 「도항 허락 기준」이라는 통첩을 공표했고, 1932년에는 신분증명서 발급제도를 통해 조선인 노동자 도항에 대한 제한을 재차 확인했다.[82]

조선노동자의 일본 도항제한 규제는 당시 조선 노동시장의 공급과잉을 더욱 심화시켰다. 1920년대 초부터 중국노동자들이 조선으로 유입되어 조선 노동시장의 임금 하락이 발생하고 있었다. 조선노동자의 일본 도항에 대한 제한을 실시한 것과는 달리 중국노동자의 조선유입에 대한 제한 조치는 시행되지 않았다. 조선 노동시장은 일본 노동시장의 안정적 관리를 위한 노동력 저장소 역할 뿐만 아니라 중국노동자가 일본으로 급격하게 유입되는 것을 조절할 수 있는 일종의 완충지대로서 기능하게 되었다.

한편, 3·1운동 이후 조선사회 안정화를 위한 대책으로 실시된 사회사업은 조선인에 대한 교화사업을 중심에 두고 실시되었고, 실업문제에 대한 대책은 노동 상담 등의 취업알선 사업만이 진행되었다. 치안 유지적 성격과 최저수준의 노동조건을 유지하고자 하는 정책적 기조가 유지되고 있었다.

쇼와공황에서 탈출하기 위해 일본은 자국 내 중요산업통제법을 공포하고, 정부가 지정한 중요산업에 대하여 기업 간 카르텔, 트러스트의 결성을

---

81) 김민영, 『일제의 조선인노동력수탈연구』, 한울, 1995, 35쪽.

82) 조선총독부에서는 무허가 모집에 따라 도항하는 자, 일본에서 취업 장소가 불확실한 자, 일본어를 읽고 쓰지 못하는 자, 필요한 여비 이외에 소지금이 10원 이하인 자 등의 일본도항을 제한했다(곽건홍, 『日帝의 勞動政策과 朝鮮勞動者: 1938~1945』, 신서원, 2001, 42쪽).

추진하고, 군수지출의 증대를 위해 인플레 정책을 추진했다. 또한 만주를 일본 제국 경제권, 소위 엔(円)블럭으로 포섭하여 공황 탈출과 전시 경제를 연계하는 정책을 실시했다.

　중요산업통제법 시행에 따라 일본의 신흥자본들은 일본 국내의 카르텔 체제를 피해 중요산업통제법이 적용되지 않는 조선으로 진출했다. 우가키의 농공병진정책은 일본 독점자본을 조선에 유치하기 위하여 중요산업 통제법과 공장법 적용 회피 등 값싼 조선인 노동력을 이용하여 식민지 초과이윤을 확보할 수 있는 '자본가 우선정책'이었다.[83] 총독부는 적극적으로 노동력 공급기관을 확충하여 노동자의 국내외 취업을 알선하는데 주력했다.

　1930년대 노동력 수급을 담당했던 대표적인 기관은 직업소개소였다. 사회사업의 일환으로 설치된 직업소개소는 조선 노동자의 일본 이주를 억제하기 위해 조선 내 취업 알선을 적극적으로 전개했다. 1934년부터 실시된 노동자 이동소개 사업을 통해 남부지방에 분포되었던 노동력을 대도시 혹은 북부지방으로 이동시켰다. 또한 '궁민구제사업'으로 토목공사를 실시하고, 빈민을 동원하여 최소한의 비용으로 산업화를 위한 인프라를 구축했다. 총독부는 조선의 노동력을 일본 제국 경제의 발전을 위해 적극적으로 재배치해 나아갔다.[84]

　1930년대 만국의 성립과 함께 일본은 일본인의 만주이민을 적극적으로 추진했다. 일본의 농업인구를 이주시켜 본국의 과잉인구 해결하고 만주를 적극적으로 개발하고자 하는 것이었다. 총독부 역시 조선의 노동력 과잉 문제를 해결하기 위해 조선인 노동자의 만주이민을 장려하고 나섰다. 그러나 관동군은 조선인의 만주이민에 대해서는 소극적이었고, 총독부의 조선

83) 일본의 對조선 투자구성을 보면 우가키 재임기에 해당하는 1932~1937년간 일본자본의 조선 투자액은 총 9억 4천 6백만 엔에 이르렀는데 그 가운데 민간자본은 총 5억 3천만 엔으로 56.1%를 차지하였다(방기중, 앞의 책, 2004, 79쪽).
84) 이상의, 『일제하 조선의 노동정책 연구』, 혜안, 2006, 108쪽.

인 만주 이민을 방임하는 입장을 갖고 있었다. 총독부는 관동군의 이러한
입장에 반대하면서 1933년 독자적으로 소규모 계획 이민을 추진했고, 영구
(營口)와 철령(鐵嶺) 등 5개소에 차례로 '안전 농촌'을 건설했다. 그리고 일
본정부로부터 조선인 만주이민의 정책적 지원을 승인받고자 했다.

총독부의 조선인 이민에 동의했던 일본 내무성은 1934년 내각 결의 사
항으로 조선인 만주이민을 공식화했다. 그리고 1936년 조선 농민의 만주이
민을 실행할 기관으로 서울에는 선만척식회사를, 만주국의 수도 신경(新
京, 현재의 長春)에는 만선척식회사를 설립했다. 소극적이었던 관동군도
일본내각 결의를 수용하여 조선인 이민자 거주지를 구획하고 연간 이주민
의 수를 할당하는 등 조선인 이민자를 제한적으로 받아들였다. 만선척식회
사는 1937년부터 본격적으로 조선인 이민 사업을 시작했다.[85]

총독부와 조선의 언론은 관동군의 이러한 규제에 강력하게 반발했다. 중
일전쟁이 발발하자 만주국 정부는 이주지역 제한을 철폐하여 척식회사 이외
의 알선 이민을 허용했다. 1939년 말에는 소위 '국책이민'을 천명한 '만주국
개척정책기본요강'을 채택했다. 그리고 1941년에는 조선인 이민을 취급하던
만선척식회사가 일본인 이민을 취급하던 만주척식회사로 통합되었다.[86]

1939년 만주국이 산업 5개년 계획, 국경건설, 국내 신개척의 3대 사업을
주축으로 제2 건설공작을 실시했다. 국책이민은 제2 건설공작 사업과 연계
되어 그 중요성이 부각되기 시작했다. 그간 일관된 계획 없이 자연스럽게
증가되어 왔던 만주국 이민에 대한 재검토가 필요하게 되었다. 먼저 만주
에서 신경이민회의(新京移民會議)가 개최되어 그간 만주이민이 만주국의
특수사정에 제약되어 너무나 이상주의적으로 진행되었기 때문에 일본의

85) 김기훈, 「일제하 '만주국'의 이민 정책 연구 시론: 일본인 이민 장려, 조선인 이민 통제
정책 형성의 배경」, 『아시아문화』 18, 2002, 65~67쪽.
86) 김기훈, 「만주국 시기 조선인 이민담론의 시론적 고찰」, 『동북아역사논총』 31, 2011, 106쪽.

농촌현실과 맞지 않는다는 비판이 제기되었다. 그리고 체계적인 이민정책의 수립을 위한 이민정책 강요(綱要)를 결의했다. 이 문제에 공감했던 일본 정부는 도쿄에서 일본과 만주 관계기관과 민간인으로 구성된 위원회를 개최했다. 이 위원회는 신경이민회의가 채택한 강요의 내용에 기초하여 대량이민에 대한 계획을 채택했다. 동위원회는 문제별로 6분과회를 설치하고 이민에게 대여할 토지문제, 농업이민농경경영의 문제, 이민송출기관, 이주지의 정치경제기구와 교육 위생시설, 조선인이민의 문제 등에 관하여 논의했다.[87]

전면적인 만주 이민이 논의되는 가운데 총독부 또한 조선 노동시장에 대한 조사를 실시하여 노동력 배치의 효율성을 제고하고자 했다. 총독부는 조선인 노동력을 동원하기에 앞서 농촌의 잉여 노동력 조사를 실시했다. 특히 농촌의 노동력 과잉문제에 대한 대책을 수립하기 위해 경영면적별 농가 수지 등에 대한 통계 조사를 실시했다.[88] 이러한 조사에 기초하여 총독부는 농촌의 잉여 노동력이라고 할 수 있는 영세농민을 대상으로 그들의 노동력을 동원할 것을 계획했다. 조선 농촌에 누적되어 있는 과잉 노동력이 농업 경영을 더욱 영세화시킨다고 보고 이를 적극적으로 '배출'하여 노동력을 효율적으로 배치하고 생산성을 제고하겠다는 것이었다.[89]

이에 총독부는 구체적인 동원 노동력을 산출하기 위해 1943년 「농업실태조사」를 실시하여 '적정 경영 규모 농가의 기준'을 정하고, 자작농 창정(創定), 경작지 정리 및 노무자 선출에 활용하고자 했다. 조선의 농업경영이 노동집약적 성격이 강한 만큼 과도한 노동력 유출은 오히려 농업 생산성을 감소시킬 가능성이 높았기 때문이었다. 농업실태조사를 토대로 하여

87) 『東亞日報』 1939년 5월 30일 「滿洲大量移民實現」.
88) 마쓰모토 다케노리, 「전시하 조선의 농민층 분화형태에 관한 분석: 노동동원의 영향에 주목하여」, 『경제사학』 45, 2008, 78쪽.
89) 마쓰모토 다케노리, 앞의 논문, 80~81쪽.

1944년 9월 「농업요원설치요강」이 발표되었고 '농업요원'이 선정되었다. 이들은 국민징용령에 의한 징용 및 일반 노무자의 알선에서 제외하는 특전이 주어졌으나 철저한 통제의 대상이 되었다.[90]

　일본은 1939년 총동원 경제의 정비를 위해 종합적인 계획을 수립하고자 노무동원계획을 설정하였다. 제1차 노무동원계획은 그 해의 노무동원 규모의 대강을 정한 것으로, 군수 충족, 생산력확충계획 수행, 수출 진흥, 생활 필수물자의 확보에 중점을 두고 여기에 요구되는 노동자를 약 110만 명으로 잠정 집계하였다. 이후 총독부도 노무동원계획에 맞춘 노무동원계획을 설정하여 노무동원을 시작했다.

　1941년 8월 29일 '노무긴급대책요강'이 일본 각의에서 결정되었다. 노무긴급대책요강은 '근로는 국민의 의무이고 국가의 요구에 따라 행해야 한다.'는 근로보국정신의 확립을 명시하고 있었다. 이를 위해 일반노무자를 '상시요원'과 '임시요원'으로 구분하고 학생과 일반 국민을 새로이 임시요원으로 편성하여 동원함으로써 상시요원을 군수산업으로 집중 동원하도록 했다.[91]

　1943년도 5월 3일 일본 각의 결정된 국민동원계획은 1943년 1월 20일에 책정되었던 「생산증강 근로긴급대책요강」에 근거하여 수립되었다. 동시에 5월 「국민징용령」, 「국민근로보국협력령」, 「노무조정령」, 「임금통제령」의 개정 등 노동력 동원의 근거가 되는 법령이 선포되었다. 총독부 역시 1944년 11월에 구체적인 동원 계획을 마련했다. 징용 및 알선에 의한 노동력 동원 목표 수는 81만 8천 명이었고, 1945년에는 목표량이 대폭 상승하여 86만 8천 명으로 책정되었다. 근로보국대의 동원 목표는 1944년 182만 명

[90] 농업요원으로 선발된 것은 순 농가의 호주, 精農家(순 농가 중 평균보다 3할 이상 수확량이 많은 농가)의 가족, 각 부락에 상주하는 농업증산 실천원, 농회·금융조합·수리조합·농장의 기술지도자 및 농업학교·농민도장 재학생을 가리킨다. 이에 따라 전국에 설치된 농업요원은 약 165만 명이었다(윤해동, 『지배와 자치』, 역사비평사, 2006, 262쪽.).

[91] 안자코 유카, 「조선총독부의 '총동원체제'(1937~1945) 형성정책」, 고려대학교 사학과 박사학위논문, 2006, 181쪽.

에서 1945년 227만 1천 명으로 역시 크게 상향 책정되었다.[92]

　1943년의 국민징용령 개정은 노동력 동원에 대한 강제성을 강화하는 계기가 되었다.[93] 제2조에서 징용은 '자유로운 노동력 수급을 보완하는 것'이라는 조항이 '징용은 국가의 요청에 근거해 제국 신민으로 긴요한 총동원 업무에 종사할 필요가 있는 경우에 이를 행함'으로 변경되었다. 이는 국가의 필요에 의한 강제적 동원이란 의미를 명확히 했다. 또한 제16조에는 피징용자의 호칭으로 '응징사(應徵士)'를 사용하도록 했다. 강제적으로 징용을 당하는 것이 아니라 징용에 자발적으로 응하는 것이라는 의미를 부가함으로써 징용의 강제성을 희석시키고자 했다. 응징사들은 조선총독부에서 실시한 7개조의 「응징사 복무기율」에 따라서 관리 공장 및 지정 공장으로 동원되었으며, 이 시기부터 징용에 대한 반대급부로 '원호'가 내세워지기 시작하였다.[94]

　징용은 1939년 시작되는 시점부터 그 자체로 의무이자 권리라고 강조되었다. 그 배후에는 노동을 국민의 영예와 봉사로 여기도록 하는 총동원체제의 황국근로관이 존재했다. 황국근로관은 정책담당자와 이를 뒷받침하는 학자들의 작업에 의해 적극적으로 일본 사회에 확산되었다. 구미 자본주의 국가의 개인주의와 달리 공(公)을 위한 희생이라는 도덕적 측면을 부각시키면서 노동을 의미화 하는 것이었던 만큼 일본의 도덕적 우월성을 강조하는 도구가 되기도 했다.

　황국노동관은 계약관계에 기초한 자본주의적 노자관계를 부정하고 국가에 대한 봉사를 전제로 희생의 가치를 강조하는 노동관이었다. 즉 노동은 개인적 가치보다는 국가에 대한 충성, 국민으로서의 사명감이란 가치를 부여 받았다. 그리고 모든 국민은 '노동'을 해야 한다는 관념(國民皆勞)은 중일전쟁 이후 노자일체 주장의 관념적 기제가 되었다.[95]

　그러나 명예로운 노동에 대한 인식과 노동현실은 전혀 달랐다. 징용은 법률에 근거하여 국가적 요구에 의해 국가적 가치를 실현하기 위한 것이란 의미가 부여되었지만, 실제 피징용자들이 자신의 노동력을 제공하는 곳은 국가의 감독과 관리가 미치지 않는 곳이 많았다. 1941년 징용령 개정 이후 피징용자가 민간 공장에도 배치될 수 있게 되었고, 민간 공장에 배치된 피징용자는 민간 사업주의 관리 감독 하에 놓이게 되었다. 민간 기업이 운영하는 사업장, 공장, 광산의 작업환경은 매우 달랐고, 경영 상황에 따라서 이들에 대한 대우는 천차만별이었다. 징용 의무는 모든 일본 '신민'에게 공평하게 적용되어야 했지만, 운영과정에서 나타나고 있는 차별은 '신민'의 공평한 의무란 관념을 완전히 뒤엎는 것이었다.

　총독부의 노동정책이 일본제국의 경제정책, 생산력 증대정책의 하위의 정책으로 실행되고 있었기 때문에 조선의 노동시장은 일본, 만주의 노동력 수급을 위한 하위 시장으로 인식되었고, 조선의 노동자는 노동력이라는 생산성의 영역에서 효율적으로 재배치되어야 하는 자원으로 인식되었다. 그러나 조선 노동시장 내부의 실업, 과잉 노동력 문제는 조선총독부가 일본제국의 노동정책에서 상대적으로 독자적인 노동력 수급 정책을 추진하게 하는 배경이 될 정도로 식민통치의 불안 요소로 등장했다. 그러나 역으로 노동력 수급에 집중된 정책은 노동 환경의 악화, 이주를 발생시키고, 오히려 사회불안을 증대시키는 요인이 되었다. 이에 노동시장에서 벌어지고 있는 폭력성에 대한 경험이 확산되지 않기 위해 총독부는 사회윤리관을 통해 사회적 동요의 확산을 차단하고자 했다.

---

95) 이상의, 「일제지배 말기의 파시즘적 노동관과 '노자일체론'」, 『동방학지』 118, 2002, 153~194쪽.

2) 노동시장에 대한 이중적 시선

　조선 민족주의 정치기획세력이 국내 노동시장 문제에 관심을 보이기 시작했던 것은 1920년대 경기불황으로 실업자가 양산되고, 조선인의 빈곤화가 급격히 진행되었기 때문이었다. 1920년대 실업문제는 사회의 불안요소였기 때문에 총독부 역시 실업자, 빈민에 대한 조사를 실시하고, 공황에 따른 실업증대와 조선인 생활난을 완화하기 위해 사회정책을 실시했다. 그러나 일본과 만주의 노동시장을 고려한 노동정책의 한계, 총독부 재정투여 의지의 빈약함 등으로 실업에 따른 사회불안요소를 관리하는 데는 매우 미흡했다. 총독부와 정치적으로 대립각을 형성해야 했던 민족주의 정치기획세력은 심각한 실업문제를 통해 총독부의 실업대책을 비판하고 나섰다.

　서춘은 "조선인의 노동자가 매년 노동할 곳이 없어서 실업자로서의 생활난을 견디지 못하여 일본에 있는 공장이나 농장으로 향하여 몰려가는 수가 매년 증가하는 것을 보고 당국자는 크게 놀라서 직업 소개하는 사회사업을 시작하였다. …… 조선 내 각지를 순회하여 직업 소개를 하여서 일본에 가는 조선노동자를 방지하려고 하는 듯하다"라고 했다.96) 조선노동자의 도항 증가로 일본 노동시장에서는 노동력 과잉이 발생했고, 이를 방지하기 위해 총독부가 직업소개소를 만들어 조선인 노동자를 국내 노동시장 내로 재배치하고 있는 것은 조선인을 위해 사회사업을 실시한다는 총독부의 주장이 거짓임을 증명하는 것이라고 주장했다.

　나아가 그는 "신임 이케가미 시로(池上四郎) 정무총감은 오사카 시장시절에 사회사업을 많이 시험하여 오사카로 하여금 진보된 사회사업을 가지게 한 경험자"라고 하지만 정무총감이 추진했던 직업소개소가 실상은 '조선인의 구직방해'로 연결될 것이라고 주장했다. 또한 "일본인이 조선인에

---

96) 『東亞日報』 1928년 1월 14일 「失業者의 救濟策」.

비하여 2배 또는 3배나 되는 봉급을 조선에서 먹고 있는 것과 같이 그 비례로 일본에 가서 조선인이 관리 노릇은 못할지라도 산업이 흥왕하고 공장이 많은 일본에 가서 노동이나 자유스럽게 하도록 그대로 방임하여 두는 것이 인도 상 당연한 일"이라고 했다.

"일본 공장주 측에서는 임금이 싼 조선인 노동자를 원하지만 총독부 측에서 듣지 아니함으로 (일본 공장주는) 구하다가 얻지 못하고" 있다고 하면서 "조선인의 실업을 구제한다고 조선 내에서만 소개하기에 주력하는 총독부의 소위 사회사업이 잘못하면 그 실질에 있어서 조선인의 실업 증가를 더욱 조장하는 결과"를 낳을 것이라고 주장했다."[97]

서춘은 조선인의 일본도항 규제 조치와 총독부의 직업소개소 활동이 개인의 노동 자유를 제한하고 있다고 비판했다. 이때 서춘은 총독부의 자유주의적 시장질서가 조선인의 산업발전에 악영향을 끼치고 있다고 하면서 자유주의적 시장경제를 비판했다. 그가 노동이동의 자유를 보장해야 한다는 입장을 취하고 있었다는 점은 자본시장과 노동시장을 바라보는 관점이 전혀 달랐다는 것을 알려 준다. 즉, 자본과 소비시장은 보호되어야 하고, 노동시장은 자유를 보장해야 한다는 것이라고 할 수 있다.

반면 서춘은 총독부가 조선인의 만주이민과 일본인의 조선이민을 장려하는 것에 대해서는 반대하고 있었다. "최근 동경에 본부를 둔 해외협회 중앙회에서는 조선에 소위 아세아촌이란 것을 설치하여 대대적인 이민을 계획하고자 총독부로부터 후보지를 얻게 되었다고 하는데 …… 조선주민으로부터 징수한 납세로 그 시설에 대한 보조가 필요하게 될 것이오, 언어, 풍속, 습관 등이 서로 다른 이민족 간의 알력은 일본인의 우월감으로 격발하게 될 것이다."라고 반대했다. 또한 "그런데 동척과 불이흥업에서 매년 수백, 수천 호의 대 이민을 장려하고, 국가로서도 이것을 보호지도 하여 매

---

97) 『東亞日報』 1928년 1월 14일 「失業者의 救濟策」.

년 증가한다. 이 추세로 가면 조선의 부는 모두 일본인에게 점유될 우려가 생기게 된다. 조선의 소유관계를 말하지 않고, 오직 국민일반이라고 하는 인구 밀도로 보더라도 적지 않는 밀도를 가진 곳이니 이곳에 매년 이민을 증식하는 것은 도저히 조선인이 용납할 바 아니다."[98]라고 하여 반대했다.

중국인과 일본인의 조선이주에 대해 분명히 반대하고 있었던 반면, 조선인 노동자의 해외이주에 대해서는 일관된 입장을 제시하지 못하고 있었던 상황은 조선인의 산업발전과 공업화에 대한 기대가 있었기 때문이었다. 조선인 노동력은 조선의 공업화를 위해 확보되어야 하는 것이었고, 따라서 과도한 해외 이주 역시 조선민족의 부의 유출로 여겨질 수 있었다. 따라서 실업이라는 사회불안요소를 해결해야 하지만 그렇다고 조선인 산업의 생산성 확보에 문제가 발생하는 것도 경계해야 했기 때문이었다. 1920년대 민족주의 정치기획세력은 실업과 조선 내 노동력 수급이라는 양자의 문제 속에서 조선의 노동시장이 일본 그리고 만주의 노동시장과 어떠한 관계에 놓여야 하는지에 대한 명확한 인식을 갖고 있지 않았다고 할 수 있다.

3) 노동시장에 대한 관리, 공장법

노동자들이 대도시로 유입된 것은 도시 상공업의 발달로 인한 노동력 수요의 증대 때문이라기보다 농촌에서 밀려난 영세농민이 새로운 일거리를 찾아 도시로 이동해온 결과였다. 그러나 산업간 분업과 생산시설의 미발달로 인해 그리고 제1차 세계대전 직후 초래된 경기불황으로 인해 대도시로 밀려든 농민은 대부분 산업기관으로 흡수되지 못했고, 만성적인 실업상태가 확대되고 있었다. 일부만이 공장노동자로 흡수되었고, 그 외 상당수는 일용노동자가 되어 항상적으로 실업의 위기에 직면해 있었다. 그리고

---

98) 『東亞日報』 1929년 6월 15일 「所謂亞細亞村設置問題」.

대도시 주변에는 노동시장으로 편입되지 못한 채 실업상태에서 벗어나지 못했던 빈민층이 증대되고 있었다.

1930년대 초반에는 전국적으로 빈민과 실업자가 격증하여 심각한 사회문제로 대두했다. 실업과 빈민의 증가는 사회의 불안요소로 등장했고, 총독부의 통치안정성을 위협하는 요인이었다.

1926년에서 1931년까지 빈민의 비율은 전체인구의 11.3%에서 26.7%로 급증하여 총인구의 1/4을 넘어섰다. 이러한 추세는 이후에도 지속되었고, 1934년에는 빈민이 총인구의 27.7%에 달하였다. 빈민의 증가현상은 만성적인 농업공황에 시달리던 농촌에서 특히 심했다. 지역별로 이들은 주로 남부지방에 분포하였는데, 전라남북도와 경상남북도 4도의 빈민이 전국 빈민 수의 대략 절반을 차지하였다. 곡창지대인 전라북도의 경우 1934년 현재 총호수의 45%가 빈민이었다. 조선 총인구의 38% 이상이 빈민이었다는 점을 감안한다면 농촌지역에서 빈민문제가 매우 심각했음을 알 수 있다.

대공황의 여파가 미치면서 일본은 자본주의 축적 위기를 돌파하기 위해 시장에 적극적으로 개입하기 시작했다. 일본의 독점자본은 조선에서 노동자에 대한 해고나 조업단축, 임금인하, 노동강화, 노동시간 연장 등의 방식을 통해 공황의 돌파구를 찾으려 했고, 전국적으로 실업자층이 대량 양산되었다. 또한 1926년 농업 공황의 영향 이후 더욱 피폐해진 농촌지역으로부터 대도시로 이주하는 농민들이 크게 증가했지만, 이들의 대부분은 새로운 업종에 고용되지 못한 채 빈민으로 존재하였다.

1930년대 전반기에 들어서는 실업문제가 심각하게 대두되었고, 일제 통치당국에서도 실업자 조사를 실시하여 대책을 강구해야 할 정도에 이르렀다. 빈민과 실업의 문제는 조선 노동시장에서 실질임금의 하락으로 연결되었고, 임금착취, 16시간 이상의 장시간 노동, 유년노동의 증가 등 노동시장의 폭력성이 증대되었다.

노동시장의 폭력성을 제한하려는 공장법 도입 논의는 총독부의 사회사업 정책과 함께 제기되었다. 총독부는 일본에서 실시된 공장법이 사회 안정이라는 효과를 발휘했다고 평가하고, 각 도내 15인 이상 사용 공장 수 및 사용인 상태에 대한 조사를 실시했다.[99] 3·1운동 이후 활성화된 노동운동의 확대에 대응한 선제적 조치였다고 할 수 있다. 조선인 언론에서는 근대적 노동관계에 대한 입법조치로서 유럽과 미국의 사례가 소개되기도 했고,[100] 1924년부터는 일본의 공장법 개정안에 대한 소개가 이루어졌다.[101] 또한 1925년 일본에서 치안유지법과 함께 공장법 개정이 타결되면서 총독부 역시 공장법 도입 논의를 본격적으로 재개했다.[102] 총독부가 산업재해 예방을 위해 도령으로 시행하고 있었던 '공장취체규칙'으로는 노동시장의 폭력성을 관리할 수 없는 상황에 직면했기 때문이었다.

또한 총독부가 조선사회를 안정화하기 위해 사회사업을 확장하는 분위기였기 때문에 『東亞日報』는 이 분위기에 편승하여 건강보험법, 공장법, 모자보호법 등의 실시를 주장하고 나서기도 했다.[103] 그러나 조선에서는 공장법이 적용되지 못했고, 『東亞日報』는 기대했던 공장법 적용이 좌절된 것에 대해 조선인의 파멸을 방지할 수 없는 상황이 초래되었다고 탄식하면서 총독부를 맹비난했다.[104] 공장법 도입 불발로 최소한의 관리의 제도적 장치가 부재했던 조선의 상황은 1920년대 후반부터 노동파업이 급증하게 된 배경이 되었다.

총독부는 조선사회의 불안요소가 증대되는 상황을 타개하고, 경기불황

---

[99] 『東亞日報』 1922년 7월 18일 「공장법실시조사」.
[100] 『東亞日報』 1923년 11월 5일 「농촌진흥의 四考案(上)」.
[101] 『東亞日報』 1924년 12월 8일 「일일노동법안 육군성에 회부」.
[102] 『東亞日報』 1925년 3월 14일 「조선에 공장법 시행의 필요」.
[103] 『東亞日報』 1925년 4월 23일 「年來 懸案의 社會政策 一氣로 解決?」, 4월 25일 「社會事業 打開策如何?」.
[104] 『東亞日報』 1926년 12월 31일 「조선인생활 파멸에 관한 대책(2)」.

을 타개하기 위해 조선 산업합리화 정책을 추진하면서 자본가 중심의 노자 협조를 강조했다. 조선에서의 산업합리화 정책은 자본에 대한 규제보다는 주로 노동의 강화를 통한 생산과정의 합리화의 방향으로 추구되었다. 노동 자의 대량해고, 저임금 구조의 유지, 유년노동의 이용 등에 기초한 노동생 산성 향상이 진행되었다. 1933년 현재 10명 이상을 사용하는 공장노동자의 57%가 12시간을 넘는 장시간 노동에 시달리는 상황에서 노동자의 대중파 업이 증가하고 공업지대에서 혁명적 노동조합운동이 활성화되었다. 포괄 적 노동대책의 차원에서 공장법의 논의가 다시 본격화되었다.[105]

공장법의 논의는 노동사정의 조사, 조선총독부 관료와 자본단체와의 협 의 등을 통해 진행되었다. 조선총독부에서 공장법 제정에 가장 적극적이었 던 것은 경무국이었다.[106] 공장법이 노동자 대중파업과 혁명적 노동조합 운동 과정에서 초래될 치안의 불안 문제를 대처하기 위한 방법으로 주목되 었기 때문이었다. 노동력 수급에 관한 업무를 담당하고 있었던 사회과는 1932년 내무국에서 학무국으로 이관된 후「공장 및 광산에 있어서 노동상 황 조사」를 발표하였다. 사회과는 경무국과 달리 '조선의 노동자는 순박하 여 노동쟁의 조정법과 같은 법규로 쟁의를 방지할 정도는 아니'라고 보았 다. 사회과가 중요하게 생각했던 것은 증가하는 조선인 노동자의 활용과 장기적 노동력 수급 방법이었고 그 필요에 따라 공장법의 시행을 위한 시 기와 절차를 맞추어 간다는 입장이었다.

식산국 상공과에서는 조선에서 공장법을 적용할 경우 조선의 공업발전 이 저해된다는 이유로 공장법을 반대하였다. 경무국과 식산국의 대립은 공

---

105) 이상의, 앞의 책, 2006, 84쪽.

106) 경무국의 공장법 초안에는 최저임금제, 노동시간 제한, 노동자 재해·부상·사망부조, 해고금지제한, 위험노동, 비위생적인 노동, 소년·소녀·부녀노동자 특별규정, 기타 공장 의 위생설비·공휴일 등에 대한 규정을 담고 있다. 그러나 일본의 공장법이 노동자 10명 이상 고용 공장에 적용된 것과 다르게 조선에서는 노동자 50명 이상 고용 공장에 적용되 었다(곽건홍, 앞의 책, 2001, 48쪽).

장법에 대한 견해 차이라기 보단 노동계의 안정화를 강조하는 경무국과 이
윤창출을 강조하는 식산국의 역할 차이에서 기인한다고 볼 수 있다.

　1936년 3월 31일 경성·인천 지역의 자본가들과 조선총독부 경무국장·
식산국장 등의 관료들이 협의하는 과정을 거치기도 하였지만, 공장법은 조
선에서 시행되지 못했고, 노동시장의 폭력성, 열악한 노동환경 등은 그대
로 방치되고 말았다. 이후 공장법을 둘러싼 논의는 공장취체규칙 제정 논
의로 전환되었다. 노자융화의 차원에서 제기된 공장취체규칙 역시 식산국
의 반대에 부딪혀 조선에서 실시되지 못했다. 사회적으로 공장법의 적용,
실시가 계속 요구되고 있었음에도 불구하고 공장법은 물론 노동자 보호에
관한 내용이 포함되지 않는 제한적 성격의 공장취체규칙마저도 조선에서
는 실시되지 못했다.[107]

　『동아일보』는 총독부의 공장법 실시를 강력하게 촉구하고 나섰다. "노
동자가 산업 상 높은 지위를 점했지만 노동조건은 전혀 개선되지 못했다"
라고 비판했다. 노동조건이 가장 좋은 공장으로 평가받았던 전매국의 연초
공장의 경우도 15세 미만의 유년 노동이 존재했을 뿐만 아니라 하루 임금
도 성년공의 절반인 25전을 받는 등 기아적 상태에 놓여 있다는 것이었다.
노동시간 역시 최고 13시간 최저 8시간에 달했고, 1년 중 쉬는 일수는 겨우
20일 뿐이었다. 열악한 노동 환경은 노동자의 건강상태를 더욱 악화시키고
있는 상황이었다. 따라서 『동아일보』는 "경제불황은 노동자의 각성과 아울
러 노동쟁의를 더욱 빈발케 할 형세에 있다. 고압으로 (하는 것) 만이 이것
을 능사로 (여기지) 말고 우선 공장법부터 제정할 것"을 강력히 주장했
다.[108] 공장법 실시를 지지했던 민족주의 정치기획의 담론은 사용자 우위
에 놓여 있는 노동시장의 폭력성을 일정하게 관리하여 조선공업 발전 정책

107) 이상의, 앞의 책, 2006, 106쪽.
108) 『東亞日報』, 1931년 7월 25일 「공장법을 실시하라」.

의 효과를 극대화할 필요가 있다는 총독부와 인식을 같이 하고 있었다. "일반경제블록의 결성으로 조선공업은 앞으로 비상하게 발전할 것이고, 그 결과는 더욱 그 필요한 정도를 높일 것이다. 이때 있어서 총독부 사회과에서 공장법을 제정 실시키로 하고 방금 입안 중이라 하니 시의 적절한 바"라고 평가했다.[109]

그러나 공장법 시행이 결국 무산되자 『동아일보』에서는 대체사회입법에 대한 기대를 드러냈다. 조선사회가 "나날이 진보되어 급속한 템포로 복잡화하고 있으니 이에 일반적 사회 입법은 일층 긴요하게 되었다." "최근 공장이 늘어가서 장차 공업조선을 상상하게 되고, 이에 따르는 노동자는 그 수효가 나날이 늘어가고 있고, 고주(雇主) 대 노동자의 충돌도 첨예화하는 정세"에 "조선공장법을 제정 실시하는 것은 현하의 급무 중 하나임은 틀림없으나 수년전부터 물의만 있고 아직까지 구체안"이 서지 못했다고 지적했다. 그리고 건강보험법, 불량주택지구 개량법, 조택 조합법 등의 사회입법이 필요하며 여기에 대해서 총독부 사회과 역시 제 법령의 실시를 고려하는 중이라고 하여 제한적이나마 기대를 표명했다.[110]

공장법 대신 공장취체규칙 제정이 논의되자 『동아일보』는 이것이 노동입법적 성격을 가질 수 있을 것이란 기대감도 표시했다.[111] 그러나 제정된 공장취체규칙은 사회입법으로 입안되지 못했고, 일개 경무관의 단속규칙 수준에 머무르게 되었다. 이에 『동아일보』는 공장취체규칙으로는 노동자를 보호할 수 없으며 매년 공장노동자의 희생이 증가할 것이라고 비판했다.[112] 또한 공장법의 결여는 노동시장의 저임금을 유지하는 것이었고, 이로 인해 대자본공업의 성장이 비약적으로 진행되고 있다고 평가했다.[113]

109) 『東亞日報』 1935년 6월 30일 「공장법제정 진보적인 것이 되게 하라」.
110) 『東亞日報』 1936년 2월 1일 「시대 뒤진 사회입법 대중의 非難聲漸高」.
111) 『東亞日報』 1936년 8월 28일 「조선최초의 노동입법출현? 가국 공히 필요를 인정」.
112) 『東亞日報』 1937년 6월 9일 「공장희생과 보호의 필요」.

공장법은 노동시장의 폭력성을 관리하는 것인 만큼 사회 정의란 의미를 갖
는 것이었지만, 산업발달이라는 지향이 강할수록 자본가의 경제적 이익이
란 의미 속에서 다시 평가되고 있었다. 공장법 논의는 자본주의 사회에서
시장의 논리와 사회적 정의라는 양자가 충돌되는 지점에 놓여 있었다.

1937년 공장법을 대신해서 성립된 공장취체규칙은 그 대상 공장의 범주
를 놓고 경무국과 식산국 사이에 이견이 존재했다. 경무국은 20인 이상의
공장을 식산국은 30인 이상의 공장을 적용대상으로 하고자 했다.[114] 식산
국의 입장은 이 법이 발흥하기 시작한 조선 공업계의 공장경영을 곤란하게
할 수 있다는 것이었다. 사회 안정을 우선적으로 고려했던 경무국과 공업
생산성을 우선적으로 고려했던 식산국의 의견 차이로 인해 공장취체규칙
도 실시되지 못했다.

노동조건의 악화는 전쟁 이후 더욱 심화되었고, 공장법 논의를 다시 수
면 위로 끌어 올렸다. 『동아일보』는 "공업약진에 비해 노무자의 권익은 그
다지 보장되어 있지 않고…… 국가총동원법에 의해 여러 가지 조사 통제
등으로 노무자의 복리가 다소 증진되어 간다 해도 완전한 공장법이 없었
고, 소년소녀직공과 부녀자인 노무자에 대한 노무취체법규가 없기 때문에
…… 총독부 경무국에서 공장법의 초안을 만들고 있다고 보도했다.[115] 그
러나 끝내 공장법은 실시되지 못했다.

1920년대 초 부터 조선 노동시장의 폭력성이 사회적으로 확인되면서 공
장법 실시가 필요하다는 주장이 공론장에 등장했다. 그러나 총독부는 사회
입법을 회피하고 사회사업정책을 통해 노동시장을 관리하고자 했다. 1930
년대 초 노동자 파업이 급증하고 사회불안 요인이 등장하면서 노동시장에

113) 『東亞日報』 1936년 4월 22일 「조선공업화문제」.
114) 『東亞日報』 1936년 6월 27일 「공장취체규칙의」.
115) 『東亞日報』 1940년 2월 29일 「국부비결은 첫째 노동자의 보호」.

대한 관리 업무가 점차 사회국에서 경무국으로 이관되었고, 경무국에서는
이 문제를 치안안정의 관점에서 접근하고 있었다. 민족주의 정치기획세력
역시 조선인 노동조건의 악화와 노동자 파업의 증대를 이유로 공장법의 실
시 또는 사회입법 등을 주장했다. 그러나 이들의 주장은 총독부가 그 실시
를 고려하는 경우에 한해서 이 문제를 제기할 뿐이었다. 이는 저임금시장
을 토대로 성장하고 있었던 조선공업에 대한 다소 모호한 인식과 관련을
맺고 있었던 것으로 보인다. 일본자본에 의한 조선공업화와 조선인 공업화
의 구분이 1930년대 이후 점점 모호해지면서, 조선공업화에 대한 기대감이
커져가면서 노동시장의 폭력성을 제한해야 한다는 그들의 주장은 총독부
의 정책적 검토 그 이상을 넘어서지 못했다.

4) 노동자의 의미장

1920년대 사회주의 사상의 유통되고, 노동자의 조직화가 진행되면서 공
론장에서 노동자가 다시 호명되기 시작했다. 1920년 4월 최초의 전국적 노
동자 단체로 조선노동공제회가 조직되었고, 5월 조선노동대회가 창립되었
다. 전국 각지에서 노동공제회, 노동회, 노우회, 노동친목회, 노동조합, 노
동계 등 노동조직이 등장하면서 『동아일보』와 『조선일보』에서도 노동문
제, 노동자사회 등과 관련한 논쟁과 담론들이 생산되기 시작했다. 특히 노
동에 대한 인격주의적 관점을 내장한 노동지상주의적 관념의 확산으로 노
동은 개인, 사회, 그리고 민족이란 가치의 의미장에 포섭되었다.[116] 그러나
노동지상주의의 관념에서 노동자는 발전의 원천이란 추상화된 노동의 담
지자로 간주되는 경향이 강했고, 노동시장의 폭력성에 노출된 노동자의 현

---

116) 김현주, 「노동(자), 그 해석과 배치의 역사: 1890년대에서 1920년대 초까지」, 『상허학보』
    22, 2008, 41~76쪽.

실은 조선민족의 빈곤을 드러내는 은유의 수사에서 벗어나지 못했다.

1920년대 후반부터 발생한 농업공황, 세계대공황, 그리고 쇼와공황은 실업자를 양산했고, 노동력이 과잉 공급된 노동시장은 임금하락, 장시간노동, 고용불안 등이 가중되었다. 생존위기에 내몰린 노동자들은 파업을 통해 가혹한 노동현실을 고발했고, 공론장의 주도권을 행사했던 민족주의 정치기획세력은 더 이상 추상적인 노동 관념을 재생산할 수 없게 되었다. 노동시장의 폭력성을 관리하기 위한 구체적인 정책을 둘러싸고 총독부와 민족주의 정치기획세력 사이에 벌어진 논쟁들은 '노동자'의 경제적, 사회적 가치를 높이는 것이었고, 공론장에서 노동자는 조선인의 일상생활의 조건을 개선할 수 있는 사회정책의 핵심적 코드가 되었다.

〈그림 4-1〉 동아일본의 노동자 어휘 출현빈도

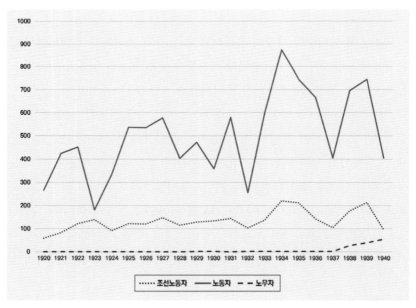

　1920년에서 1940년까지 『동아일보』 기사에 등장하는 '노동자' 어휘의 출현빈도를 보면, 1920년대 초반 400건 이상 증가하였다가 이후 잠시 감소하였고, 1926년을 전후한 시기 그리고 1931년에 크게 증가했다. 1933년에는 다시 증가했다가 1937년에 감소한 후 다시 증가했다. 1920년 전반기 노동자 어휘는 계몽, 각성, 민족의 의미장 속에서 등장했다. 1926년 전후 노동자 어휘는 이전에 형성된 의미장에 빈곤, 비참한 삶, 생산력 등과 관련한 의미장이 더 부가되었다. 그리고 1933년에서 1937년 사이 노동자는 공장법과 같은 사회정책과 관련한 의미장에서 등장했다. 그리고 중일전쟁 이후 노동자 어휘는 공장재해 등과 관련한 열악한 노동조건과 관련한 의미장에서 등장했다.

　주목되는 점은 1937년 이후 사회정책과 관련한 담론에서는 '노동자' 대신 '노무자'라는 어휘를 더 많이 사용하고 있었다는 것이다. 이러한 시기적 변화를 어떻게 해석할 것인가는 좀 더 자세한 분석이 필요하지만, 노동자가 스스로의 사회적 지위를 자각하고 현실을 개선하려는 주체로서 매체의 담론에서 등장했던 시기는 1920년대 후반에서 1930년대 초반까지였다. 그리고 그 이후에는 생산력 증대라는 관점에서 정책적 대상으로 등장하고 있었다.

　사회의 윤리로써 신성화된 노동관의 자장이 점차 사라지는 1920년대 후반 시기에 비로소 노동자의 계급적 각성이 시작되었고, 노동자의 계급적 각성에 대응하는 총독부의 통치수단들이 논의되면서 노동자는 다시 총독부의 통치에 포섭되는 대상으로 전환되었다. 노동자는 사회적 주체 계급이고, 노무자는 정책적 관리의 대상이란 의미로 사용되었다고 할 수 있다.

　한편 '노동자' 어휘 중 '조선노동자'는 시기별로 큰 변화가 없다. '조선노동자' 어휘는 주로 만주와 일본 노동시장 또는 외국인 노동자 문제를 언급할 때 자주 등장하는 어휘였기 때문에 조선노동자의 일본도항제한, 만주이주정책 등이 실시되었던 1920년대 중반 이후에서 1930년대 초반 소폭 상승

되는 경향이 있었다. 또한 1933년에서 1936년 사이에는 공장법 실시를 둘
러싼 논의가 제기되면서 일본을 비롯한 외국의 노동조건과 조선의 노동조
건을 비교하는 수사가 등장하면서 어휘출현 빈도가 상승했다.

'조선노동자'보다 '노동자' 어휘가 더 많이 등장했고, 두 어휘의 출현 빈
도의 증감은 밀접한 연동관계가 없었다는 점으로 볼 때『동아일보』는 조선
내부의 노동시장 문제에 더 큰 관심을 갖고 있었다고 볼 수 있다. 이러한
상황은 노동 관련 어휘가 1920년대 후반에서 1930년대 초반에 집중적으로
새롭게 유통되었다는 점에서도 확인된다.

제2부에서 언급했듯이 이 시기에는 경제상황을 설명하기 위한 경제관련
신어가 대량으로 매체를 통해 유통되고 있었다. 최근 식민지시기 신어의
출현에 대한 연구에 따르면,117) 1920년대 초반 '무산계급' 등의 어휘는 노
동자계급, 농민계급, 근로계급으로 분화되었고, 노동자는 자유노동자, 노동
력판매자, 근로자, 쿨리, 프롤레타리아, 반프롤레타리아, 룸펜, 노역자 등의
어휘군과 연관되어 있었다.

노동을 담당하는 자를 지시하는 다양한 어휘의 출현과 함께 노동의 성
격을 구분하는 어휘도 등장했다. '노동생활', '근육노동', '피스워크', '노동분
배', '노동협동', '가내노동', '계절노동', '임노동', '오버워크'는 신성화된 노동
개념으로 포착할 수 없는, 현실에서 노동이 수행하는 다양한 의미를 내포
하고 있었다.

노동생활은 날품팔이 육체노동으로 생존하는 생활을 의미했으며, 근육
노동은 육체노동과 유사하지만, 더 직접적인 표현으로 근력을 많이 쓰는
하는 노동을 지시했다. 피스워크(peace-work)는 임청노동(賃請勞働), 분업
청부(分業請負), 공임청부(工賃請負), 임은출래고불(賃銀出來高拂), 데마시
고토(手間仕事, 손이 많이 가는 일) 등118)을 통칭하는 영어식 표현으로 유

117) 송찬섭 외, 『한국 근대 신어의 유형과 특징』, 역락, 2016.

통되었다. 과도한 노동을 의미하는 오버워크[119]도 이때 등장했다. 비정규 육체노동을 지시하는 어휘가 다양해졌다는 점은 이러한 노동이 광범위하게 확산되어 있었다는 것을 의미한다. 또 다양해진 비정규 육체노동을 통칭하는 영어식 표현이나, 과도한 노동을 굳이 영어로 표기한 것에는 당시 비참한 노동현실에 대한 지식인의 자조적 태도가 반영되어 있었다. 자본가와 관련된 어휘는 1920년대 초반 유산자란 비교적 단일한 어휘에서 자본가, 부르주아, 유산계급, 오너, 고용주 등으로 세분화되었지만, 노동자 관련 어휘보다는 다양하지 않았다.

노동운동의 이론가 또는 노동투쟁가를 지시하는 어휘도 이때 등장했다. 생디칼리스트, 차티스트, 스트라이크브레이커, 유니어니스트, 유니언맨 등의 영어 어휘는 영국, 미국 등의 노동운동에 대한 소개를 통해 조선에 유통되었다. 또한 노동시장의 폭력성에 대응하기 위해 결성된 노동자 조직과 관련한 어휘도 이때 등장했다. 노동조합, 노동자조합, 노동회, 직공동맹, 공장분회, 국제노동회의, 공장위원회, 국수회, 공장대표자회의, 소비조합, 횡단조합, 도색조합, 국제농민위원회, 국제적색구원회, 범태평양노동조합회의 종단조합, 흑색조합, 판매조합 등 다양한 형태와 성격의 노동자 조직를 지시하는 어휘와 함께 관련 지식이 유통되기 시작했다. 아르텔, 트레이드유니온, 프로핀테른, 모스크바인터내슈날, 레이버유니언, 레이버파티, 샐러리맨유니언, 크래프트길드, 크레스틴테른 등 외국의 노동조직에 대한 소개도 이루어졌다.

"아나키즘을 신봉하는 노동조합"인 흑색조합[120] "공장별, 지역별 없이 직업 또는 산업별로 노동자를 규합한 노동조합"인 횡단조합,[121] "한 공장

---

118) 李鍾極, 『(鮮和兩引)모던朝鮮外來語辭典』, 漢城圖書株式會社, 1936, 587쪽.

119) 李鍾極, 앞의 책, 373쪽.

120) 『新語辭典』, 靑年朝鮮社, 1934년 10월, 105쪽.

121) 「新術語辭典(一의三)」, 『大衆公論』 2-6, 1930년 6월.

의 전체 행정에 종사하는 노동자가 단일조합으로 조직된" 종합조합,[122] "빨강은 좌경(급진), 하양은 우경(보수), 그 중간의 협조적 색채를 띤 노동조합"인 도색조합[123] 등 어휘는 노동조합의 형태와 성격이 매우 다양하게 규정되고 있었음을 알려준다.

이시기 사회주의 계열 지식인의 논설이 자주 실렸던 잡지 『조선지광』은 1927년 2월부터 1932년 1월까지 '신어해석(新語解釋)'이란 소제목으로 새롭게 등장한 시사어휘를 설명했다. '신어해석'은 총 20호에 걸쳐서 231개의 어휘를 소개했는데, 그중 노동 관련 어휘는 총 38개였다.[124] 이들 어휘 중 경제투쟁, 고타강령, 공장위원회, 공장폐쇄, 공회, 노동조합, 국제노동규약, 국제노동회의, 단체교섭권, 단체협약, 대포투표 등은 노동운동과 밀접하게 관련된 어휘였다. 그런데 이러한 어휘 중 현재 일반적 쓰임과 매우 다른 어휘가 노동과 관련하여 설명되고 있었다.

'국민경제'에 대해서는 "경제조직 발달의 제3단계이다. 노동력의 상품화 자본과 신용의 확대 공장제도 대규모 산업 분업이 국민경제의 특색이다"[125]라고 하여 산업화된 경제라고 설명했다. 이 설명은 국민경제를 마르크스주의적 관점에서 해석하여 노동자의 이해에 반하는 경제라는 의미를 담고 있었다.

이러한 해석 이전의 국민경제는 의미가 완전히 달랐다. 1910년대 『학지

---

122) 『新語辭典』, 靑年朝鮮社, 1934년 10월, 117쪽.

123) 「新語」, 『新東亞』 6-9, 1936년 9월, 176쪽.

124) 『朝鮮之光』 64호(1927년 2월)~100호(1932년 1월)의 신어해석에 소개된 어휘 총 231개 중 노동 관련 어휘는 다음과 같다. 가내공업, 가내노동, 가족임금, 감옥노동, 건강보험법, 경제주의, 경제투쟁, 고타강령, 곰퍼스, 공동경영, 공인, 공장노동자, 공장법, 공장위원회, 공장제 수공업, 공장제도, 공장폐쇄, 공회, 노동조합, 국민경제, 국제노동규약, 국제노동회의, 규찰대, 그린, 길드사회주의, 네프맨, 농노제도, 농민계급, 농민노동당, 농업노동자, 단일정당주의, 단체교섭권, 단체협약, 대규모생산, 대중, 대중조합주의, 대표투표, 도스안, 도스플랜, 막노동군, 인부, 짐꾼, 쿨리, 자연생장적 의식.

125) 「新語解釋」, 『朝鮮之光』 86, 1929년 8월.

광』에서는 "국민경제 상 농업의 지위"라고 하여 국가 구성원의 경제란 의미로 사용했고,[126] 1945년 직후에도 "개인경제의 반대. 사회경제와 비슷한 뜻으로 한 나라의 국민 자격으로서 경영하는 경제적 활동의 총칭"으로 설명되었다.[127] 1930년대를 전후하여 국민경제가 노동자의 이해에 대립하는 경제조직이란 의미를 내포하게 된 것은 당시 '조선인경제'란 상상 속에서 조선경제와 국민경제가 등치되는 것으로 인식되고 있었기 때문이라고 할 수 있다.

'대중'이란 어휘는 "(1)전위에 대해서는 그 본대를 대중이라 한다. (2)노동단체에서 간부에 대하여 일반조합원을 대중이라 한다. (3)또 일반으로 다수한 집군이란 의미로도 쓴다."[128]라고 하여 현재 통용되는 의미인 '다수한 집군'이 하위의 의미로 풀이되고 있다는 점이다. '대중' 어휘의 우선적인 의미가 전위에 의해 인도되는 것, 노동단체 간부에 의해 지도되는 일반조합원을 지칭하는 것으로 풀이되었다는 점은 당시 노동자의 각성, 조직, 운동 속에서 '대중'이 '노동자'의 의미장과 밀접하게 관련되어 있었음을 알려준다. 1934년 사회주의 계열의 청년조선사가 발행한 사전에서도 대중은 "피지배계급의 칭호, 피지도집단의 칭호"라고 풀이했다.[129]

노동자의 자각과 관련한 어휘로는 1927년 유통되었던 '자연 생장성적(自然生長性的意識)의식'이란 신어가 유통되었다. "사회민주주의적 의식을 미처 파악하지 못하고 노동자 자신의 힘만으로 발전시킨 조합주의적 의식을 자연 생장성적 의식이라고 한다."라는 것이다.[130] 이 어휘는 노동자가 스스로의 각성을 통해 사회민주주의적 의식을 형성하고 있음을 반영하고 있는

126) 『學之光』 18, 1919년 8월, 7쪽.
127) 『新語辭典』, 民潮社, 1946년, 14쪽.
128) 「新語解釋」, 『朝鮮之光』 90, 1930년, 3월.
129) 『新語辭典』, 青年朝鮮社, 1934년 10월, 22쪽.
130) 「新語解釋」, 『朝鮮之光』 64, 1927년 2월.

것이었다.

　이 시기 노동 관련 어휘들을 보면, 노동자의 각성, 조직, 투쟁이 근대 신성화된 노동관에 의해 추동된 것이 아니었음을 알려준다. '노동자'는 추상적인 '노동'이 아니라 현실의 '노동시장'과 관련한 의미장을 그 배후로 하고 있었다. 노동시장의 노동현실이 노동자의 각성을 추동했으며, 각성된 노동자들은 당시 유통되던 정치적 담론과 연결되어 조직의 방향을 결정했다.

결론

제1차 세계대전의 종료 그리고 1918년 일본의 쌀폭동, 1919년 3·1운동과 중국의 5·4운동을 통해 촉발된 대중운동은 일본을 중심으로 하는 동아시아 자본주의체제의 위기를 드러냈다. 일본의 다이쇼데모크라시는 국가를 단위로 하는 경제규모의 확대 정책이 대폭 수정되는 계기가 되었고, 이것은 조선에도 영향을 미쳤다.

제국 일본의 산업화 영향으로 1910년대 후반 조선에서 쌀값의 상승, 미곡투기의 확대 등이 발생하면서 사회적 격차가 심화되고 있었다. 쌀과 부동산에서 발생했던 경제적 거품이 제1차 세계대전의 종료로 급격히 가라앉기 시작했다. 불경기는 경제적 격차의 모습을 적나라하게 드러내면서 세계시장의 흐름과 조선경제의 관계에 대한 인식을 확대시키는 계기가 되었다.

조선경제에서 조선인경제를 분리해 내려는 민족경제담론은 1920년대에 처음 등장했다. 1905년 이전에는 자유무역이 국가경제의 발전에 기여할 것이라는 인식 속에서, 1905년 이후에는 보호무역을 통해 산업 발전을 이루

어야 한다는 인식 속에서 자본가 주도의 경제발전이 공동체 구성원의 복리
에 기여할 수 있다는 국민경제적 상상이 유통되고 있었다.

　1910년대『학지광』에서 등장한 '조선인경제'는 정치적 결정권을 상실했
던 식민지 상황 속에서도 민족이 자기결정권을 가질 자격이 있음을 증명할
수 있다는 상상에 기초하고 있었다. 조선경제와 조선인경제는 연쇄적인 발
전관계로 인식되었다. 일본의 산업화 과정에서 조선경제가 양적으로 확대
되자『학지광』의 지식인들은 조선인이 경제발전을 통해 자기결정권을 가
질 자격이 있는 민족이라는 것을 증명할 수 있는 기회가 왔다고 보았다.
지식인 주도의 공론장에서는 민족차별에 대한 분노보다 발전에 대한 희망
이 더 큰 힘을 발휘하고 있었다.

　1910년대 조선인경제는 경제주체로서 민족을 발견했지만, 아직 그 공동
체의 경계와 동질성에 대한 상상이 분명하게 드러나지 않았다. 그러나 제1
차 세계대전 직후 발생한 일본의 자본축적 위기는 조선경제의 불황으로 연
결되었고, 3·1운동의 수습책으로 제시된 조선산업개발 정책은 조선인 자
본가의 요청보다는 재조일본인 자본가의 요청을 수렴하여 결정되었다. 조
선산업조사위원회의 결정에 실망한 민족주의 정치기획세력들은 발전에 대
한 희망에 가려져 있던 민족차별의 경험을 공론장을 통해 확산시켰다. 통
계지식의 전유를 통해 민족주의 정치기획은 조선경제에서 조선인경제를
분리해 낼 수 있었지만, 대신 그 내부에 대한 상상은 국민경제에 대한 상상
을 그대로 재현하도록 했다. 무역수지는 경제단위의 상태를, 공장통계는
조선인 생산의 취약성을, 일본과 조선의 농업생산성 비교는 조선인농업생
산성의 저열함을, 재조일본인과 조선인의 납세액 비교는 조선인경제의 저
발전을 읽어내는 기호였다. 즉 무역적자 - 경제의 취약성 - 저급한 생산력
- 소득감소라는 진단은 생산증대 - 소득확대 - 무역흑자란 해결책만을 유
인하는 인식이었다. 국민경제적 상상, '자본가와 중산층의 부'가 '공동체 공
동의 부'라는 상상은 경제공동체 내부의 동질성에 대한 구상이었다. 그러

나 이들은 공론장에서 유통되던 사회주의 사상과 조우하고 있었고, 이로 인해 조선경제와 조선인경제를 자본주의 사회의 자본가와 노동자의 계급 관계로 등치시켰다. 그러나 이것은 민족문제를 통해 계급문제를 포섭한 것이 아니라 계급문제를 민족의 외부로 밀어냄으로써 그 내부의 계급관계를 소거해 버린 것이었다. 민족경제담론은 그 내부에 계급에 대한 상상의 공간을 허용하지 않는 담론이었다.

국민경제적 상상 위에 정초된 민족경제는 '자본주의의 보편적 경제구조'와는 구별되는 매우 특수한 경제로 구상되기 시작했다. '기형적 산업혁명'이란 표현은 서구 자본주의 국가와 일본의 산업화 경로와 비교할 때 매우 낙후된 조선인경제를 표현하는 어휘였다. 또한 '이지자본(異地資本)' '외지자본(外地資本)' '기획자본(企劃資本)'이란 용어의 등장은 조선경제에 이식된 일본 자본주의를 의미하는 것이었고, 이들 자본이 활동하는 조선경제는 '보편적' 자본주의 경제구조와는 달리 노동자, 생산자의 생명을 파멸하는 기형적이고, 특수한 조선경제구조를 규정하는 것이었다.

1929년 세계대공황 이후 영국을 필두로 미국 등 구미 각국이 금본위제를 탈퇴하면서 전 세계적으로 보호무역주의가 강화되었고, 국민경제론이 등장하면서 계급갈등을 완화하고, 계급협조를 위한 제도들이 만들어지기 시작했다. 세계경제의 이러한 분위기는 민족경제공동체 구상에도 영향을 미쳤고, 조선노동자와 소작농의 생존을 보장하는 최소한의 법적 조치에 대한 요청들이 제기되기 시작했다.

그러나 농업중심의 경제구조, 중소자본 중심의 공업구조, 도시와 농촌의 격차, 농촌과잉인구를 흡수할 수 없는 도시의 경제구조 등의 문제는 '보편적' 자본주의와는 다른 조선경제만의 특수한 구조로 인식되었다. 조선경제의 특수성과 조선인경제의 낙후성은 '기획자본'에 의의한 공업화에 대한 이중적 인식을 드러냈다. 즉 대자본중심의 산업합리화가 실업자를 양산한다고 비판하면서도 조선인 중심의 산업조합을 통한 합리화를 주장했다. 일본의 기획자본이 조선에 진출하는 것을 막기 위해 조선인의 자본이 합자를 해야 한다는 절박함은 대자본=일본인, 소자본=조선인이란 이분법적 구분과 동시에 사회적 악과 선의 구분이 함께 존재했다.

또한 조선인경제를 특수성으로 인식했던 담론은 공업화, 산업화를 강하게 추동하는 관념적 기제로 기능했다. 1920년대 산업제일중심주의라는 총독부의 경제정책을 비판했던 이들은 1930년대에 들어서는 총독부와 동일한 방식으로 조선인경제 발전을 구상했다.

한편 이러한 '민족경제'적 상상은 총독부에 의해 생산된 경제통계지식을 전유함으로써 유통과 확산의 힘을 확보할 수 있었다. 민족별 통계조사는 조선인경제의 저발전을 확인할 수 있는 것이었으며, 무역과 생산통계는 일본경제와 조선경제를 분명하게 구별할 수 있는 지식이었다. 그러나 통치권력이 생산한 통계는 통치행위를 목적으로 한 것이었던 만큼 조선경제, 조선인의 생활, 일본과 조선경제의 관계를 제국경제란 차원에서 구성하는 것이었다. 따라서 이 통계를 전유했던 지식인들 역시 통계에 의해 구성된 경제적 상상의 틀에 구속될 수밖에 없는 것이었다. 조선의 무역수지 적자, 일본과 비교하여 낙후된 조선인 생산성으로 인해 이들은 총독부의 경제정책 방향과 마찬가지로 무역수지개선, 생산성제고를 지향하였다.

산업화를 통한 민족경제 발전 구상은 일본의 만주진출로 경제규모가 확대되면서 적극적인 산업합리화를 추동하는 방향으로 전개되었고, 이것은 만주사변 이후 일본의 경제통제정책과 맞물려가기 시작했다. 경제와 시장에 대한 관념은 1930년대 들어 경제학적 지식과 통계조사가 실시되고 그 내용들이 매체를 통해 확산되면서 제국 일본의 경제 구상의 틀 속으로 제한되는 경향이 나타나기 시작했다. 일본과 조선으로 구분되고, 양자의 상호관계에 대한 경제학적 지식은 조선경제와 일본경제의 연동관계를 전제로 하는 것이었다. 따라서 조선경제에서 '조선인경제'를 구분 짓는 지적토대들은 매우 빈약해질 수밖에 없었다.

1920년대 조선에서 '시장'의 발견은 사회적 격차, 계급갈등, 민족갈등의 문제와 연결되어 있었고, 생산과 분배의 선순환적 관계를 통한 조선인경제의 발전이라는 '산업사회'경제관념의 기원을 형성하는 것이었다. 그러나 1920년대 민족경제상상은 물산장려운동 등을 통해 보호무역의 필요성을 주장하기는 했지만, 민족공동체 내부의 경제질서는 여전히 자유주의적 시장질서를 옹호하는 입장을 취하고 있었다. 3·1운동 이후 통치균열을 봉합하기 위해 실시된 총독부의 사회사업 정책은 물가안정을 위한 공설시장, 빈민을 위한 주택건설 등을 실시했지만, 시장에서는 이러한 사업이 거래이윤을 침식한다는 비판이 제기되었다. 그러나 1929년 세계대공황을 전후하여 조선인의 생존위기가 더욱 심화되자 이들은 자유주의적 시장질서의 폐단을 지적하면서 차가인 보호법 등을 요청했다.

그러나 만주사변 이후 만주시장과 조선시장, 나아가 일본-만주-조선의 시장이 밀접하게 연결되기 시작하면서 이들은 일본, 만주, 조선 사이에 자본과 노동의 자유로운 이동을 주장하고 나섰다. 조선은행권의 만주진출과 통화발행의 증대는 엔블럭 내 자본과 노동 이동을 확대시키고 있었고, 매체에서는 조선경제가 호경기로 바뀌었다는 점을 보도하기 시작했다. 따라서 매체에서는 확대된 시장 환경에 대응하여 조선인자본규모를 확대할 수 있는 다양한 방법을 제시했고, 조선노동자의 일본도항 제한규정 폐지를 요청했다. 또한 만주시장의 발전에 편승하여 다양한 투자처를 소개하기 시작했다.

한편, 빈부격차가 심화되면서 자유주의적 시장질서의 폐단을 완화할 수 있는 다양한 방법들이 제기되기 시작했다. 소비조합, 산업조합이라는 소비자운동의 전개, 의무교육, 국민의료보험 등 사회복지에 대한 요청도 제기되었다. 그러나 시장영역에 적극적으로 개입하기보다는 그 외의 영역 즉 빈곤층의 생계위기를 완화할 수 있는 조치들에 대한 요청이 대부분이었다.

한편 제1차 세계대전 이후 전개된 세계시장의 변화란 영향에 대한 인식

의 확대, 미곡시장, 주식시장이 확대된 상황으로 인해 변화무쌍한 시장 상
황을 지시하는 다양한 어휘들이 등장했다. 특히 거래시장의 가격변동, 투
자상황, 투자예측 등과 관련한 일본어 어휘들이 신문, 잡지 등에 등장했다.
시시각각 변화하는 시장을 표현하는 수많은 어휘들은 시장을 통해 생계를
유지해야 하는 사람들의 의지와는 무관한 것이란 관념을 더욱 확산시켰다.
시장의 변동이 클수록 이 변화를 감지하고 예측할 수 있는 지식의 힘은 더
욱 커져갔다. 경제조사, 사회조사 나아가 개인의 생활조사가 필요하다는
요청이 더욱 크게 대두되었다.

　1931년 만주사변 이후 등장한 '만주붐' 현상은 시장의 확대와 경계발전
의 관계성을 확인하는 과정이기도 했다. 그러나 '조선인경제' 내부의 선순
환적 경제 구조에 대한 상상은 1937년 중일전쟁 발발 이후 급속하게 분열
되어 갔다. 전쟁 재화의 획득을 목적으로 한 통제적 계획경제의 출현은 민
족 경제적 상상의 근거들을 해체하면서 제국의 힘에 의해서 자유주의적 시
장질서의 폐단을 시정할 수 있다는 관념이 그 자리를 대신하기 시작했다.
또한 통제와 계획이란 개입이 진행되면서 경제는 '합리적 배치가 관철됨으
로서 최대의 효율적 결과를 산출할 수 있는 통치실험의 장'으로 인식되기
도 했다. 계획적 경제 질서에 대한 긍정적 상상의 지적·경험적 토대들이
이 시기부터 형성되기 시작했다고 할 수 있다.

　민족주의 지식인들의 노동관은 민족담론에 구속되어 있었다. 이들은 나
태는 조선민족의 고유한 성격이고, 조선민족의 도덕적 결함이라고 지적했
다. 조선민족이 경제불황에 직면하여 생존에 위협을 받게 된 것이 바로 이
러한 민족성에 기인한다는 것이었다. 1920년부터 시작된 경제불황 속에서
매체를 통해 등장한 민족주의 정치기획은 민족파산의 원인을 조선민족이
근대자본주의 사회를 주체적으로 영위할 수 없는 상태에 있다는 데서 찾았
다. 나태, 무지의 상태로 인해 민족은 근대사회의 주체로서 자격을 갖고
있지 못하다는 것이었다. 민족주의 정치기획에서 노동은 개인적 가치를 갖

기보다는 민족경제의 발전으로 위한 수단으로서의 의미를 가졌고, 이러한 점에서 노동은 민족의 절대적 가치와 함께 극단적으로 신성한 것이 되었다. 이러한 노동관은 '신의 소명'이란 프로테스탄티즘적 노동관을 전유했고, 그 소명을 부여한 것은 민족이란 공동체였다. 신=자연이라는 서구적 관념에서 의미화된 근대 노동관이 식민지 조선에서는 민족=자연이란 관념으로 대치되고 민족적 가치가 절대화되었음을 보여준다. 민족을 통해 노동에 극단적인 가치를 부여했던 정치기획들은 노동의 고통을 은폐시키고 있었다. 노동이 민족의 문명화와 부흥의 절대적 원천이라는 관념은 노동하는 자, 생산하는 자의 사회적 위상을 제고하는 것이었다. 그러나 그것은 고통스러운 노동현실에 대한 경험의 기억들을 호도시키고, 노동자 스스로가 고통스러운 노동의 굴레를 육화(肉化)하도록 하는 관념적 기제였다.

참고문헌
.
.

1. 저서

강만길, 『일제시대 빈민생활사연구』, 창작과비평사, 1987.

곽건홍, 『日帝의 勞動政策과 朝鮮勞動者: 1938~1945』, 신서원, 2001.

김경일, 『노동운동』, 한국독립운동사편찬위원회 독립기념관 한국독립운동사연구
　　　소, 2009.

김경일, 『노동』, 소화, 2014.

김민영, 『일제의 조선인노동력수탈연구』, 한울, 1995.

김수행, 『세계대공황, 자본주의의 종말과 새로운 사회의 사이』, 돌베개, 2011.

박명규 · 서호철, 『식민권력과 통계: 조선총독부의 통계체계와 센서스』, 서울대학
　　　교출판부, 2003.

박은숙, 『시장의 역사』, 역사비평사, 2008.

발터 벤야민(최성만 역), 『발터 벤야민 선집』, 도서출판 길, 2009.

방기중, 『식민지파시즘론』 연세대학교 출판부, 2010.

방기중, 『한국근현대사상사연구: 1930~40년대 백남운의 학문과 정치경제사상』, 역사비평사, 1992.
피에르 부르디외(김현경 역), 『언어와 상징권력』, 나남, 2014.
山澤逸平·山本有造, 『長期經濟統計14: 貿易と國際收支』, 東洋經濟新報社, 1979.
小林英夫, 『植民地への企業進出: 朝鮮會社令の分析』, 柏書房, 1994.
송찬섭 외, 『한국 근대 신어의 유형과 특징』, 역락, 2016.
矢内原忠雄, 『帝国主義下の台湾』, 岩波書店, 1988.
어네스트 겔너(최한우 역), 『민족과 민족주의: 역사를 보는 새로운 관점』, 한반도국제대학원대학교, 2009.
尹晸郁, 『近代日本の植民地朝鮮に於ける社會事業政策研究』, 同志社大學, 1995.
윤해동, 『지배와 자치』, 역사비평사, 2006.
이경란, 『일제하 금융조합 연구』 혜안, 2002.
이상의, 『일제하 조선의 노동정책 연구』, 혜안, 2006.
이송순, 『일제하 전시 농업정책과 농촌 경제』, 도서출판 선인, 2008.
李鍾極, 『(鮮和兩引)모던朝鮮外來語辭典』, 漢城圖書, 1937.
이지원, 『한국 근대 문화사상사 연구』 혜안, 2007.
印貞植, 『朝鮮の農業機構分析』, 白揚社, 1937.
정태헌, 『일제의 경제정책과 조선사회: 조선정책을 중심으로』, 역사비평사, 1996.
정혜경, 『일본제국과 조선인 노무자 공출』, 선인, 2011.
최민지·김민수, 1978, 『일제하 민족언론사론』, 일월서각, 1978.
칼 마르크스(김태경 역), 『경제학: 철학수고』, 이론과 실천, 1987.
페르낭 브로델(김홍식 역), 『물질문명과 자본주의 읽기』, 갈라파고스, 2012
편집부, 『新語辭典』, 靑年朝鮮社, 1934.
허수열, 『개발 없는 개발』, 은행나무, 2011.
홍기주, 『하버마스와 현대철학』, 서울, UUP, 1999.

2. 논문

京西學人(이광수), 「경제적 파산과 예술」, 『開闢』 19, 1922.

고정휴, 「태평양문제연구회 조선지회와 조선사정연구회」, 『역사와 현실』 6, 1991.

公民, 「봉천서 경서에」, 『産業界』 2, 1924.

권명아, 「풍속 통제와 일상에 대한 국가관리: 풍속 통제와 검열의 관계를 중심으로」, 『민족문학사연구』 33, 2007.

金起田, 「봄날의 雨露를 밟으면서」, 『開闢』 22, 1922.

金起田, 「우리의 산업운동의 개시되었도다」, 『開闢』 15, 1921.

김기훈, 「만주국 시기 조선인 이민담론의 시론적 고찰: 조선일보 사설을 중심으로」, 『동북아역사논총』 31, 2011.

김기훈, 「일제하 '만주국'의 이민 정책 연구 시론: 일본인 이민 장려, 조선인 이민 통제 정책 형성의 배경」, 『아시아문화』 18, 2002.

김동명, 「植民地朝鮮における府協議會の政治的展開: 1929年京城府 「新堂里土地問題」 を中心に」, 『한일관계사연구』 43, 2012.

김동인, 「女人數題: 溫泉雜感」, 『三千里』 6, 1930.

김백영, 「식민지 도시계획을 둘러싼 식민권력의 균열과 갈등: 1920년대 '대경성(大京城)계획'을 중심으로」, 『사회와 역사』 67, 2005.

김병구, 「고전부흥의 기획과 '조선적인 것'의 형성」, 『'조선적인 것'의 형성과 근대 문화담론』, 소명출판사, 2007.

金石松, 「잠을쇠(감상)」, 『開闢』 31, 1923.

金惟邦, 「묵은 수기에서」, 『開闢』 36, 1923.

김윤희, 「파산, 식민지 근대 일상생활의 기표」, 『아시아문화연구』 19, 2010.

김윤희, 「한국 근대 신어 연구(1920년~1936년): 일상·문화적 맥락을 중심으로」, 『국어사연구』 10, 2010.

김윤희, 「근대 서울의 숲, 위험관리와 민족주의정치기획」, 『사학연구』 111, 2013.

김윤희, 「1910년대 일본제국의회 속기록에 나타난 조선은행(권)의 성격, 팽창과 위험의 연쇄」, 『한일관계사연구』 47, 2014.

김윤희, 「근대 노동개념의 위계성: 『서유견문』에서 『노동야학독본』까지」, 『사림』 52, 2015.

김윤희, 「1894년~1910년 빈민구제담론의 구조와 허구성」, 『한국사학보』 64, 2016.

김제정, 「1930년대 전반 조선총독부 경제관료의 '지역으로서의 조선'인식」, 『역사문제연구』 22, 2009.

김제정, 「경제공황기 미곡통제정책에 대한 조선인 언론의 인식」, 『한국민족운동사
　　　연구』 70, 2012.

金喆壽, 「國民經濟上農業의地位」, 『學之光』 18, 1919.

김현주, 「'노동(자)', 그 해석과 배치의 역사」, 『상허학보』 22, 2008.

魯啞子(이광수), 「少年에게」, 『開闢』 17, 1921.

魯啞子(이광수), 「少年에게(三)」, 『開闢』 19, 1922.

盧翼根, 「經濟振興에對한余의意見」, 『學之光』 6, 1915.

盧翼根, 「實業振興에對한根本方針」, 『學之光』 17, 1918.

盧俊泳, 「朝鮮사람生活難의原因」, 『學之光』 11, 1917.

劉斗燦, 「農工業上으로 본 半島 經濟界, 去去益甚한 生活難의 原因」, 『開闢』 4, 1920.

류보선, 「교환의 정치경제학과 증여의 윤리학」, 『구보학보』 2, 2007.

류시현, 「나경석의 '생산증식'론과 물산장려운동」, 『역사문제연구』 2, 1997.

류시현, 「일제하 최남선의 불교 인식과 '조선불교'의 탐구」, 『역사문제연구』 14,
　　　2005.

류시현, 「1920년대 전반기 「유물사관요령기」의 번역 · 소개 및 수용」, 『역사문제연
　　　구』 24, 2010.

朴達成, 「有耶無耶? 朝鮮人의 「生道」」, 『開闢』 29, 1922.

朴文圭, 「農村社會分化의 起點としての土地調査事業에 就て)」, 『(京城帝國大學法
　　　文學會第一部論纂第六輯)朝鮮社會經濟史硏究』, 1933.

박순원, 「日帝下 朝鮮人 熟練勞動者의 形成: 오노다(小野田) 시멘트 勝湖里공장의
　　　事例」, 『국사관논총』 51, 국사편찬위원회, 1994.

朴英熙, 「유산자사회의 소위 '근대녀' '근대남'의 특징, 모-던껄 · 모-던뽀-이 대논
　　　평」, 『別乾坤』 10, 1927.

박이택, 「식민지 조선의 공설일용품시장과 가격규제체계」, 『경제발전연구』 17,
　　　2011.

薄田美朝, 「通計硏究會生る」, 『朝鮮』 7月號, 1924.

박종린, 「1920년대 초 공산주의 그룹의 마르크스주의 수용과 '유물사관요령기'」,
　　　『역사와 현실』 67, 2009.

박종린, 「1920년대 초 정태신의 마르크스주의 수용과 '개조'」, 『역사문제연구』 21,
　　　2009.

박찬승, 「스즈키다케오(鈴木武雄)의 식민지조선근대화론」, 『한국사학사학보』31, 2014.

방기중, 「일제하 이훈구의 농업론과 경제자립사상」, 『역사문제연구』1, 1996.

방기중, 「1930년대 물산장려운동과 민족·자본주의 경제사상」, 『동방학지』115, 2002.

방기중, 「1930년대 朝鮮 農工倂進政策과 經濟統制」, 『동방학지』120, 2003.

北旅東谷(이동곡), 「東西의 文化를 批判하야 우리의 文化運動을 論함」, 『開闢』29, 1922.

北旅東谷(이동곡), 「새 甲子를 넘겨다보는 世界의 不安, 極紛糾에 陷한 歐洲의 亂局」, 『開闢』42, 1923.

山澤逸平·山本有造, 『長期經濟統計14: 貿易と國際收支』, 東洋經濟新報社, 1979.

徐佑忠, 「朝鮮農村經濟振興策」, 『産業界』5, 1924.

西村保吉, 「副業の必要及特質」, 『朝鮮』9, 1923.

徐椿, 「작년중의 노선인 경제의 회고」(2)~(7), 『朝鮮思想通信』, 1927.

鮮于全, 「농민의 도시이전과 농업노동의 불리의 제원인」, 『開闢』26, 1922.

薛泰熙, 「民族的 經濟運動의 三要素」, 『三千里』4-5, 1932.

薛泰熙, 「當面의 經濟運動方略, 自給社 組織議案」, 『三千里』5-1, 1933.

손지연, 「식민지 조선에서의 검열의 사상과 방법」, 『한국문화연구』32, 한국문화연구원, 2007.

송규진, 「1910년대 관세정채과 수이출입구조」, 『역사문제연구』2, 1997.

송규진, 「조선총독부의 통계행정기구 변화와 통계자료 생산」, 『사림』54, 2015.

송병권, 「1940년대 스즈키 다케오의 식민지 조선 정치경제인식」, 『민족문화연구』37, 2002.

송치호, 「일제시기 조선사회사업협의회 성격에 대한 실증분석: 식민지배 도구적 성격을 중심으로」, 서울대 사회복지학과 석사학위논문, 2006.

穗積眞六郎, 「重要産業統制法に就て」, 『造船工業協會會報』47, 1936.

쓰모토 다케노리, 「전시하 조선의 농민층 분화형태에 관한 분석: 노동동원의 영향에 주목하여」, 『경제사학』45, 2008.

安廓, 「人民의 三種類」, 『共濟』창간호, 1920.

안유림, 「1930년대 총독 우가키 카즈시게의 식민정책: 북선수탈정책을 중심으로」,
　　　이화여대 사학과 박사학위논문, 1994.

안자코 유카, 「총동원체제하 조선인 노동력 '강제동원'정책의 전개」, 『한국사학보』
　　　14, 2003.

안자코 유카, 「조선총독부의 '총동원체제'(1937~1945) 형성 정책」, 고려대 사학과
　　　박사학위논문, 2006.

여박동, 「근대 일본의 국민생활상태와 생활보호 시설에 관한 연구: 특히 1910~20
　　　년대를 중심으로」, 『日本學志』 9, 1989.

염복규, 「일제말 경성지역의 빈민주거문제와 '시가지계획'」, 『역사문제연구』 8, 2002.

염복규, 「1920년대 후반~30년대 전반 차지 · 차가인 운동의 조직화양상과 전개운
　　　동」, 『사회와 역사』 73, 2007.

오두환, 「식민지시대 한국의 화폐제도」, 『한국근대화폐사』, 한국연구원, 1991.

오미일, 「1920년대초 조선인부르주아층의 산업정책론」, 『사림』 12 · 13, 1997.

유승희, 「1920년대~1930년대 경성부 주택문제의 전개와 대책」, 『아태연구』 19,
　　　2012.

윤해동, 「일제하 물산장려운동의 배경과 그 이념」, 『한국사론』 27, 서울대한국사
　　　학과, 1992.

李康賢, 「朝鮮産織奬勵契에對하야(寄書)」, 『學之光』 6, 1915.

이경돈, 「'취미'라는 사적 취향과 문화주체 '대중'」, 『대동문화연구』 57, 성균관대
　　　동아시아학술원 대동문화연구원, 2007.

李敦化, 「歲在壬戌에 萬事亨通」, 『開闢』 19, 1922.

李亮, 「文藝市場論에 對한 片言」, 『開闢』 69, 1926

李民昌, 「朝鮮의 經濟的 破滅의 原因과 現狀을 述하야 그의 對策을 論함」, 『開闢』
　　　59, 1925

이상의, 「일제지배 말기의 파시즘적 노동관과 '노자일체론'」, 『동방학지』 118,
　　　2002.

李晟煥, 「먼저 農民부터 解放하자」, 『開闢』 32, 1923.

李晟煥, 「朝鮮의 農民이여 團結하라, 有識階級이여 反省하라 有産階級이여 伏罪하
　　　라」, 『開闢』 33, 1923.

李晟煥, 「여론의 위력으로 마작을 철저히 박멸하자」, 『三千里』 4-2, 1932.

李順鐸, 「生活費調査報告」, 『産業界』 4, 1924.

李順鐸, 「朝鮮人生活調査의 必要를 論함」, 『産業界』 3, 1924.

이은희, 「1940년대 전반 식민지 조선의 암시장」, 『동방학지』 166, 연세대 국학연구원, 2014.

李鐘玟, 「輕犯罪の取締法令に見る民衆統制」, 『植民地帝國日本の法的構造』, 信山社, 2004.

이행선, 「식민지 조선의 경제공황과 경제상식」, 『한국민족문화』 54, 2015.

長江學人, 1939, 「支那市場確保와 大資源國家로 日本登場」, 『三千里』 11-1.

장기주, 「현대인플레이션의 원인과 구조에 관한 연구」, 『한사대학 논문집』 6, 1976.

張膺震, 「卒業生을 보내는 感想과 希望」, 『開闢』 33, 1923.

전상숙, 「일제 파시즘기 사상통제정채과 전향」, 『한국정치학회회보』 39, 2005.

전성현, 「1920년 전후 조선 상업회의소와 조선 산업정책의 확립」, 『역사와 경제』 58, 2006.

전우용, 「1910년대 객주통제와 '조선회사령'」, 『역사문제연구』 2, 1997.

정병욱, 「숫자조선을 통해 본 조선인의 삶: 『숫자조선연구』(이여성, 김세용, 세광사 1931~35)」, 역사와 현실』 21, 1996.

鄭秀日, 「진고개, 서울맛·서울情調」, 『別乾坤』 23, 1929.

정용서, 「일제하 천도교청년당의 운동노선과 정치사상」, 『『開闢』에 비친 식민지 조선의 얼굴』, 모시는사람들, 2007.

정진성·길인성, 「일본의 이민정책과 조선인의 일본이민: 1910~1939」, 『경제사학』 25-1, 1998.

諸氏, 「성에 관한 문제의 토론(이), 이상적 가정제 기생철폐」, 『東光』 28, 1931.

조경희, 「1920년대 식민지조선 사회사업의 성격과 그 한계」, 『역사와 담론』 80, 2016.

조명근, 「식민지 조선의 경제공황과 경제상식」, 『사림』 54, 2015.

조형렬, 「1920년대 후반~1930년대 전반기 민족주의 계열의 농촌협동조합론: 제기 배경과 경제적 지향을 중심으로」, 『한국사학보』 61, 2015.

津曲藏之丞, 「朝鮮に於ける小作問題の發展過程」, 『朝鮮經濟の硏究』, 京城帝國大學法文學會論文集, 1929.

진주완, 「조선총독부의 도시지역 공설시장제도 도입과 운영실태」, 『한국민족운동
　　　사연구』 86, 2016.

蔡萬植, 「탁류」, 『채만식전집』 2, 창작과비평사, 1978.

崔尙海, 「세계적 경제공황과 조선의 농업공황의 전망」, 『東光』 21, 1931.

최선웅, 「1920년대 초 한국공산주의운동의 탈자유주의화 과정: 상해파 고려공산당
　　　국내지부를 중심으로」, 『한국사학보』 26, 2007.

최장집, (서평)「지식국가론: 영국, 프랑스, 미국에서의 노동통계발달의 정치적 의
　　　미」, 『한국정치학회보』 26-1, 1992.

최재성, 「『숫자조선연구』의 체재와 내용 분석」, 『사림』 44, 2013.

漆室談, 「農事改良에 관하여」, 『産業界』 3, 1924.

八峯山人, 「今日의 文學·明日의 文學」, 『開闢』 44, 1924.

한수영, 「하바꾼에서 황금광까지 식민지 사회의 투기 열풍과 채만식의 소설」, 『일
　　　제의 식민지배와 일상생활』, 혜안, 2004.

韓稚觀, 「特殊的 朝鮮人」, 『東光』 8 1926.

허수, 「제1차 세계대전 종전 후 개조론의 확산과 한국지식인」, 『한국근현대사연
　　　구』 50, 2009.

허영란, 「일제시기 상업의 근대성과 식민지성」, 『역사비평』 25, 1994.

찾아보기

【ㅅ】

김 윤 희

.
.

1967년 서울에서 태어났다. 고려대학교에서 학부, 석사, 박사 학위를 받았
고, 현재 전주대학교 한국고전학연구소 HK교수로 재직 중이다. 근대 동아시
아와 한국자본주의 관계를 탐색하는 연구를 시작으로 최근에는 국민경제론
등 경제적 질서 관념과 유교문화의 관계성에 대한 비판적 연구를 진행하고
있다. 저서로는 『근대 동아시아 한국자본주의』(고려대학교 민족문화연구
원), 『이완용 평전: 극단의 시대 합리성에 포획된 근대적 인간』(한겨레출판),
『마주하는 한국사교실 7: 자주와 개혁을 외치다』(웅진주니어), 공저로는 『일
제강점기 경성부민의 여가생활』(서울역사편찬원) 등이 있다.